"博学而笃志,切问而近思。"
(《论语》)

博晓古今,可立一家之说;
学贯中西,或成经国之才。

复旦博学·复旦博学·复旦博学·复旦博学·复旦博学·复旦博学·复旦博学

主编简介

石伟，中国人民大学劳动人事学院教授，社会心理学博士。曾留学瑞士圣加伦大学领导与人力资源管理学院、德国斯图加特大学企管系，香港科技大学访问学者。主要社会兼职有：美国管理学会会员和中国企业管理研究国际学会（IACMR）创始会员，爱普惠（Authority Consulting Co.）管理咨询公司总经理，北京市委组织部特聘研究员，深圳恒波集团独立董事。

除教学和研究外，曾经为深圳华侨城集团、北京天鸿集团、北京海淀区检察院、广东德胜电机有限公司、广州蓝月亮实业有限公司、江苏双良集团、大庆油田、胜利油田、中国建设银行、深圳恒波集团、北京太伟集团、北京首华建设公司、神州数码、重庆长安汽车股份有限公司、中国移动、中国重型机械总公司等三十多家企事业单位、党政机关提供组织文化与人力资源管理领域的专业咨询。

普通高等教育"十一五"国家级规划教材

复旦博学
21世纪人力资源管理丛书

组织文化

（第二版）

石 伟 主编

本丛书荣获
第六届高等教育
国家级教学成果奖

复旦大学出版社

内容提要

本书从文化人类学和管理学的角度出发，全面梳理与组织文化有关的理论，并结合国内外组织文化的实践，提供了一种新的视角，同时介绍了一些极具操作性的工具及方法，使之能够兼具理论性和实践性。

本书是继2004年出版的《组织文化》的再版，这次编写对前一版本进行了很大的改动，主要表现在修正和改正两个方面：第一，本书第二版按照文化发生学的逻辑对原来的体系再次作出了修正，在文化的理论与实践、文化的生成和传承等方面将相关章节调整得更加符合文化人类学的研究体系，内容也更加连贯，尽显文化发展规律在组织文化研究和实践方面的作用。第二，本书将近年来组织文化的前沿研究尽量收录其中，同时，将案例几乎全部替换，结合作者的实践经历增加了相当一部分国内公司的案例，并在框架和内容上力争做到组织行为学和文化人类学在知识体系上的均衡。

作为"复旦博学·21世纪人力资源管理丛书"之一，本书适合大学人力资源管理专业及相关经济管理专业师生作为教材使用，也可作为企业人力资源主管的参考书。

丛书编辑委员会

主　任　曾湘泉

委　员（按姓氏笔画排序）

文跃然　孙健敏　刘子馨　刘尔铎　萧鸣政
苏荣刚　郑功成　徐惠平　彭剑锋

总策划

文跃然　苏荣刚

第二版前言

2004年,本书第一版面世后,获得管理学界、人类学界一些好评①。2006年《中国企业文化评论》杂志第1期在综合审视所有组织文化研究者的论点之后将中国企业文化研究划分出8个学派,并就此将本人归入研究组织文化的"学院派"之中②。在我国,研究组织文化的人群数量庞大,本人才疏学浅,只算是这个群体中的普通一员,和这些学界、咨询界的巨擘并列,心中实为惶恐,不可名状。

自1989年任教以来,我在教学和实践中感到,在研究组织文化的过程中仅仅凭借管理学的框架去研究,难以诠释文化的丰富多彩。2000年从瑞士留学回来,我开始用文化人类学的方法去审视文化,因为,仅凭文化人类学研究文化时使用的那些专有名词,如文化涵化、文化儒化、文化加速度、文化整合……这些用语实在是引人入胜,迄今我还纳闷这些人类学的分析方法、专有名词缘何很少出现在组织文化研究中。因此,本人在第一版中运用了一些专门概念,以人类学的方法分析文化,算是另辟蹊径,但确实别有洞天。

只是在撰写过程中,我深知自己在应用人类学领域只能算个新手,细心的读者不难发现,本书第一版只是体现出本人文化人类学的研究旨趣,尽管具备一些文化人类学的特色,但是缺乏厚度。因此,我开始重新学习文化人类学,慢慢体会到人类学研究之精妙。但是由于工作忙碌,这些年我的工作和生活有如一艘潜艇,东奔西突,一直抽不出时间做系统的思考。

2006年,我获国家留学基金委资助,在德国斯图加特大学当了一年的访问学者。德国发达的资讯、先进的教学理念让我收获颇丰,除组织文化课程

---

① 张继焦,"企业人类学的实证与应用研究",《民族研究》,2008年第4期,第107页。
② 王吉鹏,"中国企业文化研究的8大流派",《中国企业文化评论》,2006年第1期。

外,其他一些国内很少开设的课程如德国企业史、工业社会学、质化研究方法等课程逼迫我又做了一回学生。并且,在静谧而安详的、森林深处的住所中,我总算有时间再次对原书加以审视。

2008年,我欣然获悉本书被列入普通高等教育"十一五"国家级规划教材,心中觉得压力倍增。因为,既然是"十一五"规划的教材,那就得让组织文化的教材更加"文化"一些,从而让那些孜孜以求的读者少些遗憾。尽管出版社一再催促,本书早就在第一版的基础上做了校正和修改,但随着涉及的领域越来越多,对原书的改动就越大。因此,边学习,边改正,最后发现原书中70%的内容都已经"面目全非"。

和第一版相比,本书改动之大,主要表现在修正和改正两个方面:第一,本书第二版按照文化发生学的逻辑对原来的体系再次作出了修正,在文化的理论与实践、文化的生成和传承等方面的章节调整得更加符合文化人类学的研究体系,内容也更加连贯,尽显文化发展规律在组织文化研究和实践方面的作用。第二,本书将近年来组织文化的前沿研究尽量收录其中,同时,将案例几乎全部替换,结合我这几年的实践经历增加了相当一部分国内公司的案例,并在框架和内容上力争做到组织行为学和文化人类学在知识体系上的均衡。

因此,本书的特色在于用文化人类学、组织行为学这两种方法研究组织文化,在每个章节中,我们先介绍文化人类的分析构架,然后运用这些构架对组织文化进行探究。由于组织行为学的学科来源之一就是人类学,因此,由这种探究所获的结论,算是对我们通常所学的组织行为学知识的补充。另外,管理学也有自己的"田野",这就是企业。这些年在组织文化的专业咨询和企业课题中,笔者将文化人类学知识运用于实践,不料获得企业的好评。本书中几乎所有的案例,都是个人实践的总结,算是本人对组织文化新的"文化觉知",相信能给读者以启发。

毫无疑问,这是个非常艰辛的过程。第二版增加了许多对原书的注释,以方便后续研究。另外,就我而言,文化人类学还是20多年前研习的知识,尽管后来在学校讲授此课,恶补了一些最新的知识,但对文化人类学的了解仍然不如管理学那样熟练,根据人类学的框架分析组织中的文化现象还只能说是尝试和呈现。考虑到学习组织文化的读者群中,具备管理学知识的人群更多,因此,本书将每章使用过的人类学概念专门列举,使这些读者能够有所收获。同样,对于具备文化人类学的知识群体、社会学,本书读者深知这是"未完成"的交响曲,本人不揣粗陋,列于其中,希望对他们用文化人类学的研究方法去研究组织文化时能够有一些启发。

在我国,组织文化领域出版了国内外许多具有真知灼见的学者的书籍和经典的研究论文,咨询公司的学者型群体也不断增多。尽管本人付出了艰辛的努力,但由于一些领域非本人学术方向,难免贻笑大方。关于书中实际操作的案例,这些年本人虽在多家公司从事组织文化咨询和课题,但是少有系统的总结,这些作为案例呈现在书中,文中错谬自不在少,本人的电子邮箱是swei@ruc.edu.cn,恳请细心的读者、学者不吝赐教,提出改进意见,以便进一步完善。

感谢为本书第二版作出贡献的所有人。我的导师沙莲香,平素的教导和勤奋对于我和所有的弟子都是一种文化迫力,在著述中,本人多处引用了她的成果。感谢本科生钟良森和研究生马跃,他们也允许我在著述中引用他们在文化和人力资源管理方面的研究论文,在职硕士生李晨撰写的同仁堂文化和罗晓铭论文中的中欧经理人跨文化培训的案例也为本书增色不少。感谢研究生刘美君、文明、冯凤英、贾昕、朱逸、诸葛卿、杨琳所付出的辛劳。

感谢我的同事彭剑锋、孙建敏教授,如果不是他们,仅凭我的一己之力,难以获得像中国移动、中国重机公司、珠江啤酒这类大型企业咨询的机会,在这些企业的实践经历也确实让我对文化有了更深的感悟。感谢他们对于文化的独到见解以及对我本人的启发。

感谢我的家人多年以来对我的理解和宽容,使我得以抽出更多时间做学问。

感谢原书编辑苏荣刚所付出的心血。在成稿之际,惊闻他因病住院,心中黯然,只能在远方祈愿他能够早日康复。他的弟子宋朝阳秉承了复旦的文化,其细致、耐心和热情让我佩服不已。感谢他从2009年就开始的紧急催促,最后能让我在溽暑难禁的北京炎夏,最后完成了本书第二版的著述。

中国人民大学

劳动人事学院

石 伟

2010年8月15日于求是楼

时值中国人民抗战胜利65周年之际

第一版前言

1986年,当我成为人事行政社会学研究方向的研究生,师从中国人民大学劳动人事学院陆国泰教授时,不用说组织文化,就是人力资源管理在当时也只是被称作人事管理,很少为人所熟悉,并不得不"屈就"在社会学门类之下。但是,老院长赵履宽教授当时那种多学科交叉的培养方式在今天看来也是颇具远见的,因为这种方式使得许多学生具备新的视野和脚踏实地的精神,使得劳动人事学院现今不仅在人力资源管理实践中获得较高的社会声望,在与之高相关的组织文化领域也占有一席之地。事实上,正是赵履宽教授当时那本《人事管理与社会学》,加上最早翻译过来的《公司文化》、《追求卓越》等经典名著和20世纪80年代后期的活跃的理论氛围,使我一直对管理和文化这个题目抱有浓厚的兴趣。

到20世纪90年代,人力资源管理和组织文化研究一样,在中国管理界发挥的作用越来越大。1989年留校任教后,在讲授人力资源管理的课程时,管理和文化这个课题仍然让我着迷。但在当时我有两个很大的困惑:首先,看了许多研究组织文化的书籍和论文,很少有作者能够从文化人类学的角度去探讨组织文化,多是从管理学和经济学的视角出发,时至今日我们还能看到这个缺失;另外,许多从事组织文化研究的学者和实际工作者居然不知道构建组织文化的许多方法(如深度访谈、历史资料研读和参与观察等)都来源于文化人类学,仅仅阅读翻译过来的名著而较少地阅读论文使得许多对于组织文化的讨论和商榷没有能够超出80年代的水平。而在西方,文化人类学早就成为研究组织文化的理论基础之一。

1996年,在我有幸成为研究中国文化与中国人的沙莲香教授的博士生后,在她的督导下,学习了社会心理学、文化人类学和心理测试,最后确定做价值观、组织文化领域的博士论文。到1998年考中瑞士联邦奖学金之后,正好瑞士方面的导师马丁·希尔博是人力资源管理和跨文化研究的专家,瑞士又是个奇妙的多民族融合的国家,一年多的所见所闻,使我对文化和管理有了更深的感悟。

然而,"文章千古事",即使在当时,我也没有想到有一天会写一本《组织文化》的教科书。因为这些年,有关人力资源管理与组织文化的著述和文章可谓汗牛充栋,而教科书要在总结已有的系统化知识的前提下有所创新,对作者在理论和实践方面都有一定的要求。

后来在做博士论文时对这一领域的文献做了大量查证;在多家企业设计人力资源管理制度时,将组织文化作为一项重要内容加入其中,获得了业界的赞赏,还有后来在全校开设了《组织文化与管理》的公开课,对自己这些年习得的理论和经验做了一番梳理,得到学生的笑语和好评,这一切使我信心倍增。同时,自20世纪90年代以来,在国际管理领域,人力资源管理和组织文化的关系越来越受到推崇。以研究民族文化和组织文化而著名的霍夫斯达特形象地将人力资源管理部门的角色看成组织文化的"看门人"。海勒曼等在研究美国中小企业的组织效能时论述道:"中小企业中的人力资源管理者本身就是个人—组织适应的推动者,是构建组织文化的重要角色。"[1]在中国,随着我国企业改革的深化、国内经济市场化进程加快和经济全球化趋势的推进,不同文化的交流渗透成为普遍现象,中国企业学习其他市场经济国家先进的人力资源管理理念和技术,借鉴组织文化成熟的研究范式来培育中国组织文化已经成为许多理论和实际工作者的共识,甚至在一定意义上成为中国组织文化能否健康发展的关键。

本书正是在这一背景下写就的,其特色在于从文化人类学和管理学的角度出发,全面梳理组织文化有关的理论,并结合国内外组织文化实践,提供了一种新的视角,同时介绍了一些极具操作性的工具及方法,使之能够兼备整体性和独特性两方面的特征。

从整体性来看,本书将从文化人类学的历时性和共时性两个方面介绍组织文化的理论与实践。一方面,对组织文化的各个领域几乎都有所涉及;另一方面,对于组织文化的形成、维系和传承、变革的论述层层深入而又相互关联。

从独特性来讲,从文化人类学和管理学两个方面奠定组织文化研究的基

---

[1] Robert L. Heneman, et al., "Human Resource Management Practices in Small and Midium Sized Enterprises: Unanswering Questions and Future Research Perspectives", *Enterprenuership and Practise*, Fall. 2000.

础,尤其是结合中外有关组织文化理论和实践及个人的经验所介绍的工具相信能给读者以启发,尽力使该书能够融理论与实践于一体。

当然,组织文化作为人类学的一个分支和管理学中的一个变量,这一领域的研究成果颇丰,笔者在编著时难免挂一漏万。更不凑巧的是,年前家中客厅电线短路招来一把大火,许多留学时带回来的珍贵书籍和讲义都付之一炬,虽然在书中尽量按照学术研究范式一一注明出处,但是一些体系化的内容无法凭记忆逐个添加,一些案例不得不替换,实乃一大遗憾。恳请各位组织文化领域的专家和学者、热心的读者和致力于组织文化建设的实际工作者不吝赐教,使本书同时具有抛砖引玉之功效。

本书凝结了多人的心血。在此感谢苏荣刚编辑,他的责任感和精益求精的作风本身就体现了复旦大学出版社的组织文化。还要感谢北京理工大学的孙利博士,她十分慷慨地允许我引用她毕业论文中有关文化的论述和在组织文化领域的研究成果。感谢我的研究生所付出的艰辛的努力,还要感谢我院的本科生刘国旌、伍婷、朱韵和石慧莹在资料整理和搜集方面的贡献。

最后感谢本科生田晓鹏在我四十岁生日赠送我的精巧的"U—96"号潜艇模型,在编著本书而感疲惫和焦虑之时,这艘钢铁巨兽和它传奇的指挥官维伦布鲁克(Willenbrock)艇长,连同它所浸透的稳健、厚实和进取的德国文化,时常带给我灵感和奇妙的振奋,并使我得以坦然而自豪地去面对人生的浮沉。

中国人民大学
劳动人事学院
石 伟
2004 年 4 月于求是楼 318 室

案例出处说明

本书中案例以两种形式出现。每一章的开头都有【篇首案例】,结尾处会有【应用案例】。本书大部分章节的案例是根据作者在为各家公司提供咨询时的真实情况改编而成。以下是书中作者编写或者援引其他案例的类型、标题说明。

第一章 组织文化概论

【篇首案例】中光学集团企业文化文本
【应用案例】审计文化——公共部门组织文化建设的启示

第二章 组织文化的理论基础

【篇首案例】从文化人类学的角度解读贝塔斯曼的中国之殇
【应用案例】文以载道——人类学在工商管理领域的应用

第三章 价值观、民族文化与组织文化

【篇首案例】同仁堂文化特质
【应用案例】德国品质——麦德龙企业文化

第四章 组织文化的结构与诊断

【篇首案例】天鸿有限责任公司的组织文化
【应用案例】蓝色文明——中国重机组织文化测量与诊断

第五章 组织文化的功能与建设

【篇首案例】太伟高尔夫:文化的再解释
【应用案例】品格、品牌——长安汽车公司文化形成与传承

第六章 组织文化的形成与传承

【篇首案例】双良集团引入 CIS
【应用案例】基业长青——北京同仁堂文化的形成与传承

第七章 组织文化的变革与创新

【篇首案例】华侨城房地产有限公司的企业文化创新

【应用案例】大象跳舞——中国移动企业文化变革与创新

第八章 组织文化的整合

【篇首案例】深圳恒波集团企业文化诠释

【应用案例】随需而动——神州数码公司文化整合

第九章 跨文化管理

【篇首案例】德国曼(MAN)公司的跨文化管理战略

【应用案例】文化冲击——中、欧经理人跨文化培训项目

第十章 组织文化与人力资源管理

【篇首案例】北京市房管一公司组织文化建设方案

【应用案例】文化与人——首华建设公司基于文化的人力资源管理体系

目录

1	**第一章　组织文化概论**
2	【篇首案例】中光学集团企业文化文本
6	第一节　组织文化的概念
14	第二节　组织文化学的研究对象和范围
23	第三节　组织文化学的研究方法
30	【应用案例】审计文化——公共部门组织文化建设的启示
34	**第二章　组织文化的理论基础**
35	【篇首案例】从文化人类学的角度解读贝塔斯曼的中国之殇
38	第一节　文化人类学与组织文化
58	第二节　组织行为学与组织文化
67	【应用案例】文以载道——人类学在工商管理领域的应用
73	**第三章　价值观、民族文化与组织文化**
74	【篇首案例】同仁堂文化特质
78	第一节　价值观与民族文化
90	第二节　中国历史与中国文化的特点
97	第三节　中国人的特点
102	【应用案例】德国品质——麦德龙企业文化

第四章　组织文化的结构与诊断

- 109
- 110　【篇首案例】天鸿有限责任公司的组织文化
- 111　第一节　组织文化的结构
- 122　第二节　组织文化的诊断
- 130　【应用案例】蓝色文明——中国重机组织文化测量与诊断

第五章　组织文化的功能与建设

- 135
- 136　【篇首案例】太伟高尔夫：文化的再解释
- 138　第一节　组织文化的功能
- 144　第二节　组织文化的价值内化
- 150　第三节　组织文化的外化
- 163　第四节　组织文化的构建
- 168　【应用案例】品格、品牌——长安汽车公司文化形成与传承

第六章　组织文化的形成与传承

- 175
- 176　【篇首案例】双良集团引入 CIS
- 178　第一节　文化形成的理论与实践
- 184　第二节　组织文化传承的理论与实践
- 195　【应用案例】基业长青——北京同仁堂文化的形成与传承

第七章　组织文化的变革与创新

- 204
- 205　【篇首案例】华侨城房地产有限公司的企业文化创新
- 206　第一节　文化变迁、组织文化变革与创新
- 215　第二节　组织文化变革的动因及阻力
- 221　第三节　组织文化变革的时机与步骤
- 229　【应用案例】大象跳舞——中国移动企业文化变革与创新

第八章　组织文化的整合

- 240
- 241　【篇首案例】深圳恒波集团企业文化诠释
- 244　第一节　文化冲突与文化整合
- 250　第二节　组织文化的内部整合
- 256　第三节　并购中的文化整合
- 268　【应用案例】随需而动——神州数码公司文化整合

第九章　跨文化管理

- 274
- 275　【篇首案例】德国曼（MAN）公司的跨文化管理战略
- 278　第一节　跨文化管理的基本理论
- 295　第二节　跨文化管理在跨国企业中的应用
- 301　第三节　中、美、日、欧组织文化比较
- 309　【应用案例】文化冲击——中、欧经理人跨文化培训项目

第十章　组织文化与人力资源管理

- 314
- 315　【篇首案例】北京市房管一公司组织文化建设方案
- 318　第一节　人力资源管理概述
- 321　第二节　人力资源管理与组织文化建设
- 330　第三节　文化导向的人力资源管理体系
- 345　【应用案例】文化与人——首华建设公司基于文化的人力资源管理体系

主要参考文献

- 347

第一章

组织文化概论

【本章要点】

通过对本章内容的学习,你应了解和掌握以下内容:

- 管理、组织、文化、文化管理、组织气氛以及文化资本的含义
- 克娄伯和克拉克洪对关于文化定义总结出的六种类型
- 组织文化的研究内容
- 组织文化的研究方法
- 文化普遍主义和文化相对主义的含义
- 客位方法、主位方法的概念以及两者之间的区别
- 整体主义和个体主义的含义

【篇首案例】

中光学集团企业文化文本①

一、公司概况

河南中光学集团有限公司位于河南省南阳市,隶属于中国兵器装备集团,是中国光电行业大型企业。公司产品有光学元件、光学部件(包括光学引擎、光学镜头)、光学仪器、光电军品等,在光、机、电领域均有较强的研发生产能力。公司是SONY(索尼)、EPSON(爱普生)、ZEISS(蔡司)和SAMSUNG(三星)等世界顶级光电公司的配套生产企业,2007年出口创汇4 059万美元,为河南省百户重点工业企业,中国机械光学五百强企业。公司的领导团队一直十分重视企业文化建设,在外部专家的帮助下,公司完成了对文化的梳理。目前企业文化已经深入人心,为企业更快更好地发展打下了坚实的基础。

该公司是一家历史达50年之久的军工企业,改制后隶属于中国兵装集团。由于书记和总经理的重视,公司一贯注重企业文化建设,并将其融合于生产与管理的点滴之中。企业文化经过两代人的营建和维系,形成了极具军工企业特色的企业文化。以下是该公司企业文化的文本。

二、中光学集团企业文化文本

(一)视觉识别系统

1."中光学"中文名称释义

中——中国品牌,世界名牌;光——光学基地,研产中心;学——学习有恒,智慧创新!

COSTAR——中国光学之星!中光学集团立志成为中国光学产业联合舰队!

2. 中光学标志释义

形象:两个呼应的蓝色图形共同构成一个动感强劲的宇宙旋流,红色的椭圆

---

① 本案例根据作者2009年帮助该公司建立企业中层管理干部素质模型时的素材改写而成。

像喷薄而出的太阳。

释义：(1) 蔚蓝色的智慧双手拱围、呵护着太阳一样冉冉升起的中光学事业；

(2) 蓝色的图形寓意着高科技事业的天地，红色的图形既像一只智慧的眼睛透视未来，又像太阳照耀天地、照耀中光学的世界。

寓意：中光学在高速发展过程中坚持自己的发展思想，持之以恒地创新、创造。

(二) 公司战略

公司使命：以智慧开拓光电产业的无限发展空间。

公司愿景：军民并重，产业报国，成为国际知名、国内领先的创新型光电企业。

公司定位：具有优秀的企业文化，成为国内具有较高的知名度和美誉度，有一定国际影响力的创新型光电企业。

总体发展思路：按照"垂直整合，横向拓展"的发展思路，打造全球微显示、新能源产业和改装车、电梯、光学设备制造基地。

(三) 企业理念

核心理念：让智慧之光照耀未来！

释义：强烈的进取心透射出难以遏制的锐气，个性鲜明，既具有行业特征又有着强烈的冲击性。昭示中光学以自我挑战的姿态，目标锁定未来，用智慧谋求成功。

所谓智慧包括了用脑的全部，社会生存韬略，市场经营韬略，技术与产品的研发，"让智慧之光照耀未来"是建立在"自信、自尊、自强"之上追求事业，实现人生与企业目标的态度，其针对性在于：中光学曾经运用智慧赢得了昨天，在强手如林的市场上也只有运用智慧才能赢得明天！因此，不论是目前，还是公司事业发达之后，作为中光学人，都必须以此为最高准则，自觉地要求自己、规范自己、约束自己，用智慧和创造实现我们的追求。

执行文化：敢为人先、争创一流、拒绝借口、立即行动。

释义：敢为人先，争创一流。就是要破除因循守旧、不思进取的思想，摒弃那些不合时宜的观念和做法；就是要敢想敢试、敢闯敢干、敢冒风险、敢于创新，创造性地完成任务，力争一流的水平、一流的业绩、一流的回报；就是要对事业充满成功的渴望，对工作投入满腔的热情。

拒绝借口，立即行动。就是要千方百计、不折不扣地完成任务，实现目标；就是要雷厉风行、一抓到底；就是要多为成功想办法，不为失败找借口。

(四) 企业精神

企业精神：学习、创新、竞争、超越。

释义：学习、创新、竞争、超越之间有着深刻的内在联系，存在极强的逻辑关系。

学习——知识经济时代，学习不但是提高个人素质、实现人生价值的内在要求，也是企业实现梦想的基础，没有个人和团队持之以恒的学习，就不会有企业的蒸蒸日上、长盛不衰，学习是我们成功的基础，是实现抱负的先决条件。

创新——创新是民族进步的灵魂，同样，也是公司提高核心竞争力，优化产品结构，提高经营效益，实现"企强民富"的重要途径。公司鼓励那些富有开拓精神、勇于开创工作新局面的员工，鼓励创造性劳动，鼓励那些能够在最短时间里，敏捷发现问题并找出最适合的解决办法而又能迅速付诸行动的人。

竞争——在企业内部，公司积极营造竞争氛围，倡导竞争文化；在企业外部，公司积极参与竞争，勇于赢得竞争，目的只在于：竞争能让我们与市场最近、能让我们羽翼更丰！

超越——"没有最好，只有更好"，今日之成功，不代表明天就能胜出，今日能领先，并不能代表明天仍能领头。当今社会，科技日新月异，新产品、新事物层出不穷，要实现企业的永续发展，基业长青，就必须不断否定自己，不断超越自己，不断超越竞争对手，争创一流，傲视群雄。

（五）行为规范

忠诚企业，不二心；
爱岗敬业，不应付；
团结协作，不推托；
令行禁止，不逾矩；
保守秘密，不泄露；
严格工艺，不走样；
注重质量，不失误；
安全生产，不违章；
降低成本，不浪费；
保护环境，不污染；
文明礼貌，不粗俗；
虚心学习，不停步；
科学创新，不守旧。

（六）人才观

人力资源管理是企业文化的看门人，中光学地处南阳，根据企业内外部环境的"天时",南阳历史名城的文化积淀厚实的"地利",中光学形成自己独特的"人和"观。这就是人人都是人才。天下无不可用之才,关键是用人所长,把合适的人放在最适合他的岗位。从而做到人尽其才、人尽其用。

人才即人"财"。什么是"人才"呢?中光学领导意识到,对于企业来说,能力和业绩是评价人才的最重要标准,即能为企业带来财富的人才是"人才"!这种财富包括内在形象和外在形象,包括有形的物质和无形的精神上的财富。因此,中光学的用人观、聚才观和作为观定义为:

1. 用人观

(1)只有一流的人才,才有一流的中光学。人才是企业的宝贵财富,只有一流的人才,才能成就中光学伟业。我们必须用海纳百川的胸怀,吸纳国内外一流人才,共创中光学的事业。

(2)不求所在,不求所有,但求所用。公司根据企业所处的地理位置,提出这一重要的用人原则。公司根据实际的需要,不拘泥于一种形式,广泛地开展厂校合作、厂所合作,以借脑发展,巧用社会资源。

(3)有德有才者,大胆聘用,可三顾茅庐、高薪诚聘;有德无才者,委以小用,可教育培训,促其发展;无德无才者,自食其力;无德有才者,坚决不用,否则后患无穷。

(4)"赛马不如相马",要有识才的慧眼,用才的气魄,爱才的感情,讲实干,重业绩,让想干事的有机会,真干事的有舞台,能干事的有空间,会干事的有地位。

2. 聚才观

仅有一两个人才,无力担负公司的事业。企业的持续成长,需要一大批各类人才。聚才就是要善于把人才留住。中光学讲求事业留人、感情留人、环境留人、待遇留人。

3. 作为观

中光学的作为观包括:思路决定出路、作为决定地位、一切都是人为、时间检验作为。

公司近年来的企业文化建设和各项管理取得长足进步。其鲜明的特色促进了公司的经营业绩,在古老的卧龙岗,这片人杰地灵的土地上,放飞了振兴中国光学事业的新梦想。

任何一门科学都有其特定的研究对象、研究方法和发展规律,组织文化也不例外,组织文化的理论使管理人员能够更透彻地了解组织中的文化现象,并根据相关的理论和实际情况进行文化管理。但是,如果没有了理论,我们只能靠经验来管理,这种方法显然不足以应付当今愈来愈复杂的组织结构及瞬息万变的外部环境。有鉴于此,我们首先界定组织文化学的基本内容。

第一节 组织文化的概念

一、组织的概念

要了解组织的概念,首先要从管理谈起。

管理就是管理者通过计划、组织、领导和控制等手段,协调组织资源以实现组织目标的过程。由此可见:管理是共同劳动的产物。没有共同劳动,人们就不会结成配合与协作关系,也不存在组织的共同目标,管理工作就成为多余。

在管理学中,组织的概念指管理者一旦作出计划,设定了目标,就必须着手设计并发展出一套能够成功地实现计划并达成目标的结构。作为名词,组织(Organization)就是建立组织结构的一系列程序,具体表现为部门的设置、工作描述、工作流程设计等。而作为动名词,组织(Organizing)则包括确定为达成目标所需要进行的各项工作,然后把这些工作分别归类,组成若干部门和分组,并把这些部门的工作指派给管理者,同时授予他们以必要的权力,以及对组织结构的各种工作条件、权力、纵向和横向的信息联系,作出制度规定。

良好的组织使管理者得以有效地调配和使用各种资源,而这种有效地获得并使用资源的能力,常常是组织成功的关键[1]。在这个意义上,组织也是一种有意协调的社会单元,由两个以上的人组成,在一个相对连续性的基础上运作,以达到共同的目标或一系列目标[2]。

根据这个定义,在本书中,**组织是指在社会、经济、政治、文化等活动中,依照法定程序批准建立的具有独立法人资格或法人授权管理的正式机构或正式团体,包括政府机关、企事业单位、商业公司、社会团体、院校、学术机构、各类协会等**。这个概念等同于我们所说的单位,企业、事业单位和党政机关都被包括于其中。无疑,这个概念比我们通常所理解的企业外延要广。因此,开宗明义,本书中的组织不仅包括企业,还包括事业单位、党政机关。

事业单位是我国特有的一种公共组织类型。2008年,中央编办下发了《关于事

---

[1] 孙健敏,《管理学》,中信出版社,1997年。
[2] 〔美〕罗宾斯著,孙健敏、李原译,《组织行为学(第7版)》,中国人民大学出版社,1997年。

业单位分类试点的意见》。文件根据事业单位的社会功能,将其划分为承担行政职能的、从事公益服务的和从事生产经营活动的三大类。其中,承担行政职能的事业单位将逐步转为行政机构;从事生产经营活动的事业单位将逐步转为企业。本轮改革之后,事业单位原则上仅包括从事公益服务的事业单位。

但是,事业单位在提供公共服务的同时,也在不同程度上存在着资源浪费、效率低下、服务质量不高、管理混乱、财政严重短缺等问题,这已经成为制约经济和社会进一步发展的"瓶颈"。事业单位的企业化管理也就成为我国事业单位变革的选择。

事业单位内部实施企业化管理并不是鼓励事业单位去盈利,而是通过竞争激励机制取得更大的社会效益。同时,事业单位企业化管理,还需要破除传统管理体制的种种限制,面临着更多的阻力。这一组织改革的进程还在进行之中。

党政机关也是我国一种重要的组织形态。在这些俗称"局部委办"的机构中,其中一部分根据行政法而成立的政府机构,公共行政管理的专家也在对此加以研究。还有的是按照国家的法律成立的党青工团一类的组织。

国外有学者总结出,影响组织运营和发展中的变量有60多个,毫无疑问,文化要素对组织有着重要的影响[1]。因此,以下我们再谈谈文化的概念。

二、文化的概念

"文化"一词在中国有悠远的历史。从词源上看,"文"与"化"在三千多年的卜辞中就出现了。文,原来的意思是文错、文饰和纹理。"文"通"纹",体现一种美的自然形态,如波纹、水纹和云纹一般。《庄子·逍遥游》记载越人"断发纹身",有着美好的意思。古代的学者还认为"文"的本质是一种规律。唐代李翱在《李文公集·杂说》中也曾如此描述:"日月星辰经乎天,天之文也。山川草木罗乎地,地之文也。志气语言发乎人,人之文也。"

在甲骨文中,"化"这个字像两个人一样,一正一反,表示一个事物的两个方面,引申为教化、风化、感化。《说文》中记载:"化,教行也。"

"文"、"化"两个字最早时一并出现在《周易》之中,《贲卦·象传》中提到"观乎人文,以化天下"。而后又出现在汉代刘向的《说苑·指武条》中:"凡武之兴,谓不服也。文化不改,然后加诛。"南齐王融《曲承诗序》言:"设神理以景俗,敷文化以柔远。"晋代束皙《补亡诗》一诗中则写道:"文化内辑,武功外悠。"这里的文化,指的都是文治和教化,与现在科学所用的文化一词有别[2]。

---

[1] 〔英〕查尔斯·汉迪著,方海萍等译,《组织的概念》,中国人民大学出版社,2006年。
[2] 王玉德,《文化学》,云南大学出版社,2006年。

在西方，英语、法语中的 Culture，德语中的 Kultur 都源于拉丁文中的"耕耘"（Cultivating），或"开垦"（Tilling）①。古希腊罗马时期，文化被理解为培养公民参加社会政治活动的能力。在启蒙运动时期，法国启蒙思想家和德国古典哲学家将文化同人类理性的发展联系起来，用以与原始民族的"不开化"和"野蛮"相对立。此时的文化观点，是资本主义发展在社会思想上的反映。

对文化的定义是随着社会学、人类学的发展而不断廓清的。"文化"这一术语源于社会人类学。文化，按新韦氏学院字典的定义，是"包括思想、言论、行动以及现象在内的人类行为的综合模式，并有赖于人的学习知识和把知识传递给后代的能力"。英国"人类学之父"爱德华·泰勒于 1871 年出版的《原始文化》中，将文化定义为："文化是一个复杂的总体，包括知识、信仰、艺术、法律、道德、风俗，以及人类所获得的才能和习惯。"②这也是最为流行的经典定义。在人类学以及随后的文化研究中有着重要影响。

然而，对于文化的定义，在人类学上，有多少个学派，就有多少个定义。文化人类学（Cultural Anthropology）是一门研究人类文化的学科，为人类学主要分支之一。1901 年美国人类学家霍姆斯创用这一名词，旨在强调人类学中研究人类文化的部分，以区别于研究人类体质的体质人类学。其根本任务是：研究人类文化的起源、成长和变迁过程，分析比较各民族、各部族、各国家、各地区、各社区文化的异同，探讨和发现人类文化之一般和特殊规律。

文化人类学词典中，文化被定义为："人类社会的全部活动方式，它包括一个特定的社会或民族所特有的一切内隐的和外显的行为、行为方式、行为的产物及观念和态度。文化是人类创造出来适应环境、遵循客观规律改造环境的工具。人类通过劳动使自己的主体意识客体化为一些现象，也通过劳动使客观的物质符合自己的主观要求。这一过程中，人类不仅创造了文化，同时创造了自己。文化是一种社会现象，也是一种历史现象。每一社会都有与其相适应的文化。每一社会的文化都具有些共同的特征：（1）超自然性；（2）超个人性；（3）传承性；（4）整合性；（5）民族性；（6）可变性；（7）以象征符号为基础。"

人类学家 A·L·克娄伯和 C·克拉克洪对众多定义进行过比较、研究和分析后，把西方学者关于文化的定义总结为以下六大类型。

（1）列举和描述性的。这一类型以人类学家博厄斯（F. Boas）的观点为代表。博厄斯关于文化的定义深受爱德华·泰勒的影响。博厄斯认为：文化包括一个社区中所有的社会习惯、个人对其生活的社会习惯的反应及由此而决定的人类活动。

---

① 〔美〕约翰·R·霍尔、玛丽·J·尼兹著，周晓虹、徐彬译，《文化：社会学的视野》，商务出版社，2004 年，第 19 页。

② 〔美〕爱德华·泰勒著，连树升译，《原始文化》，广西师范大学出版社，2005 年。

（2）历史性的。这一类型旨在强调文化的社会遗留性及其传统性，认为文化即社会的遗传。并认为，作为普通名词时，文化指人类的全部社会遗传，视为专有名词时，它的本质则指社会遗传的某一特殊素质。

（3）规范性的。这一定义类型强调文化是一种具有特色的生活方式，或是具有动力的规范观念及其影响。

（4）心理性的。根据这一类型的定义，文化是满足欲求、解决问题和调适环境以及人际关系的制度。文化是一个调适、学习和选择的过程。

（5）结构性的。这种类型的定义皆以每一文化系统的性质及可隔离的文化现象之间所具有的组织的相互关系为中心。文化在这里变得抽象了，它必须建立在概念模型上，并且用以解释行为，而文化本身却不属于行为。

（6）遗传性的。这种类型的定义侧重在遗传方面。它的中心命题是关心文化的来源、文化存在及继续生存的原因等。

我国人类学家对文化比较一致的看法是：文化就是人们的生活方式和认识世界的方式。人们总是遵循他们已经习惯了的行为方式，这些方式决定了他们生活中特定规则的内涵和模型，社会的不同就在于它们文化模式的不同。从一般意义上说，文化可以定义和表示为人们的态度和行为，它是由一代代传下来的对于存在、价值和行动的共识。文化是由特定的群体成员共同形成的，它形成了社会与人们共同生活的基础。社会生活在很大程度上依赖于人们的共识，这种共识就构成了特定的文化。如中国人民大学沙莲香教授把文化定义为："所谓文化是凝聚在一个民族的世世代代的人的身上和全部财富中的生活方式之总体。生活方式包括行为方式和思考方式，而文化是各种行为方式和思考方式的整体，作为文化的生活方式，代表民族特点。"[①]

从总体上说，综合人类学的观点，文化有两种基本的界定方式：一种是广义的结果规定，另一种是狭义的界说。前者仅将文化限定于精神领域，如墨菲（R. F. Merphy）把文化定义为："由社会产生并世代相传的传统的全体，亦即指规范、价值及人类行为准则，它包括每个社会排定世界秩序并使之可理解的独特方式。"[②]而广义的文化概念，则包括人类通过后天的学习所掌握的各种思想和技巧，以及用这种思想和技巧创造出来的物质文明和制度文明。如德国的《迈尔大百科全书》（1978年修订版）有关文化的定义和论述如下所示："文化指人类在一定时期一定区域内依据他们的能力在同周围环境斗争中以及在他们的理论和实践中所创造的成果（语言、宗教〔神学〕、伦理、公共机构、国家、政治、法律、手工业、技术、艺术、哲学和科学），亦指不

---

① 沙莲香，《社会心理学》，中国人民大学出版社，1987年。
② 〔美〕墨菲著，王卓君、吕乃基译，《文化与社会人类学引论》，商务印书馆，1994年。

同文化内容和文化形式以及与此相联系的一定文化范畴内个人及社会生活方式和行为方式的创造和再生产的过程。一般来说,文化这个概念通常有两个限制条件:(1)它作为批判性的价值概念时,只是以在理性、伦理、美学等方面有代表性的、得到正面评价的人类文化成果、行为方式和准则为限。(2)在德语地区,文化同文明、生活的物质和技术方面是有区别的(而且常常是正面意义上的区别)。"[①]

广义的与狭义的文化界定,是针对不同的对象和情形而言的,具有不同的适应性,显然难以分出对错或者优劣。但是,相对于本书所要讨论的组织文化而言,广义的文化定义具有更大的包容性,它同时可以兼顾到文化的物质方面、制度方面、精神方面和行为方面。广义的文化界定,是一种比较适合于本书论述主题的文化定义,至此,我们对文化定义如下:**文化是人在实践过程中认识、掌握和改造客观世界的一切活动及其创造、保存的物质产品、精神产品和社会制度的总和。**

三、组织文化的概念

组织行为学一直到20世纪80年代才开始对文化影响广泛关注,伴随着组织理论和相关学科,如人类学、心理学研究的发展,组织中的文化现象逐渐成为多学科研究的内容。在实践上,到了20世纪80年代初,随着日本企业的崛起,人们注意到了文化对组织的影响,进而发现了文化人类学与组织行为学的融合——组织文化。在第二章组织文化的理论基础中我们还会详细分析其来龙去脉,在此我们先谈谈组织文化的概念。

(一) 组织气氛、文化律与文化规律和组织文化

1. 组织气氛

从时间上讲,与组织文化相近的概念是组织气氛,也是组织文化研究的初始形式。组织气氛最早开始作为一个影响成员态度和行为的独立变量的起源,可上溯到50年前的制度化(Institutionalization)。组织气氛可以定义为:组织的制度化运作,使组织成员对于恰当的、基本的、有意义的行为有了共同的理解。一个组织具有制度化的持久性之后,可接受的行为模式对于组织成员来说就是不言而喻的事情[②]。

西方在多年的研究中,研究出一些组织气氛的测量量表。组织气氛的分析单元一般有两个:一是个体水平,一是组织水平。组织气氛是一个组织稳定的内部特点,但是当我们对它进行测量时,往往通过个体对这些内部特点的心理知觉的描述来进

---

① Bullock A. Stallybrass, *The Fontana Dictionary of Modern Thought*, London: Fontana, 1982.
② 〔美〕罗宾斯著,孙健敏、李原译,《组织行为学(第7版)》,中国人民大学出版社,1997年。

行。乔纳斯和杰姆士(Jones & James)在《心理气氛：对环境的个人和累加的知觉的差异及关系》一文中指出：可以将个体气氛的知觉累加，进而描述组织。累加的做法是将对同一组织的成员的测量分数总和，取平均数作为代表该组织气氛的得分。因为，评价者实际表现出来的一致性显示了这些评价者经历共同的情境条件；另外，一个组织内的社会相互作用和社会化更加促进了共同知觉的相互影响。所以说，在同一个组织内的个体以相似的方式描述组织是合理的。另一方面，如果组织环境的特征是同质且易见的，它可能以同样的方式影响个体水平的知觉。因此，组织行为学家认为可以通过测量个体的知觉而得到对组织特性的描述。

由于组织文化和组织气氛是一个非常相近的概念，卢梭(Rousseau)认为："气氛和文化最重要的区分在测量的内容(Content)，而不是在对环境的共识性(Sharedness)上。虽然文化和气氛是指组织成员间所共有的，但文化是指成员间共有的价值观，气氛则是指成员间所知觉到的组织环境。"[①]

2. 文化律与文化规律

文化的生成、传承和变革、整合有规律可循吗？这是管理者关注的重要话题。答案是肯定的，在人类学中，文化律(Cultural Law)是指文化现象发生发展的普遍规律，寻找这种规律是传统人类学的最终目标。一些学者认为文化都要经过一定的阶段，按一定的先后程式由低级到高级，由野蛮到文明一步步发展。另一些学者认为每种文化都是一种过程，其变迁或演化都有一定的内部规律可循。还有一些学者认为不存在一个具有普适意义的，能够解释任何地方、任何实例的普遍规律。

人类学发展迄今，文化规律(Cultural Regularities)的观念在人类学等领域的研究中已逐渐取代文化律一词。文化规律是指文化形式与内容，或传统背景不同的文化之间的文化过程的普遍一致性。规律一词更多地表明在历史上不相关的地区或传统中一再出现在彼此之间的相似性。单在一个地区或共同传统出现的形式上或内容上的相似性则称为一致(Uniformities)。组织文化的出现，正是这种一致性的体现，并且也有规律可循。

3. 组织文化

需要明确的是，虽然本书后面所论述的文化的内容大都以企业为对象，但是我们仍然用组织文化一词。在国外，组织是作为企业的群集而与公共机构相区别的，"组织文化"这一术语首次在英文文献中出现是在20世纪60年代，当时和"组织气氛"(Organization Climate)这一术语几乎不相区别。与此相当的"公司文化"(Corporate Culture)是20世纪70年代创造出来的[②]。这个词和"企业文化"作为专业术语，首先

[①] 冯文侣，"工业企业组织气氛量表编制"，《社会心理研究》，1997年第3期。
[②] 〔荷〕霍夫斯坦德著，尹毅夫等译，《跨越合作的障碍——多元文化与管理》，科学出版社，1996年。

出自西方管理学界,20世纪80年代开始被频繁使用。它的英文是"Corporate Culture"或"Organizational Culture"直译成中文应该是"公司文化"或"组织文化"。可是在当时的中国,"公司"一词实际表示的是"部→局→公司→厂"这种垂直管理中的一级行政组织,为了避免发生误会,翻译家们把这个新的术语译成了"企业文化"[①]。因此,在我国广泛使用的企业文化可以嵌入外延更宽的组织文化之中。为了论述的方便,除了在引用他人的著述中的"企业文化"一词,或者个别处以"企业组织文化"一词之外,我们大都使用组织文化一词。

组织文化没有一个统一的定义,Smircich总结说,组织文化的概念大部分源于人类学,小部分源于社会学[②]。本书基于文化人类学、组织行为学的研究而将组织文化定义为:**组织文化是组织在其内外环境中长期形成的以价值观为核心的行为规范、制度规范和外部形象的总和。**

由此,通过对组织文化的概念的梳理,我们还可以对组织文化学下一个简短的定义:组织文化学是一门系统地研究组织中文化现象的原理、规律和方法的科学。

(二) 文化管理

管理活动是通过计划、组织、领导和控制这四个基本过程来展开和实施的。这四个基本过程就是管理的职能。随着世界科技革命的兴起,人类开始向知识经济时代迈进,这是人类社会进步的又一大趋势,伴随这一进步,脑力劳动将成为社会劳动的主要形式。脑力劳动的特点在于它是在看不见也摸不着的无形状态下进行的,其效率的高低完全取决于成员的自觉和责任感。在这一状态下,除了原有的主要管理手段之外,管理工作者开始把文化的管理作为一种手段,形成知识经济时代适用的管理模式。

20世纪初,科学管理依靠等级森严的金字塔形组织体系和行政命令的领导方式,为企业和其他类型的社会组织赢得了高效率。然而,随着交通和通讯手段的现代化,世界变小了,企业和其他社会组织的全球化发展要求企业的决策必须更加快速、准确,这使缺乏灵活性的金字塔形的企业领导机构失去了在新形势下的适应能力。同时,企业和组织的规模空前扩大,如跨国公司的产生,使权力和责任都过于集中的科学管理方式失去了活力。那么靠什么维持庞大型组织的统一?靠什么把不同地区、不同民族、不同国籍、不同语言、不同文化背景的员工或职员凝聚起来呢?那就只能依靠共同的价值观、共同的组织目标、共同的行为方式、共同的组织形象,即组织文

---

① 罗长海,《组织文化学》,中国人民大学出版社,1991年。
② L. Smircich, "Concepts of Culture and Organizational Analysis", *Administrative Science Quarterly*, Vol.28, No.3, 1983, pp.339-358.

化才能办到。于是,基于文化的管理模式提供了一种新的选择。

管理既是一门科学,又是一门艺术,是科学和艺术的有机结合体,这一点已经成为管理工作者的通识。因为从事管理活动既需要掌握科学知识与管理技术,又不能照本宣科、硬套既定模式,而应该在实践中,凭借丰富的经验和纯熟的技能,取得事业上的成功。正因为如此,更多的管理专家认为管理者仅有管理的科学知识,其成功的概率只有50%;如果仅有管理的艺术和经验,其成功的概率也只有50%。只有把两者结合起来,才能取得管理的主动和成功。而结合的黏合剂则是实践,既把经验上升为理论,又用理论指导实践。从这个意义上讲,管理是科学性和艺术性的有机统一。

文化管理是将组织文化作为管理中的一种手段,更是企业管理顺应生产力发展而产生的第二次必然飞跃,是所有现代企业在管理上必需的努力方向。

(三) 文化资本

越来越多的研究者意识到组织文化的重要性,开始从资本的角度去理解组织文化,并把它和原来的企业资本、人力资本提高到相同的地位。具体而言,文化资本指企业的文化力,以它为主构成了企业的品牌、资信度、美誉度、心理契约等无形资产[1]。组织文化是一种无形资产,而且是最重要的无形资产,它比有形资产,或者品牌等无形资产还要重要。组织文化又是一种投资,而且是一种重要的长期投资,是一种回报巨大的投资[2]。

对于文化资本的社会学诠释更能说明组织文化的作用。在此有必要介绍一下法国社会学家布迪厄(P. Bourdieu)的理论。在他看来,文化仍然被构建为人类个体行动的集体产物,被视为可以生产、消费、积累、传播、继承、交易、出售、转换的客体,与操纵物质客体的方式没有太多差别,也就是说,布迪厄的理论是一门"关于人类实践的经济学的科学"。尤其值得一提的是,布迪厄把文化事项视为一种特定的符号资本形式,可以在实现利益的争斗中使用,让某些个体支配其他个体[3]。其文化理论中的一个核心概念,就是"文化资本"。

与此相近的另一个关键概念是他提出的"社会资本",即一种通过对"体制化关系网络"的占有而获取的实际或潜在的资源的集合体[4]。他认为社会资本是实际和潜在资源的总和,这些资源与拥有或多或少制度化的共同熟识和认可的关系网络有关。由社会义务(联系)所构成,在一定条件下可以与经济资本进行自由交换,还可

---

[1] 张德,"文化资本与文化制胜",《新资本》,2003 年第 6 期。
[2] 吴春波,"朴素的企业文化与真正的核心竞争力",《中外管理》,2003 年第 10 期。
[3] 〔美〕玛尔科姆·沃斯特著,杨善华等译,《现代社会学理论》,华夏出版社,2000 年。
[4] P. Bourdieu, "The Forms of Capital", In J. G. Richardson (Ed.), *Handbook of Theory and Research for the Sociology of Education*, New York: Greenwood, 1985, pp. 241–258.

以崇高的名义和形式予以制度化。布迪厄批评古典经济学的资本概念只关注了经济资本,而忽视了另一些重要的资本形式。他认为:一种关于社会实践的总体理论,如果不把自己局限于经济领域,就应当全面地把握资本,充分考虑资本的各种形式,并且努力发现不同的资本形式相互转化的原则。在布迪厄那里,资本的含义是很宽泛的。他划分了多种资本类型,如政治资本、文化资本、符号资本、社会资本、法律资本等。而经济资本、文化资本与社会资本是三种最基本的资本类型。在这三种资本中,经济资本是最有效的形式,这种资本可以通过普通的、匿名的、适合各种用途的、可转换成金钱的形式,从一代人传递给下一代人。社会资本和文化资本可以合称为象征资本,它们往往不具有物质资本那样的可触摸性,但在社会支配与社会关系的生产与再生产中同样十分重要。在象征资本中,文化资本主要存在于知识与文化生产的领域,它包括主体化的特征,如容貌、气质,加上客体化的要素,如享有知识产权的种种精神产品,以及制度化的要素,如文凭、荣誉学衔等[①]。

借用布迪厄对于文化资本的分析范式,组织的文化资本既包括具有物质性的组织理念、组织精神、组织气氛,还包括主体化的组织外部形象、组织制度等。它和经济资本、社会资本一样,是组织的重要资源和基石。

第二节 组织文化学的研究对象和范围

由于科学的进步及社会的不断发展,组织文化在社会生活及生产过程中的重要性日益受人瞩目,对组织文化学的研究不断地充实和发展,最后形成将组织文化作为一门科学来研究的组织文化学。

一、研究对象

【专栏】

组织文化学的研究对象和范围的相关观点

随着国内外组织文化研究的发展,组织文化的概念及其内涵也逐渐成为体

---

① 〔法〕皮埃尔·布迪厄著,李康译,《实践与反思——反思社会学导引》,中央编译局,1998年。

系,由于组织文化研究在我国也有十几年的发展历史,我们搜集了20世纪80年代以来国内学者对组织文化定义的理解有81条,并将其与西方著名的组织文化研究专家沙因对西方众多组织文化定义的分类做了对比,通过在文化与管理课堂上学生进行小组讨论(Group Discussion)的方法,并对讨论结果进行频数统计,经过分析从而整理出国内组织文化与国外组织文化在概念理解上的一致性程度和某些差异。

组织文化定义的分类标准是西方组织文化研究专家沙因(Schein)针对有关组织文化众多的说法,归纳出的10类主要的定义,这10类定义分别是:

(1) 成员互动时可观察到的行为准则,包括了组织中所使用的语言、习惯、传统、仪式。

(2) 团体规范,是指组织中隐而不察的标准及价值观。

(3) 声称的价值观(Espoused Values),是指组织所公开表达及公开宣称的方针及价值观。

(4) 正式的哲学,是指组织的政策及理想的方针。

(5) 游戏规则,是指要在组织中生存及成功,成员所需遵守的隐而不见的规则。

(6) 组织气候,指成员对组织的知觉及感觉。

(7) 思考习惯、心理模式、语言风格,是指组织成员所共有的被植入的技巧(Embedded Skill),是指组织成员无需依靠书面的记载,就能将事务代代相传的方式。

(8) 结构。

(9) 共享的意义,是指组织成员间对事务显现出共同的了解。

(10) 原始暗喻、整体的象征(Root Metaphors or Integrated Symbols),是指组织成员所发展出来的想法、感觉、印象,可以代表组织的特色。

本研究采取小组讨论的方法,以学习组织文化课程的60位同学的讨论结果为基础,根据他们对将国内定义归入沙因10类分类的同意程度,采取用最大频数作为选取结果,从而将国内组织文化概念与国外组织文化概念进行分类对比的方法进行研究。

下面列举了81位国内学者对组织文化的定义,每一项后面都有表格统计,数字表示所调查的人员对国内组织文化定义与上述沙因对组织文化的10类归类一致性的同意程度。考虑到篇幅,本学习资料仅列举部分内容。

(1) 企业在创建和发展过程中形成的,体现企业特色的,全体职工认同的思想意识、道德观念、行为方式和价值目标的总和就是企业文化。简言之,企业文化就是企业的社会意识形态①。

表1-1　组织文化调查表1

同意与沙因定义(3)近似的人数占总人数的百分比	不同意	说不清
71%	23%	6%

（2）企业文化是受企业经济活动及外界文化因素所影响的，由企业职工群众所创造的物质财富、精神产品、内部组织机构和规章制度等表现为物质形态和观念形态特质的成果，以及由运载这些成果的实体、设施、组织活动形式等所构成的复合体。它是以影响企业职工群体文化心理为手段，以反馈和传播文化信息为具体方法，以增强企业活力，促进企业不断现代化为目标的一种区域性文化活动②。

表1-2　组织文化调查表2

同意与沙因定义(3)近似的人数占总人数的百分比	不同意	说不清
66%	17%	17%

（3）企业文化是在吸取传统文化精华，综合发展管理思想和时代特色基础上形成的组织意识。它为企业员工树立了一套无形的却是强有力的价值观念和行为规范③。

表1-3　组织文化调查表3

同意与沙因定义(3)近似的人数占总人数的百分比	不同意	说不清
84%	16%	0%

（4）企业文化是在企业的建设和职工队伍的成长过程中逐步形成的，与该企业物质文明相适应的微观上层建筑，是增强内聚力、创造力和持久力的各种精神因素、道德因素、信念因素、智能因素的总和④。

表1-4　组织文化调查表4

同意本定义无法与沙因定义相近，体现中国特色的定义的人数占总人数的百分比	不同意	说不清
75%	25%	0%

---

① 徐鹏航，《中国企业文化》，华中理工大学出版社，1989年，第52页。
② 印国有，《企业文化：走出管理的困境》，中国城市经济社会出版社，1989年，第22页。
③ 徐艳梅、孙中，《企业文化——管理之魂》，天津科技翻译出版公司，1988年，第18页。
④ 范喜贵，《企业文化》，经济科学出版社，2002年。

（5）企业文化，亦称为企业精神，它是企业管理思想的集中体现，是企业内外经济关系在意识形态上的反映。从内容上看，企业文化包括企业规章制度、企业思想作风、企业价值观念、企业行为方式等多方面，其中，企业价值观是企业文化的核心。从形式上看，企业文化可分为外显文化，如企业的文化设施、文化教育等；内显文化，如企业的价值观念、行为准则、人际伦理关系等①。

表1-5 组织文化调查表5

同意本定义无法与沙因定义相近,体现中国特色的定义的人数占总人数的百分比	不同意	说不清
75%	15%	10%

（6）企业文化是企业所创造的精神财富和物质的文化精华的有机总和。这里的精神财富包括企业哲学、企业制度、企业风尚、企业目标、企业道德、企业民主、企业精神、企业价值观、团体意识、企业科技等②。

表1-6 组织文化调查表6

同意本定义无法与沙因定义相近,体现中国特色的定义的人数占总人数的百分比	不同意	说不清
73%	9%	18%

（7）企业文化是处于一定经济社会文化背景下的企业，在长期生产经营过程中逐步生成和发育起来的日趋稳定的独特的企业价值观、企业精神，以及以此为核心而生成的行为规范、道德准则、生活信念、企业风俗、习惯、传统等，以及在此基础上生成的企业经营意识、经营指导思想、经营战略等③。

表1-7 组织文化调查表7

同意本定义无法与沙因定义相近,体现中国特色的定义的人数占总人数的百分比	不同意	说不清
78%	22%	0%

（8）企业文化就是企业及其关系利益人共同接受的核心价值观。这种价值观不仅是一种准绳、一种信念、一种象征，更是一种凝聚力，也是企业长盛不衰的原动力。

---

① 谭伟东，《公司文化》，经济日报出版社，1997年。
② 李庆善，《企业动力之源——组织文化》，科学技术文献出版社，1991年。
③ 管益忻、郭廷建，《企业文化概论》，人民出版社，1990年，第29页。

表1-8　组织文化调查表8

同意与沙因定义(3)近似的人数占总人数的百分比	不同意	说不清
95%	5%	0%

（9）企业文化是企业在各种活动及其结果中，所努力贯彻并实际体现出来的以文明取胜的群体竞争意识①。

表1-9　组织文化调查表9

同意本定义无法与沙因定义相近，体现中国特色的定义的人数占总人数的百分比	不同意	说不清
64%	28%	8%

（10）企业文化是企业员工通过共同努力达到的企业总体文明状态，仅仅把企业文化看作企业这个复杂整体的某个意识形态的侧面是不够的，应把企业文化看作企业的总体文明状态。这种总体文明状态就是企业的生产、经营能力与同这种能力相关联的内部生产关系及对外联系、行政管理能力和职工的思想道德面貌等各个方面②。

表1-10　组织文化调查表10

同意本定义无法与沙因定义相近，体现中国特色的定义的人数占总人数的百分比	不同意	说不清
84%	16%	0%

（11）企业文化是一个企业在长期的经营过程中，在总结经营成功和失败的经验教训的基础上，由企业的经营者提炼和培育起来的、一种适合于本企业特点的经营管理的方式和方法，是由企业群体所共同认可的特有的价值观念、行为规范和奖惩规则③。

表1-11　组织文化调查表11

同意与沙因定义(3)近似的人数占总人数的百分比	不同意	说不清
71%	8%	21%

---

① 罗长海，《企业文化学》，中国人民大学出版社，1999年，第23—26页。
② 郭纪金，《企业文化》，中山大学出版社，1990年，第33页。
③ 李玉清、史新立、马艳丽，《新型金融企业文化》，四川大学出版社，1998年，第3—7页。

(12) 企业文化是发生在企业内部或者企业生产和管理过程中的,以群体形式表现出来的,以独特的经营信念、价值观念、企业精神为主体的文化综合体①。

表1-12　组织文化调查表12

同意本定义无法与沙因定义相近,体现中国特色的定义的人数占总人数的百分比	不同意	说不清
59%	25%	16%

(13) 组织文化是指一个组织在长期实践过程中形成的、为组织成员认同的一整套意识体系和相应的规章制度以及基本的行为方式②。

表1-13　组织文化调查表13

同意本定义无法与沙因定义相近,体现中国特色的定义的人数占总人数的百分比	不同意	说不清
64%	11%	25%

(14) 企业文化是一种价值观,是企业的价值系统,也是一个无形的基础架构,对企业而言,企业文化就是一个很重要的、无形的"基础架构",它能够协助企业建立深厚的文化基础,并很有效地开拓一些成功的业务③。

表1-14　组织文化调查表14

同意与沙因定义(3)近似的人数占总人数的百分比	不同意	说不清
65%	20%	15%

(15) 企业文化指企业在生产经营和管理过程中所创造的具有本企业特色的物质财富和精神财富的总称,它包括组织机构、企业制度、企业环境、企业产品、行为准则、道德规范、企业精神、价值观念等④。

表1-15　组织文化调查表15

同意本定义无法与沙因定义相近,体现中国特色的定义的人数占总人数的百分比	不同意	说不清
84%	16%	0%

---

① 张建平、张占耕,《新概念管理——企业文化》,立信会计出版社,1996年,第12页。
② 张国才,《组织行为学》,中国财政经济出版社,2000年,第357页。
③ 施振荣,《品牌管理——愿景与企业文化》,三联书店,2001年。
④ 龚敏,《组织行为学》,上海财经大学出版社,2002年。

对比国内外学者对组织文化的定义，国内外学者对沙因的第三类定义，即"信奉的价值观(espoused values)，是指组织所公开表达及公告的方针及价值观"的认同率较高，这说明我国学者对组织文化的定义和研究对象有较为一致的看法；与此同时，国内学者的定义带有我国独有的特色，在研究范围上和国外也有所差别：

（1）定义较为宽泛，国内学者经常将硬文化与软文化，以及一些物质资料的形态、设备以及娱乐活动带入定义中去，从而使概念较为宽泛，而不具有一定的明确具体性，这从某种角度反映了我国学者的思维习惯，即学者们往往定义得比较大而全，没有像西方定义一样，使某些定义细化。

（2）由于国内文献中的许多概念来源于20世纪80年代，因此定义中有一些政治、道德、意识等一些说法，明显将组织文化的形成与政治气候、成员的道德精神联系到一块，这反映了我国定义的时代性和独特性。

（3）早期的概念中，人们将组织文化、组织精神以及组织制度层面的文化混淆起来，但随着时间的推移，这些概念逐步明确区分起来，这说明随着时间的推移，我国与国外的交流不断发展，人们对组织文化有更为一致的认识。

研究结果反映出国内组织文化研究与国外组织文化研究的一些共同之处，同时总结出我国组织文化研究所具有的独特特点，这些结论对我国组织文化的进一步研究将会有一定的借鉴意义，同时可以指引我国的组织文化建设，使组织文化的发展具有一定可行的规律性。

任何一门科学都有它特有的研究对象，在人类学中，文化学(Culturology)"是研究文化现象或文化体系的科学"[①]。组织文化学也不例外，通过以上专栏中有关国内外组织文化概念的比较研究，我们可以了解这门学科的研究对象。一言以蔽之，组织文化学的研究对象即组织中的文化现象。

二、研究范围

中国人民大学社会心理学研究所沙莲香教授曾经从人类学角度研究文化及其内涵，她认为：所谓文化是凝聚在一个民族的世世代代的人的身上和全部财富中的生活方式之总和。生活方式包括行为方式和思维方式，文化是各种行为方式和思维方

---

① 芮逸夫，《云五社会科学大辞典（第十册）》，台湾商务印书馆，1980年，第55页。

式的整体,作为文化的生活方式,代表民族特点。其中包括以下三个方面。

(一) 物质文化

物质文化是通过物质生活和各种有形的具体的实物表现出来的文化,有建筑物、交通工具、劳动和学习的工具、通讯工具、大众传播工具、服装、装饰品、用品等。在这些实物中表现出来的文化,包括对实物的制作方式及在制作过程中融入其中的空间意识和审美意识。

(二) 社会文化

社会文化是通过社会成员共同遵守的社会规范和规范行为表现出来的文化。社会规范包括制度、法律、道德、风俗、信仰等,对社会成员起约束作用,调节和协调人际关系及社会关系。因而使人们的社会行为能够形成一种比较一致的、共有的类型和模式,维系这个社会的安定和秩序,社会文化作为社会规范存在着,是社会意志的产物。

(三) 精神文化

精神文化是通过精神活动和精神产品表现出来的文化。精神产品包括文学艺术、科学、哲学、大众传播等,其中为人们共有又比较稳定的思考方式代表文化。精神文化作为知识的总体,是思维的结果。

上述三种文化紧密相连、互为一体。物质文化是对人的最早的和最经常起作用的文化。如用品式样、空间造型等,都影响人们的视听品质和日后的生活习惯,陶冶性格和品格,深刻地影响人们的美感和人格。

社会文化是在人们的各种社会关系中起作用的文化;是在物质文化的基础上,随着人们的"关系"的建立和发展,对人起作用。人们在家庭和触及社会组织中获得语言和思考能力后,才能把自己和他人在实际上联系起来又区别开来。人有了"关系",有同他人和整个社会的接触,就必须接受社会管理和社会控制,就得不断社会化。

精神文化是在前两种文化基础上形成的,并在精神活动中起作用的思考方式。精神文化的支柱是知识,知识虽然不等于文化,但是知识却体现一个民族的文化素质和文明程度。因此,精神文化比社会文化(行为文化)和物质文化的层次都要高(见图1-1)。

从文化的结构可以看出,文化的社会功能主要表现在两个方面:一方面,它作为文化遗产留给历史,创造一个民族特有的民族财富。文化财产的遗留,直接通过生产产品(包括物质产品和精神产品)体现出来。另一方面,文化作为传统习惯留在人身

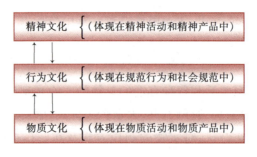

图1-1 文化的三个层次

上,创造一个民族特有的性格。文化在个人身上的遗留,形成一个人的人格,在一个民族总体上的遗留,则形成民族性格[1]。

具体到组织文化学的研究范围,可以看到组织文化的研究从组织文化的概念、研究方法开始,都受组织行为学、文化人类学的浸润,在管理实践中发挥着日益重要的作用。重要的是,组织中表面复杂多样的文化现象之间存在着内在的必然性,即本质规律。组织文化学研究的目的就在于寻找这些客观规律,总结组织文化的知识原理并用以指导组织文化实践。国外的一些组织文化研究者一再强调组织文化理论的重要性和普遍性,并着手创立系统的组织文化理论,在民族与社会、组织、群体、个体层面探究文化发展的规律。

重要的是,组织文化本身是有其完整的体系的,组织文化学也由此具备了完整的体系和理论框架。固然,各人对客观事物的观察角度不相同而表现为各种组织文化理论的体系也各不相同。但是,对各种体系的理论进行分析和研究后,我们可以总结出组织文化的规律性,从而为各具体组织文化学科提供一般性的概念。组织文化具有独特的结构和功能,因此,我们要在此基础上,从一个横剖面准确地诊断组织文化,同时在纵向上要发挥组织文化在管理中正向的功能。这是组织文化具有规律性的理由之一。同时,和任何文化现象一样,文化在生成与传承的过程中,会出现文化冲突、文化变革,由此需要我们在组织中进行文化整合。就组织文化内部来看,组织内部的文化整合涉及主文化与亚文化、隐示文化与显示文化、强文化与弱文化之分,功能上有正功能、负功能的不同;而从不同组织的文化整合来看,组织文化学还需要研究组织的并购过程中的文化整合、跨文化管理。在这些文化现象中,文化人类学和组织行为学中的知识体系对于我们形成一般性结论,并指导管理实践都是有意义的。基于以上判断,本书独特的结构在于用文化人类学和组织行为学的分析框架,对组织文化现象进行研究。全书按照文化发生学的结构,对组织文化论述如下:

第一章组织文化概论,从基本的概念着手,梳理组织文化、组织文化学的一般性

---

[1] 沙莲香,《社会心理学》,中国人民大学出版社,1987年。

知识。

第二章从定义、发展、研究方法和对组织文化作用的角度,介绍了组织文化的两大理论基础:文化人类学和组织行为学,使读者从理论的高度认识、理解组织文化,掌握研究组织文化的工具。

第三章通过民族文化的核心——价值观这一概念,在阐述人类学的文化发展中的各种现象和基本规律之后,结合中国的实际,论述了民族文化对组织文化的影响,并着重分析了中国民族特性及其对组织文化的作用,介绍了中国组织在文化上的共同点。

第四章将文化和组织文化视为一种静止的结构而进行分解、剖析,介绍了组织文化的构成要素和结构特征。此外,本章举出了组织文化诊断的主要方法及测量工具,并根据实际还提出了几点操作上的建议。

第五章则从文化和组织文化的动态性方面,对组织文化的功能展开了论述,在对组织文化的内化、外化过程的介绍之后,为读者提供了营建了组织文化的工具与方法。

第六章分别从理论和实践的角度,论述了组织文化的形成与传承过程,为读者提供了建立组织文化的途径、方法。

第七章从文化变迁入手,详细描述了组织文化变革与创新的基本内容、动因、阻力,以及组织文化变革的具体步骤。

第八章首先通过对文化冲突的产生原因、表现形式及对组织影响的论述,阐明了组织文化整合的重要性,然后对文化整合的内容、方式、必要性进行了说明,最后结合实际,详细介绍了组织并购中的文化整合内容。

第九章从文化整合的角度出发,介绍了跨文化管理的理论背景和应用实例,并在最后对中、美、日、欧的组织文化进行比较,分析不同地区组织文化的差异。

由于文化、组织与个人是个永恒的话题,本书在第十章介绍了人力资源管理与组织文化的联系,运用上述各章的知识,详尽阐述了组织文化导向的人力资源管理模型。

正因为组织文化学独立的研究对象——组织文化现象,独特的活动规律——符合文化发展的一般性原理,独特的研究方法——文化人类学和管理学的研究方法,我们可以说,组织文化是一门独立的科学。

第三节 组织文化学的研究方法

本书将组织文化分别从组织行为学和文化人类学两方面来定义,对于组织文化的研究,文化人类学的方法常常被忽略,因此,这部分的内容在第二章中还将涉及,此处仅从总体上加以概括。

美国人类学家乔丹撰文比较了这两门学科对于组织文化的研究,将行为科学家和人类学家研究组织文化的区别总结如表1-16所示。

表1-16 行为科学研究和人类学研究组织文化的区别概览①

行为科学研究组织文化	人类学研究组织文化
可以在微观/个体层次、群体层次、宏观/组织层次进行不同的研究	将整个组织的所有层面都作为文化的一部分
作为一个组织整体的文化	作为一个群体的文化特征
客位方法	客位或主位方法并用
管理中心主义	文化相对主义
主要是定量的方法论	主要是定性的方法论
正式/非正式制度	理想/现实文化

瑞士圣加仑大学的希尔博教授(M. Hilb)在《跨文化人力资源管理》一书对研究组织文化的方法进行了对比,提出一种研究组织文化的"第三条道路"(见表1-17,黑色字体为原作者所强调)②。

表1-17 各种比较研究方法的比较

区分标准 \ 研究方法	纯定量研究	既定性又定量的研究（我们所采用的类型）	纯定性研究
① 研究者的理论出发点	"**文化普遍主义**"（对被研究的文化领域大多只有知识而无丰富经验）	"**文化普遍主义**"/"**文化相对主义**"并重（对被研究的文化领域既有知识又有经验）	"**文化相对主义**"（对研究的文化领域大多只有丰富经验）
② 研究目的	**验证假设**（寻求"过硬的"数据）	**从假设中有所发现**（在对"软"资料进行加工的基础上寻求"硬"数据）	**回答一些尚未解决的研究问题**（寻求基于非定量的"软"资料的答案）
③ 所研究的文化的数量	**跨国**研究	对**少数国家**的研究	对**单个国家**的研究

---

① Ann T. Jordan, "Managing Diversity: Translating Anthropological Insight for Organization Studies", *Journal of Applied Behavioral Science*, Vol. 31, Iss. 2, 1995.

② M. Hilb, *Transnationales Management der Human Ressourcen*, Neuwied: Luchterhand, 2000.

（续表）

研究方法 \ 区分标准	纯定量研究	既定性又定量的研究（我们所采用的类型）	纯定性研究
④ 特定文化的研究类型	在"**西方**"**工业国家**的研究类型： • 分析的（剖析的） • 隶属的（层级状） • 理性的（系统的） • 抽象的（演绎的） • 追求目标的"决策树型思维"	用来对**西方国家和日本**进行比较的研究类型： • 兼收并蓄型的"螺旋上升类型"	在**日本**的研究类型： • 综合的（整体的） • 协调的（和谐的） • 直觉的（类推的） • 具体的（归纳的） • 整体性的"笼统型思维"
⑤ 分析范式	**自然科学**的要求：对**测量**结果进行跨文化的检验（**理性主义**）*	**社会科学**的要求：既对经历进行理解，也对测量结果进行一定程度上的跨文化检验（乐观的现实主义）	**人文科学**的要求：对主观经历进行**理解**（**历史主义**）*
⑥ 比较研究的方式	依据一些选出的**维度**对**部分**领域进行**比较**	依据相关选出的**维度**而全面比较	在整体层面上**全面比较**
⑦ 样本大小	随机抽样	"适当抽样"	范例（个案研究）
⑧ 研究方法	仅仅运用"过硬的"研究方法（如广泛的测量）	交替使用"软"和"硬"研究方法	仅仅运用"软"研究方法（如个人经验）
⑨ 数据分析的目的	寻求**文化间的共同点**	寻求**文化间的共同点和差异**	寻求**文化间的差异**

我们对表 1-17 中带"*"号的两个概念——历史主义和理性主义作一简要介绍。历史主义（Historismus）一词最早是德国人评价意大利思想家维科（G. B. Vico）1725 年的著作时所用。维科认为历史是循环进化的，但一国的观念、制度、价值观完全受自己历史发展所决定。德国《哲学词典》1955 年版中将历史主义定义为："根据事物、事件、现象所借以产生的具体历史条件，从事物、事件、现象的发生和发展中对它们进行研究。"这一学派认为每个国家都有其个性，代表一种个别的精神，而无共同的历史可言。并在方法论上强调历史是不可重复的，历史事物具有单一性和相对性，不能像自然科学那样用普遍规律或模式进行推理研究。

与此相反的是理性主义。在欧洲近代的古典经验主义和理性主义哲学家那里，理性通常是作为对知识的直觉能力或是对经验的归纳能力出现的。波普尔却一反这种传统的理性观，认为"我们的理性能力只不过是批判的论证能力"，知识并不从观察或实验出发，理性不表现为通常所认为的那种运用于观察或实验之中的推理能力。理性的就是批判的。

在文化人类学中，文化理性（Cultural Rationalization）是指一种文化或亚文化提供的、旨在为其制度中的自相矛盾之处辩解的理性化陈述[①]。文化理性就是为矛盾的

---

① 芮逸夫，《云五社会科学大辞典（第十册）·人类学》，台湾商务印书馆，1980 年。

社会规范和价值标准提供合理的理由,以供群体内化和接受。在组织文化研究中,注重实证的理性主义和注重个体解释的历史主义方法加以融合,可以帮助我们更好地理解组织文化。

表 1-16 和表 1-17 全面反映了两者的差异和"第三条道路"的优势,当前研究组织文化的方法,正是这两门学科中的方法的综合。其中,文化人类学的方法主要包括以下五种(我们在第二章还要详细介绍)。

1. 文化普遍主义和文化相对主义的综合

在人类学中,文化的普遍性(Cultural Universal)亦称"文化的普通模式"、"文化公分母"、"文化常数"。指在全人类的各种文化中所存在的共同性文化因素。在绝大多数人类学实例中,文化是为满足人们各种需求而产生的。由于人类的需求有部分是相似的,因而,由此产生的文化因素也有相当部分具有共同性,这种共同性即为文化的普遍性。而文化相对性(Cultural Relativity)是指:任何一种行为,必须首先由其在一独特文化结构中所处的位置,及其与此文化的价值系统关系来加以判断。由于文化具有独特性,事实上我们不应该对文化加以比较,并且给予评价。因为每一种文化都具有各自的特点,对文化的考察必须放在文化所处的整个系统之中。

具体到组织行为学研究中,我们也能看到:组织行为学寻求的是"规则",采取的是文化的普遍主义思想,即组织中文化有共同点或者存在可以比较的因素,强调文化的共同标准和作用。而人类学家采取的是文化的相对主义思想,即任何文化,即使有共同的构成要素,其表现都是特殊的,具有相对意义的。文化不存在共同的评判标准,人类文化现象也不会完全遵循一种标准。文化相对主义是直接涉及文化价值判断的方法和理论,是文化人类学的核心。它认为任何一种文化都有自己的特征、个性。在过去、现在和将来,任何文化在价值上都是平等的。我们不能用普遍、共同、绝对的标准去衡量一种文化的价值。

研究组织文化中,我们要遵循普遍主义,在文化研究中,既要从不同组织文化在共同维度上的差异着手,发现共同规律;也要注重组织之间不同的历史和文化氛围,从而更深刻地去把握组织文化,换言之,也要遵循相对主义标准。

2. 客位方法和主位方法的综合

主位(Emic)和客位(Etic)两词是从语言学来的,引申意义指从两个不同的角度去观察人们的思想和行为。在人类学中,主位研究(Emic Study)与客位研究(Etic Study)是一种独特的研究方法。主位研究,就是要研究者从事件参与者本人的角度去观察,需要研究者摆脱既有的范式的束缚,抛弃文化本位的偏见,去探讨组织中的文化现象,人类学家经常根据外部标准来描述他所观察到的组织文化和其他的文化,找出能够影响人类行为的文化中的基本要素;客位研究,即是从旁观者的角度观察人的行为和文化。

主位方法提供了单个案例,难以进行概括,从以前对组织文化的定义中可以看到,我国学者定义的文化有中国的特色,但是无法"放之四海而皆准"。客位方法则更注重于寻找组织文化的共同点,通过组织文化在价值观上的差异,使得组织文化之间的比较成为可能。事实上,在组织文化研究中,两种方法都在不断被使用。

3. 定性和定量相结合

行为科学研究通常采用的是客位和定量的方法。尽管人类学家也运用了定量方法,但主要的方法还是定性的,人类学家甚至认为文化应该完全使用定性的方法来定义。在另一方面,行为学家不仅对于借用人类学的文化概念很感兴趣,而且对于人类学的民族志(Ethnography)方法也同样感兴趣。两门学科实际上都在互相取长补短。

传统的人类学方法是使用有关人类行为的数据和他们通过实地调查使用民族志的方法搜集而来的经验数据,从而理解为什么人类会像他们所做的那样行动,什么对一个特殊群体是唯一的,以及人类在全世界范围内的实践是如何被解释的。这个目标要求人类学家对这一群体中大多数成员所共享的行为和价值观进行观察,并对它们与群体规范的关系进行解释;与此同时,他们从行为学角度去解释一个特殊的个体行为为什么会以特殊的方式表现出来。解释它们存在的原因及它们与确立起的规范的关系正是人类学的工作。

总体上讲,对于组织文化的研究分为定性和定量两种方法,前者多为文化人类学的方法,后者为组织学的研究方法,两者之间相互影响、相得益彰。

4. 功能主义和象征主义相结合

功能主义源于社会学中的结构功能主义。按照这个分析范式,在维持组织体系时也必须满足组织体系在文化上的功能要求,并以此作为确定文化结构要素的依据。那些满足文化功能要求的特定部分,如组织的文化活动、文化载体等,都被看作组织文化的一个分支。正是由于组织体系依靠这些功能上相互依存、互为条件的关系,才能够维持组织文化的存在。民族文化、组织文化层次性也在此基础上发展而来。

而文化人类学有关个体和民族的研究,有助于对群体和整体的把握。人类学认为:每一种人类文化都包含一套通用的要素——生存模式、宗教、经济系统、政治系统、一种语言、社会结构和艺术。

总体上讲,文化人类学是一种象征主义的观点,认为组织文化是概念化的隐喻,组织本身就是一种文化现象;而组织行为学则是一种功能观点,即文化是在组织水平研究的又一个变量。

【专栏】

组织文化研究方法

台湾郑伯壎教授介绍组织文化研究时,整理出一张关于所有组织文化研究的图形(见图1-2)。

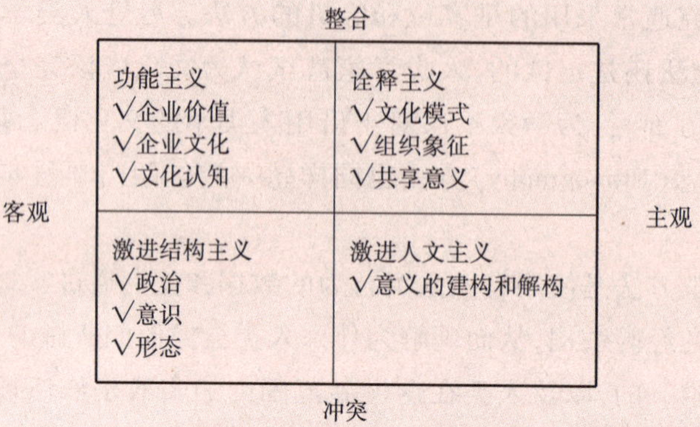

```
                        整合
        ┌─────────────────┬─────────────────┐
        │ 功能主义        │ 诠释主义        │
        │ √企业价值       │ √文化模式       │
        │ √企业文化       │ √组织象征       │
        │ √文化认知       │ √共享意义       │
客观    ├─────────────────┼─────────────────┤    主观
        │ 激进结构主义    │ 激进人文主义    │
        │ √政治           │ √意义的建构和解构│
        │ √意识           │                 │
        │ √形态           │                 │
        └─────────────────┴─────────────────┘
                        冲突
```

图1-2 现行各种组织文化研究的归类图

在图1-2四个象限中,第一象限可以称为诠释主义(Interpretative Paradigm)的组织文化研究,包括了共享意义、组织象征等方面的研究;第二象限为功能主义(Functionalism Paradigm),涵盖了企业文化、企业价值、文化认知等方面的研究;第三象限为激进结构主义(Radical Structuralism),包括了政治、意识、形态的文化研究;第四象限为激进人文主义(Radical Humanism),包括了意义的建构与解构的研究,涉及的是后现代的组织文化探讨。

现行的组织文化研究大都集中在功能主义与诠释主义的研究上,其中又以功能主义为主流①。功能主义或实证主义的研究,是将文化作为组织所拥有的事物(Organization has Culture),研究方法上是将文化作为一个变量加以操控或者预测,多采用客位的研究;而诠释主义是将组织本身就视为一种文化现象(Organization is Culture),组织行动是基于成员间共有的意义上,因此应该从成员间订立意义的过程加以研究。这些研究的最大贡献是提供了另一种分析范式,多采用主位的方法。由于这一派认为文化具有特殊性,所以多用质化的方法加以研究,以表现出当地人的观点(Native Point of View)②。

---

① 郑伯壎、郭建志、任金刚,《组织文化:员工层次的分析》,台湾远流出版社,2001年,第6—7页。
② 同上。

5. 个体主义和整体主义的结合

"个体主义"（Individualism）和"整体主义"（Holism）两种截然不同的文化预设必然会在方法论层面上有所体现，并由此形成方法论个体主义与方法论整体主义之间的差异与争论。方法论个体主义认为文化最终可还原为个体以及个体之间的互动，并可以通过后者来得到解释。因此，文化是不具有实体性的抽象名词，它必须由个人的动机和行为来说明和解释，不能由自身的整体性质来解释，而应该以组织中的个体为研究对象，以个体间的种种互动行为作为研究的出发点。方法论整体主义则认为，文化只能由抽象的、普遍的本质加以说明而不能归结为个人因素。因为组织中存在着集体意识、集体特征，它们具有外在性和强制性，必须把它当作一种客观事物，所以，必须重视整体研究，主张摒弃个人的主观因素，对社会现象做客观的描述。因此，行为学家主要集中在组织的个体层面（群体和组织层面）展开研究。而人类学家则是把人类的行为（包括体制、社会、文化，甚至心理）的所有方面联系起来研究，这是文化人类学的一个特点。

人类学家把文化看作是包括所有的观念、行为和物品的整合。因此组织的实际存在（如自动集会或软件开发）、组织的各个系统（如会计和市场）、组织结构和管理程序都是组织文化的要素。在组织的每一个群体模式中可以寻觅文化的踪迹。这是文化的整体主义的特征。而组织行为学研究的目标通常是帮助管理者更好地管理组织，因此将研究更多地集中于管理者以及被管理者，将组织文化作为一个变量，醉心于文化的测量。而人类学家着迷于实地调查（包括参与观察，Participative Observation），这是人类学家最擅长的。在研究组织文化时，和我们论述的一样，超越个体主义和整体主义的融合方式在研究组织文化中都是必要的，阅读过第二章后我们就能理解这一方法。

【人类学关键词】

1. 组织文化（Organization Culture）
2. 文化律（Cultural Law）与文化规律（Cultural Regularities）
3. 文化人类学（Cultural Anthropology）
4. 文化资本（Culture Capital）
5. 主位研究（Emic Study）与客位研究（Etic Study）
6. 功能主义（Functionalism）和诠释主义（Interpretative Paradigm）
7. 个体主义（Individualism）和整体主义（Holism）

【复习思考题】

1. 组织气氛和组织文化的差异有哪些?
2. 为什么说组织文化学是一门科学?
3. 组织文化学通常有什么样的研究方法?
4. 布迪厄的文化资本和社会资本对于分析组织文化有哪些启示?
5. 组织文化有规律可循吗？结合本章内容谈谈你的看法。

【应用案例】

审计文化——公共部门组织文化建设的启示

在我国,越来越多的公共部门如同企业一样,引入了与企业文化异曲同工的组织文化。2010年6月,中国人民大学公管学院还专门举办了"公共部门的价值观与组织文化建设"的研讨会。以下是来自一家地级市的审计局的组织文化建设的实例。

在中国,"审计是国家预算的看门人!"我国审计事业经过20年的探索、实践,开始步入成熟期,正面临着总结经验、开拓创新、不断深化、寻求进一步发展的新阶段。

然而,政府的审计机构如何与组织文化相连呢?经过全体成员的广泛谈论,最后达成如下共识:审计部门的文化属于一种职业文化,它是审计部门及其人员在履行法定职责、实施经济监督行为时所恪守的理念、所追求的价值、所遵循的规范、所展示的形象。因此,审计机构的组织文化最主要的价值观应为:独立、依法、公正、进取、奉献。这种审计部门特有的价值观,一方面规定了审计存在的合理性,保证着审计的发展方向;另一方面使审计与纪检、监察、工商、税务、财政、统计等不同组织文化系统明确区分开来,有着特定内涵的审计精神,来源于审计工作实践,又在实践中不断发展和完善,在其形成过程中,既吸收了中国传统审计组织文化中的精华,又借鉴了外国审计组织文化中有价值的成分,因而是具有中国特色的、有时代特征的先进文化。

可见,作为组织文化系统的一个分支,审计部门的文化具有一般文化结构学上的全部特征,同样可分为物质文化、制度文化、行为文化和精神文化等结构层次。物质文化和精神文化构成重要的两极,而制度文化和行为文化处于物质文化、精神文化之间的中介地位。制度文化主要是与一定组织的活动方式相联系,而行为文化主要与个人的活动方式相联系。它们作为中介环节,外与个人或者一定组织的物质需要、实际效益相连接,内与个人或一定组织的精神需要、价值追求相沟通。如此,四个部分由外到内,由浅入深,共同构成了一个完整的组织文化系统。其中,精神文化就是上面讨论的审计精神,它占据核心位置,处于支配地位,是规定审计之为审计的最终价值观。而物质文化、制度文化、行为文化则分别表现为审计设施、审计法规、审计形象等,是审计精神的感性显现形式。因此,文化研究中的功能学派认为,文化在其整个进化过程中所起的根本作用,首先在于满足人类最基本的需要。这种需要主要有两种:一种是生物性需要,一种是社会调适需要。美国心理学家马斯洛认为人的需要是分层次的,由低到高分别是生理需要、安全需要、归属需要、尊重需要和自我实现的需要。"当人的生理需要得到基本满足后,其他更高一级的需要就出现了,而后者是起着主导作用的。"①这些论述,对于今天审计组织文化建设具有重要的启示意义。基于此,该市审计局在组织文化建设中应做到以下几点:

(1) 既关心群众生活,又提倡艰苦奋斗,物质文化建设要求真务实。前面说过,物质文化在整个审计组织文化系统中占有重要地位,是审计组织文化系统存在和发展的必要的物质基础。因此,作为县级审计机关一定要从审计事业长远发展的高度来认识审计组织文化建设的重要性,积极争取政府支持,加强各方面协调,多方筹措资金,建设较为完善的基础设施,为优质、高效地开展审计工作提供保证。同时,要把群众的冷暖时刻放在心上,安排好应有的福利待遇,解除他们的后顾之忧,最大限度地调动广大审计人员的积极性。但在物质文化建设中要注意以下几点:一是求真务实,一切从实际出发,从现有经济条件出发,以满足工作需要为原则,严禁贪大求洋,铺张奢靡;二是牢记"两个务必",提倡艰苦奋斗,反对享乐主义和拜金主义;三是强化成本效益意识,力争少花钱多办事。要加强审计成本核算,减少费用开支,通过改善内部管理,提高工作效率,做到以最小的成本获取最大的效益。

(2) 既要抓制度制定,又要抓制度落实,制度文化建设要注重实效。审计制度体系是为保证审计组织目标的实现而设立的,审计组织目标不是一成不变的,而是随着社会需要的不断变化而随时作出调整,因此,审计制度文化建设也不是一

---

① 〔美〕马斯洛,《人的动机理论》,华夏出版社,1987年。

劳永逸的。适时出台新的制度规定,定期对现有制度进行清理修订,以保证制度的先进性,才能有效适应外部环境要求和内部情况的变化。在制度建设方面,一是要注意覆盖面,使各个岗位、各个环节都有规可依、有章可循;二是制度之间要相互衔接,不能彼此矛盾,让人无所适从;三是狠抓落实,注重实效。就该市审计局而言,不是缺少制度,而是重制定,轻落实,满足于把制度印在纸上,贴在墙上或发到手中,但究竟执行得怎样,却没有保证措施,制度成了某种应景的东西,没有发挥应有的作用。要杜绝此类现象,真正把制度落到实处,应从以下方面入手:① 领导带头。领导干部率先垂范,会产生巨大的带动效应。② 典型引路。树立遵守制度的模范,发挥榜样的无穷威力。③ 专职督查。设立专门机构或人员对制度执行情况及时进行督导检查,并将有关情况公之于众。④ 奖罚机制。通过奖优罚劣,发挥激励和约束两个机制,从而形成一种强有力的导向[1]。

(3) 既培养道德情操,又促进全面发展,行为文化建设要以人为本。人只能在一定的特殊范围内活动,这个范围是强加于他的,他不能超出这个范围。这就阻碍了人的个性的全面发展,使人具有片面性。因此,审计行为文化建设要以人为本,以促进人的全面发展为依归。行为文化建设具有潜移默化的特点,是一个长期濡化、养成的过程。

(4) 既强化外部教育,又引导自我修养,精神文明建设要双管齐下。以审计价值观为核心的审计精神文化具有法定性、实践性和可塑性的特征。其法定性是指,对于审计组织及其人员来说,审计精神不是可有可无的,而是不以其个人意志为转移而必须具备的,否则就不是合格、称职的审计组织及人员,就完不成其所承担的组织目标和角色功能。其实践性是指,审计精神的体现是通过审计主体的具体实践来完成的,并在实践中得到检验和发展。离开了实践的审计精神只能是抽象的教条;离开了先进审计精神指导的实践,只能是脱缰的野马。其可塑性是指,审计精神是为全体审计人员共同承认并奉为圭臬的价值体系,从承认、接受、内化到自觉作为准则,需要一个过程。在这个过程中,如果正确的、先进的、健康的审计精神不去占领审计人员的头脑,错误的、落后的、有害的审计精神就必然会去占领。如此,内外结合,双管齐下,就可以构建审计部门中的组织文化。

---

[1] 根据某市审计局2008年岗位责任制汇编而成。

【案例讨论与练习题】

1. 任何社会组织,包括政府部门都存在可以感知到的组织文化,您同意这种说法吗?
2. 公共部门的组织文化和企业常说的公司文化有本质上的差异吗?

第二章 组织文化的理论基础

【本章要点】

通过对本章内容的学习,你应了解和掌握以下内容:

- 人类学的几个主要分支
- 文化人类学产生和发展的历史
- 文化人类学主要流派的主要观点
- 文化人类学的研究方法
- 组织文化从兴起到发展的历史线索
- 组织文化兴起的历史背景
- 组织文化在兴起之后,近期的新发展
- 组织文化在我国的发展历史

【篇首案例】

从文化人类学的角度解读贝塔斯曼的中国之殇

贝塔斯曼公司最初由贝塔斯曼家族创建,1835年摩恩家族把它发展成为贝塔斯曼集团。经过多年的发展,贝塔斯曼从一个家族式的印刷企业挺进世界传媒领域,变成了叱咤风云的全球六大传媒集团之一。贝塔斯曼集团包括六个子集团:在全球拥有5 500万会员的贝塔斯曼直属集团;欧洲最大电视广播集团——RTL集团;全球最大图书出版集团——蓝登书屋;欧洲最大、世界第二的杂志出版集团——古纳亚尔;世界音乐和行业信息市场领袖、美国排名第一的单曲唱片发行公司——贝塔斯曼音乐集团(BMG);欧洲最大传媒服务供应商——欧唯特服务集团。其电视业务居欧洲第一,互联网业务居全球第二,大大超过了迪斯尼、新闻集团和维亚康姆等几个世界著名的传媒公司。2006年,凭借"书友会"打遍天下的贝塔斯曼,营业额达到193亿欧元,相当于中国整个文化产业总值的1/3①。

贝塔斯曼对开辟中国市场早就寄予厚望,并实施跨国集团兼并中常用的手法"本土化战略"——以"书友会"的形式轻轻叩开中国市场的门扉。早在1993年德国总理科尔首次访华时,贝塔斯曼公司的代表就作为访华团成员来到中国。1995年贝塔斯曼与上海中国科技图书公司合资建立了上海贝塔斯曼文化实业有限公司,并与中国科技图书公司合作成立了贝塔斯曼书友会。书友会举办各种研讨会、征文比赛、系列讲座、书友征文和笔会等,为读者提供更多、更新的权威图书信息,免费赠送杂志等,推出了轻松便捷的订购方式和一系列周到的服务。1996年贝塔斯曼音乐集团(BMG)在北京设立办事处。13年的时间里,他们让中国的读书人硬生生地记住了贝塔斯曼这个拗口的名字;他们在中国有了150万的会员,创建了中国最大的图书俱乐部;他们的年营业收入达到1.5亿元人民币;他们几乎把旗下所有业务都见缝插针地搬到了中国②。

但成功还是没有如期而至。2008年6月13日,贝塔斯曼宣布关闭分布在全国的38家21世纪连锁书店,而旗下负责书友会和BOL业务的直接集团也逐步解散,全部高管已经离开中国。

---

① 常晶,"贝塔斯曼——风流总被雨打风吹去",《经济生活》,2008年第8期。
② 刘静,"贝塔斯曼倒戈的标本含义",《观察与思考》,2008年第7期。

在20世纪末,贝塔斯曼新颖的图书销售模式对当时仍然停留在传统卖书的新华书店造成了极大的冲击。而今,贝塔斯曼——这个曾经在中国图书业无比响亮的名字,却在中国热闹的奥运年,带着无法解释的仓促和难以掩饰的遗憾悄然离去,最终散落在历史的扉页里。贝塔斯曼在中国之所以水土不服、败走麦城,从文化人类学角度来看,有以下几个方面的原因。

1. 差异化的读书习惯

在欧洲,去书店买书、看书是人们习以为常的生活习惯,人们自然地把它当作日常生活的一部分,因而,高书价、低房租也是贝塔斯曼实体书店在欧洲遍地开花原因。但是在中国,读书是部分群体的生活习惯。居高不下的房价,微薄的图书利润,"反向剪刀差"剪掉了贝塔斯曼的生存之本。另外,在欧洲,基本上人人都保持了终身阅读的习惯,贝塔斯曼书友会在西方国家的主要读者是34—54岁的中年人。他们通常拥有良好的教育背景,具备优越的经济条件,他们从图书中获得消遣、知识和阅历,借此扩大眼界。无疑,这些读者代表着一个成熟的市场。他们热爱书籍,热衷汲取知识,提高自己。而在中国,最大的读者群是15—25岁的学生,至于年纪再轻的,则还未成熟,而年纪再大的,则没空看书。中国人的年图书阅读率(每年至少读一本书的读者在识字者中的比例)仅为34%。这个数字在1999年是60.4%,到2003年还有51.7%,至2005年时就降为48.7%,首次跌破了50%。

2. 差异化的读者群体[①]

欧洲和中国关于"读者"的定义是有所差异的。在欧洲,贝塔斯曼法国书友会董事长Joerg Hagen把其典型的会员定义为"一位两个孩子的母亲,喜欢看畅销的平装版罪案和言情小说"。而在中国最典型的大众读书群体则是"一个大学生,喜欢青春励志书或者是职场规则读物的粉丝"。由于照搬欧洲的模式,错误地估计了中国的读者群体,导致贝塔斯曼在会员书目推荐上备受冷落的结局。

3. 差异化的书友会

贝塔斯曼实行会员制,书友会是其一种主要形式。然而,书友会的形式在欧洲和中国也是有着很大的不同的。例如,在德国,书友会不仅受到那些爱听德国民乐、持传统思想的老人欢迎,对任何一个年龄层的家庭成员都有足够的吸引力。而在中国,书友会成员以学生居多,曾经有位贝塔斯曼德国总部高管来到中国的贝塔斯曼书友会门店,看见领着孩子的家长,兴奋地喊道:"看啊,我们的顾客把他孩子也带来了!"而在一旁陪同的中国员工连忙纠正:"不,这些青少年才是我们

---

① 欧晓军,"贝塔斯曼的中国之殇",《青年记者》,2008年第11期。

的顾客!"这意味着中国书友会的流动性大、不稳定性大,这与欧洲以家庭为主的书友会有着本质区别①。

4. 法律、政策的影响

法律、政策是一个国家民族文化以及所倡导的价值观的突出表现。在国家政策方面,中国政府明文规定禁止外资独资在华开展图书出版业务,加入 WTO 以后,虽然政策上有所放宽但俱乐部仍不可以获得出版权,只能卖中国版图书。而国外俱乐部可以专门向出版社购买版权,出俱乐部版图书,价格通常只有市面图书的6折。在中国,贝塔斯曼没有出版权,其产品与本土企业并无区别,自然也没了比较优势。尽管贝塔斯曼也曾试图以各种合作方式插手图书产业链的各个环节,但是它始终受工商局注册的合作伙伴和政策的限制,无法发挥其舶来者的优势。

综上所述,贝塔斯曼在中国市场失败的原因既有导致传统媒介集团失败的各种因素,又与对新兴媒体缺乏有效全面的认识有关。然而,对中国政府政策的误读、单纯地复制国外成功经验,是其败走麦城的主要原因。从文化人类学角度来看,忽视不同组织文化间的差异,没有采用科学的研究方法研究不同的文化,例如参与观察法进行研究,是其失败的主要原因。

退出并不意味完全失败。贝塔斯曼在中国打拼的13年,他们所体现出来的宝贵品质——耐心与执著,是值得中国企业学习的;他们在经营中的眼光和创新,是值得我们好好参悟的;他们的全球化经营、本土化执行的策略,是未来传媒事业发展的必然趋势。

俗话说"南橘北枳",贝塔斯曼在中国的败走,应给外资在中国的经营带来一定的警示。外国公司应注重与当地文化的融合,实行"本土化"战略,选择恰当的文化人类学研究方法,运用到企业具体的实践中去。本章会为大家介绍文化人类学常用的研究方法,以及组织文化的其他理论基础。

前面一章我们探讨了什么是组织文化,以及组织文化的研究对象与研究方法,接下来我们将重点介绍组织文化的理论基础。构成组织行为学理论基础的学科几乎都是研究组织文化的基础,如心理学、社会心理学、人类学、政治学、管理学等。考虑到社会学和人类学几乎相同的诞生时间和相互交叉的特点,本书将文化人类学作为组织文化的理论基础之一;组织文化研究的另一理论基础是组织行为学。从这两门学科的起源、研究内容,我们能够清楚地看到组织文化主要的研究内容。

---

① 吴珉,"浅析贝塔斯曼书友会败走中国的原因",《科技经济市场》,2008 年第9期。

第一节 文化人类学与组织文化

一、人类学的起源及其分科

(一) 人类学的起源

人类学的思想从古希腊产生,到现在已经有几千年的历史了。由于人类学的本质和理论发展的复杂性,再加上它在近、现代的迅速发展,历史上各家各派的代表人物都曾对这一概念给过自己的定义。

在第一章我们给定了本书人类学的定义。回溯其他的人类学定义有助于我们了解文化人类学的来龙去脉。如美国著名的人类学家洛威尔·D·霍尔姆斯和瓦纳·帕利斯合著的《人类学导论》对人类学的定义概括为:"人类学(Anthropology)是研究从史前时代到当代人类的体质和文化发展的一门学问(其中 Anthropology——由意为'人'的希腊文 Anthropo 和意为'系统的研究'或'科学'的希腊文 Logia 构成)。"人类学也是寻求关于东西方人的状况和社会发展问题的答案的一门科学。传统的人类学被描述为一种宽泛的规范,它的许多特点也显示在生物学、社会和人体科学之中,甚至被认作是一个人文主义学科概念,它关心艺术、文学、音乐和舞蹈、价值观念和哲学体系等问题[1]。

值得一提的是,研究文化的组织行为学家和研究组织人类学的两位著名学者马克·J·斯瓦滋和大卫·K·乔丹(Marc J. Schwartz & David K. Jordan)合著了《文化:人类学的展望》一书。他们对人类学的定义为:"人类学试图描述和阐释人类从最早的人前(Pre-human)时代的先祖到有历史时期和社会的生活状况和方式。人类学延伸到社会科学、生物科学和人文科学。它涉及范围广泛而且关心世界各地的人们并从实际研究中区分他们。它以'文化'的概念作为依据的基础并用跨文化比较(Cross-cultural Comparison)来区别研究它们间的不同。""人类学专注于研究人和文化的实质……人类学关心人的生活方式,以及这些方式在各时代的发展,并关心人类身体的发展和身体的发展对他们生活范式的影响。"[2]

日本自20世纪以来对人类学的研究就十分关注,特别是在人类学中的民族学、民俗学和应用人类学上取得了显著的成绩。《日本文化大辞典》中对人类学的解释

---

[1] Lowell D. Holmes & Wayne Parris, *Anthropology, An Introduction (Third edition)*, NY: John Wiley & Sons, 1981, p.3.

[2] Marc J. Schwartz & David K. Jordan, *Culture: The Anthropological Perspective*, NY: John Wiley & Sons, 1980, pp.38-39.

是:"人类学:为人类研究一切事项之科学也。主要有下列内容:(1)人类的特征;(2)人类的地位;(3)人类的由来;(4)人类的系统;(5)人类的地理分布;(6)各种族性质的异同及其原因;(7)人类的文化;(8)人类的改良。因此人类学与生物学、心理学、社会学、历史学、地理学、遗传学等均有密切的关系。"①

国内学者童恩正认为:"人类学的特点,就在于它是从各个方面综合地考察人类的一门科学,是一门研究人类的生物性及其文化的发生、进化和当代的变异的科学。"②

综合以上的几种定义可以看出,人类学作为研究人创造的一切文化的学科,是在历史环境中不断演变的。

(二)人类学的分科

在美国,人类学被分为四个分支,即体质人类学、语言人类学、考古人类学和文化人类学。在英国,人类学也被分为四个分支,但常常用社会人类学来指代文化人类学。而在德国和奥地利,人类学仅指英美所称的体质人类学,与文化人类学相对应的是民族学。这里的民族学,主要研究的是民族文化史,以及史前考古学。日本在二战之前对人类学的用法与德奥相同,但是战后受到英美文化的强烈冲击,文化人类学的名称开始普及,现在是文化人类学与民族学同时使用。在中国,由于学术传承的不同,不同的大学、研究机构对人类学分类也不尽相同。总体来说,人类学的各分支的概括如图2-1所示。

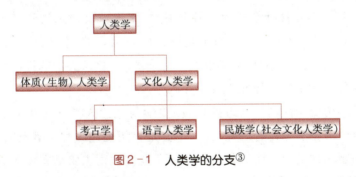

图2-1 人类学的分支③

1. 体质人类学

人类学与生物学不同,主要研究人类起源、人种、人体形态等三个部分。可以说,体质人类学研究的是人类及相关的灵长类动物的体质发展过程中与自然和社会环境的关联。我国将体质人类学的研究列入自然科学的研究范畴。

---

① 《日本文化大辞典(一)》,上海人民出版社,1962年,第757页。
② 童恩正,《文化人类学》,上海人民出版社,1989年,第4页。
③ 〔美〕威廉·A·哈维兰著,翟铁鹏、张钰译,《文化人类学》,上海社会科学院出版社,2006年。

2. 文化人类学（民族学）

文化人类学的主要任务是解决人类生存和发展过程中的三大重要关系：（1）人与自然的关系，这是最基本的关系，是人类生存的前提，涉及物质文化；（2）人与人的关系，这是人之所以为人的根本内容，人不能离开社会单个地存在于自然中，而社会就是人与人关系的体现；（3）人与心理上的关系，欲了解个人就离不开了解心理。

3. 语言人类学

语言人类学是着重考察人类各地语言使用与文化关系的分支学科。语言人类学者不仅把语言视作一种交际工具和思维模式，更重要的是将其视为行动的形式。

4. 考古学

考古学家试图发现和研究所有的人类活动遗迹，通过这些遗迹来了解和复原人类的活动，来了解人类与其环境所构成的关系。

随着社会的发展，研究领域不断扩展，人类学的分支也就越来越多，如医学人类学、应用人类学、计算机人类学、教育人类学、都市人类学等。

二、文化人类学的发展

文化人类学是研究人与文化的科学，也可以说是从文化的角度研究人的科学。美国学者，霍尔姆斯（W. H. Holmes）于 1901 年首先提出文化人类学这一名称。权威的《简明不列颠百科全书》将其定义为："研究人类社会中的行为、信仰、习惯和社会组织的学科"[①]。英国《社会科学百科全书》也指出："文化人类学关心的是作为社会存在的人及其习得的行为方式，而不是遗传的行为方式。"[②]虽然文化人类学的研究早已有之，但一直是与体质人类学混在一起研究，文化人类学的提出就是为了区别于从生物特性角度所研究的体质人类学。

文化总是和历史相伴的。在近期内，历史学与文化人类学之间最显著的差异仍在研究方法上。历史学工作者研究历史，主要是靠历史记载和文献资料，他们对于时间先后顺序问题非常重视。而文化人类学的研究方法则主要是文化人类学家亲自到当地去观察、访问和直接参与各种文化活动。根据现有的活的事实、情况和情节，尽可能地记录、保存下来，然后再用各种方法和技术，进行分析、比较和研究，并得出理论评价。简言之，历史学研究"文化化石"，文化人类学研究"活的文化化石"。

文化人类学作为一门独立而完整的学科，虽然至今只有数百年的历史，但是其相关内容的研究却在很早以前就已经开始。对人类的研究可以追溯到两三千年以前，

---

① 《简明不列颠百科全书》，中国大百科全书出版社，1986 年，第 260 页。
② 库珀，《社会科学百科全书》，上海译文出版社，1989 年，第 161 页。

在古希腊、古罗马以及东方文明古国的文献中,就有对人类种族、民族等情况的记载,当然,这些记录是零散的,真正科学意义上的人类学研究只有百余年的历史。

在中国,有关人类社会发展规律以及边远民族情况的记载很早以前就出现了。《礼记·礼运》中,系统地记载了从"天下为公"的原始社会到"天下为家"的阶级社会的发展。《春秋·左传》中记载了不少关于夷、戎、蛮等边地民族的史料。《诗经·尔雅》中解释了中国亲属系统,《风俗通义》是全世界最早的有关民俗学的著作。汉代司马迁所著的《史记》,系统地为少数民族立传,内容涉及生产、生活、服饰、信仰等各个方面,堪称世界上最早、最完备的民族学著作。以后又有不少书籍记载少数民族的情况,如《后汉书》、《三国志》、《溪蛮丛笑》、《峒溪纤志》等。另外中国的许多地理书籍也记载了历史传说、民情风俗、居民种族等,如《水经注》、《华阳国志》、《天下郡国利病书》等。

而真正意义上的人类学研究始于欧洲,法国率先于1839年成立了巴黎民族学学会,英国、美国、意大利等国也相继建立了人类学、民族学和史前史方面的机构。从此,有了系统的人类学研究,涌现了一批专业人类学家,出版了大量的人类学论著和刊物,形成了一系列有关人类及人类文化的理论。

人类学理论和方法的日益完善,使得人类学知识在实际生活中的作用也越来越显著。特别是从第二次世界大战以来,应用人类学得到了长足的发展,其触角伸展到人类社会生活的各个层面,形成了工业人类学、医学人类学、心理人类学、宗教人类学、政治人类学等一大批应用分支,如工业人类学(Industrial Anthropology),创始人为哈佛大学的梅奥和华纳(Elton Mayo & Lloyd Warner)以及他们的学生查培尔(Elliot Chapple)等人。工业人类学的基本观念基于对人际关系的了解,认为一个集体,不论是工厂还是商业组织,其人际关系的模式是决定其生产及工作效率的主要因素,因此工业人类学应用参与观察方法,以研究人际互动,一边了解每一群体中人与人的关系模式,进而寻求解决其间所发生的问题。以这种观念和方法用于工厂的研究,最有名的例子是1929—1932年在芝加哥西方电器公司霍桑工厂所作的试验。在其他应用领域,许多国家成立了应用人类学的机构,充分体现了当代人类学参与人类社会生活、介入社会文化变迁的意识。

三、文化人类学的主要理论对组织文化研究的启示

在文化人类学百余年的发展历程中,出现了众多的理论流派,一时间各门各派独树旗帜,可谓百花齐放、百家争鸣。他们大都各有家门,不仅在理论上都自成体系,而且在组织上多有师承门生关系,故被称为学派。中国人民大学人口与社会学院夏书章教授将其归纳为古典进化学派、传播论学派、历史特殊论学派、结构主义学派、功能

主义学派、新古典进化学派、象征主义学派、解释主义学派等 10 大学派①。本书在勾勒人类学编年史的同时,更多地着墨于这些流派对于组织文化研究的意义。

(一) 古典进化论学派

这一学派也称为早期进化论学派。这一学派包括 18 世纪孟德斯鸠等的启蒙思想、19 世纪以达尔文 1859 年《物种起源》一书的出版为标志的生物进化学说以及社会进化论。人类学的古典进化学派后期以斯宾塞(Herber Spencer)、泰勒(Edward Tylor)和摩尔根(Lewis Henry Morgan)为代表,直接影响到人类学后来发展的一些理论。泰勒把人类文化的发展史看作自然史的一部分。一方面,较高级的状态是从较低级的状态发展而来的;另一方面,通过进步发展而获得的文化可能会由于退化而丧失。在泰勒看来,进步是第一位的现象,退化则是第二位的。当时学术界和社会思潮中存在"退化论"的论调。这种观点认为,人类文化的早期是一种"半文明的状态",之后,人类向两个方向发展,一个方向朝"现代文明人"发展,另一个方向朝"野蛮人"发展。泰勒认为,不管是西方还是东方,都朝着进步的方向迈进,只不过西方较早达到"文明"阶段,而非西方则在历史中缓慢前行。

古典进化论的主要观点包括:第一,关心全人类文化的总体发展,而不是某一个社会文化的内部运作,通过整理考古学和民族志资料,推论出人类文化发展的总体进程;第二,单线的进化论,认为人类的文化发展是沿着单一的路线进行的,并不考虑生态环境和人类地理因素对具体进化过程的影响,也就是不考虑人类文化进化中区域性和民族性的方面;第三,强调人类心理能力的一致性及其对文化进化的决定性作用,认为全人类有心理学上的一致性,因而,每个民族都必然经历同样的文化发展过程。此外,在研究方法上,他们采用"文化类比"的方法,把不同的文化现象加以逻辑的排比,经过分析,将各种文化排列为不同的序列,用以代表全人类不同的文化过程。

进化学派的出现标志着人类学的正式诞生,这一学派开创了对文化的科学研究,从而为后来的组织文化研究打下了良好的基础。尽管这一学派将人类社会发展看得过于简单,而且他们所依据的资料是有限的,并且大部分是由非专业人员记录的,但是在理论上功不可没。

(二) 传播论学派

19 世纪末的文化传播学派是在反对进化论"平行发展说"的单线发展思想的基础上形成和发展起来的。人类学的传播学派可分为两个部分,即德奥传播论派和英国传播论派。德奥传播论派以弗里德里希·拉策尔(Friedrich Ratzel)、里奥·弗罗贝

---

① 夏书章,《文化人类学以及流派》,中国人民大学出版社,1997 年。

纽斯(Leo Frobenius)等为代表,英国的传播学派的主要代表人物有威廉·里弗斯(William H. Rivers)、埃里奥特·史密斯(Elliot Smith)等。

比较一下传播论与进化论的区别就可以看到两大流派存在以下的区别与联系:首先,两者是并行不悖的。文化是一个有机体,从其发展进化的过程来看,可以反观文化中的进化与传播意义。印度狼孩加玛拉和阿玛拉于七八岁时被人救出,由于缺乏与人的交往和社会化的文化传播,不但无语言能力,行为也无异于狼。但是在生理上,他们是人而不是狼,这就是有机体的某些进化机制的作用。1989年初,我国南京也出现了一位19岁的姑娘马玲,与她15岁的妹妹、11岁的弟弟一起,他们从降生之日起,便被患有精神强迫症的父亲锁在家中,过着与世隔绝的生活,这种长期缺乏与人交往和沟通的结果,使马玲的智力还不如5岁的儿童,11岁的弟弟马勒的智力仅与1岁的婴儿差不多。尽管他们由于进化的规律,仍然在生理上有人的原型,但由于文化隔绝所导致的结果却使我们看到了文化传播在人的成长过程中的重要作用。文化同人的机体一样,也是有生命的,文化的发展和生存既有内在的进化规律,也与文化的传播与交往关系至深。

传播论学派仍然有其贡献,他们指出了古典进化论学派的一个重要的社会现象,即不同文化之间互相接触、互相作用的模式的区别;人类群体互相适应的方法以及他们适应自然环境的方法之间的区别。传播学派在进行文化比较研究方面是有成绩的,这也为组织文化的研究者提供了理论支持以及结论证据。在研究组织文化功能与文化整合方面,传播学派创立的理论具有很高的应用价值。

(三) 历史特殊论学派

历史特殊论学派也被称为美国文化历史学派,这一学派以美国学者弗兰斯·博厄斯为代表。他的主要论点是:每一个民族都有其特殊的历史,要了解一个民族首先必须了解该民族的历史。有关的理论应该是从这种具体的历史中演绎出来,而不能先提出一个空泛的理论设想。他反对将世界文化的多样性纳入进化论简单的"单一进化模式"中去,提倡文化相对主义,坚决主张研究每一个民族、每一种族文化发展的历史。他明确地指出,衡量文化没有普遍绝对的评判标准,因为任何一个文化都有其存在的价值,每个文化的独特之处都不相同,每个民族都有自己的尊严和价值观,各族文化没有优劣高低之分,文化的评价标准都是相对的。历史特殊论学派探讨的对象和问题各不相同,但都具有共同的特点,即长于批评,讲求实证,只对具体的历史地理范围内的文化进行研究,探讨具体文化的历史发展规律,不作原则性的理论概括。正是在此意义上,该学派才被称为历史特殊论。

从人类学学科发展史的角度来看,博厄斯的贡献巨大。他提倡人类学应分为体质人类学和文化人类学两大学科,后者包含考古学、民族学和语言学等,这一学科分类体系一直沿用至今。不仅如此,他还奠定了描述语言学的基础。值得一提的是,他培养了数量众多的人类学家。从研究方法角度看,博厄斯和这一派的学者基本遵循自然科学的研究方法,十分重视资料的搜集工作,强调以客观主义的态度来对待研究对象和所搜集的资料,反对演绎式的研究方法。这种人类学的研究态度及研究方法为组织文化的研究提供了重要参考。

历史特殊论学派另一贡献在于,他们非常强调文化的特殊性,倡导文化相对主义,即任何一种文化都有其存在的合理价值,否认普遍适用的价值标准。而这正是组织文化研究所应具有的态度,因为任何组织都是独一无二的,它们所形成的文化也是不尽相同,所以在研究组织文化的时候必须强调文化的特殊性,在寻求共性的同时注重对特殊性的分析。

(四) 功能主义学派

在文化人类学各个流派中,很少有像功能主义流派一样对组织文化研究意义非凡的。本章的第二节在这个意义上可以被视为功能主义在管理中的应用。在功能主义看来,社会是具有一定结构的系统,社会的各组成部分以有序的方式相互关联,并对社会整体发挥着必要的功能。社会学的奠基人孔德和斯宾塞在其著作中都有所论述。稍后的代表性人物杜尔凯姆(Emile Durkheim)主张利用民族学的实地调查法搜集资料进行分析研究,提出了社会学的研究方法,主张把社会现象作为社会学的研究对象。他提出了"集体表象"(Collective Representation)、"集体意识"(Collective Conscience)等概念。在《社会劳动分工论》中,他把集体表象定义为"一般社会成员共同的信念和情感的总和"。杜尔凯姆在编写其著作《自杀论》中的过程中实践了这种方法。书中驳斥了以往关于自杀原因的解释,即生理、心理、星象、种族等各种非社会性因素,而是认为其原因主要是取决于支配着个人行为的外在因素,即外部环境。

杜尔凯姆是真正意义上的社会学鼻祖,他提出的实证主义方法准则在经典名著《自杀论》中得到淋漓尽致的阐释,他的理论观点影响了下面将要介绍的英国社会人类学的功能学派和二战之后出现的法国人类学结构主义学派,在此我们先介绍英国功能主义学派。

该学派代表人物是拉德克利夫·布朗,他所构建的人类学理论体系被视为功能学派,但许多人也将其称为结构—功能主义(Structural Functionalism)。他不把文化视作可以直接考察的具体实体。他认为可考察的是实际存在的错综复杂的社会关系网,也就是"结构"。社会结构是个有机整体,社会行为的各个方面之所以存在,是为了保持某个社会的结构,而不是为了满足个人的需要。不同的社会之间之所以产生差异,原因在于各个社会均是用不同的方式来发展自己的结构,用不同的特点来安排社会的各部分。所以,人类学家的职责是发现各类社会的结构。

以文化研究为例,经过"田野工作"后马林诺夫斯基归纳:社会在满足成员特定需求时,存在着特定功能的文化元素之间的互相联结,交织成了一张互相支撑的结构网。这张网络在不同的社会里是各不相同。尽管人类的基本需求相同,满足这种需求的文化却有着差异。

拉德克利夫·布朗进而发现,社会文化的功能并不是主要用来满足社会成员的某种需要,而是为了维持已有的社会结构。社会结构是指整个社会关系网络的总合。人类学研究的目的,就在于发现潜藏于社会表象之下的社会结构,建立结构的模型,再用这种模型去帮助理解社会关系,掌握社会运作的规律。正因为此,拉德克利夫·布朗的理论又被称为"结构—功能主义",对任何一个社会或文化的研究,始于对某个区域周密的调查研究,实证主义的方法论必不可少。但是,这些研究应该立足于从整体、全面的视角来予以把握,不能够单独地考察各个文化单元。

对于组织文化的研究,功能学派的启示首先是以整体联系的方法来把握组织和文化的关系,将文化作为组织的社会需求,承认组织自身就有着文化的诉求,这是组织行为学家津津乐道并孜孜以求的。此外,马林诺夫斯基所创立的参与观察法,至今仍是人类学进行田野工作的基本手段,也是组织文化研究必不可少的方法。

(五)文化与人格学派

"文化与人格"学派又常被称为"文化中的人格"。该学派认为,文化对人格的影响大于生物因素对人格的影响。玛格丽特·米德是文化与人格学派的一位代表人物,她的三部名著《萨摩亚人的成年》、《新几内亚儿童的成长》、《三个原始部落的性别与气质》,开创了美国文化人类学新的研究模式,即对于同一个问题进行系列的田野工作。后来,这三本书汇集成为《来自南海》。

米德24岁那年带着博厄斯的问题"青春期到底是由文化决定的,还是由生理变化造成的"这个问题去了土著部落,开始对萨摩亚人进行田野工作,经过9个月的田野工作,她得出了结论:"以往我们归诸于人类本性的东西,绝大多数不过是我们对于生活于其中的文明施加给自己的各种限制的一种反应。"[①]

如果说米德是文化与人格学派的孕育者,而本尼迪克特则是让文化与人格学派发扬光大的人,她的名字和《菊与刀》——对现代国家国民性的一部主要著作相连。

第二次世界大战期间,本尼迪克特受美国战时情报局委托,利用一个文化人类学家所能利用的技巧来从事日本民族性的研究,提交了一份出色的研究报告。战后,由于美国政府的对日政策以及日本整个局势的发展基本上与这份报告的主旨一致,于是作者就在原报告的基础上增写了关于研究任务和方法以及投降以后日本人的前后

---

① 米德著,周晓虹译,《萨摩亚人的成年》,华夏出版社,1996年,第157页。

两章,以《菊与刀——日本文化的模式》出版,在全世界引起了巨大反响,成为文化人类学直接应用于现实的杰出范例。

正如作者自己所说,《菊与刀》并不是一本专门论述日本宗教、经济生活、政治或家庭的书,而是探讨了日本社会的基础、日本社会中人与人之间维持关系的主要要素和日本人人格形成的童年经验。在《菊与刀》中,本尼迪克特将在研究部族社会过程中形成的文化模式和文化与人格理论,扩大应用到分析近代日本这一大型文明社会,把找出隐藏在日本人行为背后的原则作为自己的研究任务,通过对等级制度、恩与报恩、义理与人情、耻感文化、修养和育儿方式等的考察,从结构上深入探讨了日本人的价值体系,分析了日本人的外部行为及深藏于其行为之中的思考方法,即日本文化的各种模式,得出了日本的社会组织原理是不同于欧美"个人主义"的"集体主义",日本文化是不同于欧美"罪感文化"的"耻感文化"的结论。时至今日,她的这部名著对理解当代日本文化和日本人的行为方式,仍具有重要的参考价值。另外,她所使用的从整体结构上把握日本文化,以及基于文化相对主义的比较方法等,也是值得借鉴的。

文化与人格学派认定文化对人格的影响大于生物因素对人格的影响[①],这就为后来的学者关注于组织文化对员工行为的影响提供了理论基础。也就是说,员工的基本价值观与许多行为往往并不是他们本性所决定的,而是受其所处的社会或组织的文化的影响。

(六) 新进化论学派

第二次世界大战后,美国出现了一些复兴进化论学说的人物,主要代表有L·A·怀特、J·H·斯图尔德、M·萨林斯等,他们坚持进化论思想,同时又指出一些与进化论不同的观点,故被称为"新进化学派"(New Evolutionary School)。

新进化论代表人物怀特认为,某一文化的发展与该文化所消耗的总能量有关,因而可以根据文化所产生的总能量来划分文化阶段。怀特的进化理论与摩尔根的古典进化理论有相同的地方,也有不同的地方。相同之处是两者都同意人类文化是不断发展的,是从低级向高级的进步,全世界各地必定经历几个相同阶段。不同之处是怀特将能源的获取作为进化的标志,而摩尔根是以食物和生产工具作为进化的标志。

在创造性地阐述了进化论的观点的同时,怀特对一些相关术语与概念重新进行了科学定义。在怀特看来,文化是由实物(工具、器皿、装饰品、护身符等)、行为、信仰和态度所组成的,它们都通过符号而发挥作用。文化是一个组织起来的一体化系

[①] 米德著,宋践译,《三个原始部落的性别与气质》,浙江人民出版社,1988年,第266页。

统。在该系统内或该系统的各个方面,可以区分出3个亚系统,即技术的系统、社会学的系统以及意识形态的系统①。

在澄清文化概念的基础上,怀特还提出,研究文化的科学应该有一个专有的名称,他称之为"文化学"(Culturology)。在《文化的科学——人类和文明的研究》一书中,怀特对文化学进行了充分的阐述。怀特提出的"文化学"主要包括3方面内容:首先,文化是一个独特的领域,它按自己的原则和规律运行,因此仅能用文化学来解释。这就是说,某些先前被假定为属于心理学和社会学领域却在这些领域内无法得到恰当解决的文化问题应由文化学来解决。其次,人类行为是文化的函数:$B=f(C)$。随着文化的变化,人类行为也将发生变化。在构成决定人类行为的诸种因素中,最终的决定因素并不是社会或群体而是文化传统。最后,"文化学"一词揭示出人类有机体与超有机体的传统之间的关系,即文化之间的关系,它建立了一门新的科学。

以《文化的科学——人类和文明的研究》和《文化的进化》的出版为标志,具有现代意义的文化学初步形成,怀特也因此被誉为"文化学之父"。

(七) 结构主义人类学

《大不列颠百科全书(中文版)》对结构主义人类学介绍如下:"结构主义:法国人类学家C·列维·斯特劳斯在文化人类学中开创的一个学派,这个学派把各种文化视为系统,并认为可以按照其诸成分之间的结构关系加以分析。"根据他的理论,文化系统中的普遍模式,是人类思想中恒定结构的产物。在列维·斯特劳斯所提出的体系中,人类的思想被视为各种自然物质的一个贮存库,从中选择成对的成分,就可以形成各种结构。对立的两种成分,可以分开,各成单一成分。这一单一成分又可构成新的对立成分。列维·斯特劳斯在分析亲属关系名称和亲属关系系统时,曾提出其基本结构或基本单位有4种类型:兄妹关系、夫妻关系、父子关系、舅甥关系,其他所有亲属系统都建立在此基础之上。列维·斯特劳斯强调指出,对亲属关系结构的分析,必须把重点放在人类的意识上,而不是放在客观的血统联系上或者亲族关系上。列维·斯特劳斯认为,社会生活的一切形态,都体现为普遍法则的作用,而此种普遍法则是可以控制思维活动的。

理解结构主义的关键在于整体性、转换性和自我调整性。整体性是指各种结构都有自己的完整体系。当然,一个结构是由若干个成分所组成的,但是这些成分是服从于能说明体系之所以成为体系特点的一些规律的。这些组成规律,并不能还原为一些简单相加的关系,而是整体大于部分之和。

---

① 怀特著,曹锦清译,《文化的科学——人类和文明的研究》,浙江人民出版社,1988年。

转换性是指"结构"就是一个若干"转换"①的体系,而不是一种静止的"形式"。尽管用形式化表示结构是结构主义分析方法,然而结构本身对于理论来讲是独立的。

自我调整性指结构主义的结构作为一种存在方式,在每一个特定的情形中是可以自我调整的。列维·斯特劳斯将这种思想引进了文化研究领域,他把各种文化视为互相联结的系统,认为应该按照各要素之间的结构关系进行分析。如同结构语言学研究的目的在于透过杂乱无章的语言表象找出语言结构一样,结构人类学研究的目的,也在于从混乱的社会和文化现象中找出其结构关系。这种结构关系并不是指实际存在的社会关系,而是社会的无意识结构,即隐藏在实际社会关系背后的"深层结构"。它不能被直接观察到,只有通过文化研究者所建立的概念化模式才能认识。

结构主义者运用整体思维研究社会文化的方法论也可以沿用到组织文化的分析之中。例如,组织文化有社会、组织、群体和个体的不同层面。组织文化并不是个体层面的累加,组织文化不同于"群体文化"、"个体文化"的结构性质。就每一个体而言,文化价值观可能大相径庭,但是组织文化有整体上的一致。

同时,结构主义把语言学中的结构分析法运用到人类学研究中去,将文化与人类的认识过程联系起来的观点,可以说是开创了文化人类学研究的又一个全新领域。

(八) 象征人类学

有学者将象征人类学(Symbolic Anthropology)和解释人类学(Symbolic and Interpretive Anthropology)分为两个学派②。虽然象征人类学家和解释人类学对文化概念的主张各有不同,但两者的人类学源头都来自怀特对象征文化进行的深入探索,杜尔凯姆对集体表象的分析和列维·施特劳斯的结构人类学。

象征主义人类学家道格拉斯主张像法国社会学派杜尔凯姆那样,努力从社会关系或社会结构中去寻找思想范畴的渊源。为此,她针对结构主义思想指出:"如果只分析思想范畴的关系体系,而不能说明这个体系与社会生活的关联,则这种分析是不能服人的。"道格拉斯指出,属于那些禁忌范围的物体都是带有两义性因而无法明确归类的东西。在她看来,我们日常生活的许多具体活动都带有类似于原始人仪式活动的特点,都具有深刻的象征意义。

而解释人类学是近二三十年来美国人类学界最具影响力的理论思潮。这一学派与克利福德·格尔兹(Clifford Geertz)紧密相连。解释学派的人类学认为,文化这个概念需要重新定义。过去文化可以被看作一个科学研究的对象,现在它被看作一个解释的对象。这个学派认为文化是一套由意义、象征、符号编织成的网络,人类学的

---

① Transformation 也译为"变换"——作者注。
② Interpretive 一词通常也被翻译为"诠释主义"——作者注。

工作,不是要寻找放之四海而皆准的客观规律,而是要寻找在这个意义网络中的具体的意义的构成,实际上是一个理解的问题,是一个解释的问题。他注意到了人文社会科学的发展有脱离自然科学影响的趋势,而渐渐形成具有诠释性的理论类比,如"游戏类比"、"戏剧类比"、"文本类比"等。他同样区分了两种科学研究方式:一种是追求规律的理论阐述,一种是寻求各种可能性的意义解释。而文化人类学属于后者①。格尔茨根据韦伯关于人的定义,把文化看作一种对符号的意义的解释。在《文化的解释》一文中,他指出:"文化的概念本质上是一个符号学的概念。由于韦伯,人们相信人是一个悬浮在他自己编织的意义之网中的动物。因此,意义的分析就不是探讨规律的实证科学,而是一门探讨意义的解释性的科学。"

尽管如此,象征人类学作为一种方法论和认识论对于传统科学范式的革新是不言而喻的,它促使人们重新思考文化相对主义的问题,不再沿用"我们富有逻辑,你们是糊涂的乡巴佬"这样的西方中心主义的价值观和思维方式,这正是象征人类学的精髓。

作为人类理论史又一重大的转折,象征人类学具有如下的理论创新:第一,在研究宗旨上,由于"认为文化是通过象征形式而得以表现的意义的样本",象征人类学将解释文化象征的意义作为研究的目标。第二,在研究范围上,由于不重视社会结构的分析,象征人类学最重要的研究对象是神话、语言、仪式、戏剧以及其他一些象征符号。第三,在研究方法上,由于对象征与意义的重视,象征人类学超越了功能主义,强调田野工作与另一些人类学理论流派重视文献研究的对立,方法论具有多元性和包容性。

象征人类学否定了象征是"单纯的符号"、"非事实"、"虚构"等评价,而把象征置于特别重要的地位,通过对象征意义的积极追求,促进了对事物多义性和现实多维性的理解,给大家呈现出一个丰富多彩的社会。象征研究过去只限于艺术范围,是象征人类学把它推向更广阔的领域中,增进了跨领域的合作。在人类学科内部,象征人类学揭示人类行为表现的研究成果在各个分支学科、流派中都具有不可估量的重大意义。

【专栏】

格尔茨的象征分析或戏剧类比

对格尔茨来说,"意义"是包含认识、情感、道德在内的一般性思考,它是具有

---

① 夏建中,《文化人类学的理论流派——文化研究的历史》,中国人民大学出版社,1997年。

知觉、观念、理解、判断的一种包容性的概念。他认为所有事物、行为表现、事件、性质以及关系都是传递某种"意义"的载体(Vehicle)。任何一种物质、行为表现、事件、言语活动,只要它是传递某种"意义"的话,那么它就是"象征"。换言之,任何一种"意义"也都是由与其相应的有形的"象征"体来传递的,这种象征有机地结合而形成的意义体系也就是格尔茨所说的文化。象征作为人们传递生存的知识和对待生活的态度并使之得以延续的手段,它所表现的概念在历史的传承过程中得以系统化,这便是格尔茨所说的文化体系。由此可见,格尔茨不是以有机的观点看待文化体系,而是借鉴朗格的情感理论,将文化比作某种生命情感的表现形式,具有游戏的、戏剧的、舞台的、文学的象征意义。在这方面,他对巴厘岛斗鸡的分析是最具代表性的。

在《深层游戏:关于巴厘岛斗鸡的描述》一文中,格尔茨指出,雄鸡在巴厘岛是男人的象征,但这只是一个方面;另一个方面,"巴厘人审美地、道德地和超自然地将其视作人性的直接翻版:动物性的表达"[①]。也就是说,雄鸡不仅象征着理性的男性自我,象征着男性生殖器官,而且象征着他最恐惧、最憎恶、既爱又恨的事物或令他神魂颠倒的"黑暗力量",如"刀"、"赌注"、"血"、"暴力"、"地位"、"威信"等。在斗鸡过程中,人与兽、善与恶、自我与本我、激昂的男性创造力和放纵的兽性毁灭力融合成一幕残酷、暴力和死亡的血的戏剧。

格尔茨通过斗鸡中的赌金在巴厘社会中所赋予的意义来解释这一行动。通过斗鸡所看到的是这样一幅场面:有两种集团在参与这场竞争,一种是赛圈中心进行的参与者之间双方对称的赌博,另一种是散布在赛圈周围的观众之间的赌博。第一种是大型的、集体的、正式的、"敌对"双方都是鸡的主人和他的亲朋好友、赌注数额相当的赌博,而第二种是小型的、个体的、随意参加的、赌注数额不对等的赌博。而借用边沁"深层游戏"(Deep Play)的概念,格尔茨又将赌博游戏分成两种:一是浅层的游戏,它注重的是钱的输赢;二是深层的游戏,其中钱的输赢不是最重要的,名望、荣誉、尊严、地位的象征性得失才是最重要的。巴厘斗鸡即属于后者。对于巴厘人而言,斗鸡是他们生命意义的体现,因此,对生命意义的获得比经济利益的补偿更重要。虽然,边沁从功利主义立场分析得出,赌博者赌赢时得到的边际效用明显小于赌输时失去的边际效用,但是,格尔茨指出,这符合韦伯的行动意义的观点。

使得巴厘斗鸡变得深刻的不是钱本身,而是金钱所导致的结果,投入的钱越

[①] 克利福德·格尔兹著,纳日碧力戈等译,《文化的解释》,上海人民出版社,1999年,第479页。

多越是如此:即巴厘社会的地位等级斗争被移入斗鸡这种形式中。其中公鸡是它们主人的人格代表,是其心理形态的动物反映,斗鸡是社会矩阵(Social Matrix)的模拟,即相互交叉、重叠、高度共同化的群体的模拟。实际上,斗鸡并不会导致任何事情发生,因为在一个较长时间的赛事内输赢比例是很接近的;斗鸡也不杀死或阉割任何人,也不会使任何人降至动物地位;也不会改变或再造人们之间的等级关系,甚至不会以任何有效的方式重新分配收益。它仅仅并且只是暂时地被肯定或冒犯。不过,对于巴厘人来说,没有什么比间接地当众羞辱别人更让人高兴,也没有什么比间接地接受这种羞辱更让人痛苦,本质上,斗鸡是展现地位关系的舞台剧。"斗鸡是一个表达工具,它的功能既不是减缓社会的激情,也不是增强它们,而是以羽毛、血、人群和金钱为媒介来展现它们。"①

朗格的情感理论认为,绘画、音乐、戏剧等艺术表达人类的情感。比如说,"掷铁饼者"表达力量,"命运交响曲"表达抗争;而斗鸡,被视为令人"焦虑不安"的事件。格尔茨认为,这种"焦虑不安"来源于斗鸡的三种属性的组合:戏剧形态、隐喻的内涵和它的社会场景。"一个文化形象有赖于一种社会背景,一次战斗既是兽性仇恨的一次剧烈波动,一次象征自我之间的模拟战斗,又是地位张力的形式模仿……它将自尊与人格联系起来,将人格与公鸡联系起来,又将公鸡与毁灭联系起来。"②

斗鸡,它仅仅对于战斗的雄鸡来说是真正的现实,因为它们会流血、会受伤,甚至可能死去。而对于巴厘人,斗鸡只是给他们一个经历想象现实的纬度。格尔茨最后总结道:"斗鸡的功能,如果一定要这样称它的话,在于它的解释作用:它是巴厘人对自己心理经验的解读,是一个他们讲给自己听的关于他们自己的故事。"③

四、文化人类学的研究方法

亦如我们所述,文化人类学对于组织文化研究最重大的贡献在于其分析范式,尤其是方法论方面,在第一章我们介绍了文化人类学的几种主要研究方法,下面我们继续介绍文化人类学的一些具体的研究方法。

---

① 克利福德·格尔兹著,纳日碧力戈等译,《文化的解释》,上海人民出版社,1999年,第502—506页。
② 同上。
③ 同上。

(一) 文化个案研究法(Culture Case Study)

"个案"是指一个与社会科学有关联的"整体"。其被界定为"一个整体"是由于在探求答案的社会科学为体。因此,与其把它看作是"知觉的整体",不如说是"疑问的整体"。

组织文化"研究"必然与此个案之探讨有关,而个案是一个相对的独特整体,利用从研究中产生的意向,可以初步达成对此问题的适当性答案。此答案如果除去其独特的元素,则用在一种假设的发展上,也可以应用于其他个案。经由任何一种或全部适当的社会科学程序和技巧,然后此一假说被加以验证,从而导致这一理论的被接受或被拒绝。这是一种把时间、空间、活动、人物以及情况等因素都考虑到的研究步骤。其基本前提是,各式各样的事件都要有其不受文化上以及地方性差异之影响的基因型结构。

在研究组织文化的过程中,正是由于组织文化的独特性,研究者从一个具体的组织,或者时间有长有短的连续事件开始研究,可以验证组织文化发展的一些规律性的理论。

(二) 比较法(Comparative Method)

"比较法"是指文化人类学、民族学及民俗学上,把文化素材拿来做比较的方法。勒维斯(Oscar Lewis)指出,这个定义必须放宽,因为"所有功能论学派、传播论学派、文化圈论学派以及进化论学派都利用比较的方法,但是却有不同的途径以及不同的目的"。勒维斯把比较法分成了许许多多不同的方法之一部分,而它本身又不是一个明确的方法时,勒维斯因此摒弃"比较法"这一概念。"比较法"在过去是早期的进化论者最锐利的方法学武器之一,他们利用这一方法在不同的区域中验证了文化的结构及进程,并且还拼合了原始及太古时代的文化的面貌。很多人类学家,首先是博厄斯,在反对进化论中摒弃了比较法,这是十分自然的一件事。比较法的主要缺点在于把文化元素和整个文化的关联给打断了(文化元素是属于整个文化的,只有在整个文化中才有意义),并且还多少有点像削足反应一样,把它和外表虽然相似,但发生的背景却十分不同的文化元素拼在一起。很多文化史学家以及早期的功能学派的学者都跟随了博厄斯对人类学比较法的限制。

既然比较法含有几分要控制差异因子的意思,那么就会像博厄斯所认为的那样,比较法是对于形态学的比较法。现在我们可以再引用博厄斯的一些意见,他把比较研究法粗略地分为两个部分:"第一部分是,对于在历史上有关系的社会加以比较,这些社会中的共同的历史、语言及文化都要拿来作为比较用的标准,依靠这个标准才可以测验差异因子;第二部分是,对于历史上没有关系的社会加以比较,在这些社会中,外表的、结构上的和进程方面的相似点都是建立形态研究或者在文化上的各个方面之间建立起因果关系来的一个基本条件。"唯有其中第二部分的做法和自然科学最接近,虽然结构及进程的分析在上述两种情形中都可以进行。

如果我们特别留心比较的目的,则我们又可以把上述所引的勒维斯的意见重新清楚地划分为历史比较法及类型比较法。

1. 历史比较法

历史比较法仍然在研究文化的特制分布以及文化的重建等工作中被采用。这些比较可以把范围限制得很狭窄,或者把范围延伸得很广。就欧洲的民族学研究来说,严格限制范围的历史比较法是主流,不过有时候也做更广范围的比较。因此,哈克尔(J. Haekel)认为:要想对欧洲的民俗文化有更深的认识,只有在原始文化的比较中才能获得。

2. 类型比较法

类型比较法需和比较、分类与通则化等方法一起进行,同时还要建立起一般的法则及规律,并且探求文化现象的变化幅度。

在社会人类学中,拉德克利夫·布朗(Radcliffe Brown)的功能论者及结构论者大部分都想做到通则化。拉德克利夫·布朗自己则认为社会人类学必须依靠对许多社会所进行的有系统的比较研究。

爱立克森(S. Erixon)对比较法也有这种见解。他说:"民族学是把比较法当作一种重要工具,以研究各种关系的一种科学。"他还认为比较法对民族学是不可缺少的,并且还说:"批评者指出完全相同时是因为极少或者不可能有那样的比较予以证明,这大概是相当可信的。"不过,在其他的人文学中也可以发现到同样的缺点。比较法是区域民族学中的一种工具,这一点上述两人的意见也是一致的。

在各式各样的比较法中,目前有三种被广泛地运用。

1. 深度的区域比较法

深度的区域比较法在一个设定的区域内把认为有兴趣的特殊社会现象加以比较,这样可以找出某些基本类型,再把那些形式区分到这些基本类型中去,这是沙普纳(I. Schapera)评论社会人类学的比较法采用的一种方法,这种方法必须以加强区域研究为前提,不过它避免了对稳定不变的单位抽样定义的困难问题。

2. 控制比较法

控制比较法即研究者先分析不同文化的社会结构,借以了解文化现象及文化过程。克娄伯(Kroeber)是比较法的开创者,他倡导的比较法考虑到了文化现象的结构及历史,由于文化是在历史发展过程中形成,通过对不同的历史发展而形成的文化现象的研究,有助于我们找出文化发展的共同规律。

3. 跨文化比较法

跨文化比较法则是构建在详细的统计技术上的世界性的文化现象的概化，通常用于不同文化体系之间的比较。

(三) 民族志(Ethnography)研究法

民族志是记述的民族学，也就是在田野工作中，对于文化实况的观察与记录；另外，当这些活动在对于历史文献的研究中出现时，也可以说是文化活动的记述。据迪亚斯(D. Dias)研究，"民族志"一词最早是坎普尔(Campl)在1807年提出来的，意思是：对于个别的文化或一个文化的某些部分所作的记述性的研究。民族志是"对于低技术水准的民族的社会经济体系以及文化遗产的科学方法的记述"。民族志是"人类学中专门属于文化的记述的一个部门"。民族志是"对于个别文化的研究……基本上是一种记述性、非解释性的研究"。某些权威学者把民族志视为人类学、文化人类学(甚至社会人类学)，或民族学下面的一个分支，其他的人则认为它是民族学(及区域民族学)生来即有的一个面。

时下民族志的田野工作(Field Work)，研究者必须先亲身进入该调查的文化，并对其文化素质做功能上的解释(参看上一节中对"功能主义"介绍)。有些社会人类学家，例如普利查得(Evans Pritchart)把他们的科学上的重要目的之一看作是对他们正在研究着的文化所作的一种"记述性的整合"。对于民族志有一种较宽的看法，他把它的理想中的目的说成是"对于每个地方及各个时期的所有文化现象的完整记述"。又如解释人类学理论中经验接近，即用当事人的概念语言来贴切描述出该当事人的文化建构；经验远离，即用学术语言或我们自己的概念语言来描述所研究的异文化等。这些方法对于组织文化的研究有着重要影响。组织行为学家在研究组织文化时，通常在访谈、问卷调查过程中，仔细研读组织的各种资料，形成初步的认识，为组织文化诊断和建构奠定基础。

【专栏】

民族志的性质

文化人类学的研究一般都离不开民族志资料的分析，而民族志可以看作是通过田野工作对所调查文化的一种描写，所以就让我们先从人类学的田野工作本质谈起。已有许多学科也采用田野工作的方法取得知识，人类学者也借用其他学科的研究方法以取得知识,但田野工作一直是人类学与其他学科在知识获取上的重要分野点。自马林诺夫斯基以来,关于田野工作和民族志的写作原则多有论述,何种民族志是合格的民族志也一直争论不休。但是,人类学家一直囿于实证主义的影响,没有朝方法论的方向做进一步思考,格尔兹是少数曾在这方面做些思考的人类学者。然而,田野工作的方法论也一直在主位观点和客位观点、现象学取向与行为取向、当地人观点和研究者观点等二分的两难下争论不休。马林诺夫斯基提出的以"移情"(Empathy)来达到"当地人观点"的方法似乎是人类学田野工作的最高指导原则。

在《文化持有者的内部眼界》一文中,格尔兹对马林诺夫斯基所提出的"文化持有者的内部眼界"作出了新的阐释。格尔兹认为所谓的"移情",并不是要人类学者变成当地人,而且,人类学者也不可能变成当地人。当人类学者在一个村里进行田野工作的研究时,他们生活于其中,从中得到体会,有所体验,透过这种体验接近当地人的生活世界,渐渐明白他们所处的文化。但是,人类学者的观点不可能等同于当地人的观点,也没有必要等同于当地人的观点。格尔兹认为,透过田野工作对异文化的体验,人类学者对当地人的观点或文化的了解有"经验接近"(Experience-near)以及"经验远离"(Experience-distant)的程度上之差异。要注意的是此两种间的差异不是绝对的,也不是两极化对立的,而是一种相对的与程度上的差异。前者指的是用当地人的概念语言描述当地的文化建构;后者指的是用学术性的语言或我们自己的概念语言来描述所研究的异文化。为了得到尽可能准确、全面的描述,人类学家会采取"经验接近"和"经验远离"的并致。此外,还引入了一个新的概念——"深描"。

在《深描——迈向文化解释学理论》一文中,格尔兹借用赖尔的概念指出,对文化的描述有两种,一种是"深描",一种是"浅描"。他还引用赖尔的例子来说明这两种描写:设想有三位正在眨眼睛的少年,其中一个是无意地眨眼,一个是使眼色地眨眼,一个是在恶作剧似地模仿眨眼。他们的眨眼动作是相同的,都是抽动眼皮。在浅描的民族志中,如照相机拍的照片一样,我们区别谁在无意识地眨眼,谁在使眼色地眨眼,谁在排练似地眨眼。而深描式的民族志则感知、阐释这几种行为之间的文化层次,建构一个分层化等的意义结构,从而使民族志成为一种具有深度的描写。

深描关注的是如何揭示行动与文化之间的关系,并由此来解释行动的意义。这就是人类学了解的关键,即人类学的了解并不在于捕捉在研究地点发生的事实,而是如何去澄清在该处到底发生了什么意义的活动。正如格尔茨所说:"如果民族志是深描,民族志学者是深描者的话,那么为了确定任何这类情况,不管是随笔性的田野日志还是马林诺夫斯基那种大规模的专题著述,我们都应该问:它是否把眨眼示意和抽动眼皮区分开来,把真的眨眼示意和模仿的眨眼示意区分开来啊。"①

格尔兹还把民族志或田野工作视为一种对话形式,或者说,在人与人互动交流的过程中,行动与行动之间的接合、交流、互动形成一段段的对话,因此,我们对某一行动或某一文化现象的了解都必须将其放回在原来的"脉络"中解读。这种意义的解读是以行动为中心的,即努力追随当地人的行为。通过从研究者到当地人,从当地人再到研究者的反复努力,进行"第二层次和第三层次②的阐释"③,从而使当地人的行为成为可阅读的文本。

此外,格尔茨也提醒我们,民族志学者将社会话语进行刻画记录下来的时候,他把那个瞬间发生的对话变成了一种记载,可以被重新查阅。他举例说,在他的一段田野日记之后,虽然所描述的一切已经物是人非:首长丧生于所谓的平乱,对他进行平乱的上校已经退休,科恩也重返以色列家园……但是,他们当年在阿杜拉斯高原上互相说的话,已经被保存下来,可以供将来的研究之用。

格尔茨最后总结道:"民族志描述有三个特色:它是阐释性的;它所阐释的对象是社会话语流;这种阐释在于努力从一去不复返的场合抢救对这种话语的'言说',把它固定在阅读形式中。……不过,这种描述另外还有第四种至少在我的工作中体现的特色:它是微观的描述。"④

(四) 观察法和参与观察法(Observation and Participant Observation Method)

在人类学中,观察法是指通过有目的、有组织的直接观察,收集有关人类社会行为的各种非语言资料,从而分析、判断两个或两个以上的变量之间存在何种关系的方法。英国社会学家C·A·莫舍曾说,"观察可称为科学研究的第一等方法"⑤。观察法原来是人类学家和动物学家使用的技术,后来被用于政治学、社会学和社会心理学领域。考察法与别的方法相比较,最大的特点就是直观,望、闻、问、听,感同身受,往往能获得意想不到的第一手资料。缺点是表象,易流于浮浅,不容易深入事物内部、

---

① 克利福德·格尔兹著,纳日碧力戈等译,《文化的解释》,上海人民出版社,1999年,第19页。
② 层次问题的进一步了解可以参照列维·斯特劳斯的人类学著作。
③ 克利福德·格尔兹著,纳日碧力戈等译,《文化的解释》,上海人民出版社,1999年,第17页。
④ 同上书,第23页。
⑤ C. A. Moser, *Survey Methods in Social Investigation*, London: Heinemann, 1965, p.55.

把握事物内在本质。

观察法的观察方式是多种多样的,我们以不同的标准可以将观察分成各种不同的种类:按照观察程序形式化的程度,分为非结构化观察和结构化观察;按照观察的地点和组织条件,分为实地观察和实验观察;按照观察的进行是否有规律,分为系统观察和随机观察;按照观察者的立场,分为参与观察和非参与观察[①]。

在文化人类学中,参与观察法尤为重要。参与观察法是观察者进入被观察者的社会环境或社会关系之中进行观察、收集资料的一种研究方法。在这种观察状态下,由于研究者或是作为被观察群体的一员,或是作为被观察群体可以信赖的"外人"出现的,它减少了对所要观察对象的干扰,可以使被观察者作出比较自然的反应。较早使用这种研究方法的是英国人类学家马林诺夫斯基。1914年至1921年,马林诺夫斯基先后三次在西太平洋上的特罗布里恩德群岛从事当地的土著文化的研究,时间长达6年之久。在此期间,他一方面学习土著的语言,一方面全面地参与土著人的社会生活,几乎成了土著社会的一员。他的研究从被研究者的角度出发,希望能够借助他们的目光去理解整个世界。他用自己倡导的这种文化"主位研究"方法,非常成功地描写了特罗布里恩德人的航海贸易、犯罪与习俗、宗教巫术以及婚姻、家庭和性生活[②]。

在组织行为学中有名的霍桑实验(Hawthorne Experiments/Studies)中,参与观察法对于研究结论的形成发挥出很大作用。这一实验最初试图回答一个非常简单的问题:工作场所的照明对雇员的绩效会产生什么样的影响?在以一定的基本假设作为前提的情况下,引发了一系列实验。来自麻省理工学院的查尔斯·E·斯诺等专家进行了照明实验。1924年冬,他们在西方电气公司的冲床室、绕线室和继电器装配室,通过观察法研究照明条件的变化对工人作业量的影响。1925年夏,研究人员又挑选具有相同经验和产量的绕线室工人组成相互分开的两组——变化组和控制组进行了实验。研究人员参与其间,经过一系列的观察、访谈和实验,最终得出结论:不论照明条件如何,两组的产量都有所提高。

后来在继电器装配试验组、继电器第二装配组、云母片剥离组进行的一系列实验中,研究人员仍然采取参与观察法,获得一些开创性的研究成果,对后来研究有深远意义的"小团体"现象也是通过参与观察得以证实的。在这个过程中,由于参与观察法的采用,研究者减少了对工人现场的干扰,获取了比较自然的资料数据。参与观察法的实效从而备受瞩目,这一方法对文化人类学的另一个分支——工业人类学有着

[①] 帅学明,"谈谈社会调查方法中的观察法",《贵州大学学报》,1988年第1期,第87—88页。
[②] 〔英〕马林诺夫斯基著,刘文远等译,《野蛮人的性生活:关于特罗布里恩德群岛土著的求爱、结婚和家庭生活的民族学报告》,团结出版社,1989年。

方法论上的意义。

(五) 跨文化研究法(Cross-cultural Method)

跨文化研究法是文化人类学或民族学的一种研究方法,其特点是从世界各地不同的民族中抽样,把这些抽样的资料作统计分析,以此说明一种风俗、宗教信仰或社会关系等方面的规律。换言之,"跨文化研究法"是想从抽样技术的基础上找出世界性的通则来。"跨文化研究法"是一种以不违背对于文化的功能观与整合观为前提的比较法。因此,美国人类学家米德(Margaret Mead)在她的《民族性》一文中说:"文化虽然都是各成体系,但只要用跨文化的分类加以处理(如主要物产的数量、阶级制度、主要团体的体制等)同时并顾及每一文化独特的结构模式,则自成体系的各个文化便可以进行比较,并说明其特点了。"

第二节 组织行为学与组织文化

组织文化的另一理论基础是组织行为学,从它的起源及研究内容上看,我们能够清楚地看到组织文化的起源和主要研究内容。

在组织行为学研究中,目前学术界对历史的研究比较一致地集中在19世纪末20世纪初。组织行为学理论产生后到组织文化理论产生前,共经历了三个阶段:古典管理理论阶段、人际关系—行为科学理论阶段、当代西方管理理论阶段。这些理论经过不断地深化和拓展,到20世纪80年代形成了新的理论,即组织文化理论。从理论的发展轨迹角度,我们能够清楚地看出组织文化兴起的历史背景、起源及发展的历史线索。

一、从科学管理到组织气氛研究的兴起

1. 科学管理的先声

19世纪末20世纪初,西方工业化发展到以大机器和生产流水线为主要生产方式的阶段,组织经营者主要关心的问题是生产效率和投入产出比。在这种条件下,泰勒的科学管理模式和韦伯的"科层制"的应用就导致了一系列理性化的管理实践。但是,它们都是基于"理性经济人"的假设,认为人的行为动机就是为了满足自己的私利,工作是为了得到经济的报酬。科学管理理论建立在4大原则基础之上,即动作分析、科学选拔与培训、劳资协作以及劳资双方平等分担工作职责。这些原则背后更抽象而又最根本的东西,即科学管理的实质——泰勒在美国国会的证词中所提到

的——思想革命。科学管理的精髓在于把科学的精神引入管理并以一种非对抗的态度重新审视劳资关系①。

遗憾的是,泰勒当时所期待的"思想革命"始终未能发生。由于管理者与劳工之间的争斗继续不断,致使许多科学管理的方法在很大程度上被忽视。这一切的重要原因之一,乃是由于他们过多地强调了科学方法、组织机构和制度,而未能充分理解劳动者的心理因素。由此可以理解当时与科学管理学派相竞争而兴起的行为科学管理学派了。

2. 人际关系学派的回声

上文提及的霍桑实验,是组织行为学家和工业人类学家为探寻工作环境、物质条件和社会因素(人际关系等)与生产效率之间的关系而进行的一系列试验。"霍桑实验"使人们注意到组织中的人际关系、非正式群体等因素对组织效益的影响,开始关注包括自我实现在内的人的社会性需要,于是导致了一系列激励理论的出现。这些理论强调人际关系在管理中的重要性,以人的社会性为基础,提出用"社会人"的概念来代替"经济人"的假设。但实际上,霍桑实验更是将泰勒提倡的科学精神发扬光大。霍桑实验的最初目的就是要研究工作场所的特征对劳动的影响,实验性地操纵工作场所变量(如照明)和组织特征变量(如奖酬和休息制度)。霍桑实验的贡献在于把社会科学引入了管理研究,从而开创了管理理论的新时代。

霍桑实验发现工人的心理和社会性层面对提高生产率起重要作用,从而掀起了人际关系运动。此后,研究者们关心的重点不再局限于工作场所的"硬性"物质环境,而是转而注重"软性"的心理环境。组织气氛研究的出现,正是应此种转变而产生②。

3. 组织文化的序曲

在第一章我们介绍了组织气氛是个体为理解其周围环境而形成的一种内部图式(Profile)。1939年梅奥、利皮特及怀特(R. Lippitt & L. White)在《社会心理学杂志》上提出了一个研究报告——《在实验创造的社会气氛中的攻击行为类型》,也就是著名的"领导风格"研究,实验以民主、专制、放任自流三种不同的领导方式来创造不同的群体气氛,考察不同气氛中群体成员的行为。

20世纪五六十年代是组织气氛研究的兴旺时期,先后出现了哈尔平和克罗夫特(Halpin & Croft)的组织气氛描述理论、斯特恩(Stern)的组织气氛"社会力量"架构以及里克特(Likert)的组织气氛"管理四系统"理论③。

由于对组织气氛的操作定义不同,不同的研究者选择不同的气氛维度进行研究。

---

① 〔美〕泰勒著,胡隆昶等译,《科学管理原理》,中国社会科学出版社,1984年,第2—20页。
② 唐京、陈卫旗,"从'组织气氛'到'组织文化'——概念发展的逻辑",《心理学动态》,2001年第1期。
③ 黄昆辉,《教育行政学》,台北东华书局,1988年,第160—202页。

塔邱力(Tagiuri)对组织环境的分类是得到公认的。他把组织环境划分为生态学(Ecology)、背景环境(Milieu)、社会系统(Social System)和文化(Culture)四个维度。他认为组织气氛是一个组织的总的环境性质,它来自环境四个维度各因素的相互作用,研究组织气氛宜从此四维度中去选择变项:生态学维度,指组织的物质资源,包括设备、材料、仪器、建筑及财政等;背景环境维度来自组织中成员带来的背景特征,包括成员的社会经济地位、教育水平、经验、自我概念、士气、满意感等;社会系统维度指组织中正式和非正式角色的相互作用,包括行政组织、指导计划、作业分组、上级和下级之间的相互作用、同事间相互作用,以及决策与参与模式;文化维度包括规范、信念系统、价值、认知结构、对人生意义的看法等[1]。

自此以后,组织气氛的概念操作中,从最初的注重对组织环境的共享知觉,发展到更深层的对共享规范、信念、价值及意义的关注,"文化"的意义在此凸显出来,组织气氛研究发展的必然结果就是"组织文化"的序曲[2]。

二、组织文化兴起的历史背景

尽管随着时代的进步和劳资之间关系的变化,西方企业管理理论也处在不断变化之中,但理性主义一直是西方企业管理的基本准则。然而,这种理性主义管理在第二次世界大战后遇到了严峻的挑战。

首先,从当代西方学术思想发展来看,第二次世界大战以后,西方学术的主要特征是注重人的主体性研究,致力于探求人的深奥莫测的精神世界和千变万化的行为表现,高扬人的价值、尊严和主体性。哲学、文学、人类学、心理学、文化人类学等学科无不贯穿着这一特征。现代西方哲学的两大思潮之一——人本主义思潮就是这种特征的表现之一。因此,以人为中心,强调研究人的精神、人的文化的组织文化理论正是现代西方人本主义学术思潮的一种表现。随着关注人的尊严和人的价值的思想日益深入人心,组织成员的文化和科学水平普遍提高,同时企业规模不断扩大,国际化、信息化的发展趋势日益明显,企业内部的向心力和凝聚力问题显得十分重要。这些新情况、新问题要求西方国家特别是美国,逐渐改变从前在企业管理中过分相信科学的理性模式的做法,开始关注人的主观能动性的重要作用。

其次,从世界经济范围来看,20世纪70年代末,日本经济实力的强大对美国乃至西欧经济形成了挑战。20世纪70年代,在日本企业全球性竞争的严峻形势面前,

---

[1] L. R. James, A. P. Jones, "Organizational Climate—a Review of Theory and Research", *Psychological Bulletin*, Vol. 81, Iss. 12, 1974, pp. 1096-1112.

[2] 唐京、陈卫旗,"从'组织气氛'到'组织文化'——概念发展的逻辑",《心理学动态》,2001年第1期。

美国大量的专家、学者和企业家纷纷到日本考察、研究,探索日本成功的奥秘。经过认真研究,他们发现成功的企业管理是日本经济迅速复苏的重要原因之一,而很多行之有效的做法却为美国人所忽视。美国人在企业管理中注重"硬"的方面,强调理性主义的科学管理,而理性主义管理缺乏灵活性,不利于发挥人们的创造性和与组织长期共存的信念。日本人则不但注重"硬"的方面,还特别注重"软"的方面。所谓"软"的方面,就是日本企业具有一种共同遵循的目标、战略、价值观念、行为方式、道德规范等精神因素,这些精神因素的综合,便构成组织文化。而只有塑造出一种有利于创新和将价值与心理因素整合的组织文化,才能真正对组织长期经营和组织的发展起潜在而至关重要的作用。

最后,从管理实践角度看,当代社会管理实践在许多方面都发生了巨大的变化,迫使理论形态随之作出相应的变化。这些变化主要表现在以下几个方面:第一,人们在物质方面的需求渐渐减少,而在精神方面的需求却不断增长,单纯依赖物质刺激已经不足以调动职工的积极性,需要一种新的企业精神和管理理论。第二,在西方国家,体力劳动者越来越少,脑力劳动者比例增大,这意味着"胡萝卜加大棒"式的管理方法会招致广大劳动者激烈的抵抗。第三,现代生活节奏越来越快,人们的业余文化生活变得相对较少,因此要求工作本身能给人们提供精神补偿。第四,当今社会人员流动性加强,员工比过去任何时候都有更多的机会和更大的选择余地,不必在一个组织里厮守终身。因此,那种缺乏人情味的高压管理必然走入死胡同。第五,管理人员的数量大大下降,组织对"知识型员工"的管理更为宽松,他们可以积极参与管理,专心致志地工作,不必有人监督。第六,当前正走进世界性经济的时代,不仅科学技术在进行全球性竞争,管理理论和思想也在全球范围内展开竞争,甚至可以说是更高的竞争。这种竞争必然迫使企业改善管理,寻求新的管理思想、新的理论、新的方法。

从上面这几点我们可以看出,组织文化的兴起是当代学术思潮发展的必然结果,是美日经济竞争的产物,更是对管理实践变化的回应。

三、组织文化的兴起

组织文化这一概念正式面世,是20世纪七八十年代的事。1970年,美国波士顿大学组织行为学教授S·M·戴维斯在其《比较管理——组织文化展望》一书中,率先提出组织文化这一概念。1971年,彼得·德鲁克在其《管理学》一书中,把管理和文化明确联系起来,认为"管理也是文化。它不是'无价值观'的科学"。在1974年阿拉伯石油危机中,其他工业发达国家都受到了冲击并发生了严重的通货膨胀,唯独石油全部靠进口的日本,却保持一个很低的通货膨胀率,并在此期间提高了生产率。日本汽车和电子消费品等像潮水般涌入国际市场。在战后短短的30年,日本发展成了仅次于美国的经济大国。由此引起了美国朝野上下的普遍震惊。1979年哈佛大学费正清东亚研究中心的福格尔(Vogel)教授撰写了《日本独占鳌头——对于美国的教训》,该书顷刻间成为该年度美国和日本的最畅销书籍。至1980年,美国《商业周刊》以醒目标题报道"组织文化"问题。接着,美国权威性杂志《斯隆管理评论》、《哈佛商业评论》、《加州管理评论》、《幸福》、《管理评论》等,先后以突出篇幅讨论"组织文化"。美国理论界和企业界一些重要人物,纷纷以调查讨论和经验总结等形式著书立说,对组织文化发表真知灼见。人们注意到了文化差异对组织管理的影响,进而发现了社会文化与组织管理的融合——组织文化,即组织成员工艺的一套意义共享的体系,它使组织独具特色,区别于其他组织①。

此后,越来越多的美国人在这种严峻的态势下开始审视日本,反省自身。在对美日两国不同的管理模式进行分析探讨后,美国理论界和企业界认为日本企业成功的奥秘在于其独特的企业文化,并在1981—1982年短短的两年间通过对日本管理经验的总结和两国管理状况的比较研究,接连出版了《Z理论——美国企业界怎样迎接日本的挑战》、《日本企业管理艺术》、《企业文化——企业在生活中的的礼仪》、《寻求优势——美国最成功公司的经验》等四本著作,对企业文化的研究进入繁荣时期。企业文化的研究在20世纪80年代和90年代已经成为管理学、组织行为学等学科研究的一个热点,80年代和90年代也被称为管理的企业文化时代。

1981年,美国加利福尼亚大学的美籍日裔教授威廉·大内出版了他的专著《Z理论——美国企业界怎样迎接日本的挑战》②。该书分析了组织管理与文化的关系,提出了"Z型文化"、"Z型组织"等概念,认为组织的控制机制是完全被文化所包容的。书中写道:"一个公司的文化由其传统和风气所构成。此外,文化还包含一个公司的价值观,如进取性、守势、灵活性,即确定活动、意见和行动模式的价值观。经理们从员工的事例中提炼出这种模式,并把它传达给后代的工人。Z理论文化具有一套独特的价值观,其中包括长期雇佣、信任以及亲密的个人关系。一家Z型公司的所有领域或方面,从其战略到人事,没有不为这种文化所涉及的,即使其产品也是由这些价值观所决定的。在所有这些价值观中,最重要的是一种Z型文化对其人员——工人所施加的影响。事实上,一种Z型文化的人道化的因素还扩展到公司之外。"

受日本企业经验的启发,美国哈佛大学教授迪尔(Deal)和麦金斯管理咨询公司的专家肯尼迪(Kennedy)在20世纪70年代末80年代初调查了近100家美国优秀企业,在此基础上写成了著名的《公司文化》一书③。此书一出版就成为当年最畅销的

---

① 〔美〕斯蒂芬·P·罗宾斯著,李原、孙健敏译,《组织行为学(第12版)》,中国人民大学出版社,2008年,第490页。
② 〔美〕威廉·大内,《Z理论——美国企业界怎样迎接日本的挑战》,中国社会科学出版社,1984年。
③ 〔美〕阿伦·肯尼迪、特伦斯·迪尔,《公司文化》,三联书店,1989年。

管理学著作,以后又被评为80年代最有影响力的管理学著作之一,是"组织文化"这一新兴学科的经典著作。他们提出,杰出而成功的公司大都有强有力的组织文化,作者在书中把组织文化的构成归纳为5大要素,即组织环境、价值观念、英雄人物、文化礼仪和文化网络。其中,价值观是核心要素。该书还提出了组织文化的分析方法,应当运用管理咨询的方法,先从表面开始,逐步深入观察公司的无意识行为。该书认为,正是这些非技术性、非经济的因素,对企业成功与否起一种主要作用。

同年,彼得斯和沃特曼(Peters & Waterman)的《追求卓越》一书出版。书中研究并总结了3家优秀的革新型组织的管理,发现这些组织都以组织文化为动力、方向和控制手段,因而取得了惊人的成就,这就是组织文化的力量。译者讲道:"在西方,越来越多的管理工作者发现,在经营得最成功的组织里,居第一位的并不是严格的规章制度或利润指标,更不是计算机或任何一种管理工具、方法、手段,甚至也不是科学技术,而是所谓的组织文化。"①人们普遍认为,20世纪70年代管理实践和理论的主题是经营战略,80年代的主题则是组织文化。《幸福》杂志预言,美国企业界正经历着分娩的阵痛,即将诞生一场"文化革命"。没有强大的组织文化即价值观和哲学信念,再高明的经营战略也无法成功。组织文化是组织生存的基础,发展的动力,行为的准则,成功的核心。

除此之外,1982年,美国管理学界还出版了帕斯卡尔和阿索斯(Pascale&Athos)的《日本的管理艺术》一书,书中强调:"管理不仅仅是纪律,而且是具有它自身的价值法则、信念、手段和语言的一种'文化'。我们已经探讨了这种亚文化是怎样处于民族的大文化之中的。两种文化都包含着我们最近管理衰退的根源。当我们已经感到这种压力的时候,曾设法弄到某些诀窍和灵丹妙药来求得解脱,但这种做法是徒劳的,那种倾向已使我们受到创伤。'敌人'不是日本人或德国人;而是我们管理'文化'的限制。"②企业竞争能力下降的原因在于"文化",这就是结论,也是提倡组织文化的缘由。

上述4本几乎在同一时刻出版的畅销著作,奏响了这场组织文化运动的最强音,被称为组织文化的"新潮四重奏"。这4本书的出版,标志着组织文化理论的诞生。

四、组织文化的发展

20世纪80年代,组织文化的研究以探讨基本理论为主,如组织文化的概念、要素、类型以及组织文化与组织管理各方面的关系等。1985年,E·沙因(Schein)发表

---

① 〔美〕托马斯·彼得斯、小罗伯特·沃特曼,《成功之路》,中国对外翻译出版公司,1987年。
② 〔美〕理查德·帕斯卡尔、安东尼·阿索斯,《日本的管理艺术》,科学技术出版社,1987年。

的《组织文化与领导》一书,标志美国组织文化的研究突破了经验的羁绊,进入真正的理论研究阶段。同时,对组织文化的传统的经验主义研究也在继续进行。

进入20世纪90年代以来,西方组织文化理论研究出现了4个走向:一是企业文化基本理论的深入研究;二是企业文化与企业效益和企业发展的应用研究;三是关于企业文化测量的研究;四是关于企业文化的诊断和评估的研究。其中,主要代表为德国学者曼弗雷登·马丁和加比·波尔纳(F. Martin & K. Paulner)1994年出版的《重塑管理形象》中提出的"渐进式管理"理论①。这本书分析了过去企业管理中曾经获得成功的模式不灵的原因。在过去的企业管理中有不少法则:逻辑思维、直线思维和理性思维被认为是唯一达到理想境界的途径;认为一切都是可以组织的(排斥混乱和生活活力);认为一切都是可以计划的,可以在战略上预先考虑到的(否认动态性、不可预见性、多元性,甚至创造性);认为一切都有明确的原因、相互作用(排斥综合性、多层次性);认为人是生产和成本要素主体(否认人是活生生的、一次性的);认为对自然资源可以无限地利用,科技可以解决一切问题(排斥资源有限和对自然的尊重)等。事实上,企业不仅是一种盈利的组织,也应该是一种社会和文化的单位。静态的逻辑的思维方式是有局限性的。在企业管理上也应该用动态的进化的方式来考察,以图企业得以发展。

组织文化的研究在20世纪八九十年代已经成为管理学、组织行为学和工业组织心理学研究的一个热点,文化学派成为管理丛林中的一个重要分支,因此八九十年代也被称为管理的组织文化时代。

五、组织文化在我国的兴起和发展

早在20世纪五六十年代,在我党优良传统和作风的基础上,各工矿企业普遍生长起一种"三老四严"的"铁人精神",爱厂如家、忘我工作的高尚品格,以及将高涨热情与严格的科学态度结合起来所展示的健康向上的精神风貌②。当时虽然未冠之以组织文化的概念,但实际上组织文化在实践中发生着作用。

后来,直到20世纪80年代末90年代初,我国才兴起了组织文化热潮。这个时期在我国兴起的组织文化热,既与国外组织文化理论的传播、触发直接相关,同时又是在改革开放条件下,我国企业管理以及整个社会经济文化发展的必然结果,这些构成了组织文化在我国兴起的历史背景。

20世纪80年代中期,中国一些学者和一些敏锐的企业家开始了对组织文化的

---

① 〔德〕曼弗雷登·马丁、加比·波尔纳,《重塑管理形象》,中国经济出版社,1996年。
② 王华生,"现代企业文化建构的思考",《河南大学学报(社会科学版)》,1994年第6期。

理论研究和实践探索。从80年代末到90年代初,随着我国改革开放的进一步深入,在引进外资、引进国外先进技术和管理的过程中,企业文化作为一种管理模式又被引入我国的企业中。一时间,许多企业都风起云涌地搞起了企业文化,在全国掀起了企业文化的热潮。经过这一时期的理论引进阶段,80年代中后期掀起了企业文化热潮阶段,企业文化获得很大发展,取得了一定成就。在我国企业界,大部分企业领导人对"企业文化"概念已不再陌生,对其在企业经营管理中的功能,也有所认识。更有不少企业身体力行,结合实际开始了有声有色的企业文化建设,获得了可喜的成就。

有些企业模仿外资企业管理和企业文化的一些形式,如热衷于搞文艺活动、喊口号、统一服装、统一标志,有些企业还直接请广告公司做CI形象设计,认为这样就是塑造企业文化。固然这些都是塑造企业文化的一般做法,但是,由于多数企业忽略了在这些形式下面的内涵和基础,因此,就给人一种误导,似乎企业文化就是企业开展的文化活动或企业形象设计①。

进入20世纪90年代之后,中国特色的组织文化理论研究进入了新阶段。对组织文化的内涵有多种不同的解释,但对于企业文化的核心内容,已取得了广泛的一致,这就是企业的价值观念、企业精神、企业管理、企业经营环境及广大职工认同的道德规范和行为准则。它既是无形的,又是能动的,它时时刻刻都在企业的生产、经营、环境、形象等各个层面发生影响和作用,唤起人们的理性知觉,释放人们的社会潜能,形成员工的敬业意识,使员工在工业社会的价值体系中找到自己的坐标,为企业的生存和发展竭尽全力。

到20世纪90年代中期,中国的企业文化热逐渐降温,许多在当时企业文化热中涌现出来的明星企业也纷纷星辰坠落。理论研究方面,与国外80年代关于组织文化理论研究到90年代应用研究的迅猛发展相比,中国的组织文化研究显得十分薄弱,这表现在:首先,中国的组织文化研究还停留在粗浅的阶段,虽然也有一些关于组织文化的研究,但是大多数是以介绍和探讨组织文化的意义,以及组织文化与社会文化、组织创新之间的辩证关系为主,真正有理论根据的定性研究和规范的实证研究为数甚少;其次,中国组织文化研究严重滞后于中国组织文化发展实践,许多组织在塑造组织文化时主要是组织内部自己探讨,有专家学者的介入和参与研讨的组织文化,就明显地好于没有专家指导的组织文化。但是由于许多组织在塑造组织文化的过程中,对该组织文化发展的内在逻辑、定位、变革等问题,缺乏长期深入系统的研究,导致组织文化实践缺少真正的科学理论的指导,很难对组织长期发展产生文化的推动力。

进入21世纪之后,我国组织文化研究和建设掀起新浪潮。其中的标志性事件是

---

① 赵琼,"对中国企业文化发展的反思",《广东社会科学》,2001年第3期。

2004年7月,国务院国资委在大庆召开了首次"中央企业企业文化建设研讨交流会",各方在总结交流了中央企业的企业文化建设工作的经验,现场参观学习了中石油在大庆的企业开展企业文化建设的做法后,广泛而深入地研究探讨了企业文化建设工作的有关问题,并讨论修改了《国务院国资委党委关于加强中央企业企业文化建设的指导意见》,对中央企业当前和今后一段时期企业文化建设工作进行了部署。2004年12月13日,国资委又在京西宾馆召开会议,结合落实中央十六届四中全会精神,对企业文化建设又提出了新的要求,企业文化随着理论上认识的进一步成熟,伴随着实践的一步步完善,终于进入一个新的发展时期。

2005年3月26日,国资委下发了62号文件《关于加强中央企业企业文化建设的指导意见》,要求中央企业基本建立起适应世界经济发展趋势和我国社会主义市场经济发展要求,遵循文化发展规律,反映企业特色的企业文化体系。从而将企业文化的地位真正上升到人本管理理论的高度,并将之视为企业的灵魂。

随着2005年国资委62号文件的出台,组织文化理论界、咨询界和实业界掀起一轮新的组织文化热潮。同年,北京交通大学首开全日制企业文化硕士班,开高校之先河;企业文化师被正式确认国家认可的从业资格,国内关于企业文化师的培训如雨后春笋般快速发展起来;而国内相关刊物和文献更是名目繁多,仅百度下组织文化相关网页就达 32 200 000 条(2007年3月10日搜索结果)[①]。国内大型企业特别是国有企业先后出台企业或集团文化发展指导性意见,如中石化、中石油、兵器集团等分别出台相应的文件,全国各地国资、民营企业、事业单位和党政机关纷纷自主或聘请专业机构打造自己独具特色组织文化;一时间,组织文化的大潮蔚为壮观!

【人类学关键词】

1. 民族志(Ethnography)
2. 参与观察法(Participant Observation Method)
3. 跨文化研究法(Cross-Cultural Method)

【复习思考题】

1. 什么是人类学?人类学有哪几个主要的分支?
2. 文化人类学是如何产生并发展起来的?
3. 文化人类学的具体的研究方法有哪些?

---

① 宋跃三,《组织文化自主建设操作指南》,红旗出版社,2007年,第9页。

4. 组织文化产生的历史背景是什么？
5. 组织文化从兴起到发展的历史线索是什么？
6. 组织文化在我国是如何兴起与发展的？

【应用案例】

文以载道——人类学在工商管理领域的应用

工业人类学是把文化人类学的理论和方法运用到企业领域的一门新兴学科①。由此可以看出，从文化人类学的视角对企业文化进行的研究和探讨在国内早就有了。只不过早先的研究始终处于非主流地位，仅仅局限于对家族企业的研究以及企业文化的测定等。经过漫长的发展，现在已经大有改观。企业管理者越来越重视文化人类学在经营管理活动中所起的作用。如果我们再放眼国外，则人类学家为工商企业工作早就成了一个事实。

一、文化人类学对工商管理领域的贡献

文化人类学是对人的及与其相关一系列领域的研究，而工商管理本质上是对人的管理，因此两者必然会有密不可分的联系。

首先，文化人类学的研究成果可以用来指导工商管理实践。人类学家可以帮助经商者认识到其自身的文化，或者说是组织文化②。商业组织文化也许会与新工种的使用相冲突，也许会与改变的商业需求相冲突。如果需要改变文化的组成部分，首先需确定该文化的内容、发展历程及发展原因。人类学家擅长在参与观察与个案访谈的基础上确定文化的模式。管理学或组织行为学的教材中有相当一部分结论是文化人类学的成果。文化人类学不但可以为组织内部管理提供帮助，还能对组织的外部相关者如消费者的研究提供强有力的支持，从而帮助企业设计符合需求的产品，提高销售业绩。

文化人类学对工商管理领域另一个贡献是其研究方法的运用。人类学家总是努力站在被研究者的角度去研究，从而克服偏见。文化人类学中重要的研究方法成为"田野工作"，即在进行田野工作时，人类学家进入田野地点，和当地人生活在一起，遵循当地的习俗，这样人类学家可以进行最细致的研究。这种切身的实

---

① 张继焦，"企业人类学的实证与应用研究"，《民族研究》，2008年第4期。
② 庄孔韶，《人类学概论》，中国人民大学出版社，2006年，第418页。

地考察的研究方法是文化人类学和其他学科的一大区别。在工商管理领域很多时候恰恰需要这种细致而没有偏见的考察，无论是企业内部员工还是外部消费者，对其准确深入的了解无疑是企业成功的关键，而文化人类学的研究方法则可以使其成为可能。以下是几个文化人类学应用的实例。

二、应用实例

（一）企业并购①

众所周知，处理文化冲突问题，是企业并购管理的核心，甚至决定着并购活动的成败。被称赞为"天作之合"的戴姆勒—奔驰公司和克莱斯勒公司的联姻一时陷入困境，就与"充满大西洋两岸之间的文化冲突和种种问题"有根本性的关系。而惠普与康柏合并的文化整合一开始被视为一个较为典型的成功案例，即"惠普之道"与康柏机动灵活、决策迅速文化特征的结合，但是如今这一合作的"没落"似乎也昭示着一些东西。在国内，海尔文化激活"休克鱼"是一个典型案例。在兼并原青岛红星电器厂时，海尔一个在中国企业史无前例的做法是首先派去了企业文化中心的工作人员。尽管这些企业文化工作者主要是做宣传工作，力图以海尔优势文化模式来统一思想，不像文化人类学家一样对目标企业做科学的文化人类学研究，但是海尔重视并购中的企业文化冲突问题已经给我们开了一个好头。由此，我们需要思考，在企业并购管理过程中，是不是控制了财务就行了？是不是建立了全新的制度就行了？是不是全面引进强势的文化就行了？文化人类学给出的回答是否定的。

借鉴文化人类学的做法，对企业并购管理的文化问题予以充分关注，是并购活动的核心任务。实际上，运用文化人类学知识研究管理中的文化问题，源于管理学早期的重要贡献——霍桑试验。现在文化人类学在企业的研究领域已经延伸到如下方面：文化变迁与组织变迁过程与适应模式、符号或象征物对群体成员所能引起的作用、民族文化与性格在组织中所扮演的角色与所产生的影响等等。

近年来，安盛咨询公司专家罗伯·托马斯博士设计了企业并购过程企业文化审计的五个步骤。

（1）收购前筛选。在收购的财务和法律活动进行之时，同时成立一个文化小组，收集目标企业各个方面的信息如公开文件、年度报告、媒体介绍、相关者信息甚至前人员的评价等等。通过这些资料来分析目标企业如何做事、如何做成决策、倡导怎样的行为等等。在评价目标企业时，这些方面的结论要和财务及法律

---

① 王学秀，"寻找金椅子——文化人类学对企业并购管理的启示"，《企业管理》，2005年第12期。

等方面的分析报告一起,成为决策者决定是否收购的重要依据。

(2) 宣布收购后的综合性文化测评。由收购和被收购企业双方人员组成联合工作的两个小组,在进行文化概念、调研和访谈等技术培训后,分别考察收购方和目标企业的企业文化状况并进行总体的测评。这里要注意的是双方由于地位和实力的不同而产生的心理差异,如果是跨国收购,还应该充分考虑跨文化差异。

(3) 认知冲突、风险、机会和成本。在上述调研和基本测评基础上,文化工作小组需要对双方文化中可能存在的冲突及其带来的风险进行研究评价,并考察这些冲突和风险所带来的成本及对并购活动的影响。

(4) 设计并实施合并后的行动计划。其中的关键是决定并购后企业的文化形态,是完全消灭,还是继续保留,还是整合成新文化。

(5) 合并后对所发现事实的监控和证实。此项的关键是要保留项目小组,并继续监控并购后企业运行过程中存在的问题,从文化角度观察和研究,之后作出相应管理政策建议。

从上述可以看出,这一"文化审计"系统方法基本上是按照文化人类学研究群体文化的方法进行的,包括了从前期介入到事后管理的全过程,可以给我们提供一些参考。

(二) 产品研发

产品的研发之所以有文化人类学的用武之地,主要是因为产品生产出来是为了卖出去,而产品要卖出去就必须使之符合顾客的需求。然而,顾客的需求涉及多方面,有些需求如对产品的基本功能的要求相对来说是较容易通过常规途径获得的,但是还有一些细微隐性的需求比如外形、颜色、手感等连消费者自己都说不清楚,企业就很难把握。这时人类学就可以发挥其独到的优势。诺基亚手机的设计开发就是一个绝佳的例子①。

建立并维护手机与人的关系,符合那些看似不经意的生活习惯,或许就是诺基亚产品受欢迎的主要原因。诺基亚每年花费大笔资金进行人类学的研究。调研、设计、制造和销售,种种复杂元素的整合,都是为了将产品推向消费者。设计有多重环节。公众所熟知的金属材料、工艺造型往往是展露于台前的部分。比起隐身幕后的人类行为研究,前者只是冰山一角。

30 岁的混血儿 Jan Chiephase 来自诺基亚东京设计实验室。与人们印象中长期待在室内工作、白皙秀气的设计师形象明显不同,他有着属于户外的麦田肤色

---

① "诺基亚的人类学基因",《互联网周刊》,2007 年第 13 期。

和运动员的气质。作为诺基亚全球250人规模设计团队中的一员,他以田野调查的方式参与这家手机巨擘的产品设计。"诺基亚对于人类学的研究差不多和手机产业一道起步。我的工作已经形成了自己的一套理念:着重未来3—7年的发展趋势,了解今天的人类行为动机、探询新流行趋势的早期信号,并将这些知识与对科技发展的理解结合起来,有机地融进诺基亚长远的整体设计战略。"这些调查极其庞杂,比如跟随使用者到办公室或者家里,实际看到手机的使用情景。一个吉林的矿工戴在腕上的手机套可能会提醒他们手机的某些型号应该适当保持轻薄和短小。东京银座街头追求时髦的年轻人将翻盖手机如同夹子一般插在裤带上,则可能会提醒他们手机的外壳有必要注意时尚。而在韩国,当地人对于细菌的极度畏惧使得很多手机商店专门备有消毒剂和喷雾剂来保持手机的清洁,这也可能提醒他们谨慎选择手机的材质。如果把这些看成是手机设计的前奏,最恰当的称谓莫过于"搜集设计基因"。看似零散的一个个案例汇集成诺基亚庞大的数据库,为手机设计提供坚实的参考依据,最终由外至内实践并应验着"科技以人为本"的标语,诺基亚优秀的人机交互系统可能正是在这样一次次的用户接触中得到提升。

据 Jan Chiephase 介绍,诺基亚在设计新的能收发短消息的手机时,功能键排列位置安排可能来自对盲人使用手机的观察,而在考虑交互系统设计时考虑到世界上大概有将近8亿人是文盲,而在某些特定市场比如印度,有2.7亿人是文盲,为这些既不能读又不能写的目标消费者设计手机就成了诺基亚一个3年调研的课题。

诺基亚对产品与人性的关系投入了巨大的金钱与精力,在手机如何设计之外,显然还有另一重考虑。这家手机巨头,在25年以前并不是手机制造商,正是对于移动通信的先机洞察让它成功转向了手机业务,而如今它又开始思考新的发展方向,希望成为一家移动互联网公司。

(三) 市场研究[①]

现代企业的工商管理中,市场研究是很重要的一项工作。其功能是通过信息将消费者、客户、公众与营销者联结起来,这些信息用于识别和界定营销机会或问题,收集、提炼并评估营销活动,监测营销实施,并加强对营销过程的理解。其内容包括界定所需信息,设计信息收集方法,管理并执行数据收集过程,分析结果,沟通研究发现及其应用价值。然而,国内新兴的市场研究行业一直以来面临多方

---

① 王兴周,"人类学方法在市场研究中的应用",《广西民族大学学报(哲学社会科学版)》,2006年第28卷第5期。

面的尴尬：怀疑、责难甚至否定。现在已经很少有人怀疑或否定市场研究的价值和作用，主要让客户不满之处包括研究过程的严谨性、数据的真实性、思路的科学性、结果的实用性等。针对这些问题，客户和市场研究行业都主要从研究执行者的诚实度执行能力、经验和执行过程的控制等方面找原因、想对策，其实都忽略了对现用方法体系的审视、批判和完善。中国市场研究行业的现实是方法应用比较单一，绝大多数研究都只运用了文献法、访问法，观察法和实验法很少运用，而且只限于简单初级运用，如神秘顾客、人流量统计、广告测试、产品测试等。这样的方法会带来来源于研究客体的误差和来源于研究主客体之间沟通的误差。

文化人类学方法的引入则使这个问题的解决成为可能，比如说族群市场研究。人类学的族群概念与营销学的细分市场概念非常接近，一个族群就是一个细分市场。族群是个含义极广的概念，它可用来指社会阶级、都市和工业社会种族群体或少数民族群体，也可以用来区分居民中的不同文化的社会集团。市场细分在市场研究中的地位非常重要，人类学擅长的族群研究方法和理论可以为市场细分研究提供别开生面的工具，可以得出令人耳目一新的研究成果。我们可以把教师、医生、学生、商务人士、白领女性泡吧族、股民以至四川籍民工、湖南籍民工、河南籍民工等等都界定成一个个"族群"，然后用族群研究方法进行研究，寻找该族群的消费心理、行为、需求特征，从而采取恰当的营销策略开发该族群消费市场。

又如对消费文化的研究。文化是人类学最重要的概念，一直以来就是人类学研究的核心内容。人类学家可以参与对消费文化的研究，包括两个层面：一个层面是带有基础性质的研究。人类学家可以运用其擅长的比较研究方法，系统研究中国消费文化与西方消费文化的差异，并进一步阐述源于西方的营销理论、方法在中国应用时的落地方案；同时可以比较研究中国区域性亚文化对消费行为、习惯、心理、需求的深层影响，从而为营销界和市场研究界提供指导性策略；还可以比较研究各阶层、各利益群体的消费文化特征，为市场细分策略的精准化提供帮助。另一个层面是在具体市场研究项目中提供人类学关于文化的视角。目前的市场研究深受社会学、心理学的影响，较多从心理、行为、需求、动机、社会关系、身份地位、角色等视角进行研究设计。其实，人是文化动物，作为消费者，其心理、行为、需求动机的产生也深受文化影响，包括伦理、道德、风俗习惯、语言、宗教、信仰、价值观等等。所以，在研究假设建立、模型构造、问卷设计、量表制定、研究分析等环节，人类学的视角十分必要。以药品市场研究为例，华南地区消费者钟情于煲汤、中药、凉茶，东北地区消费者受广告影响较大，华东地区消费者依赖医保不自己买药，如果不从文化角度进行解释，市场研究结论难免浅陋。

通过以上的举例可以大概看出文化人类学对于企业工商管理的意义。事实上，文化人类学的用武之地还有很多，比如国际的贸易，比如人力资源管理等等。随着企业对人类学不断重视，文化人类学在企业管理中发挥的作用会越来越大，甚至会渗透到各个领域，在不远的将来，"以人为本"将成为一个真正的主题。

【案例讨论与练习题】

1. 文化人类学对工商管理领域的作用和意义有哪些？
2. 以上案例是怎样体现文化人类学对企业工商管理的贡献的？
3. 通过以上案例，你学到了哪些文化人类学的方法？

第三章

价值观、民族文化与组织文化

【本章要点】

通过对本章内容的学习,你应了解和掌握以下内容:

- 价值观的含义及其与文化的关系
- 价值观与民族文化的关系
- 价值观与组织文化的关系
- 佩里的"价值观研究"中的六类价值观
- 中国历史和中国文化的特点
- 中国人的人格特征

【篇首案例】

同仁堂文化特质[①]

三百年来同仁堂留给世人的文化特质可以归纳为三个字:"药"、"道"、"人"。同仁堂的"药",同仁堂的待人做事之"道",同仁堂的"仁",可以说是同仁堂文化中最有价值的三个要素。

一、好"药"治病

中国医药的发展有5 000多年的历史,中医药对中华民族的生息繁衍作出了难以估量的贡献。从根本上讲,同仁堂是以"药"取胜。同仁堂的"药"配方独特,选料上乘,工艺精湛,疗效显著,可以归纳为两个特点——货真质优、药效显著。正是同仁堂"药"的这两个特点,赢得了一代又一代人的信赖。可以说,没有同仁堂的"药",就不可能有同仁堂,更不会有三百多年的同仁堂历史。从最初的15门363首药方,到今天的20余种剂型,800多种药,3 000多个品种,其中47种产品荣获国家级、部级和市级优质产品称号。同仁堂旗下的十大王牌产品有:安宫牛黄丸、牛黄清心丸、苏合香丸、再造丸、大活络丹、紫雪散、局方至宝丹、虎骨酒、参茸卫生丸、女金丹。十大名药有:乌鸡白凤丸、国公酒、消栓再造丸、愈丰宁心片、牛黄解毒片、骨刺消痛液、活血通脉片、枣仁安神液、安神健脑液、狗皮膏。其中的乌鸡白凤丸、六味地黄丸、牛黄清心丸、国公酒四个品种的销售额于2001年全部突破1亿元。同仁堂的药畅销全国,也行销到世界40多个国家和地区。从某种意义上说,是"药"支撑了同仁堂的昨天,也成就了同仁堂的今天。同仁堂的企业文化实质上是一种"药文化",是中药的文化。这是同仁堂企业文化中的物质文化之本,是其企业文化中最核心,也最本质的部分。研究同仁堂的企业文化,只论精神文化中的观念文化、价值文化,忽略物质文化中的"药",是一个极易出现的偏差。"药"是同仁堂企业文化中最核心的要素,也是同仁堂企业文化的标志。也就是说,没有了货真质优、药效显著的"药",也就没有了同仁堂。

二、遵循医"道"

同仁堂的待人做事之道,是经验、价值追求、观念的结合体。同仁堂的创业者尊崇"可以养生,可以济世者,唯医药为最"的信念,把行医售药作为一种养生济世、回报社会的高尚事业。做"事业"和养家糊口的目的不同,目标不同,要求不

[①] 李源,《同仁堂企业文化的传承》,指导老师:石伟,中国人民大学劳动人事学院在职硕士论文,2007年。

同,做法也不同。这几个不同,形成了同仁堂的待人做事之"道";同仁堂的待人做事之"道",成就了自己显赫的业绩。"古方无不效之理,因修合未工,品味不正,故不能应症耳"是一种经验,但对经验的应用不同,结果也不同。因为要做"事业",因此才会有"修合无人见,存心有天知"的境界,虽然在制药时,别人看不见,但自己的诚心和严谨自有天知道。这是一种自律的境界,是为了他人而自律的境界。尊重他人,善待他人,为了他人,是医者、药者的天职。同仁堂之"道",就是一种医者、药者之道。有了这样的自律要求,才会有同仁堂"炮制虽繁必不敢省人工,品味虽贵必不敢减物力"的做法。有了同仁堂这样持之以恒的做法,同仁堂之"道"才有可能从观念形态转变为物质形态。人们对同仁堂之"道"的感受是全方位的,不只有观念的、物质的,还有时空的。作为一种文化信息,同仁堂之"道"在被传播的过程中不断增值。这种精神文化的积淀已焕发为今天的"四个善待、四条标准、四个抓住"。

(一) 四个善待

四个善待即善待社会、善待员工、善待经营伙伴、善待投资者。这是一个有机整体:善待社会是使命,善待员工是根本,善待经营伙伴是境界,善待投资者是责任。四个善待突出了同仁堂利益相关者权益最大化的原则,体现了同仁堂新的发展观,涵盖了同仁堂生产经营与改革发展的总体内容,形成了同仁堂的核心价值观。"四个善待",既是对同仁堂几百年历史的深刻总结与提炼,又是对同仁堂诚信文化与质量文化的概括。善待社会:是同仁堂"弘扬中华医药文化,领导'绿色医药'潮流,提高人类生命与生活质量"使命的要求;是同仁堂坚持"以义为上,义利共生",树立良好信誉,获得持续发展的秘诀;是同仁堂坚持"仁术济世",为大众提供"配方独特,选料上乘,工艺精湛,疗效显著"高质量医药产品的体现;是同仁堂销售药品与传播文化并举,支持公益事业,履行社会责任的追求。善待员工:员工是企业的宝贵资源,是企业财富的创造者。真诚对待员工,才能激发员工的积极性与创造性,使之与企业同心同德,共同为社会提供优质的产品和服务。善待经营伙伴:经营伙伴是同仁堂事业发展的同盟者和有力支持者。在处理与经营伙伴的关系中,同仁堂坚持信义为重,互利互惠的原则,努力营造诚实守信的经营环境,不仅考虑同仁堂品牌的提升,而且追求利益双赢和共同发展。善待投资者:同仁堂要以高度的责任感对投资者负责,保证资产的安全与增值;要改进管理和经营方法,用最好的经营业绩回报投资者;既要考虑投资者的短期利益,更要着眼健康、协调、持续发展,致力于投资者的长期回报。

(二) 四条标准

四条标准即用同仁堂的文化吸引人,用同仁堂的干劲鼓舞人,用规范化的管理要求人,用优良的业绩回报人。

用同仁堂的文化吸引人:同仁堂文化是同仁堂事业发展的基石,同仁堂人要努力实践并不断创新同仁堂文化,展示同仁堂风采,赢得更多消费者,吸引更多潜在合作者。用同仁堂的干劲鼓舞人:历代同仁堂员工的艰苦奋斗带来了同仁堂的发展,同仁堂人的干劲是同仁堂精神的具体体现,它将激励同仁堂人继往开来,不断创造更好的业绩。用规范化的标准要求人:规范化的标准是同仁堂品牌的重要内涵。用规范化的标准要求同仁堂员工,塑造同仁堂品牌,是同仁堂金字招牌不倒的根基。同仁堂人既要谨遵古训,又要利用现代科学管理的技术和手段,提高规范化管理的水平。用优良的业绩回报人:同仁堂要以独特的经营之道赢得更大的市场,创造更优良的业绩,更好地实现员工的个人价值、满足投资者的利益追求和社会对同仁堂的期望。

(三) 四个抓住

四个抓住即抓住品牌整体发展,抓住共性协调发展,抓住人才促进发展,抓住文化保障发展。

抓住品牌整体发展:要充分挖掘,提升同仁堂的品牌价值,以集团为母舰,组建进军国内外中医药市场的联合舰队,拓展事业领域,以获得更为广阔的全面发展的空间。抓住共性协调发展:同仁堂的生产经营是一条具有多元结构的产业链,分工明细,环环相扣。每个环节都要从大局出发,协调发展。抓住人才促进发展:人才是同仁堂事业发展的根本,同仁堂坚持以人为本,吸引人才,培养人才,用好人才,充分发挥人才的积极性与创造性,促进同仁堂的持续快速发展。抓住文化保障发展:经济发展的深层是文化。同仁堂要始终抓住同仁堂文化这个经济内核,不断进行理念创新、经营模式创新与管理创新,用先进文化的力量保证同仁堂的永续发展。

同仁堂的待人做事之"道",是三百年同仁堂企业文化的魂。同仁堂的传统之"道"与现代之"道"尽管表述明显不同,但其经验、价值追求、观念的精髓没有改变。传统之"道"是根,现代之"道"是冠,是枝叶。现代之"道"更为博大,更为宽宏。

三、人者,"仁"也

企业文化的基础是员工的自觉认同。认同、尊崇同仁堂企业文化的人——同仁堂"人",是同仁堂薪火相传、百年不衰的保证。一代代的同仁堂"人"孕育了不朽的同仁堂企业文化,同时,同仁堂企业文化又造就了一代代的同仁堂"人"。乐显扬、乐凤鸣、乐平泉、许叶芬、乐松生,更有许多没有留下名字的谨遵堂训、埋头实干、经受了苦难的乐家人和伙计们,是他们保证了同仁堂物质文化的实现,也保证了同仁堂规矩——管理文化和观念文化的继传。同仁堂企业文化的传承主要就是在同仁堂"人"与同仁堂"人"之间的传递之中实现的。金霭英是一个当代同仁堂人,她非常崇尚、尊重同仁堂注重药品质量的古老传统。但是,传统的质量管理已明显不能适应现代生产和市场的要求,中药的特点决定了推行科学的标准化管理应该是在继承传统质量管理特色基础上体现现代科技发展水平。为了改掉员工以眼睛判定脏与净的坏习惯,她搬来显微镜,让员工查看从手上分离培养出的细菌,与洗净的手做对比。这样使员工们改变了对传统卫生习惯的看法,在思想上对药品质量有了新的认识。面对国际上对得到病理检验具有显著疗效的中药质量的怀疑,她主持完成了"牛黄清心丸8种微量重金属检测方法研究"、"牛黄清心丸安全有效性研究"两项课题,证明了该药是服用安全、有效的治疗性药品,维护了同仁堂的国际声誉。针对有些商家借同仁堂名义夸大同仁堂药的作用、乱做虚假广告的问题,金霭英坚持"不能对社会和百姓不负责任",积极组织召开新闻座谈会、专家论证会,在报纸和电视台郑重声明,介绍各种药的实际效用,虽产生了对销售不利的结果,但她坚信这是同仁堂对消费者300年不变的信誉承诺。参茸鉴定专家贾贵琛,总中药师李培松,细料专家卢广荣,"把门神"刘振军,严师郭瑞义,"姊妹花"曹建利、曹建玲、曹建荣,等等。还有很多新时代的同仁堂"人",不论是专家学者、管理者,还是普通一员,他们和一代代具有同仁堂文化人格的"人"一样,以德立业,以诚敬业,以信守业,以自己的言行,践行着同仁堂企业文化。一代又一代同仁堂"人"孜孜以求、兢兢业业、精益求精、认真负责的精神,是同仁堂企业文化得以传承的根本保证。没有认同和尊崇企业文化的"人",再优秀的企业文化也不会得到传承。同仁堂"人"是同仁堂企业文化的种子,是同仁堂企业文化之源,是同仁堂企业文化的载体,同时也是同仁堂企业文化传播的导体。

同仁堂作为我国历史最为悠久的药业集团,其组织文化深受我国的民族文化影响,对于一般组织而言,其组织文化与民族文化之间的关系是怎么样的?这就是本章所讨论的主要话题。

民族文化凌驾于组织文化之上吗?例如,IBM设在德国慕尼黑的分公司是更可能反映德国的民族文化,还是IBM的组织文化呢?研究表明,民族文化对成员的影响比组织文化对成员的影响大。罗宾斯在《组织行为学》一书中列举的案例告诉我们,民族文化是影响组织和成员的重要因素[①]。有鉴于此,我们在本章首先介绍文化

---

① 〔美〕斯蒂芬·P·罗宾斯著,孙健敏、李原译,《组织行为学(第7版)》,中国人民大学出版社,1997年。

人类学关于文化传统的分析构架,进而从最能体现民族性的价值观着手,分析价值观与组织文化的关系。

第一节 价值观与民族文化

一、文化人类学关于文化传统的研究

根据文化人类学中进化学派的观点,文化进化(Cultural Evolution)又称为"文化演化",是文化变迁的一种类型,指具有累积性和进步性的文化结构的持续发展。文化进化也是一种纵向的文化变迁过程。在这一过程中,文化累积(Cultural Accumulation)是一个分析民族文化的关键词。文化累积是指文化成长的一种过程,由于新的文化元素或特质因发明、发现及借用而增加到原有文化之中,结果导致文化元素或特质总和的增加。文化累积是文化增长、丰富其元素或特质的一种趋势。以中国的民族文化为例,在5 000年的文化进化过程中,中国在文化方面为世界作出巨大的贡献,例如我国民众的敬天法祖、注重家庭的思想。中国的四大发明、典章制度、儒学和道家思想等,使得中国文化在世界产生广泛而深刻的影响。

在这一情形下,文化加速度的现象由此产生。文化加速度(Cultural Acceleration)指文化变化和积累速率的增加。有学者认为,既然文化是变动和积累的,那么,在正常情况下,它是以加速度的方式进行的,尤其是文化中最有积累性的部分,例如技术、物质文化等更是如此,这一观点曾受到一些人的批评,但现已大体上被人类学家所接受。仍然以中国为例,中国曾经是瓷器的代名词,在汉唐时期,随着技术的发展和进步,瓷文化不断地累积,设计和创新不断加强,终于在宋代和明代达到顶峰。

同时,文化人类学认为文化进化有着阶段性,在多种文化要素的合力作用下发生质变。文化累积的速度随文化进化的进程加快,进步性也逐步增加,形成了人类文化发展中的各种文化阶段(Cultural Stage),这一阶段通常以具有支配力的一种经济生活的生产方式或技术发展的水平来区分。它是古典进化论者、新进化论者和历史唯物主义者常用的概念之一,并由此出现文化周期(Cultural Cycle)的论点。有学者认为,文化是循环发展的,其有一个类似有机体的生长、成熟、衰老、死亡的发展周期,并且认为决定这一过程的根本力量是该文化的民族精神状况。但也有学者反对这一观点,认为文化发展的每一次所谓的"重复"都是持续性发展中的一种前进。在20世纪80年代,我国曾经有学者认定,中国2 000多年的封建专制,实际上是一部周而复始的专制史,这一派的观点应是文化循环论的代表。

再者,仍然是由于文化的变动和积累,任何民族在发展过程中都会形成自己的优势传统(Dominant Tradition),这一传统指具有支配此传统中不同文化力量的元素。当然,不同的地区其优势元素也不同。优势元素有随环境而异的特性,于是形成了随环境而异的传统。优势传统会形成文化迫力。在人类学中,文化迫力(Cultural Imperative)是指任何社会为保持存在,在文化领域所必须采取的各种方法。它包括提供食物和居所的方法、育婴抚幼的方法、传导知识的方法、限制内部冲突的方法,等等。文化迫力的根据来自人类社会中人的生理需求和社会需求,或者说来自社会的功能性需要。

最后,文化迫力在发展中会出现两种结果,一是反应适应(Reactive Adaptation)的后果,另一结果是文化抗拒(Cultural Resistance),对于民族文化而言,反应适应指对于任何方式的活动所作出的反应。如我国集体主义价值观的形成,就是在文化发展中的反应适应所致。又如注重个体主义的文化所形成的个体绩效考核在中国改变为团队绩效,这些都是反应适应使然。

反应适应可能带来文化取代的结果。文化取代(Cultural Substitution)指某些文化要素全部或部分地取代了原来的另一种文化要素。对文化取代的观念,尚存在不同的解释。半个世纪前,P. 索罗金曾坚持取代是完全的替换,而不是简单的增减某些部分的观点。稍后的 H. G. 巴雷特则认为文化取代是一种心理甚于文化的过程,而不完全是行动的产物。如美国的快餐文化、好莱坞电影在很多国家和地区取代了原有的现代化文化。

无论是反应适应还是文化取代,文化抗拒是这个过程中的又一个现象。文化抗拒(Cultural Resistance)即一个民族对于某些外来文化,包括思想、信仰及行为模式等的抵触、排斥或不接受现象。一般认为,一种文化对某些外来文化特质的排斥是该文化生存机制发生作用的表现,它能使该文化避免在外来文化的冲击下迅速解体,但同时也不利于自身文化的发展。由此会招致文化滞后、文化退化、文化萎缩、文化没落的结局。

文化滞后(Cultural Lag)是指在文化变化的过程中,一种文化的一部分呈现滞后的情形,结果这种滞后的部分就有可能成为一种陈迹。如中国传统文化中的三纲五常、三从四德在现代社会中无疑没有生存的空间,注定会被历史抛弃。文化滞后的理论是建设在社会和文化整合论的基础上,整合论认为社会文化体系的每个部分都可能随着其他每个部分的变化速度发生变化,否则就会使社会处于紧张状态。

文化退化(Cultural Devolution)指一种文化的退步现象,与文化进步的过程相对应。文化退化是文化从一种较先进和分化的水平退到一种较不先进及不分化的水平的现象或过程。文化退化经常出现在文化变迁中,它通常和文化接触有关,是两种文化相互影响的结果。一种比较先进文化的某些构成元素或特质,如技术、观念、文化的创造性等在两种文化广泛而又持续的接触中不仅没有自我保持或是被另一文化采借,反而大部分或小部分丧失,或功能萎缩,从而造成了自身水平的下降。

文化萎缩(Deculturation)指因文化接触或文化涵化而造成的文化上的没落现象。在人类各民族的文化接触或文化涵化的过程中,由于优势文化的冲击或影响,弱势文化体系中所包括的文化特质、文化观念和文化创造力等因素可能发生某些方面的丧失,而且丧失的部分又没有新的部分来取代其功能,由此造成该文化出现某些缺损或没落,在人类学中就被称为文化萎缩。

文化没落(Kulturgefälle)指两种不同的文化相遇时所发生的衰退现象。文化没落主要发生在文化涵化或文化接触及文化变迁中。当两种性质不同的文化接触并发生相互影响时,两种文化都可能发生变化。在这一过程中,当一种文化中的某些文化元素为另一文化的文化元素所取代;或一种文化原有的某些文化元素在另一文化的影响下失去了功能;或整体文化为另一种文化所取代等,这些都被称为文化没落。例如,在长期的社会实践中,由于男耕女织、君臣父子这些规制能够维系社会的发展而沿袭已久,而一些历史上衍生的传统,如缠足、殉葬等陋习则随着历史的发展而逐渐没落,乃至消亡。

文化的成长和没落过程表明,民族文化主要是由生产方式以及传统、价值观决定的。生产方式和价值观是相互作用的,在人类学中,经济制度和家计制度等领域对此加以研究,而在文化上,一个民族的价值观对于文化传统有着重要的影响。

有鉴于此,在研究文化之前,我们先从文化的本质——价值观说起。

二、价值观的相关理论研究

从历史的角度来看,对价值观的研究始于对文化的研究。它有着文化人类学、社会学以及心理学、管理学的渊源。因此,对价值观和与此相关的组织文化的介绍会从多个角度展开,使读者能够对价值观从起源迄今的主要理论和实践有所了解。

概括地讲,在文化人类学中,价值观是区分文化类型的标准;在社会学领域中,社会学家视价值观为社会成员所共享的一种符号系统(Shared Symbolic System);在心理学领域,心理学家把价值观视为个体的心理现象或社会心理现象,它指一定的信念、倾向、主张和态度的系统,也就是理论上被称为"价值观"的总和。在管理学领域,价值观代表着一系列的基本信念:从个人和社会的角度来看,某种具体的行为类型和存在状况比那些与之相反的行为类型和存在状况更可取。这个定义包含了判断的成分,并且反映了一个人关于正确和错误、好与坏、可取和不可取的观念[①]。上述

---

① 〔美〕斯蒂芬·P·罗宾斯著,孙健敏、李原译,《组织行为学(第10版)》,中国人民大学出版社,2005年,第70页。

各种价值观定义,互有长短,反映了近现代人类学家、社会学家、心理学和管理学家对文化认识的历史过程,以下我们将分别加以介绍。

(一) 文化人类学有关价值观的研究

从文化人类学角度来看,文化与社会是人类生活的两个层面。社会指的是可以观察到的现象的领域,是实际行为模式和实际事件的模式;而文化所指的是观念的领域,是可以从行为和事件中推导出来的共同的观念系统。而知识、信仰、价值观这些有组织的系统,是通过学习而积累起来的经验体系。早期的文化人类学家并没有就价值观进行专门性的研究,而是将价值观与信仰、知识、习俗和法律等要素并列在一起。直到后期,人类学家开始克服这一缺陷,以下我们摘取两位巨匠加以介绍。

1. 克拉克洪的理论体系

在克拉克洪看来,文化应被定义为"历史上所有创造的生存方式的系统,既包括显型方式又包括隐型方式;它具有为整个群体共享的倾向,或是在一定时期中为群体的特定部分所共享"①。具体地讲,就是为了生存,人的机体必须在最低限度上随着自然环境而作出一定调适;人类的生态和自然环境为文化的形成提供物质基础,文化正是这一过程的历史结晶。文化不仅具有内容而且具有结构,故形成为"系统"。显型方式可以由该文化的局内人向局外人描述,而隐型方式则只可意会不可言传,类似于一种集体无意识②。在价值观研究领域,他的主要贡献在于:

(1) 注重价值体系的研究。他曾指出:"文化基本核心由两部分组成,一是传统的思想,一是与人类有关的价值。"③为此他进行了泛文化的比较研究,在《价值取向中的变量》一书中将价值观界定为"复杂而有限的模塑原则,这个原则由认知、情感和导向三要素的相互作用而形成,能够使人确定其解决问题的想法和行动"。根据他归纳出的社会调查问题,区分了不同文化的价值取向。如现代美国人的主要价值取向是个人主义、注重未来的时间取向、征服自然与实干型。

(2) 倡导跨学科的研究方法。克拉克洪在1951年对价值观作出了经典性的定义:"价值观是一种外显的或内隐的,有关什么是'值得的'看法,它是个人或群体的特征,它影响人们对行为方式、手段和目的的选择。在一个个有关'值得的'看法的背后,是一整套具有普遍性的、有组织的观念系统,这套观念系统是有关对大自然的看法、对人在大自然的位置的看法、人与人的关系的看法以及在处理人与人、人与环

---

① 〔美〕克拉克洪等著,何维凌等译,《文化与个人》,浙江人民出版社,1986年,第6页。
② C. Kluckhohn, "Values and Value-orientations in the Theory of Action: An Exploration in Definition and Classification", in T. Parsons & E. Shils (Eds.), *Toward a General Theory of Action*, N. Y.: Harper,1962.
③ 庄锡昌,《多维视野中的文化理论》,浙江人民出版社,1987年,第116页。

境关系时对值得做和不值得做的看法。"①克拉克洪称之为"价值取向"(Value Orientation)。这个概念使得"价值观"在概念结构上清晰了许多。它影响个体在某种行为可能的状态、方式或结果中作出选择。既然价值取向是稳定的、动态的表现,在价值取向层面进行测量也就成为可能。他概述出五种价值取向②(见表3-1),设计了著名的价值取向量表(Value Orientations Survey)。

表3-1 克拉克洪和斯特罗德贝克(1961)价值观类型表

价值观维度	变 化 类 型		
与自然的关系	控 制	和 谐	屈 从
时间取向的本质	过 去	现 在	未 来
人的本质	善	混 和	恶
人的行为动力和目标	及时行乐	理 想	实 干
人际关系的形式	个体主义的	群体的	等级的

通过和不同文化背景的人进行访谈,他发现西方工业化背景成长起来的人强调对自然的主宰地位,以未来为中心,强调行动与个人主义;而非工业文化背景下生活起来的人强调与自然的和谐相处,以现在和过去为中心,顺自然发展自我,强调与他人的合作关系。

克拉克洪关于文化的定义为现代西方许多学者所认同,并且吸引越来越多的研究者关注价值观。

2. 英克尔斯的伟大实践

著名的人类学家英克尔斯(A. Inkeles)③,于1962—1964年和他的研究小组组织了一次大规模的有关人的现代化的调查,从1966年起陆续发表和出版《人的现代化》、《迈向现代化》等著作。在此基础上,他在态度、价值观和行为方式等方面给出了现代人格的特征。后来,他和莱文森(Levison)在所撰著的《国民性:众数人格和社会文化系统的研究》一书中,还明确规定了研究国民性的定量分析标准。尤为重要的是,他们提出了对后来人有广泛影响的分析文化的维度:自我的概念、如何应付矛盾和冲突。正是因为他们的努力,促使更多的人来找寻能够衡量不同种群的价值观的维度,启发了后来的霍夫斯泰德和特朗皮纳斯。

---

① C. Kluckhohn, "Values and Value-orientations in the Theory of Action: An Exploration in Definition and Classification", in T. Parsons & E. Shils (Eds.), *Toward a General Theory of Action*, N. Y.: Harper,1962.

② J. W. Berry, Y. Pooringa, *Cross-cultural Psychology: Research and Applications*, Camblige University Press, 1992, pp. 51-58.

③ 〔美〕英克尔斯著,殷陆君译,《人的现代化》,四川人民出版社,1985年。

如果说早期民族性研究是为了寻求有关不同民族的社会行为的解释,现代研究也和文化人类学一样,开始关注国民性与经济发展乃至整个现代化的关系。这些研究不仅为国民性研究注入活力,同时也赋予了这一研究巨大的社会意义,这些研究直接促使了跨文化研究的高潮。同时,由于世界经济的一体化进程,在美国,20世纪五六十年代开始将文化人类学应用于商业,继而跨文化管理应运而生。更多的文化人类学家开始将目光集中于经济和管理活动,学科之间的交融也就顺其而生了。

(二) 社会学有关价值观的研究

进化论启发了文化人类学,也催生了社会学的产生。早期的社会学也未对价值观进行专门研究,而是在研究社会关系、社会活动、社会形态等方面涉及了价值观。如腾尼斯在区分公社与社会时所使用的"意志类型"和"意志取向"[1]这两个概念实际上和价值观的含义有异曲同工之妙,韦伯(M. Weber)在论述资本主义精神时将职业责任的观念提到"现代资本主义文化的根基"的高度上,并和"传统主义"的价值观作了比较。

社会学领域明确地提到价值观及其作用的社会学家是法国的杜尔凯姆(Durkheim),他的基本社会学理论是以社会团结为主线而展开,而社会团结指的是把个人连接在一起的社会纽带,是一种建立在共同情感、道德、信仰和价值观基础上的个体与个体、个体与群体、群体与群体之间的,以结合和吸引为特征的联系状态。社会团结的基础是社会成员的共同价值观、共同道德规范,是一种被称为"集体意识"的价值观。在他们的理论中,一个社会人有两种意识:一是靠个人直接经验获得的意识,一是整个集体所共有的意识,也可称为集体观念、集体意识。对于集体意识,他做的简单注释是:同一社会集团成员平均拥有的信仰与感觉的总和。

又如托马斯和兹纳涅斯基(Thomas & Znaniesky)在《身处欧美的波兰农民》一书中,他们富有创见性地指出:"一种态度和一种价值观的出现从来都不是由孤立的态度和价值观单独造成的,而总是他们(个人与社会)结合的产物。"[2]

价值观研究在当代结构功能主义的开山鼻祖帕森斯(T. Parsons)的理论中得以进一步发展。帕森斯明确指出:行动的最终目标来源于社会文化的价值观体系[3]。价值观是一群人共享的信仰,它构成文化传统的核心。值得一提的是,帕森斯这一观点弥补了实证主义行动模型中忽视文化价值观的缺点,同时也和过分强调价值规范作用的理想主义传统相区别开来,在1937年他主张行动在克服障碍的过程中只能间

---

[1] Raymond Aron, *German Sociology*, New York: The Free Press, 1957.
[2] 〔美〕托马斯、〔波〕兹纳涅斯基著,张友云译,《身处欧美的波兰农民》,译林出版社,2000年。
[3] 贾春增,《外国社会学史》,中国人民大学出版社,2000年,第222页。

接地产生表现特定的理想和价值。帕森斯在1951年出版的《社会系统》以及与西尔斯(Schils)合著的《行动的一般理论》书中对行动理论作了进一步的延伸。这两部著作阐述了社会价值体系是如何通过影响行动者的主观取向而导致行动者之间相互依赖和相互结合的。在提出社会系统总是以制度化的价值观体系为其特征之后,帕森斯理论分析的重点由社会行动转变到社会系统中,他提出了模式变量理论。这一理论是帕森斯用来区分行动者在活动过程中主观取向的类型学工具,在对社会系统的分析中,它又独特地充当了描述社会关系,区分社会结构的类型学工具[①]。内容包括:

(1) 特殊主义—普遍主义。指在某个互动的情形中,行动者对他人的评价和判断是否适用于所有行动者。如果选择了普遍主义,意味着行动者在同任何其他人的互动中,遵循同样的规范性标准;而选择特殊主义则意味着行动者因人而异地改变自己的行动标准。

(2) 扩散性—专门性。指互动的行动者之间的范围有多大。如果相互之间的义务是狭窄的并被明确限定,就意味着选择了专门性;相反,如果双方全都投入互动的关系之中,相互给予或取得的满足是广泛的和不受限定的,就意味着选择了扩散性。

(3) 情感性—中立性。指互动中行动者表达了许多情感,抑或无须表达情感。

(4) 先赋性—自致性。指行动者评价他人是根据工作成效还是根据性别、年龄、家庭地位等先天特质。先赋性强调的是个人的禀赋,而自致性强调的是个人的成绩[②]。

(5) 个人主义—集体主义。指行动者的行动倾向于群体的公共利益还是自我利益。

上述5种行动的选择,可以用来说明个性体系、文化体系与社会体系等。帕森斯在这5种模式变量的基础上,开始了结构功能分析。例如,他认为有两个行为取向是与文化价值观有关的,我们借此可以了解到具体社会结构及制度运作、社会规范。他用了两个极端的形容词来描述这两个取向:"普遍主义—特殊主义"取向和"先赋性—自致性"取向来分类。他认为中国社会是典型的"特殊/自致"取向。他进一步解释"特殊/自致"取向是指个人在社会交往时,以对方的生物、地理或时空关系来分类,但是却用对方的所作所为的成绩来对之作评价。即社会鼓励个人按已排好的社会秩序来定位,如君臣、父子、夫妇等,但中国人对一个人的评价不在于他所在的地位及身份,而在于他是否能够将彼此身份及地位所应尽的义务、应做的行为做好[③]。

[①] 贾春增,《外国社会学史》,中国人民大学出版社,2000年,第222页。
[②] 同上。
[③] 杨国枢,《组织心理与行为》,桂冠出版社,1995年。

虽然结构主义受到冲突论、符号互动论和社会交换论的批评，但是从后续发展来看，帕森斯提出的这5组模式变量因其形态学上的特征和包容性强的优势，直接被日后研究跨文化管理的学者所使用，他们借用这些模式变量来分析文化特质，并得到了广泛的认可。

(三) 心理学有关价值观的研究

如果说心理学脱胎于哲学，那么在价值观方面的研究成果为此提供了另一佐证。

哲学上对于价值观的研究由来已久，早期的哲学家罗素、斯宾诺莎曾经从哲学的范畴上开始相应的研究，西方从心理学角度对价值观的研究始于对哲学家斯普兰格（Spranger）的著作——《人的类型》的研究。心理学研究一开始就表现出在概念、方法上的研究旨趣。受斯普兰格的影响，佩里（Perry）最早对价值观进行分类。他将价值观分为6类并且编制了"价值观研究"量表，让被试者就项目的重要性排序。6类价值观是[1]：

（1）经济的（Economic）：经济型的人具有务实的特点，对有用的东西感兴趣；

（2）理论的（Theoretical）：理论型的人具有智慧、兴趣，以发现真理为主要追求；

（3）审美的（Aesthetic）：审美型的人追求世界的形式和谐，评价事物是以美的原则进行的，比如对称、均衡、和谐等等；

（4）社会的（Social）：社会型的人尊重他人的价值，利他和注重人文精神；

（5）政治的（Political）：政治型的人追求权力、影响和声望；

（6）宗教的（Religious）：宗教型的人认为统一的价值高于一切，相信神话或寻求天人合一。

奥尔波特、傅农和林德赛（G. W. Allport、Vernon & Lindzey）在这一基础上编制了一份问卷，在大量的不同环境中，被试者从一系列选项中选出最符合自己的答案，从而确定每一个被试者的价值观类型。基于这一价值观分类而编制的量表"价值观研究"在1960年修订以后，被广泛使用，成为一个在60年代到70年代西方非常流行的价值观量表。

在这一过程中，心理学研究者还从不同的角度、不同的方面，以不同的形式来表述价值观。Rokeach从价值观的结构出发，认为价值观是人们对作为自己生活指导原则的目标的观念。它反映了3种普遍的人类需求的认知标准：生物体的生理需要、人际间合作的社会活动需要、社会制度的需要[2]。罗基奇在70年代进而将价值观

---

[1] B. R. Perry, *General Theory of Value*, Mass：Harvard University Press, 1926.

[2] M. Rokeach, *Beliefs, Attitudes and Values: A Theory of Organizationand Change*, San Francisco, Calif：Jossey-Bass, 1968.

研究引入新的发展阶段,他将价值观定义为:"一个持久的信念,一种具体的行为方式或存在的终极状态,对个人或社会而言,比与之相反的行为方式或存在的终极状态更可取。"①在他看来,价值观是一般性的信念,它具有动机功能。它不仅是评价性的,还是规范性的和禁止性的,是行动和态度的指导,是个人的也是社会的现象(Braithwaite & Scott)。

与奥尔波特一样,罗基奇还设计了价值观测量量表(Rokeach Value Suvey,简称RVS)。这个量表把价值观分为两种,各18项,第一类称为终极型价值观,指生活的终极存在状态,一种期望的结果,对于这些目标,个人愿意用他或她的整个生命去实现。第二类称为工具价值观,这种价值观是指更为可取的行为方式或实现终极价值观的手段。具体内容表3-2。

表3-2 Rokeach 价值观分类与含义②

终极价值观	工具价值观
舒适的生活(顺利的生活)	雄心勃勃(辛勤工作,奋发向上)
振奋的生活(刺激的、积极的生活)	心胸开阔
成就感(不断的贡献)	能干(有能力、有效果)
和平的世界(没有冲突和战争)	欢乐(轻松、愉快)
美好的世界(艺术与自然的美)	清洁(卫生、整洁)
平等(兄弟情谊,机会均等)	使人鼓舞(信仰自由)
家庭安全(照顾自己所爱的人)	宽容(谅解他人)
自由(独立、自由选择)	乐于助人(为他人福利工作)
幸福(满足)	正直(真挚、诚实)
内在和谐(没有内在冲突)	富于想象(勇敢、有创造性)
成熟的爱(性和精神上的亲密)	独立(自力更生,自给自足)
国家的安全(免遭攻击)	知识化(有知识的、善思考的)
快乐(快乐的、闲暇的生活)	合逻辑的(理性的)
救世(得救的、永恒的生活)	博爱(温情的、温柔的)
自尊(自敬)	顺从的(有责任感,可敬的)

---

① M. Rokeach, *The Nature of Human Values*, New York: Free Press, 1973.
② 〔美〕斯蒂芬·P·罗宾斯著,孙健敏、李原译,《组织行为学(第10版)》,中国人民大学出版社,2005年,第72页。

(续表)

终极价值观	工具价值观
社会承认(尊重、赞赏)	礼貌的(有礼的)
真挚的友谊(亲密关系)	负责的(可靠的)
智慧(对生活有成熟的理解)	自我控制(自律的)

上述关于价值观的理论,不论是近现代人类学家、社会学家还是心理学家,他们都对价值观的研究作出了一定的贡献,为后续研究奠定了基础。

三、价值观与组织文化、民族文化

20世纪80年代之后,对于价值观的研究在更广的范围内展开,并引发文化人类学家、心理学家、社会学家不断跻身期间。出人意料的是,对于民族文化的研究硕果首先来自进入价值观专门研究较晚的组织行为学。而且,对于价值观的广泛测量和组织文化研究几乎产生于同一时期。

(一) 20世纪80年代以前组织行为学有关价值观的理论

组织行为学专门研究价值观的时间相对要晚一些。决策学派代表人物西蒙(Simon)首先在决策理论中论述了价值观的作用。在西蒙看来,决策的前提就是所依据的事实因素和价值因素。决策的核心是选择,选择的基础是判断,而作出判断时既要按照事实前提,也要按照价值前提而作出,决策的标准因此可划分为事实标准和价值观标准。不同的决策可能涉及的价值观范围并不相同,但大部分决策涉及的价值观是多重的而不是单一的,决策者要求价值系统的平衡,有时不得不选择某些价值观而放弃别的价值观,价值观的冲突往往是决策者难以作出决断的重要原因。

最为突出的成果源自一项对于美国管理人员价值观的研究。英格兰(England)利用个人价值观调查表,研究了美国管理人员的个人价值系统。他认为个人价值观可分为两种:期望型价值观和实用型价值观。

他使用个人价值观的测量量表,对组织目标、个人目标、群体、与人有联系的概念和关于一般客体的概念进行测量。研究结果表明,价值观即使是复杂的,但还是可以衡量的。这项研究的重大意义在于,它不仅是一个人自己作出决策时的决定因素,而且是决定组织目标和战略的决定因素。个人价值观的差别可能是引起组织中许多冲突的原因,个人价值系统(期望型和实用型价值观)决定着一个人对某种环境的内容的看法,以及其后的对某种行为是合乎伦理或不合伦理的评价。

(二) 20世纪80年代以后管理学有关价值观的理论

无论是研究民族文化、组织文化,还是价值观,有一位荷兰人是不得不提的。他就是霍夫斯泰德,其研究引人注目,成为了研究民族文化和组织文化测量的鼻祖,很有必要专门给予介绍。

1. 霍夫斯泰德的贡献[①]

(1) 民族文化研究5维度。

随着跨国公司的兴起,对于来自不同民族的成员进行有效的管理是组织所面临的又一问题。荷兰文化协作研究所所长霍夫斯泰德(Hofstede)在1980年出版的《文化的结果》一书中,将文化定义为在一个环境中的人的"共同的心理程序"(Collective Mental Programming)。他认为文化不是一种个体特征,而是具有相同的教育和生活经验的许多人所共有的心理程序,不同的群体、区域和国家的这种程序互有差异,这是因为他们的"心理程序"是在多年的生活、工作和教育环境中形成的。从这一结论中我们可以看到文化人类学中文化与人格学派的强烈影响。

霍夫斯泰德还从帕森斯理论中受到启发,甚至直接从帕森斯理论中借用了个人主义与集体主义这两个概念,在总结前人研究的基础之上,得出了表征国家文化不同价值观的4个维度[②]:权力距离、不确定性回避、个人主义与集体主义、男性化与女性化。这4个维度的解释分别如下:

① 权力距离(Power Distance)一词是作为衡量社会对机构和组织内权力分配的不平等这一事实认可的尺度。一个权力距离大的社会认可组织内权力的巨大差异,成员对权威显示出极大的尊敬,其中,称号、身份及地位占据着极为重要的地位。

② 不确定性回避(Uncertainty Avoidance)是指一个社会中的人们对不确定性和模糊态势所感受到的威胁程度,以及他们试图获得更稳定的职业、建立更加正规的规则,抑制异常的观点和行为从而避免这种不确定性的程度。那些鼓励其成员战胜和开辟未来的社会文化便可被视为高度不确定性的社会文化。

③ 个人主义(Individualism)指的是在一种松散结合的社会结构中,人们只关心自己的或直系亲属的利益,做事从工作出发而不是从关系出发。与个人主义相反的是集体主义(Collectivism),它以一种紧密结合的社会结构为特征。在这一结构中,人

[①] 〔荷〕霍夫斯泰德著,李原、孙健敏译,《文化与组织:心理软件的力量(第2版)》,中国人民大学出版社,2010年。

[②] G. Hofstede, *Culture's Consequence: International Differences in Work Related Values*, Beverly Hills, CA: Sage, 1980.

们希望自己所归属的群体(比如一个组织)中的其他人在他们遇到困难时能帮助和保护自己。以这种安全感为交换条件,他们感到自己应该对群体绝对忠诚,做事应更多地考虑到人际关系和谐而胜于工作本身。

④ 男性化倾向(Masculity)文化则被定义为社会的主要价值观强调自信,追逐金钱、物质、社会地位以及重视个人生活数量(Quantity of Life)的程度。在女性化(Femininity)倾向文化中则强调生活质量(Quality of Life),这种文化重视人与人之间的关系,对弱者关切并对他人幸福表现出敏感和关心。

在随后的研究中,他结合他的学生彭麦克(Michael Bond)在香港的研究成果又增加了另一个维度:短期性和长期性(Short-term Orientation and Long-term Orientation),即孔夫子动力(Confucian Dynamism)。它所包含的内容是:某些民族关注短期目标的实现,另一些民族关注长期目标的制定。短期目标的社会更关注眼前的利益,对当前的状态更感兴趣,他们的时间观念较强,讲求效率,信奉"真理"(Truth);长期目标的社会放眼于未来,认同个体间的不平等、时间观念淡漠、做事从长计议、信奉"美德"(Virtue)。

(2) 霍夫斯泰德的贡献。

霍夫斯泰德的研究是里程碑式的,他的研究对于理论和实践都影响深远而重大,以至于在文化人类学、管理学、社会学、心理学上,几乎无人可及。其贡献主要在于以下几个方面:

① 首先在全球范围内,他找到作为衡量民族文化核心的价值观的维度,并进行测量。将在此之前的价值观研究从个体层面提高到社会和民族文化层面,从而使得跨文化研究成为可能,并且在广泛的领域内得以展开。如中国、美国和日本在文化价值观四维度上的比较分析(见表3-3)。

表3-3 中国、美国和日本在文化价值观四维度上的差异

文化维度	美国	中国		日本
		封建社会	新中国	
个人主义与集体主义	强个人主义	名利思想、个人主义	强集体主义	集体主义
权力距离大小	中等	严格等级制度	集权化、民主化	大
不确定性回避	小	强中庸之道	有中庸残余、冒险性差	中等
男性化—女性化	中上男性	男尊女卑	男女平等	大

② 霍夫斯泰德认为,上述四种价值观维度"代表着不同国度文化系统的共同价值观",在不同的社会中只不过是以不同的方式展开而已。这就使得国家之间在文化价值观上进行比较成为真正的可能,它提供给人们最基本的比较要素。比如在不

同的国家之间,存在着的差异(见表3-4)。

表3-4　霍夫斯泰德的文化维度举例

国　家	个人主义/集体主义	权力距离	不确定性规避	男性化/女性化
澳大利亚	个人的	小	中　等	强
加拿大	个人的	中　等	低	中　等
英　国	个人的	小	中　等	强
法　国	个人的	大	高	弱
希　腊	集体的	大	高	中　等
意大利	个人的	中　等	高	强
墨西哥	集体的	大	高	强
新加坡	集体的	大	低	中　等
瑞　士	个人的	小	低	弱
美　国	个人的	小	低	强
委内瑞拉	集体的	大	高	强

注:生活数量分数弱等于生活质量分数强

③ 霍夫斯泰德将价值观分类的这些维度和管理上的模式对应起来,为管理学提供了形态上的划分方式。例如,个人主义与集体主义这个维度涉及下述管理内容:基于个人观念的经济学理论的有效性;基于自我实现的心理学理论的有效性、基于经济或道义的劳资关系的本质;基于事物或关系的组织优先考虑之处;工作领域中的或者家庭的角色;面子与和谐的重要性。

④ 霍夫斯泰德的贡献还在于他使用的方法启发了后来的许多研究者,如他用来区分文化类型的一个维度——"个体主义和集体主义"(Individualism vs Collectivism,简称I/C)引起了众多研究者的兴趣,大量的研究接踵而至,以至于20世纪80年代被称为"I/C的10年",霍夫斯泰德也被冠之以"I/C之父"。

另外,他从6个维度对组织文化进行分析,更加充实了文化体系的研究。具体内容见第九章第一节,此处不再赘述。

通过本节内容的介绍,我们看到了世界范围内各个学派对价值观、民族文化、组织文化的代表性研究成果。那么,针对于我们本国,中国又具有哪些文化特点呢?我们将在第二节中加以阐述。

第二节　中国历史与中国文化的特点

从上一节中,我们了解到文化影响着人们价值观的形成,而价值观是文化的外在表现。所以,我们有必要探讨中国文化的特点,而文化与历史又是密不可分的,首先让我们了解一下中国历史的发展特点。

一、中国历史的特点

公元前21世纪夏王朝的建立,习惯上被认为是中华文明的诞生标志,由此之后发展起来的夏、商、周三代文化被认为是中华文化的源头。根据文献记载和考古发掘的结果,夏、商、周的中心地区集中在黄河中下游一带,那里是当时自然环境与自然条件最优越的地区,气候温和、雨量充沛、土壤肥沃,非常适宜农耕生产。受地理环境的影响,黄河中下游最早形成了大片的农业区,农业在中国的发展有极其悠久的历史。可以说,古代中华文明主要是一种建立在农业生产基础之上的农业文明,它们形成于农业区,也随着农业区的扩大而传播。

"唐尧虞舜夏商周,春秋战国乱悠悠。

秦汉三国晋统一,南朝北朝是对头。

隋唐五代又十国,宋元明清帝王休。"

一朝一代的更替,上演了多少悲欢离合,英雄义气。浮华散去,站在今日看往昔,我们认为中国历史的特点有以下三点。

(一)分裂是过程,统一是趋势

"分久必合,合久必分",分是过程,合是趋势。中国国土幅员辽阔,民族众多,各地差异显著。在整个历史进程中,分裂与统一交替进行,统一的程度不断提高。秦、西汉、隋、唐、元、清,是统一的典型代表朝代。前文提到中国各地差异显著,却能够不断走向统一,秦始皇统一文字、度量衡等功不可没。但是,凡统一安定的朝代,经济、文化等都发展得较好,进步较大;动乱不安的时期,生存已属不易,发展无从谈起。有观点认为战乱等方式促进生产力发展和社会进步。这是其客观作用而非主观,而且所付出的代价是巨大的。相比而言,统一稳定的局面是良性的、非破坏性地促进社会各方面的发展。能够从分裂走向统一,其中有精英的作用,更因为经过动乱,稳定统一是众望所归。分裂是过程,是走向更好的统一而经历的过程。

(二)帝制绵延久远,权力高度集中

从秦到清,从公元前221年到1911年,中国的帝制绵延两千多年,才得以基本结束。皇权、中央集权以及由此产生的官僚体系都将权力作为中心,其他都是环绕在其周围的圆。历朝历代的政治体制大同小异,因为他们所指向的目的都是一样的,维护封建专制者的统治,维护集权。以皇帝为代表的统治阶级掌握着最多的资源和最大的权力。权力如此多娇,引无数人竞折腰。在这样的体制下,各种势力,各种人物粉墨登场。揭竿起义者成为封建统治者,如此循环往复,终因近代国人之努力才寿终

正寝。

(三) 封建家长最大,等级制度森严

君主是国家这个大家庭的大家长,再到宗族,再到每个家庭,总有一个威严的家长,指挥并治理着家。所谓的礼教就是为维护权威和等级服务的。在各朝各代的官僚体系中,等级森严随处可见,下级见到上级的叩首跪拜,上级对于下级的颐指气使。在家族中,存在着对家长的恭敬,正室与偏房的区别,主仆的区别。元朝统治者很有"创意"地将治下百姓分成四等:"蒙古人"、"色目人"、"汉人"与"南人"。让人不得不感叹,等级无处不在。

至于中国历史与文化的关系,国学大师钱穆所著《从中国历史来看中国民族性及中国文化》一书中论及:历史是孕育文化的土壤,文化是历史的一部分,文化对于历史进程有反作用力。"'文化'这两个字,在欧洲最多亦不过一百多年的历史。……我可以说文化是民族的生命,没有文化,就没有民族。文化是一个民族生活的总体,把每一个民族的一切生活包括起来,称之为文化。……这个生活,就是它的生命;这个生命的表现,就成为它的文化。"[1]钱穆先生将文化看得非常重要,甚至认为中国人要救中国,只有通过中国的文化才能救中国。如何来讲文化呢?他说道:"人的习惯不同,便像天性相异。中国人、英国人、印度人、非洲人已经各有了他们几千年的不同习惯,……所以我讲文化,主要从历史来讲。浅言之,历史即是习惯。中国人至少有四五千年的历史,英国人至少有八百、一千年的历史,美国人至少有四百年的历史,所以他们的天性就各有不同。"[2]从历史来看中国的民族性和文化,足以证明历史与文化的关系之紧密。全书讲到中国人的性格、中国人的行为、中国人的思想总纲、中国人的文化结构。陕西师范大学历史系教授赵吉惠在《中国传统文化导论》一书中对于历史与文化的关系有更为专业、深入和系统的分析。"这又是关系极为密切的两个不同的概念。文化是人化自然的成果,历史是人类活动的过程和记录,从这个意义上说,文化又是历史活动的积淀,文化是人类历史的重要内容。……严格来说,文化与历史是有区别的。历史包括人类全部活动的过程或通过历史记录重建的人类活动的图景,而文化仅仅是人类智慧创造的成果或者说是对自然进行人文化的成果。……总之,文化是构成历史的重要内容、是历史的智慧积淀,但不是历史的全部、不是历史的全过程。……但是,文化是历史的精神生命,是历史的原动力。人类不断在创造新文化的进程中,推动历史向更高的阶段

---

[1] 钱穆,《从中国历史来看中国民族性及中国文化》,香港中文大学出版社,1979年,第15页。
[2] 同上书,第19页。

迈进。"①

简而言之,历史与文化不能画等号,两者紧密相连又有所区别。那么,中国文化又具有哪些特点呢?接下来我们将具体介绍中国文化的特点。

二、中国文化的特点

探讨了中国历史的特点和历史与文化的关系之后,我们来看中国文化的特点。中国文化是指由中华民族在东亚大陆这片广袤的土地上创造的文化②。在一定程度上可以说文化是活着的历史,但不是全部。"一方水土养一方人",文化是人创造、发展和传播的,实质是一方水土养一方文化。中国如此绵延的历史实在让世界叹为观止,独树一帜,因此我国的民族文化也相应地有着鲜明的特点。

许多学者从不同的角度和层面来探讨和研究中国文化的特点。国学大师梁漱溟归纳了"广土众民"、"中国种族复杂"、"中国开化甚早"、"历久不变的社会,停滞不进的文化"等中国文化的十四大特征③;历史学家戴逸曾高屋建瓴地总结了影响中国文化产生和发展的主要因素和中国文化的主要特点,"对中国文化影响比较大的因素,有经济条件、政治结构、社会结构、地理环境,这些都影响中国文化的产生、发展。……首先,中国是农业社会,……其次,中国几千年的政治体制、政治结构是长期的封建专制主义。……第三,中国是个宗法、家族制度普遍盛行的国家。……第四,地理环境也对中国文化产生了影响。……中国传统文化的一个特点是重视人际关系。……中国传统文化的另一个特点就是同政治结合得比较紧密。……中国文化的第三个特点是带有非常强烈的宗法家族色彩。"④张岱年和方克力等归之为"强大的生命力和凝聚力"、"重实际求稳定的农业文化心态"等七个方面。⑤ 很多海外研究中国的学者也有相关著述,在此不作一一列举。前人的研究带给我们很多思考和启迪。本书认为中国文化(特指中国传统文化)的特点主要有八个方面。

(一) 强大的包容力

一提中国文化,很多人会说"博大精深",的确是这样。中国文化以其巨大的胸襟为自身的发展创造了多姿多彩的天地,令人想到林则徐所说的"海纳百川,有容乃大"。从微观角度看,人与人之间相处强调宽容、忍让;从宏观上看,更为明

---

① 赵吉惠,《中国传统文化导论》,陕西人民教育出版社,1994年,第12—13页。
② 张岱年、方克力,《中国文化概论(修订版)》,北京师范大学出版社,2004年,第6页。
③ 梁漱溟,《中国文化要义》,学林出版社,1987年,第6—8、12、14、16、18、20—21页。
④ 沙莲香,《中国民族性(一)》,中国人民大学出版社,1989年,第5—8页。
⑤ 张岱年、方克力,《中国文化概论(修订版)》,北京师范大学出版社,2004年,第268、271页。

显。比如,春秋战国时代的百家争鸣,儒家、道家、阴阳家、法家、名家、墨家、杂家、纵横家……可谓是百花齐放。各派学说,各种思想交汇碰撞,正是因为没有一家独鸣才使得这个阶段在史册上大放异彩;还有在中国大地上共同生活的五十六个少数民族的形成,尤其是元朝时在我国本土形成的回族,更具说服力,五十六个民族的人们虽有纷争,但总体上是共同生活,共同创造;包容力不仅是对本国,对异国他乡的文化和人民也是以宽大心胸纳之。这突出表现在气度不凡的唐代。它的繁盛、它的热情令很多国家的人慕名而来,有日本人、朝鲜人、波斯人等等,阿倍仲麻吕就是其中著名的日本来访者。较强的文化包容力令中国文化得以源远流长,但是任何事物都有其两面性,也许正是这样,使得变革在中国显得格外艰难。良莠皆纳,姑且称之为绵性,相比而言,西欧国家比较钢性,既然包容不了,就痛快地改变它。中国文化令我们引以为豪的包容力是否也削弱了我们变革的勇气呢?这需要我们进一步反思。

(二) 重视天人关系

"春江潮水连海平,海上明月共潮生。滟滟随波千万里,何处春江无月明……",这是唐朝诗人张若虚的《春江花月夜》,除了在文字上的动人心扉外,在此首诗中还隐约可见诗人对整个宇宙空间的冥想,即宇宙情怀。其实中国在生产力欠发达的古代,人们一直未曾停止过对天人关系的研究。"中国古代最早的天命观至少在殷商的时代便已经产生……孔子的天人理论是历史上第一个成型的天人观。"① 他既敬畏天又力图远离之,这反映出古人对天的认识还是朦胧的。孟子也谈到天人关系,"尽其心者,知其性也。知其性,则知天矣。存其心,养其性,所以事天也。"② 老庄学派强调的是人应效法天地,按本来的状态生存。墨子理论也涉及了天的讨论,比如"非命"、"天志"的提出。再到后来的程朱理学,陆王心学,还有张载和王廷相的气学说等等。人们对天人关系的思辨是这样的乐此不疲。古人虽敬畏天,但也认识到人的价值与潜在的力量亦不可低估。大家耳熟能详的"天人合一",包含的不仅有对天的敬畏,也有对人的尊重。再看现在提倡的人与自然之间的"和谐"、"可持续发展之路"、"科学发展观",便可知晓,对于此点的探索和认知从未停止。

(三) 强调道德伦理

道德伦理观念在中国传统文化中的分量之重亦是显而易见的。其实质是强调秩

---

① 向世陵,《中国哲学智慧》,中国大学人民出版社,2006年,第29—30页。
② 杨伯峻,《孟子译注》,中华书局,1960年,第301页。

序与规范。《满城尽带黄金甲》虽然招致恶评,但是其中一句台词却集中体现了古老的东方文明中重视秩序与规范的特点,即"不可乱了规矩"。于家、于国,儒家发展出一套以"仁"为核心的道德伦理体系。"三纲五常",大家都能说出一二。要指出的是,传统的这种道德伦理中固然有合理的成分,但同时也带有强烈的封建色彩,特别是对于女性的压迫和约束尤重,贞节牌坊、裹小脚等是较为集中的体现。现在,中国用心打造的"感动中国"优秀人物评选,从中能够看出我们仍然重视传统美德,注重道德对于国家和社会发展的促进作用。过去与现在,虽然均重视道德伦理,但是在出发点、内涵、作用等方面随着社会发展阶段的不同、国家性质的不同,却有着本质区别。

(四)家庭观念浓厚

一提到家,安稳、温馨、美好的感觉就会油然而生。无论古今,任何人的生老病死,都离不开家庭。"家和万事兴","修身、齐家、治国、平天下","国有国法,家有家规",这些都是大家非常熟悉的句子,体现出中国人重视家庭,并且不只停留在感情层面,而且还有治家的理论和方法,后者在大家族中更有突出表现。家谱、宗祠、家训、家法等等,强烈的家庭观念随处可见,家长的权威是自然而然且不可动摇的。晚辈经常被训导有朝一日能够"光耀门楣"、"光宗耀祖",个人与家庭荣辱与共。孝顺与重视子嗣,均是家庭观念的衍生。为何中国从古至今如此重视家庭?除去天然血缘关系这一因素,是否还有别的原因?有一种说法,认为中国的社会保障体系不健全,因此以血缘为纽带的家庭是人们赖以生存和发展的唯一基础,人们不得不重视家庭,维护家庭,这的确有一定的道理。此问题值得进一步探讨和研究。

(五)注重中庸之道

据考证,西周时的史伯提出了"和实生物,同则不继,以他平他谓之和"的和而不同的说法。"认为只有'和'即不同性质之物的相互作用才有可能生成新事物,而同一性质之物的量的简单相加最终只能引导事物走向死亡。"[①]孔子提出了"中庸之为德,其至矣乎",即"中庸之道",讲究"过犹不及"。后来人继承并阐发了这种思想,认为在为人为政为学上应适中,但绝不是一味的机械的折中。在生活中,这指导着人们在各种事件中,各种环境下要行动有度,把握分寸。如果做过头,就会走向事情的反面。正是有了这样一种文化的积淀,相对于外国人,中国人也就显得更加不愠不火,凡事三思后行,拿捏到位。

---

① 向世陵,《中国哲学智慧》,中国大学人民出版社,2006年,第9页。

(六) 维护君主权威

传说中禹的儿子启破坏了"禅让制"拉开了"家天下"的帷幕；春秋战国，群雄逐鹿，为的是登上代表着最高权力的宝座；秦始皇雄心壮志，横扫六国，成为我国第一位皇帝。权力自古至今都是闪耀着光芒，在中国长期的封建时代，皇帝就像众多光芒中最耀眼的一道。可以这样说，中国封建社会的种种事件都是围绕着君主而展开的。君主理所当然地掌握着生杀予夺的大权，家国天下都是他自己的。实际上，在这九五至尊的后面蕴藏着多少的历史风暴，君主恰似风暴中心，韩非有云："欲成大事，必先接近君王。"正因君主权威至高无上，那么君主的个人素质高低在很大程度上影响着一个朝代兴衰。秦皇汉武，唐宗宋祖成为千古名帝，而相对地却有"南朝四百八十寺，多少楼台烟雨中"的梁武帝，还有悲情低吟"问君能有几多愁，恰似一江春水向东流"的李煜。真是天下安危系于一人！现在我们是否该考虑怎样在一个范围内既维护领导的权威，但同时又要有一个有力的权力制衡机制，这是可以体现出政治进步的一个方面。而面对人们因这样的传统而形成的倚重权力、看重权力的心理，领导者应如何科学地进行有效的组织管理。还有著名公共关系专家麦独孤提出政府关系是第一公共关系，进而指出任何成功的企业背后，都有政府的某种形式的存在。这在当今的管理者来看又该如何处理，有待于大家一起探讨。

(七) 学而优则仕

"天子重英豪，文章皆尔曹。万般皆下品，唯有读书高。"这首诗流传至今。从隋朝创立了科举制一直到现在，很多人都在读书的路上义无反顾地前行。从这一制度创立之初目的就是为国家选拔人才的，很多人也从这一途径而能进入官场，"金榜题名时"成为人生四大喜之一。班固说"利禄之路，使之然也"。不管我们承不承认，"学而优则仕"观念的确已经形成了传统力量。官场一向备受关注，读书人是给"官文化"添砖加瓦的重要力量。"官文化是由孔丘创始，并由秦汉及以后历代统治者和从属于他们的学者们坚持并贯彻于中国的社会的统治意识，其基本理论是儒家道统，并具体化为统治民众和协调统治阶级内部关系的丰富内容，它曾经在历史上起过相当进步的作用。……"[①] 十年寒窗换来一夕的平步青云令无数学子"心向往之"，而近年似乎又热起来的公务员考试让人多少看到这种观念的影子，现如今其实还多了一条"学而优则商"。两者从根本上看是和权、利有着千丝万缕的联系。我们当今的社会堪称多元化，那是否能在怎样成才和如何成功上也实现多元化呢？

---

① 刘永佶，《中国官文化批判》，中国经济出版社，2000 年，第 467 页。

(八) 缺少宗教情怀

这一点我们着重从西方来说,然后进行对比。在中国古代,宗教虽然兴盛,但从总体上看皇权终究高于宗教权力。在西方却不是这样的,就欧洲整个历史看来,整个中世纪的进程同宗教是紧密联系在一起的,尤其基督教在社会生活、经济生活;减少病人痛苦;对于远人的怀柔;改善奴隶和农奴的生活状况等方面作出了巨大贡献。在以上列举以及未列举的方面,基督教都会对政府和个人行为产生强大的影响力。"《旧约》利末记第十九第三十三、三十四节说:'若有外人在你们国中和你同居,就不可欺负他……我是耶和华你们的上帝。'中世纪政界要人看中这段话,俨然是上帝对他们说的,所以自公元第 7 世纪初年至 16 世纪,差不多每一个世纪政府中皆有为远人说话之人物。"[①]在古代中国的各个朝代,极少有宗教影响力如此强大。而且,在中世纪中有不少皇帝是要进行加冕的,这由教皇主持进行,比如著名的查里大帝就曾被加冕过。后来基督教走向不利的一面而成为西欧进步的障碍,反压迫最先从反教会开始,可见宗教的影响较之中国强烈得多。

以上我们归纳出了中国历史和文化的特点,对于我们研究本国国民性特点奠定了文化基础。

第三节　中国人的特点

上一节探讨了中国历史和中国文化的特点,那么,在这种文化氛围中,中国人有哪些人格特征呢?此节将介绍学者沙莲香主编的《中国民族性(一)》、《中国民族性(二)》的相关研究成果。这项定量研究成果迄今看来仍然是我们研究文化与人格的里程碑。

沙莲香教授首先收录了历史上研究中国人的主要著作及其主要观点,这些学者国内外皆有,总计 71 人。沙莲香教授发现,这些关于中国人国民性的描述,都是作者本人经验的概括和总结,很少有人对此进行过实证研究。直到 1988 年,沙莲香教授在总结前人质化研究的基础之后,首次开始了量化研究。她将历史上有关中国民族性的主要观点进行分类,总计分为 8 大类,再统计分析每类观点在《中国民族性(一)》中提到的 71 位学者著作中出现的频率,结果发现:"第一位是勤俭耐劳,安贫乐道,占 24.4%;第二位是自私自利,虚伪嫉妒,占 22.3%;第三位到第八位依次是:家族至上,权威主义(12.9%);仁爱慈悲,反躬修己(11.6%);笼统无知

[①] 杨昌栋,《基督教在中古欧洲的贡献》,社会科学文献出版社,2000 年,第 61 页。

(8.5%);中庸谦恭,圆熟含蓄(8.3%);聪慧灵巧,自强不息(6.8%);至大至刚,和平宽厚(5.2%)。"①

在沙莲香教授看来,文化是一个整体,而非散漫不规的无序态。它是规则的、有序的,因而是绵延流长、代代相传的;文化又是充满差异、不断交移的,因而,文化又是千姿百态、代代有变的。中国是一个有历史、文化传统的文明古国。中国文化积淀的结果,造成了中国人特别的民族性格。这个特有的民族性格有优点,也有劣点,但是,从历史的总体上看,中国人民族性格的优点占优势,因而,中华民族才存续数千年而不衰,面临数次外族入侵而不亡。

后来,她又于1988年和1989年连续两度通过大规模的问卷调查形式,对我国国民的社会心态和行为模式的现代化取向进行过研究和测量。通过对1 000多人的抽样调查,概括总结了中国人的性格。这14项人格特质的基本含义如下:

(1) 仁爱,如对人博爱仁慈,宽厚以待,富有悲悯之心,诚挚之情等;

(2) 气节,如临危不惧,宁折不弯,不屈辱求荣,不卑不亢等;

(3) 侠义,如危难相助,有情无我等;

(4) 忠孝,如孝敬长辈,忠心为国,不背信弃义,不忘恩负义等;

(5) 理智,如三思而后行,深思熟虑,以理服人,以智取胜等;

(6) 中庸,如谦和忍让,不偏不倚,调和适中,忍让求和等;

(7) 私德,如不讲公共秩序,不爱护公物,不顾社会利益,损公利已;

(8) 功利,如追求金钱、地位,唯利是图,不择手段等;

(9) 勤俭,如艰苦朴素,吃苦耐劳,勤俭节约等;

(10) 进取,如不安于现状,有竞争意识,敢于冒险等;

(11) 实用,如讲究眼前实实在在利益和个人满足等;

(12) 嫉妒,如排斥和自己的能力、地位、专业差不多的成功者,拆台,攻击,猜疑等;

(13) 屈从,如屈服于权势、欺软怕硬、唯唯诺诺等;

(14) 欺瞒,如圆滑、说谎、自欺欺人等。

从这一研究成果中可以看出,中国人不仅受孔子和孟子的人本主义影响,而且受老子和庄子的自然主义影响。民族性格是一个多元化、多层次的整体,即由多种要素和多种层次组成的整体。因此,从总体上了解和理解中国人,是研究中国人民族性格的一个关键点。用整体的观点看中国人,研究中国人,才能把中国人的优点和缺点、现象和本质统一起来。这样,也才能理解中国人的心态。

她最后总结说,虽然我国社会各阶层人士的现代性程度不一,但被调查者的现代

---

① 沙莲香,《中国民族性(二)》,中国人民大学出版社,1990年,第24页。

化意识的得分均已明显超过问卷测量的中界值,具体表现为以下两个方面:

第一,广大劳动者的主体意识日益突出,表现在现代人具有更多的社会参与意识和社会责任感;民主意识和法律观念得到强化;在日常生活中,人们要求确立在择业、择偶等生活方式和生活内容中的自主权利;他们更加尊重老人、尊重妇女、尊重下一代人,在自身发展过程中更注重个性发挥和价值、潜能的展现,渴望成才,为社会作出更多的贡献。

第二,效益意识的日益强化是现代人观念变革的重要标志,主要体现在越来越多的人讲求务实、关心社会信息;要求机会均等基础上的公平竞争;强调时间、效率和生活的计划性;更加尊重知识、人才在现代化建设中的地位[①]。

这项研究开创了我国首次国民性的量化研究,它对我们进一步研究中国人的民族性格,乃至改造民族性格中的负面因素,促进我们民族的兴盛都是极其有益的。可以说,当我们这个古老民族在传统的重负之下迈向现代化之时,这种研究比以往任何时候、任何民族进行的研究都更有意义。可以相信,这类研究将为我们改造国民性、构建组织文化提供科学的依据。

无疑,了解中国民族文化的特点、中国人的国民性,对于构建有中国特色的组织文化意义重大。

首先,传统文化是一个民族或国家在长期历史发展过程中所积淀下来的物质文明成果和精神文明成果的总和。任何一个重大历史变革,其背后必然有一只看不见的手——精神力量在引导着事变的演进,而这种精神力量又必然与一定的文化传统存在着历史渊源。同样,传统文化对现代组织文化的影响也具有鲜明的民族特色。因为组织文化和理念总是建立在特定的民族文化的基础之上,并与该民族物质文明和精神文明的发展水平密切相关。就某一个组织而言,其组织文化也总是在一定的文化背景中成长、发展起来的,它的管理理念的形成,离不开它所处的文化背景。

其次,在世界经济日益走向全球化的趋势下,组织文化对传统文化的吸收与改造,使之具有新的生命力,成为具有现代文化特点的新生文化,正日益成为人们注目的现象。世界上还没有一个抛弃了自己的民族文化而能够生存和发展的国家,只有珍惜和发扬自己民族的优秀文化,才能自立于世界民族之林,对世界文明的发展作出新的贡献。中国的传统文化博大精深,它将为中国组织文化的成长提供肥沃的土壤。

最后,在当代中国,虽然民族文化面临着外来文化的一些冲击,但本民族文化的传统影响力仍然是占主导地位的,也就是说,方方面面都很难摆脱传统文化的影响,包括组织文化。组织文化是一个民族的文化传统在组织中的发扬。由于长期形成的

---

① 沙莲香,《中国民族性(二)》,中国人民大学出版社,1990年,第53页。

文化传统对人们思维方式和行为方式构成了持续存在的影响,更对组织文化的发展和演变产生直接的影响。

【专栏】

明恩溥与中国国民性研究

明恩溥(Arthur Henderson Smith,1845—1932),美国公理会来华传教士,他在山东农村从事布道、医药、慈善、教育等事业二十多年,后来成为著名的中国问题专家,对西方社会产生了很大影响。《中国人的素质》(Chinese Characteristics,又译《中国人的特性》)即是他在华传教二十二年之后,于1894年成书出版的一部代表作。本书开创了研究中国国民性的先河,对后世学人影响极深。同时,它也代表了一个时代的中国观。

在书中,明恩溥把中国人的特点概括为15点:活易死难、没有"神经"、耐性太好、不求准确、"寸阴是竞"、勤劳、撙节、知足常乐、有私无公、无恻隐之心、言而无信、尔虞我诈、爱面子、婉转、客气①。

此外,还有很多学者对中国的国民性进行了研究。如辜鸿铭认为典型的中国人性格和中国文明的特征是:深沉、博大、纯朴、灵敏②。梁漱溟则认为"中国文化是以意欲自为调和、持中为其根本精神","遇到问题不去要求解决,改造局面,就在这种境地上求我自己的满足",中国人"缺乏集团生活",是伦理本位以道德代宗教的社会③。鲁迅先生也曾以犀利的笔法通过小说、杂文等形式解剖过国人的文化特征和民族精神。他的议论主要偏重于民族劣根性的揭露上,如《狂人日记》、《阿Q正传》等作品就犀利地剖析了国人的狭隘、守旧、愚昧、迷信、散漫、浮夸、自欺、奴性、崇洋等心态,对中国国民性作了较全面的批判和清理。49年前能以较平和心态描绘中国文化和国民性的是林语堂的《吾国与吾民》(My Country and My People),书中认为中国人的性格老成温厚、遇事忍耐、消极避世、超脱老猾、和平主要、知足常乐、幽默滑稽、因循守旧,还有不讲科学、不讲逻辑论证、凭直觉感悟等特点④。费孝通的《乡土中国》一书认为"从基层上看去,中国社会是乡土性的",

---

① 〔美〕明恩溥著,秦跃译,《中国人的素质》,学林出版社,2001年。
② 辜鸿铭著,黄兴涛、宋小庆译,《中国人的精神(序言)》,海南出版社,1996年。
③ 梁漱溟,《东西文化及其哲学》,商务印书馆,1999年,第61、63页。
④ 林语堂著,郝志东、沈益洪译,《中国人》,浙江人民出版社,1988年,第2780页。

乡下人"才是中国社会的基层"①。

中国国民性研究的最新趋势是学科综合,即联合心理学、人类学、社会学等学科协同攻关。这方面有代表性的是台湾杨国枢和李亦园合编的《中国人的性格》。此外还有美籍华人孙隆基的《中国文化的深层结构》、杨国枢主编的《中国人的心理》以及杨国枢、余安邦主编的《中国人的心理与行为——文化、教化及病理篇(1992)》等著作。

【人类学关键词】

1. 价值观(Value)
2. 文化进化(Cultural Evolution)
3. 文化累积(Cultural Accumulation)
4. 文化加速度(Cultural Acceleration)
5. 文化阶段(Cultural Stage)
6. 文化周期(Cultural Cycle)
7. 优势传统(Dominant Tradition)
8. 文化迫力(Cultural Imperative)
9. 反应适应(Reactive Adaptation)
10. 文化抗拒(Cultural Resistance)
11. 文化取代(Cultural Substitution)
12. 文化抗拒(Cultural Resistance)
13. 文化滞后(Cultural Lag)
14. 文化退化(Cultural Devolution)
15. 文化萎缩(Deculturation)
16. 文化没落(Kulturgefälle)

【复习思考题】

1. 根据克拉克洪的观点,谈谈文化与价值观的关系。
2. 霍夫斯泰德的研究理论对民族文化、组织文化和价值观的研究的贡献有

---

① 费孝通,《乡土中国》,三联书店,1985年,第1页。

哪些?
3. 中国传统文化的特点体现在哪些方面?
4. 谈谈你对中国民族特点的认识。

【应用案例】

德国品质——麦德龙企业文化

一、公司简介[①]

麦德龙集团是全球批发市场的领头羊,公司运作主要分成四部分,拥有六个独立销售区域及不同品牌。其中现购自运制的经营方式针对商业和专业顾客,其他部分则针对零售销售商和最终顾客。其跨区域服务公司则是为集团内所有销售区域提供服务,例如采购、物流、信息技术、广告、财务、保险、餐饮。

在麦德龙和万客隆(仅限欧洲)品牌旗下拥有多家麦德龙现购自运商场。2005年麦德龙现购自运销售额达到280多亿欧元,麦德龙集团的总销售额达557亿欧元,50%的集团销售额来自麦德龙现购自运。现购自运是麦德龙集团发展的重要推动力。目前,麦德龙集团已在30个国家开业,销售区域呈现出高度国际化。2005年麦德龙在全世界拥有544家商场和90 500名员工。麦德龙的国际化运营取得了巨大的成功。而它取得的成功离不开公司的价值观和企业文化的支持。

二、企业价值观

作为一家成功的知名企业,麦德龙在公司长期的发展中形成了自己独具特色的企业文化。它的使命宣言是麦德龙是为专业客户和商业客户服务的现购自运商场,以尽可能低的价格,为专业客户提供高质量的商品和商业方案。麦德龙的

---

① 麦德龙公司简介来自麦德龙官方网站,http://www.metro.com.cn。

核心价值观是致力于客户服务、物超所值。具体来看,其核心价值观体现在以下几个方面。

1. 争做首选批发商

麦德龙希望客户在挑选可供采购的批发商时能首选麦德龙,希望自己能够保持最受欢迎的现付自运的地位,希望随时随地为客户提供高标准的优质商品、精心挑选的货物和解决问题的方法。

2. 满足客户的需求

麦德龙的目标是认清并满足客户的需求,使他们满意。通过与客户的密切交流,努力了解他们经营中出现的问题,与客户一起寻找解决问题的方法。

3. 遵循道德价值观

麦德龙注重经商,同时也承担社会责任。麦德龙在任何时候都努力以专业方式办事,尊重并遵守道德、社会和环境价值观及准则。不仅公司这样做,而且对于公司员工也都对他们的行为准则提出这样的要求。

4. 鼓励沟通与分享

在公司内部,大家互相信任,诚实、坦率的交流和沟通。不论是成功的经验,还是失败的教训,大家一起分享。同时,公司尊重不同的意见和建议,鼓励所有相关人员参与到交流的过程中来,以提高公司的透明度和业绩。

5. 注重细节与创新

麦德龙相信细节取胜。而且,麦德龙鼓励创新,希望用新的思想管理公司;麦德龙努力创新,希望把新的产品提供给客户;麦德龙专注创新,希望以新的方式提高业绩。

6. 确立双赢合作方式

麦德龙努力与供应商建立长久的合作伙伴关系,为共同的利益奋斗。麦德龙相信双方一定能够找到满足客户需求的方式,能够永久创新。

7. 强调员工价值

麦德龙认为,公司的成功更多地依赖于员工的参与和支持,员工应该受到尊敬和公平的对待。麦德龙具有规范的培训和奖励制度,鼓励员工提供优质服务。麦德龙鼓励员工参与到公司的管理活动中,它相信这种方式是公司取得成功的关键。

8. 建立灵活运营模式

现付自运的模式有明确的实体、金融和商务内容,但也要保证一定的灵活性,以适应灵活多变的市场需求,及时地作出应对措施。

9. 保证股东价值增长

麦德龙坚持自己的方针策略,以期促进公司价值的提升。同时,保证股东价值的增长,实现相关主体的共赢和利益最大化。

10. 提高形象和透明度

麦德龙一直在塑造可信赖的公司形象。麦德龙的目标是以公正和专业的方式办事,尽职尽责地为客户提供服务。为了达到这一目标,麦德龙诚实客观地对待员工、客户和其他商业伙伴以及环境。只要公司的经营方式和价值观简单明了,公司就能获得透明度,大家就能够了解公司公开所做的事情是什么、为什么做、代表什么、希望取得什么成就以及如何实施等内容。

11. 实行高效运作方式

麦德龙现付自运的概念具有低成本高效率的性质。高效的运作方式,再加上精明的采购价格使麦德龙不断寻求机会来进一步提高效率,为客户提供尽可能低的价格和高质量的商品。

三、企业文化

在麦德龙集团的整体框架下,公司形成了统一的企业文化,拥有了自己在整个商业领域的价值识别代码。麦德龙的企业文化的内涵是:

(1) 有约束力的企业原则,适用于所有的销售业态;

(2) 共同的盈利增长;

(3) 对行业领先地位的不断追求和进取。

正是在其独特的核心价值观和企业文化的支持下,麦德龙形成了自己独特的经营模式,主要表现在以下几个方面:仓储式配销中心;大批量、低成本、低价格、货真价实的为专业客户提供全系列的服务;采用工业大货架销售和存货,商品陈列一目了然,便于自取;对于专业客户需要的商品,提供整箱包装销售;极其丰富的鲜货;每个商品的库存和再订货都有严格的管理;齐全的商品品种,严格的质量控制;为大型高效的购物设立的麦德龙C&C(现付自运)配销体系;会员通过"麦德龙邮报"及时了解最新的商品和信息,得到最佳的采购时机;完善的售后服务,免除客户的后顾之忧;依傍交通主干道,交通便利,足够的免费停车位①。

1995年麦德龙登陆中国,与上海锦江集团合资先后在上海开设了普陀商场、闵行商场,以及锡山商场、宁波商场,并将其经营理念带到了中国。其经营理念的核心可归纳为"团体顾客"和"规模成本优势"。所谓"团体顾客",是把顾客定位

---

① "麦德龙完全手册",《商业时代》,2002年第7期,第17—19页。

在法人团体,法人的经营需要是麦德龙服务的指向,只有会员才能进入麦德龙购物。而申请麦德龙的会员资格必须要持营业执照,通过这道程序,麦德龙曾经成功地把自己的目标客户锁定为法人团体。所谓的"规模成本优势",是指麦德龙的商品价格较低,它通过统购统销,把货仓和零售店面合二为一,这种方法降低了成本,让利于客户。但麦德龙将自己成功的经验带到中国却产生了一系列水土不服的症状。其中包括:拒绝散客入场购买,引起中国消费者的误解;实行透明发票(不开虚假发票,实票实开),却导致客户流失,每年损失3 000万元的销售收入①。

面对这样大的压力,麦德龙针对中国的实际采用了适应性的"本土化"措施,一步一步地站稳了脚跟,得到了中国市场的承认。在中国的文化环境中,麦德龙的文化在很多方面看起来都格格不入,但麦德龙并没有一味追随,有改变有坚持。由于一开始拒绝个人消费者的进入,阻碍了消费者对麦德龙的理解,所以企业会员开始向个人开放,但是依然坚持会员制本身。企业中比较坚持的德国人依然保留着企业很多理念,比如,1.2米以下的儿童禁止进入、所有店面是自有产权、店面不进入市中心等②。麦德龙的文化管理使其得以在中国获得了比较大的经营成功。

1. 会员制的转变——接受个人会员

麦德龙是仅次于沃尔玛、家乐福的零售巨头,是世界上最成功的现购自运商业集团,在进军中国市场后,很长时间内顽固秉承德国母公司的做法:只有具有营业执照法人或单位才能成为会员,完全不理会中国消费者进场消费的渴望。普通消费者想要进场领略麦德龙的这种现购自运业态时被"礼拒"门外,理由是商场内的商品与他们只有"间接"的,而没有"直接"的销售关系,"商品"只属于"专业客户",即他们的生意是B to B,而不是B to C。麦德龙的目标顾客锁定在中小零售商、酒店、工厂、企事业单位、政府和团体等,与传统批发业争抢市场。但由于采用包税制和长期形成的购买习惯,传统批发业势力强大,再加上中国在批发业的法规和监管方面的不完善,使得批发市场以偷税漏税和回扣返点的"歪招"吸引客源,麦德龙也如同其他仓储店一样远远没有达到预期的销售目标。

同为仓储式超市的沃尔玛山姆会员店、万客隆、普尔斯马特却一直将专业(商务)会员和个人会员兼收,广纳财源。虽然麦德龙无意与其他零售巨头争锋,可是商业巨头扎堆开店在中国已愈演愈烈,如在距武汉徐东路麦德龙不到2公里处有

---

① 黄金平、谢爱丽,"麦德龙——要耐得住寂寞",《商场现代化》,2004年第4期。
② 刘英丽,"麦德龙固执北上",《新闻周刊》,2003年第23期。

普尔斯马特超市,3 公里处有一处新开的家乐福,5 公里处有当地的中南商业大楼,这些超市要么本身就批零兼做——如普尔斯马特超市,要么虽主打百姓零售市场但也提供大宗采购服务,与麦德龙构成竞争关系。在这种主业不振、盈利遥遥无期的情况下,麦德龙开始根据中国消费者的购买行为灵活变通。

2003 年 1 月 11 日,成都麦德龙开始公开允许办理个人临时会员卡,消费者只要凭身份证就可领到一张免费的麦德龙临时会员卡,享受到"超低"的商品优惠价格。此举马上使个人消费者趋之若鹜。往常专事检查会员卡的保安"摇身"成了临时会员卡办理处的秩序维护员。而早在 2002 年《楚天金报》就报料:周六、周日在武昌麦德龙购物不需要会员卡,平时亦可办理临时会员卡①。

渐渐地,麦德龙各大卖场都开始广开客源,不再拒绝个人会员。而此举也为麦德龙带来了丰厚的利润。但是麦德龙并没有完全开放,取消会员制,允许非会员进入。这样做实际上也是对消费者进行了客户选择。

2. 透明发票

麦德龙所使用的发票,是国际通用、电脑打印的标准超市发票。先由电脑的电子眼,识别所购物品的条形码,再反馈给电脑的账务账单,再打印出来。其账单上所反映的购物情况真实、确定、清晰。所以被称作"透明发票",甚至可以被称作"完美发票",发票包括商品名称、单价、数量、金额、日期和消费者的姓名单位。

在欧洲,这种透明方式很受欢迎,可在中国却有了问题。据称,截至 2003 年初,麦德龙为此事已遭遇了金额高达上百万的退货。"透明发票"受到了许多单位采购人员的抵制。因为他们再也拿不到大头小尾的发票,再也拿不到带回扣的发票,再也拿不到"模糊发票"。于是,麦德龙因此失去了许多订单,还都是大订单②。

但麦德龙依然选择了坚持"透明发票"。而它的坚持为其赢得了政府和媒体的支持,使得麦德龙成了一面旗帜,并因此而名声大噪。尽管麦德龙失去了大批订单,但麦德龙还是挺了过来,而且,越来越多的政府部门和企业,包括政府采购,正因为发票的透明,喜欢甚至指定麦德龙为供应商。据悉,上海江桥镇政府每年都在麦德龙采购超过 10 万元的商品,原因就是这里能提供"透明发票"。麦德龙的坚持渐渐获得了回报。

3. 坚持店址在郊区

家乐福喜欢将店址选在市中心,生意很红火,但往往由于地价的原因停车场

---

① 卢旭成,"麦德龙不再'纯情'为哪般?",《管理工程师》,2003 年第 3 期。
② 老魏,"麦德龙:入乡不随俗",《经贸世界》,2004 年第 1 期。

不足,前往卖场途中交通拥挤是家常便饭。麦德龙店址却选在城郊,交通便利,每个卖场都设400个停车位,吸引了有车族、白领等购买力很强的顾客前来,引领提箱消费的潮流。家乐福等大超市卖场内人多,加上过道狭窄,环境喧闹,空气污浊,过大的卖场面积造成顾客寻找商品的困难,结账排长队更是让消费者感到不便。麦德龙由于其主要目标顾客定位在专业客户,平时采购的人少,过道宽敞,背景音乐悠扬,店内虽无豪华装修却有简约之美,环境舒适,结账不用排队,这些都极大地方便了顾客。麦德龙商品品种没有家乐福齐全,但所卖的多为品牌货、畅销品,这对那些追求名牌和高品质生活的顾客无疑有很大的吸引力。

麦德龙最大的优势是价格,像家乐福往往宣称自己所卖商品是物美价廉,但麦德龙平均要比它低20%—30%。麦德龙为了保持最低价,可谓煞费苦心。麦德龙常将店址选在城郊以降低地价;店内无装修又省下一笔装修费;高度的机械化卖场作业以减少人员工资开支;仓储和销售合一家,减少库存支出;直接从制造商处订货和由制造商直接将货送到各个分店以降低配送成本;顾客现购自运,提高了资金利用率和降低了服务成本;只经营每一大类商品中那些需求最多、销量最大的品种、规格和品牌,有时甚至只限制在卖得最好的一到两种,这样采购时尽可能地因进货批量大而取得最大的折扣,卖出时也是成把成打的,商品的周转率就远远大于超市;麦德龙内部还有一套科学有效的信息管理系统,将管理精细化,通过管理来提高效益。在中国居民消费价格持续12个月持续下降或持平的今天,各商家为了招徕顾客,纷纷玩起"买200送100"等噱头,由麦德龙的天生的最低价我们可以大胆预言,这将会为其虎口抢食、进军零售终端消费建立奇功①。

4. 坚持买地

买地还是租赁,是任何一家进入中国市场的外资零售商必然要面临的抉择,尽管外来超市开店方式正从原来的租赁场地向自主投资、自由产权转型,但目前租赁仍是主流。然而,麦德龙还是一直都会选择买地自建(卖场),基于认为中国市场有潜力,想要长期投资。而从长期来看,买地的成本会低于租赁的成本,特别是对于麦德龙的仓储式业态来说。

麦德龙是仓储式会员制,目前在中国的店铺一般都超过1万多平方米,加上建筑面积逾建筑面积基本等同的停车场面积,有的甚至达到3万—5万多平方米。与大型综合超市如家乐福与沃尔玛相比,麦德龙店对地点、面积的要求更严格,更难选到合适的店,所以,自建成为麦德龙的一贯选择。

---

① 卢旭成,"麦德龙不再'纯情'为哪般?",《管理工程师》,2003年第3期。

5. 小处不可随便

麦德龙有条规定是，禁止1.2米以下的儿童进入卖场。当时有很多消费者不能理解，引起了不少争论。麦德龙的理由是：作为一家大型仓储式商场，需要进行叉车作业，补充货品，而1.2米以下的儿童恰恰是在叉车驾驶员的视觉盲区①。而这在国内，是很少会有人关注的，而且起初的时候会引起很多的误解。麦德龙公司认真地恪守这些基本准则，谨慎地决定着自身的本土化策略，这种德国精神使得让麦德龙在中国市场的风雨中稳健地迈开了步伐。

由此可见，跨国公司的"本土化"非常重要，企业必须尽快适应当地的民族文化，并且针对当地民族文化的不同制定相应的对策，但重要的是，也不能一味适应当地民族文化而失去自我个性，这两种极端都会给企业带来一定程度的伤害甚至是致命的打击。

德国企业从文化上讲对制度更加坚持，尤其是麦德龙等具有德国血统的企业，对已经确定的文化会比较尊重。当这些企业进入文化迥异的中国时，最初受到的冲击也是相当大的。这种东西方文化的巨大差别就决定了企业要采取积极的本土化策略，随着当地民族文化的变化而变化。与此同时，企业还要保留自身文化的精髓，分辨出坚持和文化适应的部分，这才是真正的"国际化思考，本土化行动"。

【案例讨论与练习题】

1. 您是如何评价德国麦德龙公司的核心价值观的？
2. 麦德龙公司的核心价值观与企业文化有什么关联？

---

① 刘英丽，"麦德龙固执北上"，《新闻周刊》，2003年第23期。

第四章 组织文化的结构与诊断

【本章要点】

通过对本章内容的学习,你应了解和掌握以下内容:

- 不同角度下组织文化的类型划分
- 组织文化的精神要素包括的内容
- 组织文化的物质要素包括的内容
- 组织文化的行为要素包括的内容
- 组织文化诊断的主要方法
- 组织文化诊断中要注意的问题

【篇首案例】

天鸿有限责任公司的组织文化①

1. 背景

天鸿有限责任公司前身为北京宝润房地产开发有限责任公司。宝润公司于1996年成立,1996年7月公司注册为独立法人公司,更名为北京宝润房地产开发有限责任公司。2002年更名为天鸿有限责任公司。

经过多年的艰苦创业,天鸿有限责任公司在房地产市场中艰难探索不懈拼搏,通过积极推进品牌战略,依托精品工程形成品牌效益,如莲花小区、曙光花园、东润枫景小区等,取得了良好的经济效益,并获得多个奖项。天鸿有限责任公司已成为北京房地产市场上引人瞩目的地产开发商。

2. 组织文化内涵

(1) 名称寓意:

- 天鸿寓意之一:天宝当年,鸿钧之世。寓意公司志存高远,奋力拼搏的追求。
- 天鸿寓意之二:天与人归(天,取自"天与之,人与之"《孟子·万章上》),鸿业远图(鸿,通"洪",《吕氏春秋·执一》有载:"五帝以招,神农以鸿","鸿,盛也")。天鸿有限责任公司在激烈的市场竞争中,以天鸿人锐意开拓的精神,立足于房地产业。

(2) 组织精神:速度、团队、忠诚、执著、创新。

(3) 核心价值观:客户至上,人才至上,责任第一,效益第一。

(4) 经营战略:以客户为导向,以资金为中心,以计划为准则,以服务为保证。

(5) 经营理念:建筑美好家园,奉献舒适安全。

(6) 文化品格:品牌+品质+品位。

(7) 识别系统(CIS:Corporation Identity System):

- 理念识别(MI, Mind Identity):天鸿有限,服务无限;让利业主,实现双赢。
- 形象识别(VI, Visual Identity):

---

① 本案例根据本书作者2002年2—5月在天鸿集团担任管理顾问期间的经历改写而成。

- 行为识别（BI，Behavior Identity）：热爱祖国，关爱集体，献身天鸿。遵纪守法，服从公司管理。顾全大局，善于合作。努力学习，踏踏实实做好本职工作，不断提高业务水平。一切为客户着想，减少人为差错，建设优质社区，为业主提供完善服务。团结互助，尊重他人，树立集体奋斗的良好风尚。严守公司机密，自觉维护公司安全。待客热情礼貌，服务周全，维护公司形象。谦虚谨慎，戒骄戒躁，勇于批评与自我批评。坚持原则，不做有损公理道德之事。爱护公司财物，坚持反贪污、反腐败、反浪费。保持环境整洁，注意仪表、仪容。加强品德修养，倡导精神文明。

组织文化是一个组织内独特的信念、假设、期望、追求、价值准则、行为规范、处事方式以及物质环境等。以上列举的组织精神、核心价值观、经营战略、经营理念基本囊括了组织文化的精神要素。再加上识别系统作为组织形象的物质要素，都是天鸿在多年的经营、发展过程中积淀下来并得到广大员工的认可和接受的组织文化。正是有了这样的组织文化，天鸿有限责任公司员工才能在组织精神的指导下，以核心价值观为判断基准，团结一致，励精图治，成为北京房地产市场上的引人瞩目的开发商。本章要解决的问题，就是用系统论的观点来说明组织文化的要素，并分析组织文化的类型以及功能。

第一节　组织文化的结构

文化人类学和组织行为学的发展，为组织文化的诞生和发展奠定了坚实的理论基础。从文化人类学研究中我们发现，文化研究必须树立整体观念，无论研究民族文化、组织文化或个体文化，都要弄清这一文化形态处于整体文化中的哪个层次，具有什么样的结构性。有学者将组织文化的本质总结为以下7个特征：创新与冒险、注意细节、结果定向、人际导向、团队定向、进取心和稳定性。根据这7个特征来评价组织，可以得到一幅组织文化的结构图。这些要素的不同组合就构成了关于组织文化的理论流派[1]，不同流派实际上是从不同角度对组织文化的结构进行阐述的。

一、文化人类学中的文化结构

文化人类学家认为，文化是社会的一个重要子系统。文化作为人与人、人与群

---

[1] 〔美〕斯蒂芬·P·罗宾斯著，孙建敏、李原译，《组织行为学（第12版）》，中国人民大学出版社，2008年，第490页。

体、群体与群体之间的要素,对于社会有着十分重要的影响,这种影响渗透在文化的不同层级之间的各个单元。我们将文化人类学中分析文化结构的框架介绍如下,这些概念将文化作为一个横剖面,逐渐扩大其外延,这对于我们研究组织文化有着重要的启示。

(一) 文化特质或文化元素(Culture Trait or Culture Element)

"文化特质"或"文化元素"是指一种文化组成分子中可解释的最小单位。它源于对文化的量的分析。在格拉博纳(F. Grabner)和施密特(W. Schmidt)对文化史的探讨中,以及内尔森(N. C. Nelson)和维斯勒(C. Wissler)的文化区研究法中,都可见到这个概念。例如,中国的象形文字、语言符号,这是中国民族文化的文化元素和文化特质。

(二) 文化附着(Culture Adhesion)

文化附着是指文化中两个或两个以上的并无内在功能联系的方面或文化特质之间的联合。文化特质的联合是由于某一文化的历史环境所造成的,也可能是由于这些特质来自另一种文化所造成的。文化附着的例子可以见之于圣诞节日所显示的很多文化特质的联合,如平安夜、圣诞老人、圣诞树等。

(三) 文化内核(Cultural Core)

文化内核是指一种文化所含有的一组基本特征,同形态文化学中的文化内核相同。美国人类学家 J·H·斯图尔德在 1955 年出版的《文化变迁论:多线进化方法论》一书中提出,文化核心的组成成分与生计活动以及经济安排之间的关系最为密切,使文化内核中的社会、政治及宗教模式与经济安排发生关系,如我们常说的农耕文化和游牧文化,在生计活动方面有着定居和非定居这一文化内核上的差异。文化核心之外,是文化的第二层次,在这个层次上,各种文化的差异性很大,这主要是由于文化历史方面的因素造成的。

(四) 文化丛(Culture Complex)

文化丛是指一组在功能上整合的文化特质。它在时空中成为一个单位而持续存在。在文化错综复杂的情况下,它是可以传播的。这一概念有时候具有引申的意义。例如,华夏文化中的文字、语言、龙图腾等文化特质的集合,构成了中国文化的文化丛。

(五) 文化层(Cultural Stratum)

一个文化层是由互为关联的、同时期或同文化中的文化元素及文化丛构成的。

文化层在这个意义上可以定义为一群有关系的文化元素及文化丛,它们在起源上可追溯到一个大致相同的时期。但是在这一群文化元素及文化丛中,很容易包括一些在时间上不同但内容却有关联的元素,而不包括时间相同、但起源地不同的元素。一连串的文化层构成一个历史层次。例如,我国的四大语系构成了不同的具有总和意义的地域文化,这些地域的风俗、民情、人文地理等特征构成了南方、北方等有着明显差异的文化层。

(六) 文化类型(Culture Type)

文化类型指由于文化适应环境而产生的并且代表同样整合程度的核心特征丛(Constellations of Core Feature)。具体而言,第一,它表现的是一些经过了选择的特征(Selected Feature),而不是它全部的本质特征;第二,文化特征的选择必须以所涉及的问题和结构来确定;第三,挑选出来的特征被假定为在每个案例中彼此间都有着相同的互相关联的功能。例如,中国文化的在国家层面上可以归纳为具有集体主义文化的显著特征,这一点和西方的个人主义相异。

(七) 文化模式(Culture Pattern)

文化模式指一个社会中的文化特质或者文化复合体的集合。依据整合原则的本质来看,可以将文化模式与文化形貌(Culture Configuration)区别开来。文化模式是指在一个价值系统中具有支配能力的主要部分;而文化形貌则是指一个文化的轮廓及其品质,由此可以把文化模式定义成一个社会成员有一致标准行为的方式;文化形貌是一个优秀文化的特殊轮廓及其文化特质的特殊配合。例如,中庸之道,温良恭俭让、低调、内敛的行事风格等就成为儒家文化模式的代表。

(八) 文化区(Culture Area)

简单地说,文化区是指一个有着相似文化特质的区域。在同一文化区中生活的人在生存环境、经济制度、社会价值体系等各方面上具有趋同性。在文化区的中心,这种趋同性表现得较为明显;在文化区的边缘,这种趋同性表现得较为薄弱。例如,中国的东北亚区、南亚区文化上的差异,构成不同的文化区。

(九) 文化圈(Kulturkreis)

文化圈是指由文化特质构成的一个历久不变、辗转播迁的复合体。这个复合体不以地理区域为划分,所以在世界各地区可能有同一个文化圈。典型的形态如四大文明的发祥地以及周边的区域形成的文化圈。

(十) 文化体系(Culture System)

文化体系是指在最低限度上由观察者确认的一种文化的各部分。它具有某些类型及程度上的互相依赖而集合在一起的文化,并且由于内部的彼此联系,使得整个文化加上了一种界限和特征。如东方文化、西方文化的区别,在人类学家看来是一种分析的基本单元。

(十一) 文化结构(Cultural Structure)

这一概念在人类学上一般有两重含义:一是指文化体系内不同的文化丛或文化元素之间有一定秩序的关系;二是指这种关系是由文化特质、文化丛、文化区、文化模式等概念逐级构成的,即文化丛由文化特质构成,而文化模式由文化丛构成。

二、组织文化的要素、类型与结构

本书在第一章介绍组织文化内容时就提及,组织哲学、组织的价值观、组织精神、组织道德、组织目标、组织制度、组织形象、组织环境、组织文化活动、组织文化载体是组织文化的基本要素。

不同的要素组合成不同类型的文化。关于文化的类型,一种典型的划分是根据组织外部价值观的不同,可以把文化分成以下 4 种类型①:

(1) 职能型文化。直到 20 年前,职能型文化一直占据统治地位并为人们所熟知。在这种文化中,组织认为自身的技术足够先进,产品符合市场需求,对组织最重要的是利用现有技术有效地生产出既定的产品。稳定性、可靠性、一致性是该类型文化强调的重点。为保证产品或服务的可靠性并使差错最小化,工作被划分为较小的单元,每个人所从事的活动集中在很窄的职能领域里,工作组织是职能化等级直线制,这种文化也因此而得名。

(2) 流程型文化。随着对质量和客户满意越来越重视,就需要重视流程和群体力量而不是专业化和个人绩效。因此,一个发展的文化是基于流程的文化。在这种文化中,组织把客户满意度放在首要位置。随着市场的扩展和竞争的加剧,组织成员不能只局限于按照生产率和成本效益等内部标准来衡量工作完成情况。他们必须慎重对待新的外部力量——质量和客户。他们发现能持续提高质量和满足客户需求的最有效方法是通过组织团队来执行工作流。

(3) 时间型文化。基于时间的文化在 20 世纪 90 年代早期首次引起注意。随着

---

① 马跃,《企业文化与薪酬设计》,中国人民大学硕士论文,2001 年。

市场全球化速度的加快和科技的进步,组织不再满足于停留在质量和客户满意的荣誉中。他们必须继续寻找降低成本和以不断加快的速度把新产品和服务推向市场的方法。如果说"客户始终是正确的"是流程型文化的座右铭,那么,"越快越好"则是时间型文化的法则。时间型文化的组织认为速度是组织运营成功的关键。这种文化要求保持高度紧迫感,对于新的机会十分敏感。

(4)网络型文化。到了20世纪末,变革已不再被视为十年一次或一年一次的现象,它成为一种持续的力量。伴随着持续的变化出现了"虚拟组织"和第四种组织文化——网络型文化。面临着无限商机,人们不再把视野局限于某一产品、某个市场或某个行业,机会窗是网络型文化中的最有价值的东西。组织不断地寻求新的发展机会,而不顾自身现有资源。网络型文化认为组织环境是开放的,任何资源都可以从外部获得。

这4种类型在第十章中我们还会引用。

关于文化的结构,1985年,沙因(E. Schein)在《企业文化和领导》书中提出了关于组织文化的定义,将组织文化划分成3个具有结构意义的层次:

(1)第一层为人造文化层,文化最可见的层次就是它的人造产品和创造物,即人们可以看见的物理空间、小组的技术输出、书面语和演讲语言、艺术的成果和其他成员的外部行为;

(2)第二层为价值层,从某种意义上说,所有的文化学习都完全反映着某个人的基本价值,反映着他们认为"应当是什么"与"事实是什么"的区别;

(3)第三层为基本的潜在假设层面,基本的假设是指当解决问题的方法被反复运用后,就会变成理所当然的。当初仅仅为一种价值所支持的假设,后来就渐渐被当作真实的。我们也逐渐相信事情本来就是如此的。在某种意义上,基本的假设与一些人类学家所说的"占统治地位的价值"是不同的。那些占统治地位的价值所反映的是若干基本选择中人们所愿意接受的解决方案,但是所有这些选择在文化中仍旧是可见的,文化中的成员能够不时地依据那些占统治地位的价值去行动。但是,沙因指出,在一定意义上他想界定的、并且已经变成理所当然的基本假设,在一个文化单位中是不变动的。事实上,一种基本假设如果被一个群体所牢牢地掌握,群体成员就会发现,他们的行为要依据其他的前提是不可思议的。

沙因提出的组织文化理论是西方管理理论中的一个重要流派,对于我们今天研究组织文化结构具有重要的借鉴意义。根据第一章中我们介绍过的中国人民大学社会心理学研究所沙莲香教授有关物质文化、社会文化(又可称作行为文化)和精神文化的分析框架,组织文化也可以分为3个类型:物质文化、行为文化和精神文化,每个类型中包含不同的文化要素。这3种类型以及所包括的内容介绍如下所示。

(一) 组织中的物质文化

人类学中的文化形象(Eidos)一词指文化显然可见的内容或其外表。对这一术语曾有不同解释。有学者认为文化形象指认识个人人格的文化标准。美国人类学家A·L·克罗伯认为一种文化的形象即是它的表象,包括它所有能够明白记述的东西,也就是它的文化内容。具体到组织文化的讨论中,本书中的文化形象指组织的物质文化,它是组织成员创造的产品或服务以及各种物质设施等构成的器物文化。组织生产的产品和提供的服务是组织的成果,它们是组织的物质文化中首要内容;其次是组织环境、生产环境和组织所表达的文化意蕴。

1. 产品和服务

有形的产品包括产品实体及其品质、特色、式样、品牌和包装;无形服务包括可以给客户带来附加利益和心理上的满足感及信任感的售后服务、保证、产品形象、销售者声誉等。

消费者乃至整个社会最初是通过产品和服务对组织有所了解的。组织提供什么样的产品和服务、消费者对组织的产品和服务是否满意,直接关系到组织形象。组织产品和提供的服务是组织经营理念和经营目标的直接反映,也是组织文化在物质上的表现形式之一。

2. 组织环境

这里的组织环境主要是指物理环境,包括与组织相关的各种物质设施、成员的生活娱乐设施,包括技术、设备、材料、工艺的开发和应用,生产过程的机械化、自动化、电算化等。技术、设备是现代组织进行生产经营活动的物质基础,组织环境的好坏直接关系到组织生产技术的发展方向和产品在国内外市场上的竞争力,它是组织精神面貌的一个重要折射。

3. 组织的外部特征

组织外部特征包括组织名称、标志、标准字、组织专用印刷书体、标准色彩、组织标语口号等。这些基本要素不是单独地发挥作用,而是通过标准组合,整体地构成组织的识别标志,应用于组织活动之中。

(1) 组织名称。组织名称作为识别要素,是一个组织的第一人称。任何一个组织从注册之日起,必须首先有一个名字,以区别于其他组织。名称不仅是一个称呼、一个符号,而且体现组织在公众中的形象。组织名称一般由专用名称和通用名称两部分构成,前者用来区别组织类型,后者说明组织的行业或产品归属。

(2) 组织标志。每个组织都有自己的标志。组织标志代表组织特征、个性和形象的特定造型、图案、符号、色彩或其他设计,是组织的代表和象征。通过组织标志,人们不仅可识别、区别组织,还可以体会到组织的形象和风貌。

（3）标准字。标准字，又称组合字体，是指将组织的名称进行整体组合之后所形成的字体。标准字不同于普通字体，除了造型上的美观和突出的视觉效果外，还在于标准字之间的连贯性，这种连贯性对组织形象特质作了极好的诠释，整体上体现了组织的个性特征。标准字对于组织信息的传递和组织形象的树立，具有重要的作用。它不仅能使组织名称形象化，还能体现组织的整体经营风格，是组织形象的一种重要表现手段。

（4）印刷体。印刷体是将标准字以不同的印刷技术和制作程序设计为各种变体，并以规范的形式固定下来。例如，线条粗细变化的表现形式及其应用规范，标志字形的表现形式及应用规范，线框空心体、网纹、线条的表现形式及其应用规范。这种改变要遵循不损害原有标志的设计理念和视觉结构形式的原则，极具美学意义和文化旨趣。

（5）标准色。组织的标准色是指组织在视觉传达设计的媒体上，指定某一特定的色彩或一组色彩系统来表现组织的经营理念、组织结构和经营内容等物质。标准色一旦确立，就会运用到表现组织外部特征的各个方面，例如，中国邮政的橄榄绿，给人以安全、准确、便捷的感觉。德国的敦豪快运（DHL）选用的红黄色同于德国的黑红黄三色中的两种颜色，不仅能强化组织识别标志、组织识别系统、组织识别形象的吸引力和传播力，而且极大地增进了社会、外部客户和内部成员对组织形象的认知。

（二）组织的行为文化

组织的行为文化，是指组织成员在生产经营、服务和学习娱乐中产生的活动文化。组织规章制度虽然以文字的形式表达出来，但实际上是组织行为文化的载体和外显，因此本书中将制度文化也纳入行为文化的范畴。组织的行为文化表面上看来只是一种活动，但实际上产生这种行为的内因是组织的经营作风、精神面貌、人际关系的动态体现，也是组织精神、组织价值观的折射。组织的行为可以分为组织领导者的行为、组织模范人物的行为、组织成员的行为3个方面。

1. 组织领导者的行为文化

当一个领导者创造了一个组织的同时，也就创造了文化。比如，微软公司的文化就是比尔·盖茨形象的反映，富有很强的竞争精神、进取心和自制力。

组织领导人是组织文化的管理者、倡导者、变革者。领导者的行为可以对组织中的成员起很好的示范作用。例如，某集团领导层讨论在新办公楼中是否戴领带，但最终没有形成统一的意见。这种情况下，集团的董事长虽未明确表态，但上班时自己却选择穿西装打领带，最后集团便形成了进办公楼穿西装戴领带的习惯。由此可见，组织领导者在组织文化的形成和建设中起着至关重要的作用。

2. 组织模范人物的行为文化

组织模范的行为又可以分为组织模范个体行为和组织模范群体行为两类。组织模范个体的行为卓越地体现组织价值观和组织精神的某个方面,和组织的理想追求一致。在体现组织精神等方面取得了比一般组织成员更多的实绩,具有先进性。他们的模范行为并非常人无法做到,组织中的任何一个成员都有能力做到。因此,模范行为可以成为组织内其他成员仿效的对象。组织模范的行为总是在某一方面特别突出,就像一个球体在太阳底下只有一个闪光点一样,而不是在所有方面都领先。所以,不能从模范身上显现出组织的全部文化,但是一个组织中所有模范人物的集合体构成组织模范群体的行为必须是完整的组织精神的化身,是组织价值观的综合体现。组织模范群体的行为,是组织模范个体典型模范行为的提升,这种模范行为应该成为所有组织成员的行为规范。

3. 组织中成员的行为文化

组织成员是组织的主体,其思维和行为方式都是基于组织文化形成的,这种文化的基础决定了组织成员对于一件事情会如何判断以及采取何种行动。成员个体行为具有个性化的特点,当个体的行为与群体的行为不一致时,会形成群体压力,并将这种压力传递到个体身上,个体迫于群体的压力会使自己的行为向群体行为趋同,最后达到一致。所以,组织成员群体行为体现组织的整体精神风貌和组织文化。

(三) 组织的精神文化

人类学中的文化精神(Ethos)是指一种文化特有的精神;一种文化中具有决定力的价值系统,由此价值系统所构成的文化模式;在态度、评价及情绪倾向等上面所表现出来的精神品质,这些精神品质既是一种文化特色,并且使得该文化独具一格。文化精神的定义是一个群体不同于其他群体的那些特质之综合。具体到组织文化的讨论中,人类学中所说的文化精神在组织中被称作精神文化,它是指组织在生产经营过程中,受一定的社会文化背景、意识形态影响而长期形成的一种精神成果和文化观念。它包括组织精神、组织目标、组织运营哲学、组织道德、组织价值观念等内容,是组织意识形态的总和。组织的精神文化,相对于组织物质文化和行为文化来说是一种更深层次的文化现象,在整个组织文化系统中,它处于核心的地位。

1. 组织精神

组织精神是反映组织目标和组织运营哲学,并由全体成员认同的一种群体意识。它反映的是组织成员为达到组织目标而表现出来的群体精神状态。每个组织都有各具特色的组织精神。组织精神往往以简洁而富有哲理的语言形式加以概括,通过标语、口号、规章、标志等形式形象地表现出来。组织精神是全体或多数成员共同认可,彼此共鸣的内心态度、思想意识和境界。它可以激发组织成员的积极性,增强组织的活力和凝聚力。组织中的每个成员都是组织中群体的一部分。当组织精神为大多数人接受以后,就会形成一种文化迫力,这种文化迫力传递到个体身上,使组织精神信念化,不但可以通过明确的意识支配行为,还可以通过潜意识产生行为,最终将组织精神贯穿于日常的工作和生活之中。

2. 组织目标

组织目标是指组织在一定时期内以一定的质量指标和数量指标形式表现出来的最佳物质成果和精神成果。组织目标是引领组织发展的根本动力。组织目标既有功利性的也有社会性的。本书的组织不仅包括追求利润最大化的组织,还包括学校、医院、军队、公务员等社会实体。企业追求的目标无疑是利润最大化,但在追求这种功利性目标的同时也为社会的发展和进步作出积极贡献。因此,企业也具有一定的社会性。此外,诸如学校、军队、公务员等社会实体和其他一些非营利组织(NGO),它们的存在并不以追求经济利益为最终目标,而是以为社会和国家服务为最终目的,这样的组织所追求的目标是社会性的。组织目标明确之后,组织自身存在的价值和意义也将确定。

3. 组织哲学

组织哲学是组织在一定社会历史条件下,在生产、经营、管理的活动中所表现出来的世界观和方法论,是组织在进行各种活动、处理各种关系和信息选择的总体观点和方法,是组织中成员全部行为的根本指导思想,也是指导组织运行、决策及活动的工具。例如,"顾客至上"、"质量第一"、"开拓创新"等,都分别是许多组织的经营哲学。组织哲学一旦确定,它将成为组织决策和各项活动的有力指导,即一切决策及活动将按其要求做。

4. 组织道德

组织道德是指调整组织与组织之间、组织各成员之间、组织成员与外部客户之间关系的行为规范的总和。组织道德和组织规章制度一样,都是规范性文化,反映的是一定组织环境和组织目标对人们道德行为提出的客观要求。它从总体上规范人们能够做什么,不能够做什么。但是,组织道德和具体的规章制度又有所不同。规章制度是成文的规定,而组织道德往往是由组织倡导并没有具体的成文规定的。组织的规章制度相对来说是比较固定的,一般不会有大的变化;而组织道德的提倡往往会根据各个时期的战略环境和组织目标的变化而改变,相对来说比较灵活,它是为组织目标服务的。组织道德的功能和机制是从伦理角度出发的,是组织的法规和制度的必要补充。

5. 组织价值观

"文化的核心是由价值观构成的。价值观是指人们喜欢某种事态而不喜欢其他的普遍的倾向性。"[①]同样,组织文化的核心是组织价值观。组织价值观,是指组织在

---

① 〔荷〕霍夫斯泰德著,尹毅夫等译,《跨越合作的障碍——多元文化与管理》,科学出版社,1996年,第7页。

运行过程中所推崇的基本信念和奉行的目标①。从哲学上说,价值观是关于对象对主体有用性的一种观念;而组织价值观是组织全体或多数成员一致赞同的、关于组织意义的终极判断。价值观是组织所有成员共同持有的,是支配成员精神的主要价值观念。价值观是有意识培育的结果,长期积淀的产物。

价值观向社会展示组织的基本风格和公众形象,决定组织的运营政策和战略目标,引导成员行为规范,影响组织的根本信念和发展方向。有了正确的适应组织生存环境和发展要求的价值观,才能使组织文化发挥应有的作用。

三、组织文化的系统观

上述组织文化中的各个要素不是机械的组织,而是一个有机的整体,一个系统。以下我们介绍系统论以及其对组织文化结构的意义。

(一) 系统论的概念及类别

系统论最初是20世纪40年代由美籍奥地利生物学家贝塔朗菲(L. V. Bertalanffy)创立的一门逻辑和数学领域的科学,它的主要目的是确立系统研究的一般原则,从而使系统观念、系统方法由定性走向定量、由经验走向科学,它对管理学产生了重大影响。系统是由若干相互联系、相互作用的要素所构成的具有特定功能的有机整体。其中的"要素"就是指系统内部相互联系、相互作用的各组成部分。要构成一个系统,必须具备以下3个条件:第一,要有两个以上的要素;第二,诸要素之间要有一定的联系;第三,要素之间的联系必须产生统一的功能。组织文化包括物质要素、行为要素和精神要素,这3个要素又可以细分出众多小的要素。这些要素并不是孤立存在,而是互相作用,并产生一定的功能。所以,组织文化理所当然是一个系统。

功能是指事物所能发挥的作用或效能。人们划分系统,常以事物的功能为基准来进行。如果同一事物具有多种功能,那么就可依据其功能列入不同系统。例如,一所高等院校,从传授知识的角度看,它是一个教育系统;从开展科研活动的角度看,它是一个科研系统;而从市场角度看,它又是一个消费系统等。

由于系统的构成要素不同以及要素之间相互联系、相互作用的方式不同,因此,世界上存在着各种各样的千差万别的系统。组织文化也可以被视为一个系统。一如我们分析的那样,组织文化系统包含不同的子系统,每个系统对于更大一级的系统,也可以被视作一个要素,而每个要素之下,又可以划分成不同的子要素。一般说来,对要素的区分和取舍,应根据研究系统的目的、要素对系统功能的影响程度以及人们

---

① 刘光明,《企业文化》,经济管理出版社,2001年,第212页。

对要素的控制程度和认识程度来进行。

各要素之间的因果关系链称作耦合,即一个要素的存在和变化与另一个要素的存在和变化之间的关系。联系的形式通常有 3 种:物质流、能量流和信息流。并且,系统在不同的情况下,其发展方式是不相同的。

(二) 系统论的意义

系统论的基本思想对于组织文化结构、类型、模式以及我们在第五章将要讨论的功能有着重要意义,具体体现在以下 4 个方面。

1. 整体性思想

整体性思想的意义在于:我们在研究和处理任何对象时,都应把它当成一个"系统"去看待,从整体上去观察问题、考虑问题,在注意局部的同时,还要注意各局部之间的有机联系。此外,在一定的人力、物力、财力条件下,只要能合理地进行组织、协调,就能获得更大的效益。人类学功能学派的代表人物马林诺夫斯基和拉德克利夫·布朗等认为:社会和文化是有机体,各种文化要素和复合要素并非是零散的,而是相互作用、有机结合的,正像一个机体的各种器官,各自发生功能,共同维持一个整体的存在。他们主张重视文化的整体性,重视整体对部分、部分对整体的相互影响。马林诺夫斯基认为每一个文化就像一个有机体一样,如不从整体的关系去研究,则对任何部分的文化元素都不能明了。而布朗也认为一个社会像一个机体,各部分互相关联、互相依赖。一个社会的习俗制度正像一个机体的各种器官,个个发生功能,共同维持一个整体的存在。

2. 相关性思想

相关性思想的意义在于:我们要了解文化,就必须对它内部诸要素以及它同其他事物之间的各种不同的联系,加以全面的考察和细微的研究,这样才能揭示出文化内在的、本质的联系和规律。因此,我们必须首先考察与该情况有关的其他因素的影响,并且使这些因素也得到相应的改变,才能真正达到预期的目的。

3. 有序性思想

有序性思想的意义在于:合理安排系统中各部门、各单位的秩序,使它们密切而协调地配合,形成统一的功能(集体力),从而减少由于内部矛盾而产生的"内耗";同时,根据各部门、各单位的具体情况,正确安排它们在系统中所处的位置,以最有利于发挥它们的作用,从而提高系统的功能。

4. 动态性思想

动态性思想的意义在于:我们在实施文化管理时,应该经常联系该系统的历史、现状和未来,即既要了解系统是在发展变化的,又要具体地分析系统的变化趋势,这样才能确定工作中需要采取的措施;我们还可以通过加强动态性预测,减少或杜绝因思考不周而带来的损失。此外,重视搜集信息,经常注意反馈,随时进行调节,保持充分弹性,及时适应客观事物各种可能的变化,才能有效地实现动态管理①。

整体性和相关性的思想,需要我们从静态的角度,对文化中的各个要素准确地测量结构;而有序性和动态性的思想需要我们从功能的角度,将组织文化视为一个整体而发挥其功能。

第二节　组织文化的诊断

组织文化的结构决定了组织文化的类型,构成了组织真实的文化。面对这一情形,对于文化管理而言,如何准确地诊断、测量组织真实的文化就成为我们关注的重要问题。对于组织文化的诊断,帮助管理者对组织文化的结构进行全景透视,因此,我们有必要介绍常用的组织文化诊断方法。

一、组织文化诊断的主要方法②

(一) 问卷调查法

问卷调查法就是把要调查的内容设计成问答卷,发放给调查对象作答,然后搜集回问卷,进行统计分析,从而得出结论的调查方法。

这种方法的优点是:(1) 适应范围广。调查的许多内容都可以采用这种方式。(2) 省时省力。这种方法可直接发放问卷给调查对象,不会过多地占用他人和花费自己的时间。(3) 便于统计分析。问卷都有统一的答案供选择,因此统计分析较容易。

问卷法也存在一些不足:(1) 缺少与调查对象的亲密接触和指导,答卷内容有限,还可能填写不全,不利于搜集详细资料。(2) 被调查者的心理、意愿、水平等因素的影响较大,有可能会影响统计分析。

(二) 访谈法

访谈法是调查者对调查对象通过访问谈话的形式获得调查资料的一种方法,包括中高层访谈和骨干成员座谈会。访谈是组织文化调查中常用的方法之一,由于组织文化调查的内容有很大一部分属隐性的价值观问题,而访谈可以充分发挥专家的经验和直觉,充分发掘访谈中有意义的部分内涵。

---

① 石伟,《管理学概论》,中国劳动出版社,1998年。
② 〔荷〕霍夫斯泰德著,尹毅夫等译,《跨越合作的障碍——多元文化与管理》,科学出版社,1996年,第7页。

访谈法比起问卷法来简便易行、灵活性大,访谈者如果能有效调换情境,是能够获得更多的信息。缺点是花时间较多,受调查对象影响和制约较大;所搜集的资料会带有被访者个人主观因素;此外,访谈者个人的气质、学识、技巧也会影响访谈效果。

(三) 文献法

在人类学中,文本分析(Analyze De Texts)的目的在于显示原始文本的逻辑结构,辨明其主要的思想和次要的思想,并明确地显示它们之间的关系。因此,文本分析至少要对组织和推论的文化类型提出判断。有时候,所谓纯客观的或严格科学的分析将导致一种与评论相近的价值判断,此种价值判断尽管未得到明确的表露,也将显示出文本作者的意图或动机。文本分析在现代传媒中大量使用,透过这一方法可以分析文本的作者不可名状的意图。

调查研究也常常从现有文字材料中寻找有价值的资料,这是和文本分析有着异曲同工之妙的文献法。文献法是一种间接调查的方法,包括对组织各项规章制度、组织年度报告、各种文件、报纸杂志、组织发展史等的调查。这里的文献调查不是获取第一手的资料,而是从现有资料中去选择、提炼、整理、分析,从而获得有价值的材料。

文献法可以分为两种:一种是预先有目的、有计划地搜集文献资料,用来验证已有的理论或假设,称为验证性文献;另一种是从大量文献本身出发,通过提炼、分析,从而形成一定的理论观点,称为发展性文献。在实际研究中,常常把两种方法结合起来。

文献调查法较之其他方法,它省时省力,也节省经费。文献研究可以不影响与调查有关的人员。特别是发展性研究,观点的形成受主观因素的影响较小,资料的客观性较强,有较高的信度。文献法的不足是文献本身受原先作者主观因素影响较大,这对区分其客观性增加了难度。文献在保存过程中会遗失,往往不能保留资料的全貌。

【专栏】

人类学学习:影视人类学

影视人类学(Visual Anthropology)是以影像和影视手段表现人类学原理,记录、展示和诠释一个族群的文化或尝试建立跨文化比较的学问[1]。"影视人类学"

---

[1] 庄孔韶,《文化与性灵》,湖北教育出版社,2001年,第113页。

> 这个术语是第二次世界大战后才出现的①。影视这一新手段开始被不自觉地运用到人类学的研究当中,从时间上看,最早出现的影视人类学作品,是雷格纳特(Felix-Louis Regnault)等人拍摄的片子。1895年春,连续摄影机发明后不久,雷格纳特拍摄了沃洛夫妇制作陶罐的慢动作。另外还拍摄了一位沃洛夫妇女舂米、三位穆斯林行额手礼,以及四位马达加斯加人用轿子抬摄影师经过摄影机的动作过程。这是最早尝试使用影片进行人类行为活动的研究。这些早期的影片以素材片为主,然而已经作为影视人类学发展孕育阶段的标志载入史册②。
>
> 米德(Margaret Mead)是首次将影像技术与文化人类学结合起来的人类学者。1936—1939年,她和贝特森在巴厘岛的小村庄拍摄了25 000张照片和22 000英尺16毫米的电影胶片。后来这些素材被剪辑成为画面生动的影片,使人物性格能栩栩如生地再现,不仅可以重复也可以供他人分析,从而成为她的观点的有力证据。他们使影像作品首次成为人类学研究成果报告的重要组成部分。后来这种方法发展成了文化人类学的一个重要分支——影视人类学。

(四) 观察法

观察法在第二章中已经有了介绍,在此毋庸赘述。

二、组织文化诊断需要注意的几个问题

在进行组织文化诊断时,需要注意以下五个问题。

(一) 强化沟通

事先沟通很重要。调查组织者应该把组织文化调研的计划事先与参与者以及其他相关者进行沟通,向他们详细解释调研面临的情况,说明调研并不是组织文化建设中可有可无,甚至是做秀的附加行为,表明调研对组织文化建设的重要意义,取得参与者的理解与支持。

(二) 说明用途

要让被调查者了解调研结果的去向及谁会看到调研结果;如果是保密调研,要让

---

① "Visual Anthropology",此术语出现于20世纪60年代。
② 〔美〕卡尔·海德著,《影视民族学》,中央民族学院出版社,1989年,第2页。

被调研者清楚地知道将会采取哪些措施以确保保密性,如果高层领导要看综合调研结果,被调查要有知情权,这是研究者必备的伦理。

(三) 知情说明

对于组织文化调查,通常必然有一个样本先取的过程,被调查者应该知道自己是这个精心选择的样本集合中的一员,自己提供的信息将被用来在更大的范围内制定决策,这样被调查者会体会到一种责任感,从而在调查过程中能够提供有用、准确的信息。

(四) 信守时间

被调查者通常比较关心完成调研需要花费的时间,冗长的调研可能很快使被调查者厌烦,因此,要说明调研预计的时间耗费,这有助于得到被调查者的配合。但是需要提醒的是,对于时间的估计必须实际可靠,故意低估所须花费的时间必将得不偿失。

(五) 匿名收发

在匿名的条件下,被调查者更愿意坦率、公正地提供意见和信息,所以在调研中,应尽量保护匿名信息,并且说明如何分析材料信息,尽量减少被调查者在身份因素方面的调查,避免在分析中辨别出被调查者的身份。

三、问卷调查法与组织文化诊断工具

在问卷调查过程中,组织文化的诊断工具必不可少。很多学者从组织文化的基本要素、组织文化结构的角度来定义组织文化。由于定义的不一样,测量的内容和方法不尽相同,概述出的组织文化类型也不相同。

Quinn 和 Cameron 认为组织文化是一个有着广泛影响的组织诊断工具。在他们看来,组织文化通过组织所信奉的价值观、主导性的领导方式、语言和符号、过程和惯例以及成功的定义方式来得到反映。他们在竞争价值观框架(Competing Values Framework,CVF)的基础上构建了 OCAI 量表。CVF 有两个主要的成对维度(灵活性—稳定性和关注内部—关注外部)(见图 4-1)。图 4-1 中的四个象限代表不同类型的组织文化,分别被命名为宗族型(Clan)、活力型(Adhocracy)、层级型(Hierarchy)和市场型(Market)[1]。

Quinn 和 Cameron 等通过大量的文献回顾和实证研究发现,组织中的主导文化、

---

[1] K.S. Cameron, R.E. Quinn, *Diagnosing and Changing Organizational Culture: Based on The Competing Values Framework*, New York: Addison-Wesley Press, 1998.

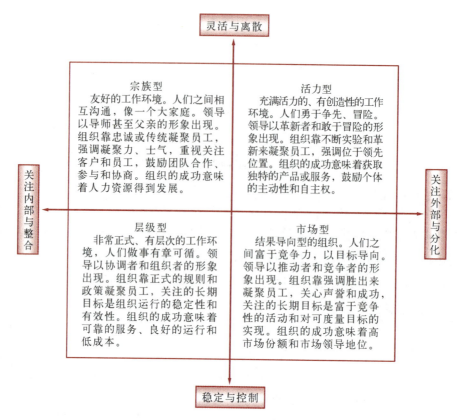

图4-1 Quinn 和 Cameron 的企业文化分类模型

领导风格、管理角色、人力资源管理、质量管理以及对成功的判断准则都对组织的绩效表现产生显著影响。OCAI 从中提炼出 6 个判据,即主导特征、领导风格、员工管理、组织凝聚力、战略重点和成功准则来评价组织文化。OCAI 共有 24 个测量项目,每个判据下有 4 个陈述句,分别对应着 4 种类型的组织文化。对于某一特定组织来说,它在某一时点上的组织文化是 4 种类型文化的混合体,通过 OCAI 测量后形成一个剖面图,可以直观地用一个四边形表示。Cameron 和 Quinn 指出,OCAI 在辨识组织文化的类型、强度和一致性方面都是非常有用的。

Quinn 和 Spreitzer 以 86 个公用事业公司的 796 名管理人员为样本,考察了 OCAI 的内部一致性系数以及会聚和区分效度。4 个文化类型的内部一致性系数(α 系数)都在 0.70~0.80 之间。多质多法分析和多维量表分析表明 OCAI 具有良好的区分和会聚效度。

Cameron 还和 Freeman 以美国 334 所大学的 3 406 名工作人员为样本进行了测量,结果发现不同文化类型的大学其组织有效性差异显著。不同文化类型的大学对应着相应的有效性指标。例如,宗族型大学在员工满意度、内部沟通和支持度上的有效性指标显著较高。该项研究同时发现不同文化类型的大学有着不同类型的组织战略、决策过程和结构。他们的这些研究结果为 OCAI 的效标关联效度提供了较有力的证据。

而德尼森（Denison）等人认为，组织文化是一套价值观、信念及行为模式，并构成组织的核心体。他们构建了一个能够描述有效组织的文化特质（Trait）模型。该模型认为有4种文化特质，即适应性（Adaptability）、使命（Mission）、一致性（Consistency）和投入（Involvement）——与组织有效性显著相关，其中每种文化特质对应着3个子维度①（见图4-2）。

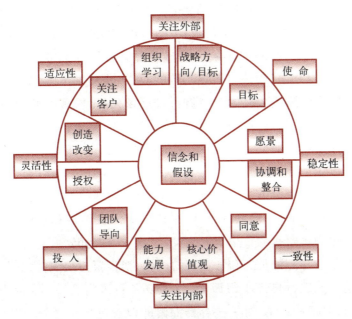

图4-2 德尼森的文化特质模型

美国加州大学 Chatman 教授的研究在方法上堪称经典，与李克特量表（Likert Scale）②的使用不同，Chatman 教授为从契合度（Fit）的途径出发研究人—组织契合和个体结果变量（例如，组织承诺和离职）之间的关系，构建了组织价值观的 OCP 量表。完整的 OCP 量表由 54 个测量项目组成 7 个维度，分别是革新性、稳定性、尊重成员、结果导向、注重细节、进取性和团队导向③。OCP 量表的测量项目通过对学术和实务型文献的广泛回顾来获得，经过细致的筛选最终确定下 54 条关于价值观的陈述句。和多数个体层面上的研究采用李克特的计分方式不同，OCP 量表采用 Q 分类的计分方式，被试者被要求将测量条目按最期望到最不期望或最符合到最不符合的尺度分

---

① Mishra Denison, "Toward a Theory of Organization Culture and Effectiveness", *Organization Science*, Vol. 6, Iss. 2, 1995, pp. 204–223.

② 李克特量表（Likert Scale），是评分加总式量表最常用的一种，即属同一构念的这些项目是用加总方式来评分的，单独或个别项目是无意义的。它是由美国社会心理学家李克特于 1932 年在原有的加总量表的基础上改进而成的。

③ Chatman, "People and Organizational Culture: A Profile Comparison Approach to Assessing Person-organization Fit", *Academy of Management Journal*, Vol. 34, Iss. 3, 1991, pp. 487–516.

成9类,每类中包括的条目数按2-4-6-9-12-9-6-4-2分布,实际上是一种自比式的分类方法。

以上的各种量表从不同的角度提出了如何测量组织文化,但这些量表并没有一个完整的体系。同时,没有一种量表具有普遍适用性。更为重要的是,由于对组织文化定义的不一致,很多内容在组织文化测量的过程中都出现过。

现有的组织文化测量工具以国外的量表居多。但组织文化作为一种文化现象,具有很强的环境依赖性,某些传统文化因素,如对权威的尊重、集体主义、面子和关系等被认为会对组织行为产生重要影响。国内学者张勉和张德曾经对4种国外量表(Quinn和Cameron的OCAI量表、Denison等的OCQ量表、霍夫斯塔德量表、Chatman等的OCP量表)的具体测量项目的内容进行过逐条分析,发现量表中诸多项目难以找到准确的中文释义,而与西方社会文化环境有高度的语意相关性[1]。因此,如果直接将西方的量表用于本土研究,必然会影响研究的信度和效度。

本书作者开发出的组织文化测量工具,是根据其对组织文化的定义——组织在内外环境中长期形成的以价值观为核心的一系列运营管理理念以及受此影响和制约的制度规范、行为方式和外部形象的总和,采用专家深度访谈和小组座谈的方法,了解大家对组织文化测量要素的看法。据此设计出半结构化问卷,进行半结构化访谈。根据对一家民营企业的部分员工和管理者的访谈,初步获得组织文化测量的内容。

接下来邀请专家进行焦点小组讨论,将重复条目进行合并,再进行概念上的归类,并对结果进行概括和总结,对一些容易混淆的概念进行了区分,参考其他较为成熟的量表,根据本概念分析所描述的组织文化的特征与内涵,系统地撰写题目。再用特尔菲法请专家和实际从业者进行独立的判定并反馈,经过两轮回复,专家基本达成一致意见,然后参考访谈结果,针对各组织的具体情况进行了部分题目的修订,最终形成了组织文化测量问卷,共111道5分制评分题目。

问卷形成后,研究组以3家民营企业为样本开展问卷调查,共发放1 051份问卷,有效回收率为73.6%。通过对问卷调查结果的探索性因素分析,经过3次萃取,共筛选出67个项目进入量表,形成11个因子。

本量表由人力资源管理领域的资深专家评定所有项目的内容效度,评定专家一致认为本量表具有良好的内容效度。为了进一步验证所得量表的区分效度,又在一家组织进行抽样,用因素分析得出的量表对组织文化进行了问卷调查,共搜集到120个样本的数据。组织文化是某一特定文化背景下该组织独具特色的管理模式,是组织的个性化表现,由此推测4个组织的文化应该是不相同的。用单因素方差分析比较4个组织的组织文化在各维度是否具有显著性差异。结果显示,11个要素、4个组

---

[1] 张勉、张德,"组织文化测量研究述评",《外国经济与管理》,2004年第8期。

织的文化维度都有显著性差异($P<0.05$),这些都与我们在各家组织调研时的总体印象相吻合,表明此量表具有良好的区分效度。

该量表将组织文化分为4大层面:社会层面、组织层面、群体层面和个人层面(见图4-3)。

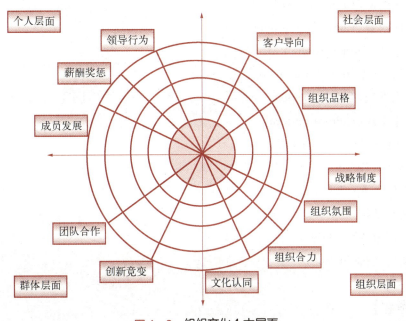

图4-3 组织文化4大层面

如图4-3所示,社会层面的组织文化,包括"客户导向"和"组织品格"2个要素。在这个层面上,组织文化需要向外部传递组织的信息。这些信息主要是向外部客户展示组织的核心价值观和整体形象,同时,向组织内部和外部传递组织品格的特征。

组织层面的组织文化,包括"战略制度"、"组织氛围"、"组织合力"和"文化认同"4个要素。在这个层面上,组织文化主要表现与组织绩效和运营发展的关系上。这个层面的组织文化体现在组织核心价值观、组织精神、运营理念、内部制度规范、组织目标、组织管理理念和组织氛围等方面。

群体层面的组织文化,包括"创新竞变"和"团队合作"2个要素。群体层面的组织文化,是指与组织中某些部门和群体有关的文化。随着工作团队的普遍化,组织文化也越来越多地体现在文化的群体层面。

个人层面的组织文化,包括"领导行为"、"薪酬奖惩"和"成员发展"这3个要素。个人层面上的组织文化要素,是指组织与组织成员个体之间领导方式、价值评价、价值分配以及成员发展等方面的文化特征。

11个要素、4个组织的文化维度构成测量我国组织文化的工具,在本章结尾的应用案例中,我们可以看到这一分析构架和使用方法。

【人类学关键词】

1. 文化特质或文化元素（Culture Trait or Culture Element）
2. 文化内核（Cultural Core）
3. 文化附着（Culture Adhesion）
4. 文化丛（Culture Complex）
5. 文化层（Cultural Stratum）
6. 文化类型（Culture Type）
7. 文化模式（Culture Pattern）
8. 文化区（Cultural Area）
9. 文化圈（Kulturkreis）
10. 文化体系（Culture System）
11. 文化结构（Cultural Structure）
12. 文化形象（Eidos）
13. 文化精神（Ethos）

【复习思考题】

1. 组织文化的类型是如何划分的？
2. 组织文化中的行为要素的内容有哪些？
3. 组织文化中的精神要素的内容有哪些？
4. 组织文化诊断的工具选择上需要注意哪些问题？
5. 组织文化诊断过程中需要注意哪些问题？

【应用案例】

蓝色文明——中国重机组织文化测量与诊断[①]

中国重机公司成立于1980年,到2005年,经过25年的发展,中国重机从原来

[①] 本案例根据作者2006年在中国重机公司的咨询经历改写而成。

的国家机关,逐步发展成为以内贸为基础、以外贸为主导,集技术开发、方案设计、工程承包、设备成套、设备监理和投资运营为一体的技工贸公司。在中国重机25年的成长历史上,由国家"划拨"市场,转变为自主开发市场,中国重机公司经历了多次历史转折,逐渐熟悉市场规律。公司成功的把握住了近年外贸需求增加的市场机遇,使外贸成为公司业务增长的新动力,"以内贸求生存、以外贸求发展"的发展策略获得了显著的实施效果。

就公司的文化来看,公司在改制初期,中国重机呈现出带政府色彩的机关文化,该公司领导干部多来自国家机关,公司代替政府承担服务,签署和管理项目,公司在国内具有一定的垄断性质,政企职能不清。随着改革的深化,公司转型过渡为独立的市场主体。公司坚持以"技术成套"为中心,逐渐拥有一批行业内知名的技术专家和核心技术。公司实施的"四以四求"和"区域滚动发展"战略,在公司向市场转型的过程中取得很大的成效。

随着市场需求的变化,并且在市场化的竞争中逐渐转向以客户服务为主导,提倡用心服务,客户至上,不断贴近和满足客户的需求,形成以服务为主导的新型文化。但由于缺乏相应的市场人才和综合管理人才,而且随着公司的发展壮大,业务领域不断扩大时,技术发展方向不够明确,技术人员也出现了断档的情况。

在这一背景下,公司领导班子通过企业文化项目外包,和咨询小组一道,开始了企业文化诊断,而后据此开展企业文化建设。

项目组结合中国重机部分业务人员长期在外、不能进行面对面访谈的特点,编制了《中国重机企业文化调查问卷》。

本问卷包括120道封闭式题目(全部为单选题)及6道开放式题目(见表4-1)。

中国重型机械总公司企业文化测量问卷(部分,有删节)

第一部分

指导语:

在下列问卷中,在每一个条目的后面您的画勾,表明您认为该条目描述的内容与重机公司现有文化的符合程度。记住这里的符合程度是一个心理上的刻度,请根据您对公司具体情况的判断,如实对下面每个条目的符合程度进行评价,并在相应的空格上画勾。

例如:条目9,"公司注重新客户的开发",如果您觉得与公司当前情况比照而处于"比较符合"的状态,您可以在比较符合一栏下画勾,依此类推。

换页填写时不要忘记每个空格指代的程度,从左到右依次表示"完全不符合"到"非常符合。"

表4-1 中国重机公司企业文化调查表

序号	条目描述	完全不符合	比较不符合	难以确定	比较符合	非常符合
1	公司为当地经济发展作出贡献					
2	公司致力于社会公益活动					
3	公司具有对国机集团负责的精神					
4	公司具有对客户负责的精神					
5	公司具有对员工负责的精神					
6	公司具有良好的外部形象					
7	公司能够了解客户实际需求,为顾客提供周到服务					
8	公司注重研究客户未来的需求					
9	公司注重新客户的开发					

第二部分(略)

第三部分(部分)

指导语:请根据每一个问题后括号内的具体提示作答:

129 重机公司立足于未来应该强调的企业核心价值观有哪些,请您选择其中的五项(划上"√"即可)。

(1)创新 (2)学习型组织 (3)坚韧不拔 (4)灵活 (5)开放 (6)速度

132 请您用一句精练的语言,描述一下重机公司应该追求的组织文化:

133 除了重机公司的VI中设计的吉祥物之外,如果请您用一个具体、生动的形象(如老虎、大海、井架等)来指代重机公司的企业文化,这个形象可能是:_____

问卷调研的目的是充分调查中国重机企业文化现状。对147名员工进行了问卷调查。与此同时,访谈作为了解公司文化又一种形式。咨询小组还收集中国重机公司相关资料11份,并对此类资料进行了深入研究,在制度文件中寻找公司的整体价值倾向,进行外部环境分析,了解公司的生存环境,从关键人物的重要讲话、文章中归纳管理理念,从现存历史文本中研究重机文化的演变过程。

本次问卷调查富有成效,基本反映出中国重机的实际状况。分析报告部分内容呈现详见图4-4:

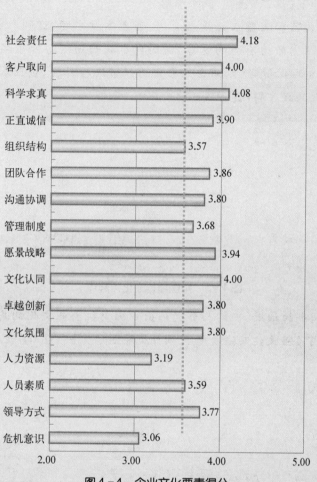

图4-4 企业文化要素得分

有了这些数据,很自然地可以剖析该公司的文化结构。例如在群体层面,企业文化和愿景战略基本得到认同,但是在卓越创新和文化氛围方面有待进一步改善;而在个体层面,危机意识亟待加强。人力资源问题也较突出,尤其是薪酬分配等问题。公司的领导方式总体上得到员工的认同,但应充分考虑决策风险。

较为显著的主要是:低于均值的5类问题中,将低于均值的因素进行排序,依次是:

人力资源、管理制度、人员素质、组织结构,而人力资源管理尤为突出。

这次调查中,咨询人员还受到57名员工填写了企业文化指代物时的回复。就统计数据看,选择大海和与大海相关的物件人数有26,几近一半以上的人数。针对这一结果,咨询人员就中国重机的LOGO进行企业文化再解释(Cultural Representation)如下:

原有设计的浅蓝和深蓝正好代表大海,蓝色寓意广阔、辽阔。由浅入深意味着中国重机以技术发展为有力的支撑,由国内市场而扬帆海外市场,以工程成套为中心铸建自己的核心竞争力,用企业文化为纽带连接社会、企业和员工,组建成高速、拼搏和强大的战斗群(见图4-5)。

图4-5 中国重机文化再解释

最后,根据调查的结果,咨询人员提炼出中国重机企业文化的基本元素(见图4-6),并且出台了企业文化实施方案,此项目获得公司领导和员工广泛的赞同和认可。

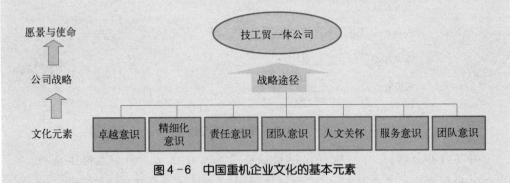

图4-6 中国重机企业文化的基本元素

【案例讨论与练习题】

1. 您认为中国重机公司的组织文化诊断成功吗?为什么?
2. 凡是能测量的,就是能管理的,结合以上实例谈谈您个人的看法。

第五章 组织文化的功能与建设

【本章要点】

通过对本章内容的学习,你应了解和掌握以下内容:

- 组织形象的主要特征
- 组织形象的构成要素
- CIS 战略与竞争力之间的关系
- 价值观和组织形象的关系
- 组织文化对组织发展的作用
- 部门文化与组织文化的关系
- 部门文化与绩效管理的关系
- 创造优秀部门文化的方法
- 组织文化塑造组织成员个人行为并影响能力和绩效的措施
- 组织文化影响个人能力和绩效的体现
- 组织文化与个人能力的对应关系

【篇首案例】

太伟高尔夫:文化的再解释

太伟高尔夫是北京太伟集团名下的一级子公司。该公司2004年5月开始对外正式运营。上图是该公司原有的企业标志,原标志主要传达的是运动、休闲和度假村三个意蕴,范围过于宽泛,虽然标志设计具有一定现代感,但是缺乏清晰的文化定位,过于写实而缺乏创意。由于公司主营业务定位于高尔夫运动,经过市场细分后,针对具体的目标客户群,将经营服务对象专门定位于高尔夫会员,同时针对目标客户的实际经济实力和社会地位,以及高尔夫运动对尊贵身份的体现,综合各方面因素设计出新的标志,并重新诠释了Golf运动的新内涵(Golf原来的读解为:绿色、氧气、阳光和脚步,为英文Green、Oxygen、Light、Foot的首个字母的缩写),拟就了体现其高尔夫俱乐部的组织文化的远景、精神、信仰三个方面。见以下内容(一开始设计了两个标志,由于左图更具有表意性而被选用):

G-Glory:因为有您的加入我们倍感荣耀,竭诚为您尊贵的身份再添光辉
　　Try our best to shine your glory. Proud indeed to have your joining
O-Organic:全新个性方式让您更贴近自然,严整有序的组织使您更舒心享受
　　Close to nature. Strict to organization

L-Lifestyle：以自然环境和人性化设计,助您拥有完美的生活方式
Natural beauty & humane design. Lifestyle is what we provide
F-Flourish：挥动手中球杆,安享事业兴旺
Brandish your cue. Flourish your career

太伟远景
营造自然与人性的长久和谐
塑造运动和休闲的最佳结合
锻造优秀且诚信的知名企业

太伟精神
尊重自然——从球场策划、建筑施工到周边环境维护,太伟始终坚持简约保持环境本色,以符合高尔夫运动的高雅
以人为本——尊重关爱当地居民、员工,更注重尊重、关爱、关心太伟命运的尊贵会员,务求满足太伟之友对完美的追求
张扬个性——从顶级别墅的设计、山地公园规划到优质管理服务,太伟倾己所能彰显会员个性
品质导向——优美环境和优质服务是太伟人不竭的追求,只有品质能留住会员的笑容,只有品质能保持太伟人的自豪感,激励太伟人不断奋进
辩证统一——人和自然的和谐,古典和现代的统一,豪华和简洁的默契,太伟的目标是实现物质与精神的辩证统一

太伟信仰
竭尽所能以满足顾客需求——太伟的顾客朋友追求休闲生活完美,而太伟人以实现顾客梦想为己任
平等公平地关爱每位员工——员工没有地位高低之分,只有分工不同。太伟倾听每位员工的声音,尊重每位员工的需要和发展需求
以合理回报鼓励创新精神——太伟深知创新精神影响着企业的长远发展,以不断完善的激励机制和合理回报鼓励太伟人坚持创新,努力成为行业领头人

文化的再解释(Reinterpretation)在人类学中是指把旧有的意义赋予到新的构成要素上面,或者新的价值改变了旧有形式的文化用意的过程。一种借入的文化因素经过

再解释即可整合到新的文化中去。这也是文化发挥其功能的途径之一。继上一章我们从静态角度分析了文化的结构之后,本章将从动态角度分析文化的功能。本书在第二章介绍文化功能主义时就简要地提出,文化本身附着了满足社会需求的作用,"文化必须为生活所必需的物品和服务的生产及分配提供保证"[①],对于社会具有"功能"的意义。在文化人类学中,还有一个"价值内化"(Value Interiorization)的专有名词,指人们从小就吸收其社会的文化价值,并在这种影响之下构成其人格特征。组织文化主要指组织的价值观。组织文化的功能首先在于,在个体层面上,组织通过将价值内化,使个体在价值观上与组织的价值观相一致,形成符合组织要求的态度、行为特征。

另外,与价值内化相对应,我们借用德国哲学家黑格尔使用的哲学术语"外化"一词(Exteriorization)指代组织文化在社会和组织层面,传导组织形象,营造组织氛围,进而取得组织绩效的功能。在黑格尔的哲学中,外化指内在的东西转化为外在的东西,主要指物质由绝对精神外化而来。在心理学中,西方心理学新精神分析学派也提出一个内化价值观(Internalization Values)的专有名词,其内涵为社会价值观。社会价值观是经由父母、教师和社会教育渠道内化的结果。由于家庭和学校的教育方式或社会的规范都来自文化传统,个体的人格实质上就是民族价值传统的内化。我们提出的"价值外化"一词与这些含义近似。

由此我们可以概括:**组织文化的功能在于外塑形象,内塑人**。本章以价值内化和外化作为关键词分析组织文化的功能。由于组织文化对组织绩效的作用,我们进而提出建设组织文化的一般准则。

第一节 组织文化的功能

一、人类学关于文化功能的学说

在文化人类学中,文化必须通过其成员的繁衍,为生物的延续提供保证。这就必须通过文化濡化使之成为对社会有用的人。同时,文化还必须维持成员之间的秩序,以及他们与外人之间的秩序。最后,文化还要激发成员持续生存下去并参加持续生存所必需的各种活动。而所有这一切中最为重要的是,如果条件发生了变化,它必须能够作出相应的改变[②]。在此我们简要地介绍文化人类学中分析文化功能的两个关键词:文化濡化和文化适应。

---

① 〔美〕威廉·A·哈维兰,瞿铁鹏、张钰译,《文化人类学》,上海社会科学院出版社,2006年。
② 同上。

（1）文化濡化（Enculturation）：文化濡化基本是"社会化"的同义词。濡化可以界定为在学习过程中所发生的有意或无意的制约作用，经过这一过程，个体就能获得在其文化中的适应能力，真正融入社会。

（2）文化适应（Cultural Adaption）：文化适应即个体获取对现有环境有利调整的过程，而这个过程的结果会形成各种特性，这些特性使个体适应他们通常生存于其中的环境条件。

按照文化人类学的观点，人通过文化濡化和文化适应，逐渐学会、适应各种社会规范，并能够针对变化的环境作出调整。文化的功能，在于使一个自然人变成了一个社会人。

二、国外组织文化的功能学说

和文化人类学分析文化功能的方法一致，对组织文化的研究也强调组织文化的功能性。在此，我们介绍组织文化功能的一些经典理论。

（一）哈洛里格的组织文化功能学说[1]

哈洛里格等人（Hellriegal et al.）认为组织文化可以发挥以下4个功能：

（1）使成员了解组织的历史传统和现行经营方针。

（2）使成员认同组织的经营哲学和信条，并进一步鼓励成员对组织奉献心力。

（3）使成员接受组织规范，引导成员表现出组织所期望的行为。

（4）某些组织文化特质能够提升组织的效能和生产力。

（二）席尔和马丁的组织文化功能学说[2]

席尔和马丁（Siehl & Martin）经过研究，提出组织文化具有以下6项功能：

（1）组织文化提供成员一种对组织过去事件的合理解释，便于成员在未来类似事件中表现出应有的行为。

（2）当成员们认同组织的价值信仰和管理哲学时，他们会认为他们为组织所做的努力是有意义的、有价值的。

（3）组织文化使成员产生一种社群意识（A Sense of Community），组织成员所共享的价值观念则成为社会化新进成员的利器。

---

[1] D. Hellriegal & J. W. Slocum, "Organiztional Climate: Measure, Research, and Contigencies", *Academy of Journal*, Vol.17, pp.255-280.

[2] C. Siehl & J. Martin, "Organaizational Culture: A Key to Financial Performance?", In B. Chneider (Ed.), *Organizational Climate and Culture*, San Francisco: Jossey-Bass, 1990.

（4）组织文化划定了组织的界限，成员以文化特质可以划分为圈内（In-groups）成员和圈外（Out-groups）成员。组织对圈内成员的行为期望自然有别于其对圈外成员的期望。

（5）组织文化具有控制成员行为，尤其是禁止成员行为的作用。

（6）一个尊重人性的强文化组织能够提升组织的生产力和获利能力。

三、组织文化的正、负功能学说

就文化学本身而言，任何一种文化形态都具有凝聚、规范、认知、技术、熏陶人文和经济等6个方面的功能。考虑到组织文化的结构，我国学者通常将组织文化的功能分为以下几个方面[①]。由于在组织行为学中，对负功能的考量也是研究组织文化的组成部分，我们在此分别介绍。

（一）组织文化的正功能

1. 区分功能

组织文化不仅造就了独特的组织，而且造就了独特的个体。比如，华为是通信领域的知名组织，业内人士提到华为就会想起"狼"的文化。曾经有人观察，在深圳黄田机场经常能看到3—5人打开笔记本电脑讨论工作，那肯定是华为的员工。组织的竞争力往往是组织长期形成的一套理念，并不因人员的流动而减弱。然而它却能区分组织与组织，也区分了组织的组织成员。

2. 导向功能

组织文化能对组织整体和组织每个成员的价值取向及行为取向起引导作用，体现在组织文化规定组织的价值取向、明确组织的行动目标、确立组织的规章制度和行为方式。具体表现在两个方面：（1）对组织成员的思想行为起导向作用；（2）对组织整体的价值取向和行为起导向作用。这是因为组织文化一旦形成，它就建立起了自身系统的价值和规范标准。组织通过制度文化、伦理道德规范约束组织全体成员的言行，使组织成员在一定的范围内活动；组织通过受组织成员认可的价值观获得一种对组织成员的控制功能；组织文化将组织成员紧紧地联系在一起，通过目标凝聚、价值凝聚、理想凝聚来实现组织目标。

3. 约束功能

组织文化对组织成员的思想、心理和行为有约束和规范作用。组织文化的约束不是制度式的硬约束，而是一种软约束，这种约束产生于组织文化氛围、群体行为准

---

① 王玉德，《文化学》，云南大学出版社，2006年。

则和道德规范之中。群体意识、社会舆论、共同的习俗和风尚等精神文化内容,对个体产生强大的群体心理压力,迫使个体行为从众化,从而达到行为的自我控制。

制度往往落后于组织发展,也常常是有漏洞的,一个开放的组织文化是对严谨制度的平衡和补充。组织文化中的宗旨、理念能规范组织的行为。例如,惠普的核心理念(给我们从事的领域贡献技术,对我们所在的社区奉献与负责)规范了惠普不会做有害于本领域、本社区的事情,更多地规范了组织成员的行为。组织有多种目标,当有些目标相互冲突时,无形的组织文化比写在纸上的行为规范更有力、更自觉、更统一。例如,TCL文化中的"组织利益第一,TCL的事业第一"就指导组织成员办事以大局为重,能规范组织成员的个人行为。

4. 凝聚功能

文化具有极强的凝聚力量。一个民族如此,一个组织亦如此。组织文化的凝聚功能是指当一种价值观被组织成员认可后,就会成为一种黏合力,从各个方面把其成员聚合起来,从而产生一种巨大的向心力和凝聚力。

组织文化把个人的目标同化于组织的目标中,把建立共享的价值观当成管理上的首要任务,坚持对职工的理想追求进行引导。组织文化使组织成员之间相互依存,相互团结,齐心协力,乐于参与组织的一切事物,为组织目标也为个人目标的实现作贡献。组织文化的同化作用使组织成为一个由具有共同价值观念、精神状态、理想追求的一群人凝聚起来的团体,进而使组织成员产生强烈的"认同感"和"归属感"。

5. 激励功能

激励功能指组织文化能够最大限度地激发组织成员的积极性和首创精神,最终实现组织目标。组织文化把尊重人作为中心内容,给组织成员多重需要的满足,并能对各种不合理的需要用软约束来调节。所以,积极向上的思想观念及行为准则会形成强烈的使命感、持久的驱动力,成为组织成员自我激励的一把标尺。

6. 宣教功能

组织文化一旦形成较为固定的模式,不仅会对本组织成员产生影响,也会通过各种渠道(宣传、交往等)对社会产生外部作用。组织文化的传播对树立组织在公众中的形象很有帮助,优秀的组织文化对社会文化的发展有很大的影响。组织文化能够不断向社会发散,伴随组织知名度的扩大辐射到社会,影响社会对组织的文化形象定位。

7. 能力提升功能

美国著名学者迈克尔·茨威尔认为能力是决定个人绩效的品质和特征,而公司的组织文化则决定着能力在整个公司的表现程度[①]。组织文化通过以下方式影响个

---

① 〔美〕迈克尔·茨威尔著,王申英等译,《创造基于能力的企业文化》,华夏出版社,2002年。

人能力:

(1) 聘用和选任实践决定着哪些人员将加入组织之中,以及他们能力的高低。如何聘用人员是事关组织标准、价值观、奖励体制、决策机制等方面的重要的文化过程。较之以能力评估为基础聘用人员的公司,单凭经理的喜好进行人员聘用的公司经常会录用能力较差的人员。

(2) 奖励机制向员工传达着组织对能力的重视程度。如果团队精神差的员工与团队精神强的员工得到同样的报酬和重视,员工就不太可能注重相互间的合作及帮助他人成功。

(3) 决策实践影响着授权他人、主动性和激励他人的能力。如果所有的决定都应该由管理者作出,员工只需听从命令,那么员工往往不愿承担责任,并且缺乏主动性和积极性。

(4) 企业理念——使命、远景规划和价值体系——与所有能力息息相关。组织的价值体系每天以各种潜移默化的方式传达给员工,每一种方式都对员工的行为产生影响。如果生产经理走过大厅时对地上一张揉皱的纸视而不见,那么他传递给员工的信息就是质量并不那么重要。如果质量在组织文化中的确非常重要,而且管理者通过其言行表达出这一重要性,员工也会更多地表现出与这一能力相关的关键行为方式。

(5) 工作惯例和管理程序使员工认识到他们应该具备多少能力。人们希望对组织有归属感,希望感受到自己是组织的一员。新员工自加入组织起就开始学习那里的行事方式,而且往往调整自己的行为去适应周围的人。例如,如果公司的惯例是员工应该自己确立挑战性的目标,比起一个不需设定目标或目标不富挑战性的公司,新员工更有可能做到这一点。

(6) 对员工培训和培养的重视向员工传达着不断发展自我这一能力的重要性。如果组织不支持员工提高他们的技能和能力,员工就不太可能在这类能力方面占优势。

(7) 培养领导者的组织程序直接影响着领导能力。包括领导艺术培训、导师指导等内容的培训计划,不仅有助于培养出更优秀的领导者,同时还传递了有关领导者应如何行事、如何进行管理、如何对待员工等一整套价值观和信念。

(二) 组织文化的负功能

尽管组织文化具有上述的正功能,我们应该注意到,组织文化还可能为组织的变革和发展设置潜在的障碍。我们不应忽视文化,特别是强有力的文化对整个组织,对组织成员潜在的负作用。

1. 变革、创新的障碍

组织文化往往是组织精神经过多年的沉淀、建设缓慢地形成的。一旦成形,组织文化就具有相当的稳定性。当组织面对的环境比较稳定时,组织文化所强调的行为一致性对组织而言很有价值。但当组织所处的环境不断动态变化时,根深蒂固的组织文化就变成了一种可怕的惯性,它可能会束缚组织的手脚,束缚组织成员的思想,使组织不敢或不愿进行创新、变革。

在现代经济激烈的竞争环境中,组织面临的战略环境不断变化,组织自身也处于不断发展、变化的过程中。在这个过程中,组织内部会不断产生进一步提高组织效率的客观要求。当组织文化与这种提高组织效率的客观要求不相符时,组织文化就成了这个组织进一步发展的障碍。而组织文化的力量越强,这种文化对组织发展的阻碍就越大。如果问题迟迟得不到解决,当问题积累到一定程度并变得难以解决的时候,这种障碍可能会变成对组织致命的打击。

2. 整合的障碍

现代环境下的激烈竞争呼唤合作、整合,以便于资源的优化配置,兼并和收购也就成了许多组织的迫切要求。

以前在进行组织整合的时候,首要考虑的问题是速度和规模,很少考虑组织文化。近几年,随着卓有成效的组织文化建设的展开,各大组织形成了各具特色的组织文化,这些文化有些是相互排斥的。这时,双方文化的兼容性就成了组织整合是否成功的一个重要的影响因素。兼容性差的组织文化有可能对合并后的组织造成灾难性的影响。

3. 多元化的障碍

组织文化具有一种强制性,要求全体成员具有一致性。因此,组织领导往往希望,甚至是强迫新进组织成员适应、接受组织的核心价值观,以组织成员的行为准则来要求自己。但是,当组织环境发生变化,进而要求组织文化发生变化时,组织往往将变化的力量寄托在新进组织成员身上。组织希望新人员所带来的差异可以为组织注入新鲜的血液,激活整个组织,促进组织的创新能力。这样矛盾就不可避免地出现了。

组织聘用各具特色、存在差异的不同组织成员,是希望这些各有特色的个体可以为整个组织带来多种选择、组合的优势。但由于强文化强调服从、适应,处于这种环境下的组织成员,往往只能尽力去适应组织原有文化的要求,照大多数成员的标准调整自己的行为,以缩短自己和组织的距离。这时,失去的不仅仅是差异,那种不同特色个体所带来的多样化优势也往往随之丧失。

所以,一旦强有力的文化抹杀了不同背景、不同特色的成员所带给组织的独特优势,组织文化也就成了组织文化多样化的一个巨大障碍。在组织中,存在多样的文化往往是需要的。一旦环境改变,旧的文化不能适应变化时,又不能马上建立起新的文化,如果组织中已经存在多样化的文化,就可以从中寻找适合新环境的文化,并将之发展起来,作为新的组织文化。这样,组织成员也不会很难适应①。

第二节 组织文化的价值内化

组织文化的功能在于以文化引导为根本手段,潜移默化地影响组织成员的意识、行为和心理,从而激发组织成员的自觉性和主动性。遵循文化人类学的分析框架,这个过程是一个社会化的过程。组织文化是如何对个体产生作用,发挥功能的呢?我们首先介绍社会化的基本内涵,然后探究组织文化对组织中的成员的影响过程——价值内化。

【专栏】

林顿的文化与人格研究

拉尔夫·林顿(Ralph Linton, 1893—1953)于费城斯沃思莫尔学院毕业后,先后在宾夕法尼亚大学和哥伦比亚大学读硕士和博士学位。1922年起在芝加哥菲尔德自然史博物馆工作,1928年任教于威斯康星大学,并于1937年转到哥伦比亚大学,1946年被耶鲁聘为斯特林讲座教授。主要著作有:《人的研究》(1936)、《人格的文化背景》(1945)、《文化之树》(1955)、《社会的心理界限》(与卡迪纳合著,1945)等。

林顿的研究特点是广采众家理论之所长,兼收并蓄,总的来说他研究的是个人心理结构如何影响文化。

一、身份与角色的理论

身份是一个人权利和义务的统一,但具体到每一个人,其身份要依据他与他人的关系或他在特定社会关系中的位置而决定。角色是履行特定身份被认定的权利与义务的行为,与身份是密不可分的。

身份分为不管个体间先天差异和后天能力的不同而指派给个体的"先赋性"(Ascribed Status)和公开地面向每一个人、并通过竞争和个人自身奋斗而得到的"自致性"(Achieved Status)。任何社会都为"先赋性"选择一些归与原则,如性别、

---

① 〔美〕斯蒂芬·P·罗宾斯著,孙建敏、李原译,《组织行为学(第12版)》,中国人民大学出版社,2008年。

年龄、行业以及某些社会关系,但不同文化体系中对这些原则的运用则可能大相径庭。有些文化中,某些行业归为女性的工作,而有些文化中同样的行业被认为更适合男性从事。

角色也可分为个人实际上"扮演"的"实际"角色和社会规范系统中希望个人"扮演"的"理想"角色。总之,林顿认为任何人在社会结构中都居于一特定的地位或具有一特定的身份,并扮演各自特定的角色,社会要正常发挥功能,依赖于个体对其身份和角色的准确适应。

角色理论可用来认识某些独特的社会文化现象。例如,在我国许多少数民族中至今犹存有"早婚"与"不落夫家"伴生的现象,这便与人的角色系统有相当大的关联。在相对封闭的文化里,由于社会结构简单,个人可扮演的角色也十分贫乏。要摆脱角色的缺乏在人们心理中产生的潜在影响,婚姻就成为一种有效的增加社会角色的方法。因此,角色缺乏成了导致早婚的一个重要因素。然而,扮演的角色越多,个体所花费的精力就越大。一些民族中的青年男女为增加其社会角色而实行早婚,但一下子获得众多角色又会感到难以扮演,产生了新的矛盾,于是出现了"不落夫家"的解决办法。在不落夫家期间,个体可以将获致的众多角色任务的学习变成一个渐进的过程,从而达到缓解矛盾的目的。

二、文化与人格的关系

林顿认为文化是"社会成员通过后天学习获得和分享的思想、一定条件的情感反应以及习惯的行为模式的总和"。人格可以定义为"个体的全部心理特征,也就是个体的全部理性的功能,包括感受力、思想、习惯和在一定条件下的情感反应等"。他将人格分成"内容"和"结构"两部分:内容包括组成人格的要素;结构包括这些要素的组成方式、相互关系。他还试图将人格结构分为"表层结构"与"核心结构",认为文化能够影响人格的表层结构,但是对深层结构的影响,还要视个体的素质特征、个体与社会互动中的社会经验确定。

三、婚姻与家庭

林顿对摩尔根的群婚制和弗洛伊德的"大家庭"理论表示怀疑,因而在《家庭的自然史》一文中发表了自己对家庭和婚姻的看法。他认为远古人类的家庭是一对配偶和他们的子女以及配偶双方的血缘亲属构成的,即不包括双方亲戚的夫妻双方及其子女构成的家庭。但是由于配偶家庭是以最初配偶的生死为存在或结束的基础,故存在很多弊病。所以这种家庭模式很快让位给了血亲家庭,即由血亲成员和一群各自的配偶组成的家庭,这种家庭才能履行家庭所有的功能。在不同的文化中,血亲家庭依据不同的血统继嗣原则而承续,于是出现父系血亲群体和母系血亲群体。林顿指出，经济因素对继嗣原则的选择起着重要作用。他还指出，实行母系继嗣原则的社会，离婚更频繁。因为除了性满足和生儿育女外，丈夫的功能可以轻易地由女方的男亲戚来履行。一般来讲，随妻居是与母系制原则联系的。

一、社会化

（一）社会化、继续社会化和再社会化的定义

1. 社会化

社会化就是人的社会行为的塑造过程。通过这一过程，人们形成了被其生存环境所认可的社会行为模式，对其生存的社会文化环境中的各种刺激能够给予合适、稳定的反应[1]。

社会化贯穿人的一生，涉及一个人生活的所有方面。社会化的内容指学习社会文化，即学习知识、技能和社会规范。社会化的目标是为了发展人的社会性，即把人从一个生物人转变为社会人，使社会不断延续和发展下去。

2. 继续社会化

继续社会化指成年人经过基本社会化之后，为了适应社会文化环境，继续学习社会知识、价值观念、行为规范的过程[2]。继续社会化说明人的社会化，即人的社会行为的塑造贯穿人的一生。其内容主要包括以下两个方面：

（1）进一步接受社会的文化传统和生活经验；

（2）在再生产社会经验、创造新文化的过程中，接受新的价值观和社会行为模式。

3. 再社会化

再社会化是指改变原已习得的价值标准和行为规范，建立新的价值标准和行为规范，确立新的生活目标的过程[3]。此处包括以下两种不同性质和形式的再社会化：

（1）强制性再社会化。这是通过法律等强制手段来实施的再社会化过程。例如，对战犯和一般犯罪分子的改造，以及我国政府解放初期对旧社会遗留下来的青洪帮分子和娼妓的收容改造。

---

[1] 沙莲香，《社会心理学》，中国人民大学出版社，1988年。
[2] 同上。
[3] 同上。

(2) 非强制性再社会化。这类再社会化多是由于社会文化急剧变迁或生活方式陡然改变造成的,前者如在我国这 10 多年的农民工技能培训,后者如新兵入伍,都要求人们在一定程度上抛弃原有的价值观念和行为模式,接受为新的社会文化环境所认可的生活态度与行为方式。

(二) 社会化的实质

社会化的实质在文化人类学家看来,也是一个接受社会文化、形成文化适应的过程。它具体包括以下 3 个方面。

1. 形成社会认知

社会认知是包括感知、判断、推测和评价在内的社会心理活动,而不仅仅局限或等同于其中的某一过程。正如对物的认识一样,对人的认识也是分为不同的活动过程来进行的。对人的知觉、印象、判断以及对人的外显行为活动原因的推测和评价,是社会认知活动发生和进行时所经历的几个主要过程,它们互相联系组成了完整的社会认知活动。

2. 社会动机

社会动机,顾名思义,是驱动人的社会行为的基本力量。人的社会行为的发生和表现,从其外在形式来看,总是与一定的目标和方向相联系的,而从其内在起因来看,则总是由一种或多种动力所推动和驱使的。如果说外在的目标和方向说明了社会行为的指向,那么内在的动力则解释了社会行为的"为什么"问题。社会动机的研究直接涉及上述两方面的内容,它是我们理解人类社会行为的重要途径之一。

3. 态度

态度指人们对一定对象相对稳定、内部制约化的心理反应倾向。在社会化过程中,由于社会环境诸方面的影响,人积累了经验,产生并形成了意识,情感也得以丰富,认识水平也不断提高,同时也就形成了人的态度。人的各种态度不断被修正和完善,就形成了个人的态度体系。因此,人的态度不是天生的,离开社会便无任何态度所言。态度是在长期的生活环境、教育和社会实践中逐渐形成的,是一个从无到有、从简单到复杂、从不稳定到稳定的过程。

态度的形成并不是一朝一夕的事,它要经历一个相当的过程,而在这个过程的不同阶段上,态度的稳定程度是不同的,因此,它也就存在着不同程度上变化的可能性。凯尔曼(Kelman)曾提出过一个态度变化过程的模式。他认为,态度的形成可经历服从、认同和内化三个过程。服从是个体为得到报酬或避免惩罚而在表面上持有某种态度;认同是个体与其他个体或群体取得一致而自愿接受某种态度;内化则是真正把某种态度纳入自己的价值体系。显然,服从所掌握的态度是最不稳定的,而经由内化所形成的态度是最为持久、稳定和难以改变的①。

二、组织文化的社会化

组织文化的社会化即通过规范化和柔性管理,使组织成员在行为和心理上与组织的价值观相一致,实现组织目标的过程。

人的社会化是人与环境相互作用的过程。人的需要与环境和教育的结合,是人的社会化、成长和发展变化的实质。毫无疑问,社会组织是个体社会化的重要途径之一。社会组织作为一种实体,影响组织成员社会化的成效。通过组织成员的社会化,组织文化能够对组织成员的个人能力产生影响。

(一) 组织文化对个人的影响

在文化人类学中,文化决定论(Cultural Determinism)曾经一度影响巨大。这种理论把文化看成一种塑造个人心智的力量,认为文化环境对个人的行为方式有决定性的影响,极端的文化决定论者甚至认为人类的全部行为都由文化传统的各种特点所决定。

与文化决定论的观点相类似,组织文化研究领域的学者也发现组织文化能够对组织成员的行为方式产生影响。美国著名学者迈克尔·茨威尔发现,组织文化决定了个体能力在整个组织的发挥程度。组织文化通过聘用和选任、奖励机制、薪酬制度、培训、工作惯例、管理程序等方式影响个人能力建设②。

毫无疑问,由于工作场所是员工朝夕相处之地,其对个人的影响不言而喻。罗宾斯在总结组织文化的功能甚至提到了"灵修"一词。工作场所中的灵修(Workplace Spirituality)指人们的内心生活会支持社会背景下有意义的工作,与此同时,个体的内心生活也受到有意义工作的培养与支持。致力于发展灵修文化的组织认为,既有思想又有灵魂的人,会寻求工作中的意义和目标,希望与其他人建立联系,并成为整个社会的一员。

正如罗宾斯所介绍的那样,灵修组织关注的是帮助员工开发和实现自己全面的潜能。而且,这样的组织更可能直接针对那些会带来工作—生活冲突的问题。并且,他指出:与非灵修组织相比,灵修组织的文化特点包括:(1)明确目的,灵修组织有一个明确的目的,并围绕这个目的建设组织文化。人们想要受到他们认为重要和有价值的目标的鼓舞,而不仅仅关注利润的获得。(2)关注发展,灵修组织重视组织成

---

① 周晓虹,《现代社会心理学》,江苏人民出版社,1991年。
② [美]茨威尔著,王申英等译,《创造基于能力的企业文化》,华夏出版社,2002年。

员的发展,它提供的不仅是工作,还是成长、发展的机会。(3)强调信任,灵修组织以相互信任、诚实和开放为特点,组织成员之间没有明显等级界限,管理者并不害怕向下级承认错误。(4)人性工作,领袖组织通过弹性工作计划、群体和组织报酬、工作安全等实践为组织成员创造一个人性化的工作环境。(5)鼓励表达,灵修组织的最突出特点是不压抑组织成员的情绪,让员工做"他们自己"——真实地表达自己的心境和情感,而不必感到内疚或担心责骂①。

(二)组织成员社会化的基本内容

一般说来,组织成员社会化的内容主要指以下几个方面。

1. 培养职业能力

组织在社会结构中是一个独特的社会化场所。青年期是人的一生中社会化的关键时期,这一时期组织担负着职业文化灌输的责任。通过入职的培训和教育,原来组织成员的言传身教,新组织成员能够从语言、情感、角色、技能、经验与规范等各个方面潜移默化地感受着职业文化影响;组织成员通过不断共同学习,突破自己能力的上限,创造真心向往的结果,培养全新、前瞻、开阔的思考方式,全力实现共同的抱负。

2. 教导文化规范

一方面,组织文化要采用各种方式,在人们心目中产生一种内在的说服力,从而把组织意识变为人们自觉的行动;另一方面,组织文化的建设,要以人的需求为出发点,因为需求是人的行动的动力源泉。只有这样才能使组织文化被广大组织成员真正地了解和接受,并内化为自己的价值观、道德准则和行为准绳。

人创造文化,文化也改造人。组织成员不仅是组织文化创造的主体,也是组织文化的载体,是组织文化的承载者和实践者。组织文化的实质就是以人为主体的人本文化。因而,只有坚持"以人为本",把人作为管理的根本出发点,在制定决策时优先考虑人的因素,重视人的价值,才能充分激发组织成员的热情和进取心,使之从内心深处产生对企业强烈的归属感和责任感,并真正把个人的前途和组织的命运联系在一起。

3. 形成文化认同

成员对文化的认同程度,在很大程度上决定了组织成员工作的努力程度和贡献程度。通过社会化,最终使组织成员认同组织文化。这种认同,最终以社会角色和心理契约的形式发挥作用,使组织和组织成员能够在共同的平台上相互作用,共同发展。当一个人把自己所从事的工作看成终身工作时,自然就会全力以赴地工作。

组织文化能够在"润物细无声"中达到对受体思维模式的重组,可以使个体潜移

---

① 〔美〕斯蒂芬·P·罗宾斯著,孙建敏、李原译,《组织行为学(第12版)》,中国人民大学出版社,2008年。

默化地接受一种观念。卓越的组织文化在无形中规定组织成员应有崇高的理想和追求,并引导其主动适应健康的、先进的、有发展前途的社会需求,使个人和组织的目标得以共同实现。要充分发挥组织文化在对组织成员柔性管理的作用,实现个人和组织的"双赢"。

4. 感受内部影响

有形的信息传播是组织重要的社会化手段。公司的内刊、杂志、书籍、网络等媒介能向员工提供组织的各种规范和要求,让成员很快学到各种知识与规范。无形的影响指在组织内,人们通过一系列频繁的相互作用形成的价值观念、习惯、心理。对组织成员而言,工作是生活的主要内容,一生中大部分时间是在工作场所中度过的,不同的工作场所以无形的方式影响着人们的社会化。

第三节 组织文化的外化

【专栏】

格尔茨视野中的文化与社会

无论是以拉德克利夫·布朗为代表的社会学流派,还是以马林诺夫斯基为代表的社会心理学流派,都坚持信仰尤其是仪式是强化个体之间社会纽带的方式。他们强调群体社会结构通过基础社会价值的仪式化或神话符号化得到加强和长期保持。换言之,文化系统对社会系统主要起着协调、整合与心理支持的作用,而不是破坏、分解与心理干扰的作用。而格尔茨认为,上述学者对文化和社会两者关系的认识存在一个误区——未能把这两者置于同等地位,这表现为两种形式:英国结构主义者和许多美国社会学者认为文化是社会组织的纯粹衍生物;而马林诺夫斯基和许多美国人类学者将社会组织看作文化模式的行为体现。

在《仪式与社会变迁:一个爪哇的实例》一文中,格尔茨以印尼中爪哇省东部的小镇莫左库托举行的一次葬礼为民族志材料,指出传统功能主义理论观点无法处理社会变迁的问题——当社会处于急剧变迁的过程中,现实生活中可能会出现仪式分裂社会而不是将其整合的情况,也可能出现仪式困扰而不是安慰个体的事件。对此,功能主义者以两个传统答案应对:杜尔凯姆式的社会有机团结或瓦解马林诺夫斯基式的文化衰败。即急速的社会变迁分裂了整个社会,表现为不整合的文化；或者文化的衰败导致社会分裂，民间传统活力的丧失削弱了个体间的道德联系。

格尔茨认为，上述论点犯了两个错误：一是它把社会或文化冲突混同于社会或文化崩溃；二是它否认了文化和社会结构各自的独立作用，把其中之一看作另一个的衍生物。而实际情况是这样，爪哇小镇的社会并没有崩溃，只是存在冲突；而且宗教是冲突的中心和来源，而不仅仅是社会结构的反应。葬礼的失败，主要是由于社会结构的整合形式与文化结构的整合形式的断裂，用格尔茨的话说："从社会角度更具体一些说，虽然小区的人实际上属于城市居民，但他们在文化上依旧是乡下人。"①

爪哇小区代表了社会的一个传统类型，其成员介于某种程度的城市化市民和某种程度上按传统组织起来的农民之间。他们参与的社会结构形式大多已经城市化了——高度分化的职业结构的出现、半世袭的传统村政府被现代议会民主制政府取而代之等；然而在文化层面上，小区居民与城市居民的差距远远大于其跟农村居民的差距。他们的信仰模式、表达方式、价值观、世界观和道德观与农村居民信奉的相差无几。因此，参加葬礼仪式对于他们而言有双重的意义。它既有宗教的意义又有政治的意义，既有神圣的意义又有世俗的意义。"传统象征符号常常使个人沉着面对社会损失，也常常使他们记住他们之间的差别；强调广泛的人类主题，涉及道德和痛苦；强调狭窄的社会主题，涉及宗派对立和党派斗争；强化参与者共同的价值，调节他们的敌意和猜疑；仪式本身成为政治冲突的事物；婚姻和死亡的宗教仪式变成了重要的党务。"②在这样的不确定情况下，普通的小区居民越来越难以确定对某一事物的恰当态度，由此，导致参加仪式的人要对仪式中各因素及其实际意义进行激烈的争辩。

格尔茨接着指出："仪式并不仅仅是个意义模式；它也是一种社会互动形式。所以，除了造成文化的不确定性，试图从社会差别较小的乡村环境向城市环境改革宗教模式的努力，也会导致社会冲突。"③

总之，造成葬礼失败的根源，追溯起来可能只有一个：文化意义框架和社会互动模式之间的不和谐，这种不和谐产生于城市环境里长期存在的、与农民社会结构相适应的宗教符号系统④。这种不和谐是传统功能主义理论所分析不出来的，

---

① 格尔兹，纳日碧力戈译，《仪式与社会变迁：一个爪哇的实例》，上海人民出版社，1999年，第188页。
② 同上书，第191页。
③ 同上书，第192页。
④ 同上书，第193页。

因为它未能区分逻辑—意义(文化)整合与因果—功能(社会结构)的整合,未能意识到文化结构和社会结构不仅仅互为镜像,也是相互独立又相互依存的。格尔茨指出,区别文化体系与社会体系的有效方式,是将前者视为社会互动赖以发生的有序的意义体系和象征体系,同时将后者视为社会互动模式本身。其实,文化体系与社会体系是从相同现象中得到的不同抽象,前者是按照行动者的意义来考虑社会行为,后者是按照对社会系统的功能作用来考虑社会行为。

格尔茨关于文化系统和社会系统是相互独立的思想,是对帕森斯社会、文化、人格观点的批评与发展,而且在其以后的研究中得到进一步的发挥与应用。在《农业内卷》一书中,格尔茨对印度尼西亚的经济发展产生了兴趣,但他不想演习经济学家的思维模式,而试图从文化的角度找到印尼经济发展的特点。

"内卷"(Involution)是格尔茨从美国人类学家高登维瑟(A. A. Goldenweiser)理论里援用的一个概念。它的意思是,当某种文化的发展达到定型这种最终形态之后,它趋于稳定以至于无法进行创新。在这种情况下,如同欧洲16世纪的哥特式艺术那样,它只能对既定格式进行一些属于修饰性的细加工而使其更趋于细腻化。高登维瑟把这种在既定的模式下不断地进行填充式的修补或细加工并使其趋于更加复杂化的过程叫做内卷化[①]。

格尔茨援用了这一概念并指出:作为荷兰的殖民地,印度尼西亚在世界经济体系的影响下,也面临着其他第三世界国家(新兴国家)同样的经济指数与人口基数的问题。他首先提出:在人口的增长与土地的承受能力成反比关系的经济学的理性模式中,经济开发也意味着由农民离开土地,造成农业萎缩,第二、三产业的增加。然而,事实上在印度尼西亚爪哇岛的水稻农业体系中,土地却表现为超出寻常的承受能力,大量农业人口与土地相依存。爪哇的农业呈现出不断地"致密化"、"细分化"的内向型发展,但也并没有真正实现利润上的增长。格尔茨指出,大量人口之所以仍依附于土地,是因为传统文化中的亲属观念、家庭互助观念以及"守土"的价值观等。这些导致了劳动力投入增加而边际报酬递减的农业经济,格尔茨称之为"农业的内卷化"。

格尔茨的这一理论后来引起了实体主义经济的极大兴趣。它的最大贡献在于,对于任何一个国家,特别是发展中国家的经济研究,都必须关注其文化背景,简单地套用发达国家总结出来的经济理论不会得出强有力的结论。

---

① 罗红光,"克利福德·格尔兹综述",《国外社会科学》,1996年第1期。

每个组织都具有不同的文化,因此组织文化的功能首先是区分和识别。组织文化的外化,主要表现为一个组织的外部形象,概括地说,组织文化的外化是社会公众、组织自身的成员对组织的精神文化、行为文化和物质文化(包括产品、服务、组织成员行为、经营作风、标志、信条、广告等)的综合性总体评价。这种评价是公众通过亲身体验、人际交流、宣传媒体等的传播,耳濡目染以及自己理性思考而形成的认识。这种评价既是主观、抽象的,是公众和组织成员对组织进行复合判断而形成的集合概念;另一方面,它又是现实的、具体的,作为组织文化不可分割的一部分,它是组织在文化管理、组织创新活动中的重要内容。

一、文化人类学与文化增值

组织文化需要向外界传导自身的文化底蕴。在文化人类学的视野中,这是一种文化增值。文化增值即一种文化的放大现象。当一种文化原有的价值或意义在传播过程中产生出新的价值或意义,或者一种文化的传播面增加从而使文化接受者相对于文化传播者有了某种增值放大,就是文化的增值现象。

文化的增值表现在两个方面:一方面表现为量的放大,另一方面表现为质的增值。量的放大主要指传播面的扩大,是同一信息的广泛散布,随着现代信息传播手段的发展而日益增强。例如,电话、电报、电视、通讯卫星等现代化传播手段的使用,使得传播的时间大大缩短,效率大大增加。组织中发生的重大事件,通过现代传媒可以迅速传向社会,乃至世界各地。质的增值是指信息在传播中价值意义的增加,例如,文化融合后的新文化相对于融合前的文化就会产生某种增值。中国传统的儒、道文化在向东亚及东南亚的传播中,与那里的文化融为一体,相对于文化母体实际上已经形成了一种文化增值。日本的神道、朝鲜的宫廷雅乐,均表明了中国文化在传播过程中的新的价值意义。

毫无疑问,文化传播(Diffusion of Culture)也是文化功能发挥的手段之一。它的原意指一种文化元素或文化丛,由一个社会向另一个社会或多个社会的转移或互动,包括从另一社会借用其创造的文化元素的文化采借。人类学的文化传播一般有两种表现形式:其一是无意的传播。也称自然传播,指人类在相互接触、交往过程中,随着物质文化与精神文化的交流,不知不觉地输出或从其他社会吸取了许多新异的文化元素,造成某些方面的相似;其二是指有意的传播,指一个民族或国家有目的、有计划、有组织、有步骤地输出或吸收其他文化的文化元素或文化丛的现象。

一般认为,文化传播的前提是文化接触。在人类的早期阶段,文化传播主要靠人们的迁徙、交往来进行。现在随着科学技术的发达,传播的媒介已有了很大的改观。在传播过程中,采借的一方通常都想要知道一种文化能否在传播中得到增值与放大,这与传播文化本身的价值意义、传播的方式及传播途径以及文化受传体的状况都有关系。文化的价值意义常常决定它的增值性,在文化传播过程中,本来的事实被传播放大了,而倾向则要视受传体本身的性质和意义而定。文化受传体对文化增值的影响也很重要,当一种文化传播到另一文化圈时,必然要与其适应并受其影响,从而使原有的文化在一定程度上改变原有的价值和意义,产生增值现象。总而言之,文化符号在传播过程中会增加一些新的意义,也可能会丢失一些原有的意义,这种意义的改变给文化的传播带来了生机,使传播本身具有了"创造性"。

更为重要的是,文化传播过程中会出现文化中心(Culture Centre)或文化顶峰(Cultural Climax)。文化中心是指一个文化区特有的文化特质中最为集中的部分。通常指教育、艺术等活动的中心地点。这些中心地点具备一种动态的、向外扩散的文化力量。而文化顶峰是指一个文化区内的文化所达到的最强点,也就是文化元素的数量更多,结果具有更清楚的和更加互相关联的文化模式。一个文化顶峰,或者文化的全盛期可以被认为是在一个区域内文化成分扩散出去最多的领域。因此,这一概念和文化中心的概念内涵一样,但更强调文化中心的动态性的一面。

就组织文化而言,作为一种精神文化,组织文化在组织运作的过程中有着自然的向外扩充影响的内驱力。在我国,海尔的文化几乎成为青岛的文化名片,华为的"狼文化"成为民营企业外向扩张的象征,而深圳或侨城的文化在城市区位中有着重要的文化辐射作用。纵观这些中国的知名企业就能发现,他们毫无例外地注重宣传,向社会传导组织形象,以获得公众的信任,从而增进对组织的满意度。

综上所述,从理论上加以归纳,组织文化对于社会文化也产生作用,具体表现在以下几个方面。

(一)组织文化影响社会环境

组织是成员社会化的重要场所,组织文化培养的职业精神、工作伦理等品质对于社会生活会产生冲击,并最终在社会中形成优势传统,改革传统社会。优势传统是指在文化传统中起支配作用的元素。优势元素具有随环境而异的特性,因此,由于环境的不同,各地区的文化传统也有所不同。

(二)组织文化影响政治环境

组织文化同样反作用于政治环境。组织文化的建设,能具体地体现国家的政策和思想;组织文化中的一些内容也是国家方针的具体化和实践,同时也是方针、政策得以贯彻执行的重要保证。

(三) 组织文化影响经济环境

组织文化可以间接地改善现实的经济环境、调整经济状况,改善落后的经济条件。组织文化的发展,有利于组织管理水平提高、组织劳动生产率上升,有利于整个社会经济水平的提高;组织文化的发展还有利于扩大经济交流,有利于东西方管理理论的交流,为经济管理理论的研究和实践开辟道路。

组织文化对社会大文化的这种影响作用,使组织文化建设的意义已经远远超出了组织本身的范围,成为改善社会传统文化的一个重要途径,具有价值外化意义。现代组织设计、公共关系由此而生。同样,对于内部的组织成员,组织文化中的理念、精神需要通过有效的手段影响员工,这是文化的功能自然的呈现,对于组织文化,则需要我们刻意去塑造、传导。

二、组织文化与价值外化

(一) 价值外化的内容

组织的价值观就是组织文化,组织文化的传播就是组织价值观外化的过程。价值外化的基本构成主要包括以下三方面内容。

1. 组织精神形象塑造

在人类学中,文化形象(Eidos)与文化精神相对,是一种文化显然可见的内容或外表,它是支配着文化并因此使其成员的行为方式得以控制的那些理念以及价值观。而组织价值观、组织精神、组织的经营理念、道德规范等内容是组织精神形象的核心,是组织全体(或大多数)成员所持有的根本判断标准。

组织精神形象塑造,就是塑造适合自己而又与众不同的组织精神形象。在组织发展的各个阶段中,组织价值观始终指引着组织精神形象的塑造。一个富有个性风格的组织精神形象,将会充满吸引力和感召力。组织要通过独特的组织价值观,显示组织的风格,使组织定位在属于自己的坐标和最佳位置上。

迪尔(Deal)和肯尼迪(T. Kennedy)在《公司文化》中非常重视价值观在管理文化中的核心作用。他们强调,价值观是组织的基本观念及信念,并构成组织文化的核心和基石;组织哲学的本质就是追求成功,而价值观提供组织成员一致的方向及日常行为的方针[1]。因此,组织价值观不是单个价值观的简单加总,而是组织全体(或大多数)成员持有的、判定某种行为或事物的好坏、对错以及是否有价值或价值大小的看法和根本观点,是组织一种共同的、稳定的心理定式或文化积淀。

---

[1] 〔美〕肯尼迪、迪尔,《西方组织文化》,中国对外翻译出版公司,1989年。

2. 组织行为形象塑造

组织成员是组织行为形象的主体,即组织行为形象的塑造者。因此,组织价值观是组织行为形象的灵魂,主导着组织行为形象的性质和方向,是激励组织成员奋发向上的动力源泉。形象塑造也可以为组织成员的精神需要提供一个正确的衡量标准和评价标准,使组织成员有一个明确的奋斗方向和努力目标,产生一种强烈的激励作用。

塑造正确组织价值观的根本目的就是要增强组织的凝聚力和组织成员的归宿感,从而最大限度地激发组织成员的敬业精神和奋斗热情,并将这种精神和热情投入组织的生产经营和管理活动中去,为社会公众提供一流的产品和服务,在社会中塑造起合乎组织价值观和时代特色的组织行为形象。

在这一过程中,考虑到企业这一组织形式的文化特殊性,我们还需要探讨组织的行为形象塑造与社会责任之间的关系。这已经成为管理学研究的热点话题,履行多种社会责任、形成社会影响是企业的应有之义。

企业社会责任的研究主要包括两部分[1]:一部分专注于企业社会责任概念的界定和完善,属于规范研究;另一部分集中探讨企业社会责任与经济绩效之间的关系,主要是实证研究。

(1) 企业社会责任概念。在20世纪70年代以前,学术界的声音并没有产生足够的影响力,人们普遍认为,在自由市场经济条件下,企业的责任就是追求利润最大化。而在Carroll[2]1971年提出了金字塔理论之后,社会责任这一概念受到学术界的广泛认同。按照最初的定义,企业社会责任是指社会期望企业在经济、法律、伦理和自愿决定(慈善)方面履行的义务。企业责任包括经济责任、法律责任、道德责任和自愿决定(慈善)责任,而且这4种责任的重要性是不同的,权数依次为4、3、2、1。与此相近似的是企业社会响应(Corporate Social Responsiveness)的概念,指将企业社会责任的表面语言转化为富有意义的行动过程。企业社会响应是有别于企业社会责任的一个概念。

(2) 企业社会绩效(Corporate Social Performance)。企业社会绩效(CSP)是企业社会责任研究领域出现的另一个概念,反映了企业社会责任准则、社会响应过程和用于解决社会问题的政策之间的相互根本作用。企业社会绩效是指企业行为的结果,该理论更加注重对企业社会责任的实践过程进行理论研究和分析,对企业而言具有更大的实用性。这个概念于20世纪80年代形成之后迅速主导了企业社会责任的主

---

[1] Rowley, Tim, and Berman, Shawn, "A Brand New Brand of Corporate Social Performance", *Business and Society*, Vol. 39, Iss. 4, pp. 397 – 418.

[2] Archie B. Carroll, "The Pyramid of Corporate Social Responsibility Toward the Moral Management of Original Stakeholders", *Business Horizons*, Vol. 34, Iss. 4, 1991.

流研究①。

（3）企业社会责任与经济绩效关系的研究。20世纪70年代之后，学者们开始将关注点从企业社会责任的内涵界定转移到对企业社会责任与企业经济绩效关系的研究中来。尽管至今未能取得一致的结论，西方学者在企业社会责任与经济绩效关系研究方面作出的巨大贡献和取得的丰硕成果仍然是值得肯定的。由于两者的关系非常复杂，简单地研究两者之间的直接关系只得到一个描述性的结果。但是，从企业的角度来看，这些研究直接导致了现代企业的社会责任感，对树立企业的外部形象作用显著。

3. 组织物质形象塑造

组织建筑物的风格、产品包装的设计以及组织标志的构思，都无不渗透着组织价值观，是组织价值观的物质外现。在优秀的、获得高度认同的组织价值观的指引下，一方面要运用各种宣传手段和策划创意宣传组织标志等组织物质形象，让社会公众了解组织的精神、价值观、风格和整体优势；另一方面更要利用文化特色，在建筑物、设备和产品等组织的有形要素上挖掘组织自身的潜能，为组织物质形象的塑造奠定一个坚实的物质基础。

组织整体的形象与这三个组成部分都有着密切的关系，组织形象是包含着组织精神形象、组织行为形象和组织物质形象的统一体。

(二) 塑造组织形象的 CIS 战略和组织印象管理战略（OIM）

按照人类学的分析，文化有其特有的属性，即文化特殊性（Cultural Specialty），指是社会认可的类别或行业之中的成员所共有的，但不为全体社会成员所共有的文化要素。在全社会的劳动分工之中，社会成员可分为各种不同类别或行业，他们各有不同的活动模式。在某一类别的成员中，往往拥有某些共同的文化要素。每种文化都有向外扩散、产生文化增值的功能。

当人类学家发现这些文化要素的增值性和扩散性时，组织行为学家也发现，组织可以通过组织文化的宣传，让社会公众了解组织的文化特殊性，认识到组织为社会作出的特殊贡献，进而提高组织的社会知名度，扩大组织的影响力。组织文化中的CIS战略和OIM战略就是塑造组织的特殊性和塑造组织良好形象的最有效、最流行的方法。

组织文化形象是组织内外对组织的整体感觉、印象和认知，是组织文化状况的综合反映。从心理学的角度来看，形象就是人们通过视觉、听觉、触觉、味觉等各种感觉

---

① Seven L. Wartick, and Philip L Cochran, "The Evolution of the Corporate Social Performance Model", *Academy of Management Review*, Vol.10, Iss.4, 1985.

器官在大脑中形成的关于某种事物的整体印象,简言之是知觉,即各种感觉的再现。有一点认识非常重要:形象不是事物本身,而是人们对事物的感知,不同的人对同一事物的感知不会完全相同,因而其正确性受到人的意识和认知过程的影响。由于意识具有主观能动性,所以事物在人们头脑中形成的不同形象会对人的行为产生不同的影响。

CIS 是英文企业形象的识别系统(Corporate Identity System)的简称。它是组织理念、行为活动规范、视觉传达设计的统一整体。CIS 战略就是企业形象识别战略,它强调通过识别系统的运作,把组织的各种信息传递给组织周围的关系者,以塑造统一的良好形象,使人们产生认同和依赖,为组织带来最大的效益。

组织印象管理(Organizational Impression Management,OIM)是研究组织如何通过其行为和信息的调控来影响受众的知觉问题的过程。自组织成立和员工招募开始,就存在着印象管理问题,如校园招聘中就包含着很大的企业组织宣传自身的成分。在工作场所中,组织和员工也始终存在着塑造自己的形象问题,组织印象管理有利于提高员工的忠诚度,能够赢得消费者的信赖等[1]。

以下我们分别对这两个系统作以介绍。

1. 组织形象识别系统

组织形象识别系统由 3 个要素构成,即理念识别(Mind Identity,MI)、行为识别(Behavior Identity,BI)、视觉识别(Visual Identity,VI)。

(1) 理念识别。

组织理念指组织精神和全体组织成员的共同理想,即组织所追求的目标和境界。组织理念识别是对组织主导思想和观念的甄别,是组织的"自我定位",也是组织欲使社会公众广泛知晓并接受的组织独立品格。它的核心是确立组织自身信奉的价值观,此价值观能使整个组织充满活力与朝气,并能激发广大组织成员的各种潜能。

(2) 行为识别。

行为识别是指组织在其组织理念的指导下,形成的一系列经营活动。具体来说,行为识别就是将组织的方针、目标、发展战略、组织结构、管理措施等通过所采取的各种决策和措施发生作用,对内激起全体组织成员的积极性,使其共同行动,将目标变为现实;对外则树立和展现组织魅力,使之获得社会的承认和肯定,从而达到塑造良好形象的目的。行为识别还具有规范性的功能,这种规范性受组织理念的支配,同时又落实到组织行为中去。

(3) 视觉识别。

视觉识别是在组织确立组织理念和战略目标的基础上,运用视觉传达设计的

---

[1] 张爱卿、李文霞、钱振波,"从个体印象管理到组织印象管理",《心理科学进展》,2008 年第 4 期。

方法,根据与经营有关的一些宣传要求设计出系统的识别符号,以刻画组织个性、突出组织精神,从而使社会公众和组织成员对组织产生一致的认同感和价值观。VI 是理念识别和行为识别的具体化和视觉化,它包括组织名称、标志、标准色、组织造型、象征图案、组织标语口号及办公用品、旗帜招牌、建筑物、交通工具、衣着制服、产品设计等。理念、行为和视觉 3 要素相辅相成,构成一个统一的组织识别系统,即组织形象。

CIS 战略建立在行为科学、管理科学和当代管理精华的基础上,无数经典案例直接地证明了它与提高组织竞争力之间的正向关系。组织通过 CIS 战略提高形象力,从而使得组织的产品和服务在更大的广度和深度上吸引社会公众,使组织有效地实现自己的综合目标,并通过对外传达信息的过程,追求实效性、功能性、审美愉悦性来促进组织的竞争力[①]。

2. 组织印象管理(OIM)

在社会心理学中,美国社会学家欧文·戈夫曼提出,在社会中,要使互动能够顺利进行,互动的双方都应有能力运用某种互动的技巧对自己的印象进行控制、管理、整饰。比如,一个教师在课堂上与学生互动,他就必须通过服饰、言辞、动作、表情给学生留下印象。所以,戈夫曼的理论既可称为"戏剧论",又可称为"印象整饰"或"印象管理"。

这种有意地控制他人对自己形成各种印象的过程称作印象整饰,印象整饰充分说明社会认知是认知者和被认知者之间的互动过程。而组织印象管理则指有目的地进行组织设计并用来影响受众的知觉的行动,组织与个人通过印象管理相互影响。特别是在工作实际中,组织与员工之间印象管理是互动的。组织和员工给社会传导出的印象需要有专门设计和维护,对于组织而言,这也是具有社会意义和经济利益的,并关系到个人与组织的成长和未来发展。

(1)个体层面的印象管理。

印象管理是个体寻求影响他人对自己形象认知的过程。例如,给他人留下有能力的、有抱负的印象,会提高他人对自己绩效的评价,并且有较好的职业发展机会。使用"管理"这一概念,主要是源于对社会期望的认同,我们希望在公众面前的自己与理想的自己更近一些。这些行为可能直接对我们的某些物质影响产生结果。这些管理战略概通常包括以下形式:

① 言语陈述(Verbal Statement);
② 非言语或表达性行为(Nonverbal or Expressive Behaviors);
③ 对外表的修饰(Modifications of one's Physical Appearance);

---

① 刘光明,《企业文化》,经济管理出版社,1999 年。

④ 综合的行为模式(Integrated Behavior Patterns)(如提供帮助、参与工作等)①。

言语陈述的印象管理战略可以被进一步划分为积极主动型(Assertive, Proactive Image Construction)和防御型(Defensive, Reactive Image Repair)的策略。在众多印象管理策略中,在组织内部,员工最常使用的是积极主动型的策略(Assertive),包括取悦他人(Ingratiation)和自我推销(Self-promotion)。

上述知识在组织文化建设中无不启示意义。具体说来,在组织内部,由于个体是承载文化的"单子",组织在营建文化的过程中,就需要"人人都是组织一份子的理念",从而成为组织文化的积极参与者,进而向组织外显示组织的文化底蕴。例如,地处我国深圳的华侨城集团提出的"我就是太阳"、"我就是风景"的口号,不仅使员工产生出敬业爱岗的精神,而且能够通过工作岗位的点滴传递组织的文化形象。例如,对洗手间的管理,员工黄积发在工作中不是将此当洗手间看待,而把他当作一个景点来看护,最后使得华侨城锦绣中华的"洗手间"文化吸引众多游人专门慕名而来,华侨城人的敬业精神在特区取得极高的声誉。

同时,在组织内部,营造出一个良好的组织氛围,在员工之间、员工和管理者之间能够彼此尊重,勤于沟通,采取积极主动性的策略树立起关心、关爱的团队文化、部门文化。同时还要注重礼仪,使组织中呈现人文气息。

在组织外部,员工必须谨记自身的"文化代言人"角色,在各种情景中都能维护组织的声誉,体现组织的良好形象。德国奔驰汽车公司选派管理人员和技术人员到高等院校深造时,公司负责一切开销,甚至包括私人购物费用。其目的就是让员工在社会中也能有效地维持奔驰高端的品牌形象。

(2) 组织层面的印象管理。

这些领域的发展使得组织领导人和管理者日益意识到将组织影像管理提升到战略高度而加以管理。在文化建设中,组织层面的印象管理策略涉及以下领域:

① 市场营销。

与其他学科的学者一样,文化已经成了市场营销学者们所面临的重要的认识论和本体论的问题。Kotler 和 Levy 早在 1969 年就已经得出结论,认为应该将市场营销的概念提升到包括整个组织在内②。市场营销不只是传统意义上的渠道、价格、促销和营运,而是包括诸多的变量。如在组织外部,包括有市场情况(如市场的大小与成长、顾客的需求、顾客的购买行为等)、产品情况(如产品过去的表现、对市场可能的冲击、分析预期想要满足的不同目标消费群的需求)、竞争情况(分析其他竞争者或

---

① B.R. Schlenker, *Impression Management: the Self-concept, Social Identity, and Interpersonal Relations*, CA: Brooks/Cole, 1980.

② Philip Kotler & S. J. Levy, "Broadening the Concept of Marketing", *Journal of Marketing*, 1969(33), pp. 10 - 15.

潜在竞争者的规模、市场占有率、产品质量、营销策略等)、销售渠道(如评估每个销售渠道的规模)、总体环境情况等。透过环境分析,改革者或是推行者可以拟出数个未来组织会面对的威胁与机会,继而提出因对策略,拟定营销目标。

在组织内部资源的检视内容通常包括人力、财务、设备与组织体制。在确立组织的优劣势之后,克服劣势,并让优势成为组织不同于竞争者的长处所在,这就是组织内部资源分析的最大目的所在。

由此,市场营销领域包含了诸如关系营销管理、服务营销管理、国际营销管理、非营利性市场营销、整体性市场宣传、公共关系等内容。公众通过直接接触组织的产品和服务,由亲身体验而形成的组织的形象,或是通过大众传播媒介或借助他人的亲身体验得到的组织形象是间接形象,成为市场营销的重要内容。

② 人员招募。

正如在不同营销策略中不同的组织印象管理策略对消费者偏好产生影响一样,在不同的招聘情境中,不同的组织的印象管理策略使得应聘者的对工作产生不同选择,对员工的忠诚度、组织承诺以及心理契约水平都会产生影响。就招募的社会影响而言,组织层面的一个重要事务就是避免就业歧视,它指条件相近的求职者在求职、就业过程中,受与个人工作能力无关因素的影响,不能够享有与他人平等的就业机会,导致平等就业权受侵害的现象。因性别、年龄、地域、所受教育状况等方面的不同而给予的不平等待遇,不仅对求职者有损害,对于组织的文化形象也有着负面影响。因此,国外许多组织为了避免就业歧视,非常注重强调组织成员的多元化等领域的形象宣传,他们利用宣传材料、网页、广告等表明自己男女平等、肤色平等的立场。反观我国,在这一领域只是注重遵守劳动法令,很少有组织把人员的招募视为一种提升组织在社会中的文化影响的手段。

③ 危机管理。

在全球化快速发展的背景下,组织不仅要重视自己的经济绩效,还要关注其社会绩效,树立良好的社会形象。在我国文化背景中组织印象管理的过程中,要结合我国组织中文化建设等方面的实践开展有效的组织印象管理策略,其中有一个领域是组织的危机管理。

2008年9月11日,新华社曝光三鹿奶粉含有三聚氰胺,导致婴儿食用后患上肾结石,而由"三鹿奶粉"引发的奶粉质量安全问题蔓延到了22家乳制品企业,此次事件不仅暴露了我国食品安全的严重问题,同时,也使我们看到了企业危机管理的不足。最后,三鹿这家有着50年历史的企业顷刻间轰然坍塌。

在组织的运营过程中,肯定会面临着多种危机,对于组织而言,危机管理的重要性不言而喻。在危机发生时,组织如何根据不同情境选择合适的印象管理策略,就不能够仅仅局限于处理危机事件,而应注重挖掘组织管理的深层次原因,将其变为组织管理中必不可少的组成部分。这就需要组织构建危机管理体系。"未雨绸缪"是危机管理的核心。出色的危机预防管理不仅能够预测可能发生的危机情境，积极采取预控措施，而且能为可能发生的危机做好准备，拟好计划，从而能够自如应付危机。

从组织印象管理的策略来看，组织应针对具体问题，维护组织的文化形象，赢取公众对信任，这是危机管理的核心。

【专栏】

你能想象出用扑克牌来弘扬组织文化吗？[①]

盐田国际集装箱码头

盐田国际集装箱码头是和记黄埔港口的成员。和记黄埔港口是全球具领导地位的港口投资、发展及经营商，业务遍布15个国家，分布于亚洲、中东、非洲、欧洲及美洲。目前，和记黄埔港口经营着32个港口，并设有多家与运输服务有关的公司。

地处沙头角的盐田国际集装箱码头有限公司（盐田国际）是和记黄埔港口和深圳盐田港集团共同合资成立的，于1994年正式营运。盐田国际的使命是要将盐田国际建设成为世界级的集装箱码头，即在产量、经济贡献、服务以及人才发展上达到世界级水平。该公司近年来高度重视企业文化建设和制度化建设，除了推行

---

① 文中所附图片是作者2002年应邀参加盐田港第2届企业文化节所摄。

六西格玛、ISO9004等体系，来自香港的谢总经理和人力资源部杨部长两度举办"盐田国际企业文化周"活动，通过展板、标志、文体活动、辩论赛等形式，使盐田国际的使命、价值观、理念和行为规范融入组织成员的心中。令人拍案叫绝的是，谢总将企业文化的文本制成精美的扑克牌，组织成员人手一份，在休息、娱乐时不知不觉学习了企业的理念，在整个盐田港区，企业文化建设做得有声有色，广获好评。

到场的专家赞不绝口，他们说："在此之前有过美国人利用扑克牌来抓萨达姆，听过湖北警方用这种方法统计罪犯，而利用扑克牌来弘扬组织文化，实在是有创意之举！"

组织文化不仅仅是挂在墙上、喊在嘴上，组织文化要落实到组织成员的心里，体现在行为中，就应该利用各种机会和手段，使组织成员耳濡目染，喜闻乐见，组织文化也就做实了。

第四节　组织文化的构建

1992年，美国哈佛商学院的约翰·科特教授（John Kotter）和詹姆斯·赫斯奇特教授（James Heskitt）出版了他们的专著《组织文化与经营业绩》（*Organizational Culture and Performance*）。在该书中，科特总结了他们在1987—1991年对美国22个行业72家公司的组织文化和经营状况的研究结果。通过调查，科特发现组织文化对组织长期经营业绩有着重要的影响，并预言在近10年内，组织文化很可能成为决定组织兴衰的关键因素[1]。表5-1便是摘录自上述科特的专著。

---

[1] 〔美〕科特·赫斯奇特，《组织文化与经营业绩》，华夏出版社，1997年。

表5-1 重视企业文化的公司与不重视企业文化的公司的对比

	重视企业文化的公司	不重视企业文化的公司
总收入平均增长率	682%	166%
员工增长	282%	36%
公司股票价格	901%	74%
公司净收入	756%	1%

在组织层面上,组织文化主要表现在与组织整体业绩和组织发展的关系上。所有的组织都有自己的文化,这些组织文化均对组织内的成员和经营业绩产生巨大的作用。这种文化的影响甚至大过了经营策略、组织结构、组织管理制度、组织财务分析手段、组织管理领导艺术对组织的影响。西方组织中的优秀管理者认识到组织文化对组织经营业绩的高度相关关系,大力创造、塑造、维护自己的组织文化,文化管理就此深入人心。

一、文化管理的内核

从组织的角度来讲,组织文化是组织活动的推手。但由于组织文化的抽象性,所以往往不被人们所认识与重视。因此,构建组织文化、发挥组织文化的作用就成为文化管理的重点。其意义主要表现在以下4个方面。

1. 增进凝聚力

组织文化所体现出的价值观,使组织成员在经营目标上达成共识。在经营理念的指引下,形成一股巨大的凝聚力,最终达到组织目标,实现组织价值最大化。

2. 优化管理模式

优秀的组织文化反映出优秀的管理模式,具体表现为规范的管理制度、先进的管理理念、组织成员的科学行为方式等。拥有优秀组织文化的组织能够最大限度地降低组织成本,实现效益的最大化。

3. 提升品牌效应

优秀的组织文化通过多种传达体系塑造出优秀的品牌。通过品牌的辐射力和感召力,从而吸引更大范围内的资源,使之滚动式发展,实现良性循环,取得最佳效益。

4. 强化经营优势

具有优秀组织文化的组织,在其经营过程中会体现出一种良好的经营道德和伦理意识,为组织争得外部公众的认同,创造出良好的经营环境,赢得宝贵的社会资源,从而大大降低外部运作成本,最终实现组织效益和社会效益的双丰收。反过来,一个具有优良业绩的组织,会越发认识到组织文化建设的重要作用,舍得花大力气加强组织文化建设,实现组织文化与组织业绩的互促互动和良性循环。而绩效差的组织,往往认识不到或者没有精力顾及组织文化的建设,局限于眼前的利益,限制了组织的进步。

在此意义上,我们可以总结,组织文化的两个突出功能就是:外塑形象,内塑人。组织的文化管理要发挥作用,就要让组织文化"内化于行","外化于形"。

二、构建文化的原则

由于具体的操作会体现于各个章节的具体论述之中,在此我们仅仅介绍构建组织文化的 10 大原则。组织文化建设原则是在企业文化建设过程中必须遵循的基本要求。它是根据组织文化的客观规律和组织文化建设的经验总结提炼出来的。组织文化建构的原则具体包括以下 10 条。

1. 行动化原则[①]

组织文化建设是理论在组织中的实际运用,因此,必须围绕组织目标,将文化管理的理念体现在组织的各个领域,让组织文化和组织成员的工作结合起来。

2. 全员化原则

组织文化是全员文化。组织文化建设必须着眼于全员、立足于全员、归属于全员。首先,要把组织成员赞成不赞成、拥护不拥护、认同不认同作为检验组织文化成熟度的关键标准;其次,要从组织成员的价值观中抽象出基本理念,经过加工、整理、提炼,上升为组织的价值理念,这样,组织文化才容易被组织成员接受;第三,组织文化要在全体成员中达成共识,"从群众中来,到群众中去";第四,要使全体组织成员成为组织文化的积极推行者、自觉实践者,充分发挥组织文化的主体作用;第五,组织要把培养人、提高人、发展人作为立足点,全面提高成员素质。

3. 系统化原则

组织文化建设是一项涉及成员价值观各个方面的系统工程,不可能一蹴而就。因此,组织文化建设要围绕组织目标,统筹规划,分层次,有步骤,体系化逐步推进;要从组织的实际出发,随着形势的变化和组织的发展而不断完善,赋予新的内涵,使之更具活力和生命力。

具体地说,就是要把朴素的、零星的、散乱的组织文化因素进行全面的发掘、筛选、整合,形成内容丰富、体系完备的组织文化。这就要求组织精神文化、行为文化、形象文化必须实现三位一体、相互支撑;要求组织文化与组织战略、制度设计密切配

---

① 〔加〕多伦、〔西〕加西亚著,董克用、李超平译,《价值观管理:21 世纪企业生存之道》,中国人民大学出版社,2009 年。

合、相融共生;要求历史与现实结合、激励与约束俱备、巩固与创新并进;要求文化运行机制能够自我约束、自我完善、自我提高、自我发展。

4."领导人"原则

组织文化建设必须由领导人强力推进。组织文化在某种程度上就是一把手文化,必须通过一把手来促进、推进。"一把手"要成为组织文化的有力传播者,要运用自身所特有的权威和力量,锲而不舍地使组织文化得到强力推行。同时,"一把手"要成为组织文化的实践者,率先垂范,身体力行,用自己的模范言行、工作作风和精神面貌实践组织文化,引导企业风尚,影响组织成员的行为。因此,领导不仅是组织文化的倡导者、组织者,更是组织文化的管理者和执行者。要带领全体组织成员通过组织文化建设,不断提高企业核心竞争力,促进企业持续快速发展。

5. 特色化原则

组织文化应有鲜明的个性特征。优秀组织文化的个性部分都是十分鲜亮、耀眼的,这是组织文化的精华所在,也是活力源泉所在。在组织文化理念、经营行为、品牌形象和广告推广中突出个性,就会产生文化感召力、亲和力、吸引力和冲击力,能给人以强烈印象,带来良好感受。这就要求组织文化必须从企业精神、价值理念、行为规范等各方面反映出自身特点,进而形成文化特色。

制定切实可行的组织文化建设方案,要借助必要的文化载体,系统思考,重点突破,着力抓好组织文化观念、制度和物质三个层面的建设。还应该注重把文化理念融入具体的规章制度中,渗透到相关管理环节,建立科学、规范的内部管理体系,并采取相应的奖惩措施,在激励约束中实现价值导向,引导和规范组织成员行为。要从组织特定的外部环境和内部条件出发,把共性和个性、一般和个别有机地结合起来,总结出组织特有的文化内核,形成既具有时代特征又独具魅力的组织文化。

6. 传承化原则

要注意继承发扬中华民族的优秀传统文化,挖掘整理组织长期以来所形成的宝贵的文化资源,用发展的观点和创新的思维对原有的组织文化要素进行整合和提炼,赋予新的时代内涵,在继承中创新、在弘扬中升华。我们必须广泛借鉴国外先进企业的优秀文化成果,大胆吸取世界新文化、新思想、新观念中的先进内容,取其精华,去其糟粕,扬长避短,为我所用。文化传承应当是有所批判、有所扬弃的继承。历史与现实结合,传承与创新并重,才能使组织文化一脉相承、发扬光大。

7. 整体化原则

组织文化与组织管理是手心手背的关系。组织文化不是单独发挥作用的,它必须融合于组织的发展战略、管理体制、经营策略之中,贯穿管理的每个环节和过程。组织文化离开了实践,就成了无源之水、无本之木。因此,要建设组织文化,就必须与组织管理相结合。在管理中要注意强调民主管理、自主管理和人本管理,使组织成员既有价值观的导向,又有制度化的约束,激励约束与文化导向优势互补,提升组织的实力。

8. 实效化原则

注重实效,需要我们以科学的方法和务实的作风,做到文化设计有针对性,制度建设有可操作性,文化推进有可控制性。因此,在组织文化建设中,要求认真务实,重实际,办实事,反对形式主义,避免急功近利,要使组织文化建设经得起历史和实践的检验。要立足于组织实际,把组织文化的核心理念和行为规范深入落实到每一个单位、每一个环节,化为每一个组织成员的自觉行动,从而真正收到实效。

9. 制度化原则

组织文化必须靠制度强力推行,组织成员的价值理念和行为规范必须靠制度去灌输、去约束。人是有惰性和随意性的,组织倡导的价值理念即使已被组织成员所认同,如果没有制度的激励和约束,也难以转化为职工的实际行动,形成自觉习惯。推行组织文化,要有一套规范的制度体系,对自觉奉行组织价值理念的,应给予各种方式的表彰奖励;对违反组织价值理念的,应给予相应的处罚,使组织成员切身感受到什么是提倡的,什么是禁止的,从而纠正错误的思想和言行,强化符合组织文化要求的言行,达到"软"、"硬"兼施的境界。

10. 渐进化原则

组织文化建设是一个动态化发展的过程。静止的文化是没有出路的。组织的价值理念、行为准则、物质要素都进行及时的完善和调整、创新和突破。同时,组织文化是开放的文化,应该及时借鉴、吸收外部组织和其他文化的先进理念和经验,在自我提高中实现动态发展。

【人类学关键词】

1. 文化的再解释(Reinterpretation)
2. 价值内化(Value Interiorization)
3. 文化濡化(Enculturation)
4. 文化适应(Cultural Adaption)
5. 文化决定论(Cultural Determinism)
6. 文化传播(Diffusion of Culture)
7. 文化中心(Culture Centre)
8. 文化顶峰(Cultural Climax)
9. 文化特殊性(Cultural Specialty)

【复习思考题】

1. 组织文化的功能是什么?
2. 组织成员的社会化包括了什么内容?
3. 组织文化形象的构成要素有哪些?
4. 组织文化塑造的具体措施有哪些?
5. 文化管理的意义体现在哪几个方面?

【应用案例】

品格、品牌——长安汽车公司文化形成与传承①

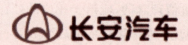

长安汽车股份公司有着悠久的历史,其前身最早可追溯至1862年李鸿章在上海创办的上海洋炮局。经过148年的文化传承,一个半世纪的发展壮大,长安拥有了深厚的历史底蕴,在这种历史底蕴的基础上,长安形成了其独特的企业文化。

一、长安汽车的历史

长安,诞生于洋务运动,扬名于抗日战争,成长于新中国,兴盛于改革开放。在这一个半世纪里,长安孕育出了长安文化,这种长安特有的精神财富影响、塑造了一代代的长安人,引领长安朝着更远大的目标迈进。

(一)长安的诞生

1862年,经过李鸿章授命,英国人马格里和中国官员刘佐禹在上海松江创办了长安的前身——上海洋炮局。1865年,上海洋炮局迁至南京,改名为金陵制造局,后于1927年更名为金陵兵工厂。作为中国第一个近代化兵工厂,长安第一个用机器制造兵器,成为中国工业由手工业阶段发展到机器工业阶段的分界线,在中国近代史上具有划时代的意义。

(二)战争的洗礼

1931年,日本发动"九·一八"事变,中华民族陷入危机之中。在这危难之际,

---

① 本案例根据作者于2009年4月至2010年3月担任长安汽车股份有限公司高级管理顾问的经历改写而成。

长安人把救亡图存的热情融入日常的生产中,担负起生产武器,保家卫国的重任。1932年,时任金陵兵工厂厂长的李承干邀请中国文学巨匠郭沫若和著名作曲家贺绿汀创作了厂歌。厂歌体现了长安人在危难之际,不为环境所移,不为恶势力所屈,积极向上的气魄。厂歌流传至今,其包含的产业报国精神一直激励着长安人。

1937年"八·一三"上海事件爆发,金陵兵工厂被轰炸数次。为准备抗战,兵工厂西迁重庆簸箕石和南岸铜元局,并在1938年3月1日恢复生产。在长安会战中,长安生产的重炮对日寇造成了严重的杀伤。在抗日战争中,长安为前线的将士提供了3 000余吨弹药、30万余发手榴弹和约50万只各类枪械,是整个抗战期间为前线提供装备最多、贡献最大的兵工企业,为中华民族取得抗日战争的伟大胜利立下了汗马功劳。

(三)新中国的重生

新中国成立后,长安被整合到新中国的国防工业体系中。1957年,长安开始着手研究吉普车的制造,并于1958年成功制造了长江牌46型吉普车。该车型参加了1959年国庆10周年阅兵大典,并担负各方队领队车重任。1963年,根据上级的要求,长安把产品以及技术资料移交北京吉普厂,著名的"北京吉普"就是以此为基础发展而来。

解放后的大部分时间里,长安是作为全国第一个,也是最为重要的兵工厂而存在的,几十年军事管理、制造的历史让长安形成了高超的技术能力、鲜明的自主风格和严谨的制造工艺。

(四)改革开放后的腾飞

改革开放后,长安秉承其开拓创新的历史精神,开始进入民用领域,成为军工体系中进入民用领域的排头兵。历史的沉淀赋予了长安深厚的技术基础,长安很快地在民用领域取得了迅速的发展。

1982年,长安开始微型汽车的研制,并于次年成功研制出"长安牌"微型汽车并正式投入生产。1984年,原江陵厂开发试制微型汽车发动机,次年被国家确定为微型汽车发动机定点生产厂。1995年,原长安厂与原江陵厂强强合并为长安汽车有限责任公司,1996年,重庆长安汽车股份有限公司成立,并实行军民品剥离,成立三个工厂。同年,"长安汽车"B股在深交所挂牌上市。次年,"长安汽车"A股在深交所上市。

长安的上市为长安引入了现代企业管理机制,并为长安进一步的发展提供了资金。借着中国汽车产业发展的东风,经过多年的滚动发展,长安的产品畅销全国,品牌价值达到216.19亿元。通过产业布局,长安在国内拥有重庆、河北、江苏、江西4大产业基地,11个整车和2个独立的发动机工厂,具备了年产汽车200万辆、发动机200万台的能力。汽车谱系覆盖乘用车和商用车全部领域,拥有排量从0.8L到2.5L的系列发动机平台。时至今日,长安已经进入了中国汽车制造业的第一阵营,扛起了民族汽车工业的大旗。

二、长安汽车的企业文化

随着长安的不断壮大,公司的管理层认识到企业文化对于长安发展的重要性。总经理提出了一个有名的"文化四品"结构,即"品格、品质、品位、品牌",换言之,长安汽车的企业文化应该以长安汽车历史为基础,以未来发展为出发点,立足于长安面对的经济、社会现实,反映时代特点,进而与经营管理一道发挥作用。

因此,长安以"致力于用科技驱动产业和谐发展,为全球消费者提供安全、环保、经济、高品质的产品和服务,为顾客能够持续畅享品质汽车生活提供完美解决之道"为使命,把"给客户最佳的选择,给股东丰厚的回报,给员工更多的利益"内化为核心价值观,通过为消费者提供满足"科技、品质、畅享生活"理念的产品,实现"以微为本,以轿为主,发展商用,进军服务,开拓海外"的战略方针。

为实现新的企业文化对长安提出的新要求,长安汽车从文化入手,树立"自我批判,敢于创新,科学理性,自觉贡献"的长安精神。以此为基础,长安总结出"把握规律性,富有创造性,具有操作性"的三个原则,提炼出"目标导向,问题导向,趋势导向"的三个导向,归纳出"基于战略、客户、竞争标杆"的三个基于。这些被统称为长安"三三三"方法论。"三三三"方法论对所有员工的日常工作都具有一定的指导意义。

新的企业文化把长安整体的文化理念细化到长安经营的各个方面,形成了13个具体的理念,分别是:精益高效的经营理念;持续创新、精益管理的管理理念;以我为主、自助创新的科技创新理念;廉洁诚信、高效创新、合作共赢的采购理念;生命只有以此,让平安伴你一生的安全理念;细算每一笔账,用活每一分钱的成本理念;重视顾客价值,以顾客需求为核心驱动因素的市场理念;让用户满意,让商家赚钱的营销理念;亲情、诚信、规范、快捷的服务理念;人才就在你我中,天才就在员工中的人才理念;"相马"与"赛马"并重的用人理念;敢为人先,争创一流,拒绝借口,立即行动的执行理念;以内为本、以外为主,立足制造行业、拓展服务领域的IT经营理念。这13个理念涵盖长安经营发展的方方面面,把企业文化渗透到企业运行的每一个过程中。

企业文化的落实有赖于与每一个员工,尤其是领导的身体力行。长安对普通员工提出了"职业着装,精神饱满;言谈举止,文明礼貌;整洁现场,安全规范;质量精益,客户导向;挤压成本,注重细节;追求效率,日清日毕;学习创新,提升素养;遵章守纪,诚信待人;助人为乐,自觉奉献;忠诚企业,维护形象"的员工行为规范。在此基础上,长安对领导干部的要求提出了更加严格的要求,要求领导干部做到"要率先垂范,不搞特殊化;要着眼大局,不本位主义;要脚踏实地,不欺上瞒下;要科学民主,不独断专行;要靠前指挥,不高高在上;要关心员工,不熟视无睹;要清正廉洁,不以权谋私"。

结合长安的历史和国企的定位,长安特别注重党群工作,对党员提出了"抓创新的表率、重管理的表率、促进步的表率和建保障的表率"的要求,力争"把共产党员培养成科研生产经营骨干,把科研生产经营骨干培养成共产党员",充分发挥共产党员的先锋作用。

经过这次对企业文化的梳理,长安重新塑造了自己的企业文化,并把企业文化落实作为公司工作的重点。为了充分发挥企业文化的作用,长安制定了配套的企业文化建设实施方案。

三、长安"十二五"企业文化建设实施方案

(一)总体思路

提升企业的管理水平和员工的综合素质,弘扬企业精神,塑造企业形象,培育核心价值观和重要理念,逐步探索一条符合上市公司企业文化建设的道路。结合到上市公司的具体实际,公司企业文化建设的总体思路为:以精神文化为灵魂,以制度文化为依托,以行为文化为保证,全力提升物质文化,以推动长安汽车平稳较快发展。

(二)现状分析

1. 企业文化有待整合

尤其是随着长安规模越做越大,这种问题就表现得越突出,相应的资源未能真正地整合起来,各自为政的现象普遍存在,难以形成合力,影响长安的发展。

2. 企业文化缺乏创新,必须与时俱进

责股实现彻底分开之后,企业文化创新力度不够,因循守旧,墨守成规,没有及时地摈弃传统国企的不适应新形势发展的东西,制约了长安。

3. 企业文化有待于提高认同度

我们在进行企业文化建设时,忽视了全员的概念,员工、用户及股东的利益未能真正地引起高度重视,从而造成长安的企业文化不能被广泛的采纳和认同。

4. 管理政策与企业文化不相符

企业文化一旦形成,全员就应该严格执行和遵守,但我们的一些管理政策在

执行中,往往与企业文化不相符,造成企业成员对企业文化产生怀疑和不信任的态度。

5. 企业文化有待落到实处

企业文化的形式为内容服务,但长安的企业文化建设,有时只注重形式,有的管理者以为企业文化就是提几句口号,刷几幅标语,未能真正地触及企业文化的核心,因而,企业文化的作用也就大打折扣。

(三) 企业文化建设原则

1. 坚持以人为本的思想

在进行企业文化建设时,必须坚持以人为本的思想,充分反映人的思想文化意识,积极倡导首创的精神。企业文化是一个庞大的系统工程,它作为一种管理文化,一方面它需要全员的参与,聚全员之智,培育出全体员工都认同的文化,从而更好地管理企业;另一方面,企业文化的作用又必须通过尊重人、理解人来凝聚人心,激发热情,挖掘潜能,使企业的管理更加科学、更有凝聚力。

2. 坚持大胆创新的思想

股份公司作为一家上市公司,脱胎于国有大型企业,先天带有很多的国企DNA。因而,我们在构建股份公司的企业文化时,就必须进行大胆的创新,在考虑员工利益的同时,兼顾股东、用户的利益,让股份公司的企业文化,真正成为员工、股东、用户都认可的文化。

3. 坚持构建大文化的原则

长安旗下包括中中、中外企业,因此,在构建企业文化时,必须坚持以我为主与博采众长相结合,大量汲取外来文化的养分,如长安福特、长安铃木等,丰富长安的企业文化。同时,必须将生产、质量、销售等各个环节都纳入企业文化建设的范畴,逐步构建起支撑企业发展的大文化平台。

4. 坚持注重实效的原则

企业文化建设,一定要从实际出发,不搞形式主义,要以建立规范的内部管控体系和相应的激励约束机制为目的,使物质、行为、制度、精神四大要素协调发展、务求实效,让企业文化在企业的生产经营活动中发挥积极的促进作用,为企业的科学管理和企业发展目标的实现服务。

5. 坚持由易到难的原则

企业文化是一个庞大的系统工程,只有坚持由易到难、由近及远的原则,长期坚持不懈,才能真正构建起适应上市公司要求的企业文化,走出一条具有长安特色的企业文化建设之路。

（四）文化定位

1. 精干

精干，象征着公司是一个年轻的、有朝气的全新企业。从1996年诞生至今，它不断地发展壮大，并且跻身国家第一梯队，成为行业翘楚，它预示着长安汽车还将一步一个脚印地迈向新辉煌。

2. 高效

高效，展现的是一种作风，一种雷厉风行的执行作风。长安汽车要发展，我们的企业文化就必须着力培育执行文化，让广大员工真正懂得，拒绝借口，立即行动的执行文化推动下，长安汽车才可能取得更大发展。

3. 改善

改善，体现的是一种精神，长安需要自我批判的精神，不断否定自己，实现真正的、长足的进步。

（五）目标要求

1. 远期目标

用10年左右的时间，逐步搭建起文化的管理平台，实现"文化治企"的目的。长安要做世界一流先进企业，企业文化的远期目标就必须紧紧围绕这个发展方向，制定相应的企业文化建设战略规划。按照有计划、有步骤、由浅入深、由表及里的建设程序，逐步建立起长安的企业文化管理平台，从物质文化、行为文化、制度文化、精神文化四个方面整体推进，构建起长安"大文化"的体系，将科研、制造、质量、销售等全部纳入文化管理的范畴。经过五至十年的时间，逐步摸索总结出一条符合上市公司要求的、有效的、促进各项工作协调发展的运行模式。企业真正实现用文化进行管理，从而实现"文化治企"的最高目标。

2. 中期目标

用3—5年的时间，逐步培育出长安的强势文化。（1）提炼具有长安特色的企业哲学、企业精神、企业价值观、道德规范等，并且在广大员工中传播，使之达到熟知、熟记的程度；（2）分解细化企业文化所设计到的各项指标，系统地整合和完善核心理念指导下的企业文化支撑体系，为"文化治企"提供科学的依据；（3）进一步规范企业形象标准、管理者形象标准、员工形象标准等，能够做到熟知，自觉行动；（4）进一步规范企业的视觉识别系统、理念识别系统、行为识别系统，真正使长安的企业文化成为规范的文化、程序化的文化和具有个性的文化；（5）逐步将长安建成全国企业文化建设示范基地，将长安文化传播到全国乃至世界各国。

3. 近期目标

用1—2年时间,逐步提升长安文化的认同度。近期的工作主要有:(1)尽快启动"企业文化推进年"活动,让广大员工积极参与,并以此为突破口,加快企业文化建设工作;(2)尽快确定长安的核心理念,及时进行宣传推广;(3)尽快清理、规范各单位的现场文化,及早着手,扎实推进;(4)尽快推出一批文化产品,如《公司企业文化手册》、《公司形象画册》、公司形象宣传片,积极筹备公司展厅,通过这些载体,将公司的文化进行传播;(5)全力打造文化品牌,以写故事的方式,进一步树造长安的文化品牌,以此为阵地,凝心聚力,促进企业持续发展。

【案例讨论与练习题】

1. 长安的历史对其现有的企业文化的影响体现在哪些方面?
2. 长安构建企业文化的措施有哪些?

第六章

组织文化的形成与传承

【本章要点】

通过对本章内容的学习,你应了解和掌握以下内容:

- 文化和组织文化形成的理论
- 组织文化建立的途径和方法
- 组织文化形成的一般模式
- 制度和制度化的含义,以及组织制度的功能
- 组织文化传承的理论
- 组织文化传承的途径和方法

【篇首案例】

双良集团引入 CIS[①]

　　创建于 1985 年的江苏双良集团有限公司,其前身是江阴市溴化锂制冷机厂,现有 9 家全资子公司、1 家控股公司和 1 家四星级涉外旅游大酒店。公司占地面积 48 万平方米,建筑面积 28 万平方米,资产总额 20.45 亿元,员工总数 2 900 余名,其中各类科技人员 800 余名。公司主要生产销售直燃型冷热水机组、蒸气型、热水型冷水机组,电制冷机组,溴化锂溶液,冷却塔,风机盘管,变风量空调器,环保智能型燃油、燃气锅炉,多层机械立体停车设备等。

　　双良集团在创业过程中,已形成具有特色的企业文化。但是这些企业文化在集团员工并没有得到普遍的认同。随着集团的成长和壮大,外聘的职业经理人日益增多,企业文化的认同感不强,员工在日常工作中不能够体现价值理念,集团的企业文化建设上还存在着诸多问题。突出表现为责任心不到位,合作意识不够,创新观念薄弱。例如,员工对创新的理解仅仅局限于高层次的经营和项目的创新或技术的创新,而没有将创新与个人的本职工作结合起来,没有把创新理解为包括观念创新、制度创新、管理创新、工作方法的创新、工作方式创新的综合体。而在工作中,员工的危机意识淡薄,集团内部没有形成良好的组织氛围。

　　没有文化上的普遍认同的企业就没有凝聚力,结果,员工对集团的未来发展战略不清楚,无法形成一个共同的愿景。与此相对应,集团也没有非常透彻和系统地向员工描述集团的发展战略和愿景,员工把集团定位于标准的私营企业,很多员工心里有一个难以破解的"打工情结",因而对集团有一种距离感和疏远感。

　　为了解决这一问题,2000 年,双良集团高层决定正式实施 CIS 战略,全面导入 CIS 3 大系统。这个 CIS 系统包括集团的理念识别、行为识别和视觉识别 3 大部分。CIS 是企业形象管理工具,是实施名牌战略的有效手段。双良集团专门成立了工作小组,邀请外部专家设计了全新的 VI 体系。

　　双良集团的视觉设计主要包括 3 大部分:一是基础要素,包括标志、标准字、标准色、辅助色、双良小超人等;二是基础要素组合,包括标志与企业名称的各种组合(横式、英文等);三是应用要素,包括厂房、餐厅、服装、标示、广告、运输等 7

[①] 本案例根据作者 2000—2001 年在双良集团开展人力资源管理咨询的经历改写而成。

大系统。

双良集团的视觉设计是根据集团的定位、理念来展开的,所以它能完成大厦理念的视觉表达。大厦的标志以四方圆角的造型为主视觉形象,是稳重、值得信赖的体现;双良的标准色是蓝色和绿色,蓝色寓示整洁、精巧,绿色体现精致、典雅,与企业形象相吻合。

CI 传播是 CI 导入工程的重点工作,内部传播和外部传播都非常重要。双良集团利用一切手段广而告之。如江阴国际大酒店是直属江苏双良集团的四星级涉外旅游饭店。它东枕中国跨度最大的江阴长江公路大桥,西连长江轮渡码头,北倚风光旖旎的江阴黄山风景区。风景秀丽、交通便利。更由于江阴国际大酒店高 99.8 米,共 28 层,是江阴市的最高建筑,也是江阴跨世纪标志性工程和展示江阴面貌的形象工程。集团将双良集团的标准色和标志制成霓虹灯。夜幕降临时,熠熠闪亮的蓝色和绿色的灯光,连同"双良集团"的标准字展示了双良集团焕然一新的形象。而在内部传播过程中,集团运用《双良报》、展板、会议等形式,迅速使新的识别系统和寓意为员工所熟悉、了解。

在行为识别层面上,集团领导深知制度的重要性,他们继续外聘中国人民大学劳动人事学院的咨询小组,对集团的经营管理现状进行专项调查研究。咨询小组在对集团的内部管理状况有客观准确的把握之后,经过半年多的工作,在集团开展了职位与评估、绩效考核制度设计、薪酬制度设计方案的制定。新制度的实施规范了员工的行为,"二次创业"的口号深入人心,员工的士气、归属感逐渐加强。

在理念识别方面,双良集团提出了"人以信为立,企业以信为诚","失败不责难,成功给重奖","个性、胆量、肚量、公平、本领、奉献"的用人标准,"追求自然与科技的和谐"等理念,这些不仅凝聚着集团高层的思索,也逐渐得到员工的普遍认同。新的核心价值观"学习才能进取、创造方为永恒"取代了原来的"以人为本",用以来提升集团的核心竞争力,促进集团的文化管理,双良集团的企业家和企业家精神,合理的、严格的管理制度,良好的企业形象等使得双良集团在新世纪继续追求卓越,实现企业的使命和目标。

组织文化一般都要经历一个逐步完善、定型和深化的过程。一种新的思想观念需要不断实践,在长期实践中,通过吸收集体的智慧,不断补充、修正,逐步趋向明确和完善。按照文化人类学的理论,文化的产生是一个积累的过程。在组织文化研究中,我们发现文化作为一个变量出现在管理之中,也是组织行为学在近百年发展中形成的一种积淀,然后得以传承。因此,本章我们介绍文化积淀及组织文化生成、组织文化传承的内容。

第一节 文化形成的理论与实践

一、文化形成的理论

(一) 文化人类学的研究

在文化人类学中,文化素材传承(Transmission of Cultural Materials)指文化素材由过去到后来的流传,或从一个地方到另一个地方,或从一个社会群体(或阶级)到另一个社会群体的流传。在文化素材传承的过程中,文化因代代相传而积淀。文化积淀指一种文化通过人们的世代相传,在不断筛选和淘汰过程中得以产生,并形成文化形貌的过程。

文化人类学认为,一种文化的生成意味着一种新的文化形貌的产生,文化形貌(Cultural Configuration)指一种形态(Arrangement),也是一种体系(System),这一体系超过各个部分加在一起的总和。这个词和第四章的文化模式近似。它既是对现有文化要素、文化特质、文化精神的积淀和提升,也是对自身原有的文化传统的传承和发扬。而新的文化得以生成的基本前提,是原有文化范式自身存在着深刻的危机,而被新的社会实践和新的文化精神所取代和扬弃。

从历史的角度看,在人类社会发展的不同阶段,某种旧的文化出现危机、新的文化得以生成肇始于内部和外部这两大因素。

1. 内部因素

内部因素即在没有或基本没有外来的异类文化模式介入和影响的情况下,某一既有的文化模式内在的矛盾和冲突所引发的文化危机,这种危机的解决途径,往往是在对传统文化的批判和扬弃的基础上,对自身内在生发的、新的文化精神的总结和提升,产生一种新的文化范式。

2. 外部因素

外部因素的起因虽然是外来文化的入侵和冲击,但其深层原因仍然是文化内在的超越性和自在性的矛盾冲突。在这种情况下,原有的主导性文化模式往往具有一种超稳定结构,抑制了内在的批判性和怀疑性的新文化因素的生长,使得它最终必须依靠一种外来文化的冲击才能打破传统文化的坚冰,实现新的文化的生成。

同时,文化也是一种符号的积累,积淀的时间越久,文化越深厚。一代人在历史的长河中只是一闪而过,但文化财富的积累则可能需要几百年甚至几千年。文化的积淀要通过人们世代的传播才能完成。

需要说明的是,文化不是零碎的、瞬现即逝的画面,而是一种社会沉淀、一种深厚的符号积累。文化世界实质上是一个符号世界,文化的社会性以及它的符号性,使得文化传播成为可能和必然。在这一过程中形成的文化积淀,会对文化的生成产生重要的影响。因此,探讨文化生成,还要从历史性的角度来解析文化传统对当代文化的影响。

而从历史上看,物质文化的传播曾经推动了人类社会的发展。英国的近代工业文化,曾经迅速地向外蔓延传播,首先波及欧美大陆,并使人类迈入了工业社会。在历史上,全世界都受到了工业文明的强烈渗透。在工业革命催生的一系列管理实践中,文化的因素不断凸显。

无论是功能主义还是解释主义理论,我们看到组织文化通常是在一定的环境中,为适应组织生存发展的需要,首先由少数人倡导和实践,并且经过较长时间的沉淀和规范之后而逐步形成的。

(二) 组织行为学的研究

在组织行为学中,组织文化产生的一般模式可以用图示法表示,具体如图 6-1 所示。

由该图可见,组织文化是组织在发展过程中所形成的,以占主导地位的基本价值观念为核心,以及作为其外在表现形式的成员行为、管理风格和管理制度等所组成的有机体系。

上述组织的文化产生模式使我们看到,组织文化一般都要经历一个逐步完善、定型和深化的过程。一种新的思想观念需要不断实践,在长期实践中,通过吸收集体的智慧,不断补充、修正,逐步趋向明确和完善。

从这一模式中我们可以看到组织文化生成的条件主要有以下三个。

1. 组织文化是为适应外部环境的需要而形成的

存在决定意识,组织文化的核心价值观就是在组织图生存、求发展的环境中形成的。社会、政治、经济和技术环境都会制约组织文化的性质和发展方向。同时,组织文化根植于民族文化的土壤中,传统的民族文化是一个国家在长期历史发展过程中逐步形成的,有强大的渗透力。组织文化理念和价值观、行为规范等无不打上民族文

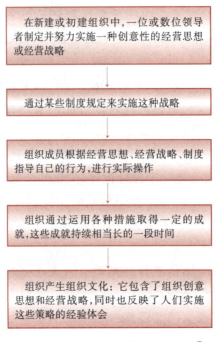

图6-1 组织文化产生的一般模式[1]

化的烙印,这样必然造成世界各地各个民族组织文化建设的千差万别,丰富多彩。例如,勤劳、爱国、自强、孝敬父母、尊老爱幼、遵纪守法都是中华民族的优良传统,正如我们在第三章论述的那样,组织文化实际上根植于民族文化的传统之中。

2. 组织文化发端于少数人的倡导与示范

文化是人们意识的能动产物,不是客观环境的消极反映。当组织发展到一定阶段,文化就成为一种内在的需求。从一开始,总是只有少数人首先产生文化觉知,他们提出反映客观需要的文化主张,一如个体提高文化修养一样,他们刻意使组织突显文化色彩,因此他们成为组织文化的先驱者。正是由于少数领袖人物和先进分子的示范,启发和带动了组织的其他人,形成了组织新的文化模式。

3. 组织文化是坚持宣传、不断实践和规范管理的结果

组织文化实质上是一个以新的思想观念及行为方式战胜旧的思想观念及行为方式的过程,因此,新的思想观念必须经过广泛宣传、反复灌输才能逐步被成员所接受。例如,日本经过几十年的宣传灌输,终于形成了企业员工乃至全民族的危机意识和拼命竞争的精神。

文化的积淀有时候是非常缓慢的,因此,组织文化一般都是规范管理的结果。组织领导者一旦确认新文化的合理性和必要性,在宣传教育的同时,便应制定相应的行

---

[1] 时巨涛,《组织行为学》,石油工业出版社,2003年,第352页。

为规范和管理制度,在实践中不断强化,努力转变员工的思想观念及行为模式,建立起新的组织文化。

二、组织文化形成的实践

组织是一个开放系统,它不能脱离社会环境而存在。同样,组织文化也不能脱离社会环境而构造。组织文化就是在这种适应的过程中形成的。在这个过程中,从管理的实践出发,需要我们把握以下几个关键点,使组织从文化的"无意识"状态过度到文化管理的状态。

(一)领导者要强化文化意识

1. 注重文化积淀,促进文化转化

组织文化的形成离不开组织文化的积淀。改革开放以来,我国组织的运营水平有了很大的提高,以企业这种社会组织为例,企业实现了由生产型向生产经营型的转变,不少企业已初步树立了市场、竞争、开放和效益等观念,从原来的单纯追求产值、产量和速度,开始转到重视产品质量、品种、规格和适销对路,从单项管理走向综合管理,建立了计划、控制、监督和信息体系,建立了责权利相结合的经济责任制、全面计划和经营体系、全面技术和质量管理体系、全面人力资源管理体系,这些转变为组织文化的产生提供了十分有利的条件。例如,随着安全知识的普及、安全生产活动的深入人心,安全文化在我国成为组织文化的一个重要分支。

另一方面,不同类型要素的组合方式都会影响组织文化的形成。组织在成长过程中,许多管理的点滴都折射出其文化特征。因此,不断总结,提炼现有的组织的文化方面的素材,开展文化累积也是文化生成的关键点。

2. 注重文化素养,强化文化自觉

我国著名人类学家费孝通先生提出了"文化自觉"一词,他将其定义为"生活在既定文化中的人对其文化有'自知之明',明白它的来历、形成的过程、所具有的特色和它发展的趋向"。自知之明是加强文化转型的自主能力,对文化的形成有着重要的影响[1]。

英国著名学者沃尔特·歌德史密斯和大卫·克拉特巴克在《致胜之道》中指出:"作为组织文化一部分的领导作风,在我们许多成功的企业中,受到企业创始人和最近几任董事长的性格和声誉的很大影响。"[2]这从某种程度上说明了组织领导和创始

---

[1] 王玉德,《文化学》,云南大学出版社,2006年,第20页。
[2] 〔英〕沃尔特·歌德史密斯、大卫·克拉特巴克,《致胜之道》,上海翻译出版公司,1987年,第158页。

人对组织文化的影响。实际上,远不止是领导者的作风,整个组织文化都受组织领导者的明显影响,以至于我们可以认为组织文化简直就是他们的人格化,在某种意义上简直就是他们的映射。

首先,从文化传统上来看,组织的创始人对组织文化的形成影响巨大。组织文化的形成,常常与领导者和创始人的经营思想、管理艺术、工作风格,与他们个人的品格、胆识和魅力,与组织对过去成功历史的学习和强化有着直接关系。作为组织文化主要发端者,他们勾画了组织的发展蓝图,他们不受以前的习惯做法和思想意识的束缚。组织创始人依据其视野、认知、经验、知识与思想境界,靠着他们的洞察力、想象力、创造力和崇高的威望,不断地推进组织文化体系的生成,并不断丰富而臻于完善。

其次,领导者在组织文化生成的过程中起着不可替代的作用。一方面,领导者作为组织的创始人或带领者,在决定组织发展方向的过程中居于举足轻重的地位,而组织的发展方向本身就体现着组织文化;另一方面,领导者在形成组织的特有管理风格和鼓舞士气等方面起着决定性作用,而领导者的激励方式都是领导者本身价值观的流露。Z理论的创始人、美籍日裔管理学教授威廉·大内曾经如此阐述:"企业的传统和氛围产生一个企业的文化。而且,企业文化表明企业的风格,如激进、保守、迅猛等,这些风格是企业中行为、言论、活动的固定模式。管理人员以自己为榜样把这个固定模式传输给一代又一代的企业员工。"[①]从这个定义我们能很清晰地看出,领导者加深文化知识和品位,达成文化自觉对于组织文化生成意义重大。

最后,在领导者的管理风格形成后,对于组织成员有着极大的示范作用,进而对日后的组织文化的形成有着重要的作用。正是在这个意义上,一些组织文化的实践者提出组织文化就是"一把手文化"或者"老板文化"。

(二) 注重制度化建设

制度化指将组织倡导的文化观念转化为具有操作性的管理制度的过程。组织的文化积淀要通过制度而加以累积,从文化发生学的角度来看,制度来源于文化,而管理制度一旦形成,也能够推动组织文化的生成。因此,制度化建设包括以下几种途径。

1. 用制度"固化"文化

从组织文化建设的角度看,必须把制度建设纳入组织文化建设的范围之内,使之成为文化管理的一个组成侧面;同时,组织在进行组织文化建设的过程中会产生一定的文化成果,这些成果也需要以制度的方式巩固下来。因此,组织的制度化建设就成为组织文化建设中的组成部分,而且是精神层面的"天条",这是组织文化形成的前奏。

---

① 〔美〕威廉·大内,《Z理论——美国企业界怎样迎接日本的挑战》,中国社会科学出版社,1984年。

2. 用制度"强化"文化

在逻辑上,组织价值观与管理制度存在着4种关系,如图6-2所示。

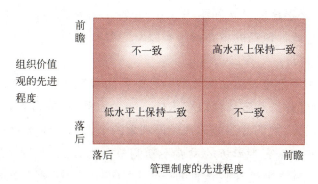

图6-2 组织价值观与管理制度的关系

由此可见,制度化的目的是要使组织价值观与管理制度保持"均衡"或"一致",但这并不意味着"均衡"或"一致"就是制度化的全部,只有实现两者在高水平上的"均衡"或"一致",才能充分调动成员的工作激情。在低水平上的"均衡"或"一致"甚至比"不均衡"或"不一致"的情况更糟。因此,结合组织实际,根据组织的价值观来全面设计,制定组织制度,使两者在高水平上达到"均衡"或"一致",才能强化组织文化在成员和组织中的影响。

3. 用制度"硬化"文化

文化是文治与教化,还只是一种"软实力"。而制度是一种行为规范,它包括着思想原则、权力实体、语言符号、物质方法和技术手段等要素,是任何一个社会及组织团体正常运转所必不可少的因素之一。它是为了达到某种目的、维持某种秩序而人为制定的程序化、标准化的行为模式和运行方式。组织成员对于组织文化的内化只需要制度加以强化,只有组织成员高度认同组织文化,并将其转化为自觉行为才意味着组织文化的生成。

4. 用制度"优化"文化

大道无形,组织文化是个看不见、摸不着的东西,不少人都感觉"虚",不知道文化建设从哪入手。制度化就是要在组织中建立起一种能够使广大成员的自觉能动性得以充分发挥的制度机制,建立起一种广大成员能够自我管理的制度机制,借此成员可以进行自我管理,上下之间进行沟通,组织各部门之间可以配合默契、协调生产,保证成员尊严和个人价值得以实现。成员的自觉制度意识、保证制度实行的文化引导手段是制度化建设的核心内容。

(三)增强组织成员的文化意识

海尔总裁张瑞敏在谈到自己的角色时曾经说过:"第一是设计师,在企业发展中使组织结构适应企业发展;第二是牧师,不断地布道,使员工接受组织文化,把员工自身价值的体现和企业目标的实现结合起来。"可见,对于组织领导者来说,自身具备文化自觉还不够,必须让成员认同组织文化,并转化为自觉的行为和心理,也是组织文化生成的关键。此处包括的主要措施有以下3项。

1. 彰显模范人物

发挥榜样的作用是建设组织文化的一种重要而有效的方法。在组织文化的建设过程中,先进人物的评选和宣传要以组织核心理念为重心,注重从理念方面对先进的人物和事迹进行提炼,把那些最能体现价值观念的个人和集体树为典型,大张旗鼓地进行宣传、表彰,并根据客观形势的发展不断调整激励方法,有利于优秀组织文化的形成和发展。迪尔和肯尼迪在其合著的《公司文化》一书中,把英雄楷模人物作为组织文化的5大构成要素之一,其示范意义由此可见一斑。

2. 鼓励员工参与

尽管组织文化被认为是老板文化、一把手文化,但是,只有得到成员广泛认同的文化才是有价值的组织文化。因此,应该创造各种机会让全体成员参与进来,共同提炼组织文化。同时,要让文化的提炼和总结与成员的日常工作结合起来,让每个成员结合自己的具体工作进行检视组织的文化特质,以及如何改变观念使自己的工作与文化相结合。

3. 开展文化活动

有意义的文化活动,如征文比赛、演讲、酒会等,不仅是组织文化非常好的传播方式,也是培养文化共识的重要途径。文化的形成需要宣传和倡导。只有如此我们才能完成从制度到习惯的转换,从而才能形成一种文化场或文化氛围。

第二节　组织文化传承的理论与实践

没有传承就没有文化。人类的文化现实和文化遗产由于是代代相传的才得以存续,文化的共创和共享借助于传承才得以完成。离开传承,就谈不上文化的整合和适应。在上一节介绍了组织文化生成的理论与实践之后,这一节我们介绍组织文化传承的理论与实践。

一、组织文化传承的理论

(一)文化人类学中文化传承的理论

文化与传播是互动的和一体的。文化是传播的文化,传播是文化的传播。没有文化的传播和没有传播的文化都是不存在的。这是因为,一方面,文化的形成和发展受到传播的影响。传播促成文化整合、文化增值、文化积淀、文化分层、文化变迁和文化"均质化"。传播对文化的影响不仅是持续而深远的,而且是广泛而普遍的。另一方面,文化对传播也有着十分重要的影响,这种影响体现在传播者对受传者的文化意义上,同时还体现在传播媒介及传播过程之中。传播与文化的互动表明:文化与传播在很大程度上同质同构、兼容互渗。从这个意义上我们可以说,文化即传播,传播即文化。

关于文化传播和传承,人类学的主要论点包括以下 3 个。

1. 传承和传播是文化的本质特征

文化传播随着人类的产生而产生,随着社会的发展而发展。文化传播冲破各式各样的社会藩篱,从时间和空间两个维度来展开,是历时性和共时性的过程。文化的产生与发展、变迁与转型、差异与冲突、整合与创新、生产与再生产都与文化传播紧密关联。文化传播作为一种最富人性和人情的社会活动,使人成为其"人",使人成为其"类"。一句话,文化传播与人类文明相得益彰、休戚相关。没有文化传播,便没有人类文明。社会学家查尔斯·科林(Charles Coughlin)认为文化传播是"人类关系赖以存在和发展的机制,是一切智能的象征和通过空间传达它们和通过时间保存它们的手段"①。文化传播拓展了文化时间和文化空间,从而也拓展了人类生命存在的时空形态。因此,只有通过文化传播的研究,从历时性和共时性的动态过程中,方能真正把握住文化。

2. 人类社会借助符号交流

波兰哲学家 A·沙夫明确提出:"人类传播过程,虽然在它的进程和作用方面是复杂的,却是一个显而易见的事实:人们是在行动中,即在合作中(因为所有的行动都是社会的行动),经过符号的中介传播明确的意义而进行传播的。"②符号有狭义和广义之分。狭义的符号就有字母、文字、语言、数学、物理、化学符号、电码、交通标志、国家、政党、宗教的标志等。如果广义地说,那么,人的全部动作,从其表情、姿态、形体动作到其各种各样的仪式、活动、游戏、文学、艺术、创造、神话、宗教中的各种构成要素,都是符号。

我们生活在一个符号化的世界里,人类社会是一个充满着各种符号的社会。在文明演进的过程中,人类一直在创造、储存和使用着各式各样的符号。在文化传播领域,符号被看作信息的外在形式和物质载体,是信息传递和文化传播中的一种重要元素。人们不仅通过符号的建构来形成理性、反映意义,而且通过符号来指称事物、表

---

① 周晓明,《人类交流与传播》,上海文艺出版社,1990 年,第 10 页。
② 〔波〕A·沙夫,《语义学引论》,商务印书馆,1979 年,第 164 页。

达观念和情感。"人是符号的动物,亦即能利用符号去创造文化的动物。"①符号是一种抽象,这种抽象又以具体的符号形状这种具象而得以表现。

其中,语言文字可以说是最重要、最复杂的符号系统。文化人类学历史学派的创始人博厄斯认为:"一个民族的语言(包括文字)记录着一个民族的思维,记录着一个民族的风俗习惯,记录着一个民族文化历史的方方面面。语言文字一方面是一个民族心理的外化、符号化,另一方面又是一个民族文化发展史的活化石。一个民族历史的方方面面,都以各种显露的或隐蔽的方式记录在这个民族的语言文字之中。"他同时还指出语言文字不仅有着随着文化发展而发展的生动性、流动性、易变性,同时,又有着相对于文化其他方面发展的迟滞现象、滞后现象。语言是丰厚的地层,语言表面缤纷闪现的是现代阳光照耀下的人类社会生活。"语言是文化的载体。"当然,文化也与非语言传播密切相关。非语言传播除了包括体态语、面部表情等,也指人们对时间、空间的使用和意识。总之,文化的传承和传播离不开语言和非语言的方式。人类学的语言学分支在这一领域成果颇丰。

3. 文化传播的过程不同,模式也不同

一般说来,传播模式有直接传播、媒介传播和刺激传播3种。(1)直接传播指不同文化主体的人直接接触,由于沟通而形成的文化传播。这种传播具有快速、直观、贴近人们现实生活的特点,是一种相当古老而原始的传播模式。(2)媒介传播又称间接传播,是指一种特质文化通过第三者做媒介进行交流和沟通,它其实是直接传播的延续和扩展,这是一种十分普遍的文化传播方式。(3)刺激传播是一种特殊的文化传播方式,指某种文化特质的知识刺激了本地的某一对应物的发明或发生。刺激在文化传播中的作用在于开启民智,提高对文化发展和创新的认识,激起文化借取或文化创造的强烈动机。我国的"五四运动"是一次民主启蒙运动,它的爆发就是由于帝国主义的侵略而产生了救国图存的社会心理。

(二) 组织行为学中文化传承的理论

我们在本章第一节中介绍了组织文化生成的模型。而在组织文化的维系过程中,有3个因素起了举足轻重的作用,即甄选活动、领导者的举措和社会化方法。这也就是组织文化传承的主要内容(详见图6-3)②。

1. 甄选

组织的甄选过程有着明确的目标:识别并雇用那些有知识、技能和能力的人,从而成功完成组织中的工作。这一点和组织文化生成过程中注重成员的素质和构成相

---

① 〔德〕恩斯特·卡西尔,《人论》,上海译文出版社,1985年,第4页。
② 〔美〕斯蒂芬·P·罗宾斯著,孙建敏、李原译,《组织行为学(第12版)》,中国人民大学出版社,2008年。

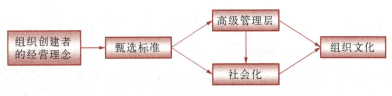

图6-3 组织文化传承图

一致。重要的是,组织在甄选成员阶段要确保成员与组织相匹配,而不仅仅是和岗位匹配,因为成员个体的价值观与组织价值观一致时,成员的态度会更加积极,并且有着更高的个人效能。这一思想直接催生了现代人力资源管理中的人与组织匹配的理论和实践,在本书的第十章我们还会详尽介绍。

2. 领导者

领导者的活动也对组织文化有着重要影响。领导者通过自己的言行举止建立起规范,并将其渗透到组织当中。例如,是否鼓励冒险;领导者应该给自己的下属多大的自由度;什么样的着装是得体的;什么样的活动可以得到加薪、晋升或其他奖励等。作为组织的领导者,传输组织文化的最方便而又最有效的方法就是将自己塑造为组织文化的"化身"而使得成员也能感同身受。

3. 社会化

在本书第五章组织文化内化的途径中我们讨论了个体和组织社会化的概念和功能。显而易见,组织成员的社会化是通过组织培训和个体内化实现的。组织内培训开发的举措和个体内化是相辅相成的。除了有系统的、正规的入职培训,组织成员对组织中的惯例、亚文化、组织氛围都会在工作的场所中感受到,因此,这些途径对于成员在组织中的成长、心理的成熟与变化以及行为方式的选择,往往起着潜移默化的影响。因此,在个体内化过程中,各种社会化的形式既不是单独地,也不是平行地起作用的。它们相互关联,共同实现着个体的社会化,进而影响到组织文化的传承。

【专栏】

海尔企业文化的形成与传承——内容分析

内容分析是定量统计与定性分析相结合的有针对性地对研究主题进行统计分析的方法。本研究将采用这种方法对张瑞敏的讲话进行分析,研究海尔集团企业理念的构成,以及为推动这些理念的实行所进行的管理实践。

任何一个企业的理念都绝非是一两句简单的、振奋人心的口号、标语的组合,而是一套有机的系统,海尔集团的企业理念也不例外。通过对张瑞敏讲话的分析,研究者发现海尔的企业理念鲜明地包含了企业哲学、企业宗旨以及核心价值观等组成部分,这些部分相互作用、相互影响,形成了一个有机的系统。

企业哲学用以解决企业在社会发展中的各种矛盾,即如何使矛盾转变成和谐,具体地说就是企业与社会、员工、顾客的各种关系如何处理和谐的问题。企业哲学就是企业对内外部的一种辩证式的哲学思考,这种哲学思考又决定了企业对于各种事物的偏好。

企业宗旨,是企业制定的需要企业用毕生的心血甚至生命去追求实现的目标。它具有长期、很少变化和不具体等特点。它表明了企业存在的根本意义;经过企业的一代人甚至是几代人长时间的奋斗和追求,有可能实现,也有可能没有实现,甚至根本就不可能实现,但是企业一定通过每一天、每一个活动和每一件事情等在一点一点地向自己的使命靠近。海尔集团树立了以振兴民族工业为己任的企业宗旨。

企业的核心价值观,是企业及其领导人对顾客、员工、股东和社区等事物的基本的看法和价值取向。核心价值观使企业成了一个有个性、有灵性和有思想的企业。海尔集团以创新作为自己的核心价值观,用创新的理念、观点和眼光面向市场,对待顾客,服务员工,为股东创造价值。

例如,作为海尔管理的基础——OEC管理法,这一文化的形成要从20年前的日清日高管理开始。当时,这种管理方法主要是针对管理对过程控制不细而产生的。为了解决生产制造过程中严重的浪费,海尔提出搞日日清,即每天对各种消耗和质量进行清理,找出原因和落实责任,做不到日清,不准下班回家。这就是日清日高管理法的雏形。张瑞敏发现这是一种非常实用而有效的办法,于是加以推广,并在其他工作中应用。通过ISO9001认证后,这一管理思想和方法得到完善,形成了现在的OEC管理法。

OEC管理法,即英文Overall Every Control and Clear的缩写。包含了下面诸方面的内容:

O——Overall 全方位;E——Everyone 每人、Everything 每件事、Everyday 每天;C——Control 控制、Clear 清理。

OEC管理法也可表示为:日事日毕,日清日高,即每天的工作每天完成,每天工作要清理并要每天有所提高。

OEC管理法由3个体系构成——目标体系、日清体系以及激励机制,这3个体系互为基础、相互作用、相互影响,保证了OEC管理法得以在集团内部顺利实施,对于集团管理水平的提升发挥了重要的作用,成为海尔集团管理的基础。

目标的实施首先是将总目标运用目标管理的方法,分解为各部门的子目标,再由子目标分解为每个员工的具体目标值,从而使全公司总目标落实到具体的责任人身上。

海尔在实践中建立起一个每人、每天对自己所从事的每件事进行清理、检查的"日日清"控制系统。它包括两个方面:一是日事日毕。即对当天发生的各种问题(异常现象),在当天弄清原因,分清责任,及时采取措施进行处理,防止问题积累,保证目标得以实现。如工人使用的3E卡,就是用来记录每个人每天对每件事的日清过程和结果。二是日清日高。即对工作中的薄弱环节不断改善、不断提高。要求职工坚持每天提高1%,70天工作水平就可以提高1倍。

激励机制是日清控制系统正常运转的保证条件,海尔在激励政策上坚持公开、公平、公正的原则。一是通过3E卡,每天公布职工每个人的收入,不搞模糊工资,使员工心理上感到相对公平。二是要有合理的计算依据,如海尔实行的计点工资,从12个方面对每个岗位进行了半年多的测评,并且根据工艺等条件的变化不断调整。

这一举措使得日清日高的海尔文化有了最新的诠释,由此可见,组织文化的传承绝不单单是传递,更重要的是在外界环境中不断完善发展,适应变化。

二、组织文化传承的实践

在组织文化传承的过程中,首先要认识到影响传承的因素,继而提升组织文化传承的水平。

(一) 影响组织文化传承的因素

组织文化的传承,对组织的生存发展有着重要意义。在组织范围内的传承,可以使组织内所有员工共享组织的共同目标、价值观、行为准则等,并最终将组织精神内化为自己的价值观,通过自身行为表现出来,从而增强组织的凝聚力;在组织外部环境中的传承,则可以使有关机构、群体、个人更好地了解本组织。如组织与相关利益群体、党政机关、客户的沟通,组织举办的各种宣传、公关活动,都更有力地塑造和传播了组织形象,能够提高组织的知名度和美誉度。

组织文化传承的成功,要特别注意以下两个影响因素。

1. 领导者的文化素养

对于高层管理者来说,建立传承组织文化首先要打破固化和"钙化"的思维定势,延长组织的生命周期,以动态的思维模式、开放的思维模式去思考问题。首要工作是创造出让员工们仰视的组织目标,进而将文化移植到员工心里,为组织文化传承创造有利条件。因此,高层管理者必须培植出一套组织哲学和组织价值观。

海尔的文化里就有着企业家张瑞敏的深刻烙印。从1984年以来,他在管理中发展出一系列对我国影响深远的组织文化:如休克鱼理论(兼并只吃休克鱼,不吃死鱼烂鱼)、内部市场理论(下一道工序就是用户)、先难后易论(开拓国际市场从最难的欧洲市场做起)、球体斜坡理论(企业好比斜坡上的球体,向上移动需要制动力和拉动力)、赛马理论(相马不如赛马)、本土化理论(国际化就是本土化)、第三利润点理论(物流是现代企业的第三利润点)、OEC理论(日清日毕,日清日高),等等。从不把某一种理论刚性化而视为神圣不可侵犯的东西。他还对管理者提出严格要求,在砸冰箱事件中张瑞敏、杨绵绵主动承担责任,各自自罚工资,对管理者考核相当严格,各部门明显处都设有管理者考核栏,表扬奖励及时具体,批评处罚也及时明确。如果一个管理者在一年内受到三次书面批评,就会被免职。《海尔报》上点名批评、评论性批评也是常事。这种管理者红黄榜与直截了当的批评方式,以及持之以恒的坚持,是海尔文化传承的重要基础。为此,海尔确定了"80/20原则",即"关键的少数制约着非关键的多数"的观念,这一"擒贼擒王"干部带头的示范效应,使海尔理念潜移默化地植入海尔人的心里。正因为如此,莱阳海尔的刘向阳、顺德海尔的赵振中等才能成为海尔精神的人格化代表,确保了海尔文化移植传承的成功[①]。

从海尔的组织文化传承来看,像张瑞敏这样强力的高层管理者创造出了海尔文化,合理地由多个中高层领导者分担,共同形成文化核心,建立起强力的组织文化,极大地传承和发扬光大了海尔组织文化。

2. 组织的卓越文化

组织文化在传承时,要便于广大员工学习、领会、认同、融入组织的价值观,在实践中自觉遵守行为规范,借助各种生动活泼的传承手段,使组织文化在员工的日常工

---

① 辛向阳,《成败之间——解读决策零失误》,江西人民出版社,1999年,第336页。

作和生活中内化为心中的信念,并且外化为实际的行为。特别是当组织从一种文化向另一种文化转变时,更要为员工提供学习新文化的培训机会。

卓越的组织文化特质与组织文化的传承是一个密不可分的整体,正因为卓越的特征才得以很好的传承,为传承的必要条件,组织文化的传承只有当为一种卓越的组织文化时才有了意义。而卓越的组织文化有许多特质。

第一个特点是强文化。强文化能够直指人心,使员工提高组织忠诚,献身组织。在高绩效的组织中,这种强文化给人以深切的感受。

第二个特点是适应性。适应变化,适应竞争,兼容吸纳,多元并存。在人类社会中,特别是商品经济的社会,竞争不断地推动并加快了商品的生产和消费变化的速度,产品更新又促使了社会进化。物竞天择,适者生存的自然法则同样贯穿于人们社会生活的方方面面。组织要生存要发展,就要快速适应市场的变化,强文化鲜明地体现出适应性。

第三个特点是变易性。即能够遵循文化发展规律,敢于超越,勇于创新。组织文化具有内在的变革性,在不断地传承的过程中新特质也在不断增加,这是一种更高层次的文化累积。有主动变革的冲动和良好的创新机制,会不断提升组织的生存能力[①]。

(二) 提升组织文化传承水平

组织文化传承总体分为对内传承和对外传承两种。就提升水平而言,我们需要"内外兼修"。

1. 对内传承

组织文化对内的传承具有多重功能。在某种意义上说,它构成了组织文化作为群体和集团文化而形成、存在、发展的基础,为组织文化诸多功能的实现提供了基础。它既具有辅助组织文化形成和确立的功能,又兼有使组织文化传统得以继承、发扬,从而激励成员意志的功能。没有良好的传承机制及其有效的运转,组织文化无论有多好的源头,多么伟大的发端者,都不能变成一种强有力的集团文化,都不能得到不断的、必要的强化和扬弃,都不能形成真正的组织文化互动关系。事实上,组织文化作为一体化集团文化的形成、发展和积累,它的功能作用的发挥,都离不开组织文化对内的传承。

一般来说,组织文化对内传承的通道包含无形通道和有形通道。

(1) 无形通道。

组织中的种种神奇传说、奇闻轶事等,往往成为组织文化对内传承的一条重要通

---

① 孙枫,《无形无限:企业人的另类感知》,海天出版社,1998年,第66页。

道。模范人物是组织精神的象征,是组织形象的缩影。模范人物使得成员在理智上明确方向,在行为上有所模仿。模范人物集中体现着组织价值观,在组织文化传统的传承过程中发挥着极为重要的作用。组织文化经常会借助模范人物的感召力和成员对榜样的模仿,见贤思齐,从而达到组织文化对内传承的目的。

对于组织而言,领导者的意识、行为、作风、要求也构成组织文化对内传承的重要渠道。

在一个成熟的组织文化体系中,创立者往往经过组织文化的种种有意和无意的加工而成为组织中的英雄人物,无论他们在世与否,这种神话或半神话都是可能的。因此,一些领导者在组织文化传播过程中往往兼有双重角色,既以带有神话色彩的英雄人物出现,又以现实世界里组织文化的示范者、"传教士"的面目出现。领导者还通过其选拔和培养起的一批管理者来传播组织文化。

(2) 有形通道。

将组织文化传统用语录、标语、标记、口号、雕塑的形式表达出来,将有助于强化人们对公司文化传统的继承。组织文化包含许多内容,诸如各种深层的组织文化理念等,其真正的含义和主旨不是所有组织文化共同体的人都能一下看透、把握准的,也并非总是可以为他们立刻、全部接受的。从这个意义上说,组织文化为成员所理解、接受的过程,就是组织文化在组织内部传承的过程,这个过程渗透到组织文化成长过程的始终,经常以语录、标语、标记、口号、雕塑等旨在体现、传播组织文化的形式表示出来。

组织实习、考核、晋升制度等功能作用的发挥过程,也是组织文化对内传承的重要渠道之一。师傅带徒弟、职业培训与再教育,除了传授技术、训练技能以外,主要是灌输组织文化。从组织内部提拔人才的制度,更是在员工中间渗透的重要途径①。

除此之外,组织还可以通过一系列集会、仪式,传播组织文化。集会、仪式为管理者向组织成员宣讲组织文化提供了机会和渠道,同时集会和仪式上的独具组织特色的活动,将使成员在潜移默化之中切实感受到组织文化,并将其内化于心。

2. 对外传承

组织文化对外的传承可以为组织的发展创造良好的社会环境,使组织的名声和名气得到扩大,以文化的感召力赢得公众。组织文化对外传承的渠道很多,主要包括以下几种。

(1) 员工行为。

在一个分工体系高度发达的社会里,如果仅有社会正规教育,没有组织文化的教

---

① 〔英〕沃尔特·歌德史密斯、大卫·克拉特巴克,《致胜之道》,上海翻译出版公司,1987年,第90页。

育和熏陶,这个社会的分工体系恐怕是难以有效运转的。组织文化的重要内容之一就是使组织成员内化文化,并在行为上符合组织文化的要求。组织成员、管理者把在组织文化氛围中形成的行为习惯延续和转换到社会生活领域,完成自身的社会扩散。毫无疑问,这些凝聚着人们一生经历中最主要的经验教训,将人生显著个性融于其中的行为文化,会通过成员的言行举止表现出来,从而形成具体而生动的文化示范效应。

（2）各种传播媒介。

马歇尔·麦克卢汉(Marshall McLuhan)是加拿大著名的文化传播学家。他在20世纪60年代发表的《理解媒介——论人的延伸》(*Understanding Media——The Extension of Men*)一书中,首创了一个如今人们耳熟能详的术语——媒介。麦克卢汉有一句经典的名言:"媒介即是讯息。"[①]他认为,每一种媒介发出的信息,都代表着或是规模、或是速度、或是类型的变化,所有这些都会介入人类的生活中。从媒介的定义来看,组织的一切存在,包括客观存在和主观存在,都是传播媒介。大到组织的整体结构布局,小到一张废弃的纸屑都可以反映组织文化主张。组织文化传承常用的媒介包括以下几种。

① 内部刊物。指组织报纸和组织定期或不定期(以月、季、年为时间单位)出版的刊物,包括组织季度总结、年鉴等在内。组织报纸可以说是组织文化媒介中适应性最强、最有活力的。它能体现组织文化信息的深度,能够向组织成员详尽、准确地解释组织文化的目的;受众接受报纸的文化信息更方便;报纸信息的存在时间比电子媒介长;报纸信息更容易保存;报纸更能调动组织成员的参与。因此,组织报纸在创立组织文化上所起的作用并不比组织电台、电视台差,甚至超过电台、电视台。

② 社会报刊。利用社会大众传播媒介,是组织传播文化的重要手段。广告,是组织与外界文化联系中最常见的方式之一。组织通过电视广播等媒介,用生动的语言来宣传组织形象,其中,有宣传企业产品的商品广告和宣传企业本身的公共关系广告。广告大师大卫·奥格威说:"广告是神奇的魔术师,它有一种神奇的力量,经过它的点化,不只是能卖出产品,而且能化腐朽为神奇,使被宣传的产品蒙上神圣的光环。"广告在知名度方面的作用最为显著,社会受众也常在购买企业产品之前,通过广告认识企业。利用社会公共媒介的新闻报道宣传自己,是组织文化走向社会的又一渠道。组织要善于利用事实,发现新闻价值,并努力强调它的新颖性,引起社会媒介的兴趣。

③ 文件与简报。文件和简报的区别在于文件主要是为组织文化服务,简报往往

[①] 〔加〕马歇尔·麦克卢汉,《理解媒介——论人的延伸》,商务印书馆,2000年,第33页。

服从于组织经营的需要。它们都是不定期公布发行,比较灵活机动。文件与简报对组织变动和经营状况的反映具有连续性,为组织文化和经营文化的发展提供了准确和详尽的资料。

④ 组织简介小册子。组织简介小册子有对内、对外两种功能。对内它可以让组织成员了解组织的过去、现在和未来的发展;对外是它的主要职能,它向社会宣传组织的发展规划,让人们了解组织的实力,为经济合作提供参考。小册子要印刷精美,图文并茂,有时还有主要产品的图片和规格说明。

⑤ 商标和产品包装。商标和产品包装直接反映 VI(Visual Identity)识别,随同产品一同进入社会,反映组织文化。商标是品牌标签,是质量、形式的反映。企业创品牌,消费者看商标,通过商标认识品牌,品牌有名气,但是如果没有品味、艺术化的商标表现,或者两者不相称,会削弱品牌的魅力。另外,产品包装也是非常重要的。

⑥ 组织电台、电视台。在组织报纸、电台、电视台这三种媒介之间比较,组织电台的普及率是最高的,这与它价格低廉、安装简便有关。组织文化的倡导者如果觉得必要,而且紧急的话,可以在5分钟之内,把信息传播到声波所抵达的受众那里。从传播信息的速度来说,广播是最快的;从传播频次上看,也是最多的,早、中、晚都进行广播。组织电视台是最受重视的传播媒介,其图文并茂、生动形象等方面的传播优势也为组织所认识。

⑦ 会议。从传播的角度来看待会议,它是非常好的传播媒介。人们反感会议,实际并不是对会议这种形式的厌恶,而是讨厌冗长、空洞、无聊的会议。因此,只要善于利用会议还是可以取得好的效果的。除组织会议外,还有一种比较特殊的会议——记者招待会。

⑧ 展览展销会。这种以实物加上讲解、操作等,向公众展示自己组织形象的手段最有说服力。展览展销会的特点包括:吸引性,直观性,信息反馈的真实、及时性。

⑨ 成员服饰。成员服饰不但是为了组织形象的需要,它还有增加员工自豪感、加强文化认同的功效。统一的服饰使成员随时都注意到自己所在的群体,自觉地调节自己的行为来与群体规范相符,将自己视为群体中的一员。

⑩ 组织宣传栏、标语、黑板报。这些都是组织内部常用的媒介。组织宣传栏一般建在人群集中的地方,主要功能是宣传教育、表彰与批评。组织标语悬挂在组织的醒目位置,时刻向成员提醒组织文化的要求。黑板报是组织部门最好、最方便的媒介,通知某项活动,对某些工作进行安排,黑板报是非常有效的。

⑪ 社会赞助。组织赞助社会公益事业、文化体育活动和学术研究,既是为本组织优美形象增添光彩,也是提高组织美誉度的形象传播。

（3）正规的或组织自身的教育体系

教材、课程、教员、学员、案例、探讨，尤其是当某种方式能够产生显著影响，或者由某种原因造成社会轰动时，组织文化就会在社会中加速传播和扩散。如我国著名的华为公司，由于《华为基本法》的广泛影响，对华为日后的跨国经营起到了确定文化基调，进而促进经营业绩的作用。华为大学也在社会享有极佳的声誉，"华为大学一年的学习胜似正规大学四年的学习"，这种赞誉自然提升了华为公司的社会知名度和美誉度，加上任正非的人格魅力，华为公司几乎成为我国民营企业文化建设的标杆。

【人类学关键词】

1. 文化素材传承（Transmission of Cultural Materials）
2. 文化形貌（Culture Configuration）
3. 制度化（Institutionalization）
4. 符号（Symbol）

【复习思考题】

1. 试结合文中案例论述文化和组织文化形成的一般模式。
2. 在推动组织文化形成时有哪些关键点？
3. 试结合文中案例论述组织文化传承的一般模式。
4. 文化的对内传承和对外传承分别有哪些途径？

【应用案例】

基业长青——北京同仁堂文化的形成与传承

北京同仁堂是由浙江宁波慈水镇乐氏家族创立的百年老店。从研究企业文化的角度，它的发展历史可以分为产生和传承两个阶段。

一、同仁堂文化的产生

乐家远祖乐仁规在唐末曾为太医令，后避乱弃官，迁居浙东宁波府慈水一带，世代行医。后来，乐良才承继家学，在浙东一带是一位名医。

明朝永乐年间，祖籍浙江宁波慈水镇的乐良才来到北京，靠走街串巷摇铃行医为生，娶妻生子，开创了京城乐氏一脉。此后乐氏几代均以行医为生。乐良才为北京乐氏宗族始祖。

乐良才的曾孙——北京乐氏医家第四代乐显扬，自幼聪慧，酷爱方术医药，善辨药材，精研医药之术，造诣颇深，被诰封为清皇宫太医院的吏目（高级医官）。几十年从医的经验，使他认识到"古方无不效之理，因修合未工，品味不正，故不能应症耳"。因而对制药下料配方精益求精。凡经他配制的中药，必求地道药材，谨遵炮制之规，功效颇佳。在清宫，乐显扬目睹了宫廷内部的尔虞我诈和一些官僚的腐败行径，心生不满，更加淡薄功名，认定"可以养生，可以济世者，唯医药为最"。公元1669年（清康熙八年），业有所成的乐显扬一边行医看病，并开始在京城创办药室，作为自己济世养生、治病救人的根基。同仁堂自此肇始。"同仁"一词源于《易经》，意为"和同于人，宽广无私"，同时也有远近亲疏一视同仁之意。乐显扬喜欢"同仁"二字"公而雅"，故以之为名。他以几十年从医经验为基础，为同仁堂立下规矩，要求制药必须精益求精，不得有丝毫马虎，这一规矩成为北京同仁堂文化的本质特征。

1688年（康熙二十七年），乐显扬逝世。其第三子乐凤鸣承继祖业。曾一心想走科举之路，却屡试不第。幼承家学，精通医道，中年继承父业的乐凤鸣，即决心献身医药事业，以济世养生。几年内就成就了一番业绩。

1702年（康熙四十一年），乐凤鸣将同仁堂药室从自家迁至商贾云集的北京前门外大栅栏路南。自此，他不分寒暑，不惜精力，搜集各种配方，研制各种药剂。在他配制的各种中成药中，牛黄清心丸、安宫牛黄丸、女金丹、再造丸、活络丹等最为有名。他穷毕生精力，大量收录历代宫廷秘方和民间验方，把自己刻意求精的丸散膏丹及各类剂型配方，分门汇集成书，五易其稿编撰《乐氏世代祖传丸散膏丹下料配方》，书中收载宫廷秘方、古方、家传秘方、民家验方共15门363首，为同仁堂选方、用药、配比和工艺确立了有文字可依的严格的规范，继承和发展了父亲立下的"规矩"。在序言中，乐凤鸣告诫子孙、门下"炮制虽繁必不敢省人工，品味虽贵必不敢减物力"。北京乐家先祖两代人，以自己的智慧和追求，创立了北京同仁堂现代企业文化的根基，现已成为同仁堂延续三百余年的古训，始终铭刻在每个同仁堂人的心中。同仁堂药铺制售的各种药物，对症服用，无不应验，因药力神效且经营有道而声振京城。1723年（清雍正元年），皇帝钦定："同仁堂供奉御药房需用药料和代制内廷所需各种中成药。"此后，同仁堂独办御药经历清朝八代皇帝，历时188年，直至清王朝退出中国的历史舞台。御药用量之大，品种之多，质量之高,期限之严,绝无通融、商讨余地,一旦出现半点差错,即大祸临头。供奉御药当年,即因被查出药品质量问题,负责质量的大查柜毫无申辩机会,被斩首于市。这一在中医药史上独领风骚的特殊地位,有如临深渊、如履薄冰的风险,同时也成就了积淀同仁堂文化的外部条件和物质条件。同仁堂的发展,与清王朝长时期的鼎力支持不无关系。

尽管如此,同仁堂的成长之路仍然充满了坎坷与艰辛,几度摇摇欲坠。在最困难的时候,乐氏家族实际上已经丧失了同仁堂的经营权。难能可贵的是,无论怎么艰难,乐家精制药品、修研药方的家传始终没有变。到1765年(乾隆三十年),乐以中修订《乐氏世代祖传丸散膏丹下料配方》,由原配方363首增补为449首,增加了避瘟丹、通宣理肺丸、鼻雪、神仙金不换膏、清瘟解毒丸等86首。

扭转同仁堂困境的是乐平泉、许叶芬夫妇。1843年(道光二十三年)同仁堂的经营权回归乐氏家族。乐氏第10代传人乐平泉为人精明干练,在研方制药方面承继家学,成功创新研制出虎骨酒、安坤赞育丸、八宝药墨、五味槟榔丸、定喘丸、参茸酒、如意长生酒等几十种中成药,在以往配本中从未记载,其方秘密传授而不公开,成为同仁堂传统药目中的珍宝。此时,《乐氏世代祖传丸散膏丹下料配方》由449首增加到495首。另外,他懂经营会管理,采用寄卖成药、多方融资的形式,使同仁堂起死回生。他确立了一套自东自掌管理制度,规定同仁堂不用徒弟,只请有技艺的工人,可家传世袭;不用资方代理人;不准子弟经营药行以外的行业;殿内一切重要事务不准假手外人,从称药到配药,都要亲自监督,购买药材也要亲自经手;嫁到乐家的妇女,都要参加包金裹药的工作。这一套理家治店的内部管理措施成为乐家后世祖训家规,形成同仁堂家族式经营方法的特色,把乐氏家族的命运与同仁堂药业的兴衰紧紧联结为一体。乐平泉还非常注重树立同仁堂良好的外部社会形象,广行义举。每年京城在主要干道挖沟清淤时,同仁堂都要在沟边挂上有"同仁堂"标志的大红灯笼以方便夜间行人;每逢朝廷会试,他们都会到各会馆向各地来京举子、学士免费赠送"平安药",奉送《同仁堂药目》;他们还专门创制了施舍药品"益仙救苦金丹",冬设粥厂,夏送暑药,兴办义学等,使得同仁堂声誉日增,扩大了影响,增加了销售,也扩展了同仁堂企业文化的内涵与外延。

乐平泉逝世后,由他的继配夫人许叶芬主持家事、铺务。许叶芬出身名门,知人善用,她分工长子乐孟繁主外,次子乐仲繁主内,三子乐叔繁、四子乐季繁协助,时达27年之久。许叶芬亲自抄录《同仁堂丸散膏丹配方》,全书首列碧云散,末附益寿比天膏。其中有内科配方74种,外科配方4种,妇科配方4种,儿科配方6种,伤科配方2种,喉科配方3种,眼科配方9种,共计102种。1899年(光绪二十五年),八国联军侵犯北京。许叶芬临危善变,率领乐家满门避难太原,虽家财被焚、被毁,但家人和员工躲过了灾难。1901年(光绪二十七年)她又率全家自太原返京,重新整顿同仁堂:向清宫御药房申报继续承办官药;重金酬谢与同仁堂患难与共的职工,并加以提拔重用,重新分配查柜、账房、药房和售药等人员;筹集资金整修同仁堂铺面房,把抢救出来的同仁堂老匾油饰一新,悬挂正中,两侧增添"灵兰秘授"、"琼藻新栽"两块横匾,奠定了后来同仁堂药店的基本风貌;确立了低工资加售药提成的工资制度。在清末内忧外患的恶劣环境下,许叶芬以其精明、灵活、独到的管理方式,使同仁堂内外相安,得到巩固和发展。乐平泉、许叶芬夫妇是同仁堂三百余年发展史上承上启下不可不提的杰出代表。

同仁堂以其承办官药的特殊身份和雄厚的资本,在祁州和营口等药市独占垄断地位,保证了原材料的绝对质量。同仁堂的药品以货真价实著称,售货从不打折扣。清末民初,是北京同仁堂乐氏家族的兴盛时期。

民国时期,一些政府官员主张废弃中医中药。国民党政府还召开中央卫生委员会会议,提出"废止旧医以扫除医事卫生之障碍案",因遭强烈反对而废止,限制中医药的政策虽无多大改变,中医药学却遭到严重摧残。之后,日本侵略中国,货币贬值,国民党对中药限价,等等一系列境遇使同仁堂再遭劫难,亏损殆尽。至新中国成立前夕,已濒临破产。

二、同仁堂文化的传承

1949年,北京宣告解放后,同仁堂劳资双方全体职工热情欢迎中国人民解放军进驻北京,把一些花园、住宅献给政府,并在同仁堂成立了基层工会和劳资协商会。在劳资双方的联欢会上,职工代表推举乐家第13代主管乐松生为同仁堂经理。当工人为提高工资,要求提成率由26.8%提高到32%——即售货100元,工人提32元工资及各项福利——与同仁堂进行说理斗争时,乐松生担任经理后,接受了工人的要求。此项制度一直维持到1952年。

1953年7月,同仁堂建立中国共产党基层党支部,同时建立了团支部。劳动条件改善,生产率提高,1953年还试制成功牛黄解毒片、香连片、黄连上清片、女金片,结束了中药只有丸散膏丹传统剂型的历史,每年利润实行"四马分肥"(即上缴国家税金、公积金、职工福利、私方分得利润)制。

1954年,同仁堂实行了公私合营。经理乐松生被选为北京市副市长,后历任全国第一、二、三届人大代表,全国工商联副主任等职。1957年,同仁堂人工牛黄研制成功。1958年,同仁堂开始接待外国留学人员,成为一个更加开放的文化窗口。1959年,同仁堂药店职工宋相如被评为全国劳动模范。宋相如在自己的工作岗位——问诊台前热心、细心、真心为顾客服务,他每天接待上百名顾客,对客人都是微笑、和蔼、认真解答,让客人满意。他还用业余时间下街道送药品、诊病人。他乐于教人,把自己多年积累的经验毫无保留地传授给其他职工,在同仁堂掀起了提高服务质量的热潮。宋相如是同仁堂第一个全国劳动模范。1964年,同仁堂开办第一期师带徒培训班,93人在培训班结业。1966年,同仁堂转为全民所有制企业。

不幸的是,"文化大革命"开始,以"文化"的名义,同仁堂文化遭受了一次劫难。1966年8月26日,同仁堂药店前悬挂的由创始人乐显扬于1669年立的老匾牌被砸烂烧毁;许多传统的药品名称,以具有"封、资、修"色彩为由被改名,安宫牛黄丸改为抗热牛黄丸,再造丸改为半身不遂丸等;一大批珍贵的历史文物、文献和资料被烧毁;1968年4月27日,同仁堂经理乐松生因遭受迫害不幸逝世。但同仁堂人世代相袭,孜孜以求精研制药的传统没有中断,始终在艰难中持守着。1973年,北京(原同仁堂)中药厂制订出《现行口服中成药卫生细菌学检验方法》,该标准是药品卫生质量现代化的重要标志,使中成药的检验向科学化迈进了一步。1974年,中国医学科学院药物所研制的葛根片在北京(原同仁堂)六厂试产,取名为"愈风宁心片"。该药的特点是在中药制剂上打破了按原料投料,不计算成分含量的老办法,是中药制剂中以处方药物成分含量为标准的新剂型,患者反应良好,出口后也受到了国际医药界的推崇。1976年,唐山大地震时,救援队使用安宫牛黄丸成功救治了压在地下14天、已深度昏迷的卢桂兰。

1978年,北京中药店恢复为同仁堂药店,迎来了走向现代企业之路的大发展时期。1982年,同仁堂制药厂进行大规模的配本整理,完善全套工艺操作规程,统一标准文号注册商标、处方来源、药味数量、药材炮制标准、药材使用标准、用蜜标准、药粉细度标准、剂型质量标准、质量差异标准、含水分标志以及功能、主治、服法用量、禁忌等。1983年,"同仁堂"商标由北京同仁堂制药厂在国家工商管理局、商标局注册。1984年,同仁堂国药提炼厂研究室人工合成麝香酮通过专家鉴定。1985年,在党和国家领导人的重视和支持下,纪念同仁堂开业315周年庆祝大会在人民大会堂隆重召开。此后,同仁堂的楼堂厂房、生产设备、工艺流程、科研成果、新药剂型、服务质量、经济效益、体制改革、管理理念、经营思路等,都得到了持续不断的、全方位的提升。1989年,"同仁堂"商标被国家工商局、商标局认定为驰名商标,受到特别保护,并首批参加了马德里协约国的注册。

20世纪80年代末,南方一些城市流行甲肝,急需同仁堂生产板蓝根冲剂180万袋,期限半月。同仁堂员工放弃春节休假,机器连续运转,员工轮流吃饭,昼夜不停,全力生产。当生产所需白糖库存不够,新采购的还没进厂,职工们主动把自家过年的白糖拿到厂里保证生产,厂领导非常感动。根据市场行情,有人提议生产不能赔钱,应适当提高售价。厂领导果断决定,我们是同仁堂,治病救人是天职,不能乘人之危发民难财,坚持按原价出厂,专门派出一个车队,把180万袋板蓝根直接送到疫情最严重的上海。

1992年,中国北京同仁堂集团公司成立,集产供销、科工贸于一体,成为国有大型一类企业。北京市委宣传部、北京市企业文化建设协会等组成联合调查组,深入同仁堂集团所属各单位对同仁堂企业文化进行调研,同仁堂企业文化在企业发展中的作用引起社会的关注与重视。1993年,历时8年完成的记录同仁堂创立与发展的史书——《同仁堂史》由人民出版社出版。为了强化职工民主管理,同仁堂集团由各方领导和职工代表结合组成管理委员会,集团第一届职工代表大会召开。1994年,"同仁堂"商标在台湾成功注册;集团实行全员劳动合同制。1995年,"同仁堂"商标在香港注册成功;这一年集团职工人均收入突破万元,高于当年全市职工平均收入水平。1996年,北京同仁堂英国(有限)公司在英国伦敦开业;《同仁堂》报刊创刊。为进一步加强企业文化建设,确立了同仁堂堂训:"同修仁德,亲和敬业,共献仁术,济世养生;求真品,品味虽贵必不敢减物力;讲堂誉,炮制虽繁必不敢省人工;承同仁堂诚信传统,扬中华医药美名;拳拳仁心代代传,报国为民振堂风"。同仁堂集团公司工会与同仁堂集团公司行政签订第一份《中国北京同仁堂集团公司集体合同》,对公司用工、劳动报酬、保险福利等作了具体规定,为维护职工的合法权益奠定了法律基础。1997年,同仁堂集团召开第一次党员代表大会,选举产生了中国共产党北京同仁堂集团公司第一届委员会和常委会;北京同仁堂股份有限公司成立,"同仁堂"股票在上海证券交易所挂牌上市并成功发行;"同仁小学"在北京密云县太师屯镇东庄禾村成立;投资与北京京剧院合作完成现代京剧《风雨同仁堂》,演出上百场,引起轰动;国家医药管理局、国家中医药管理局命名同仁堂药店为"全国文明示范药店"。1998年,我国南方等地发生特大洪水,同仁堂共捐赠药品10个品种3 488箱,计344.13万元,拨发给部队药品11种417箱,计55.98万元;参加北京市工人技术比赛,公司10名选手获得"北京市高级技术操作能手"称号;同仁堂集团与《北京周报》合作编写整体对外宣传材料《中华老字号——北京同仁堂》,用英、法、德、日、西等5种文字连续在《北京周报》刊登14期;同仁堂集团将电视专题片《同仁堂从历史走向未来》用英语、韩语、日语、粤语和普通话等 5 种语言进行解说,制作成 VCD 光盘,向国内外有关方面赠送。

2000 年,北京同仁堂科技发展股份有限公司成立,在香港联交所创业板挂牌上市;北京市企业文化协会帮助拟定同仁堂文化 CIS 手册,该手册从理念识别、行为识别、视觉识别 3 个系统进行规范,推进同仁堂企业文化建设;北京市政府对包括同仁堂集团在内的 9 家公司进行国有资产重新规范授权,授权后,同仁堂集团承担国有资产的保值增值责任,市政府在原赋予同仁堂集团重大决策、资产收益、人事任免 3 项权利的同时,新增资产处置权、土地使用权、分配权;一部反映同仁堂集团思想政治工作和企业文化建设经验的丛书《历史的对接》由北京出版社出版,较详尽地记述了同仁堂传统文化与现代文明相融合的历史性跨越。2001 年,经北京市政府批准,同仁堂集团改制,成立了国有独资的、以生产经营和资产经营为一体的中国北京同仁堂(集团)有限责任公司;北京同仁堂(泰国)有限公司开业;北京同仁堂陵川、吉林、南阳、湖北、浙江、河北等具有种植基地性质的中药材公司成立;同仁堂集团被中宣部树为"公民道德建设先进典型"进行宣传,新华社发专稿《诚信为本,药德为魂》,对同仁堂集团进行报道,其后 30 余家中央和地方报纸、电台、电视台等媒体也进行了报道;乌鸡白凤丸、六味地黄丸、牛黄清心丸和国公酒等 4 个品种年销售额突破亿元;与北京文化艺术音像出版社联合投资 800 万元,拍摄完成 22 集清装电视连续剧《大清药王》在各地热播;在全公司开展以"讲学习、讲政治、讲正气"为内容的"三讲"学习教育活动。2002 年,同仁堂股份有限公司、同仁堂科技发展股份有限公司相继通过北京市科委认定,成为北京市高新技术企业;中国北京同仁堂(集团)有限责任公司第一次党代会召开,选举产生了第一届党委会和常委会;同仁堂集团公司董事会命名张学著、范国强等 20 名科研和生产一线的技术人员为"同仁堂优秀中青年人才",并享受每月 1 000 元的特殊津贴;北京同仁堂(马来西亚)有限公司在马来西亚吉隆坡开业;同仁堂集团被中国工业经济联合会、中国名牌战略推进委员会推荐为《向世界名牌进军——16 家具有国际竞争力的中国企业》之一;北京同仁堂(加拿大)有限公司在加拿大温哥华开业。同仁堂集团公司委托国务院发展研究中心拟定《中国北京同仁堂发展战略研究方案》,确立了同仁堂集团的战略定位和 2011 年的奋斗目标。战略定位是:以现代中药为核心,发展生命健康产业,成为国际知名的现代中医药集团。奋斗目标是:奋斗 10 年双加零,即以 2001 年的销售总额和实现利润为基数,到 2011 年实现销售额 300 亿元,实现利润 13 亿元。为完成这一目标,同仁堂集团公司董事会又提出并启动"1032"工程,即:形成 3 大板块,发展 10 大公司,建设 2 个基地、2 个院和 2 个中心。3 大板块:现代制药业、零售药业、医疗服务业。10 大公司:2 个上市公司——北京同仁堂股份有限公司、北京同仁堂科技发展股份有限公司;3个投资公司——北京同仁堂商业投资管理有限公司、北京同仁堂和记医药投资有限公司、计划启动的医疗投资公司;5个重新组建的发展型公司——北京同仁堂国际有限公司、北京同仁堂药材有限公司、北京同仁堂健康药业有限公司、北京中研同仁堂医药研发有限公司、北京同仁堂制药工业有限公司。2个基地:北京同仁堂股份有限公司生产基地、北京同仁堂科技发展有限公司生产基地。2个院:北京同仁堂研究院、北京同仁堂中医医院。2个中心:同仁堂信息中心、同仁堂培训中心。这一年,同仁堂集团在首届中国企业文化年会上获中国企业联合会、中国企业家协会2002年度中国企业文化优秀成果奖。同仁堂药店西药部、北京同仁堂窑酒厂灌装组、北京同仁堂连锁药店宣武药店饮片组3个单位被评为北京市青年文明称号集体,同时有北京同仁堂药店外用药组、北京同仁堂药店外币兑换组、同仁堂股份公司制药厂南分厂王家场配料班3个单位被重新审定为北京市青年文明称号集体。这一年,同仁堂集团职工人均年收入已达到32 005元。2003年,同仁堂集团在全市抗非典斗争中共向社会供应抗非典药近300万付(瓶),占全市供应量800万付(瓶)的37.5%。由于进销差价较大,此次亏损近600万元。同仁堂集团还向社会捐款合计人民币150万元,荣获全市抗非典工作先进单位。同时,在抗非典及改革发展中,企业文化建设得到升华。集团公司董事长殷顺海代表董事会提出同仁堂文化的新理念:4个善待,即善待社会、善待职工、善待经营伙伴、善待投资者;4条标准,即用同仁堂的文化吸引人,用同仁堂的干劲鼓舞人,用规范化的管理要求人,用优良的业绩回报人;4个抓住,即抓住品牌整体发展,抓住共性协调发展,抓住人才促进发展,抓住文化保证发展。对全体员工进行宣传教育,使之逐步深入人心。北京同仁堂(澳门)有限公司在澳门开业,至2003年,在海外共有12家合资公司。自20世纪80年代以来,同仁堂几乎每年都有新药或新剂型上市,尤其是2001年开发研制的抗感泡腾片,采用大孔树脂新技术,具有中药精制和服用方便等特点,是我国第一批应用大孔吸附树脂新技术的复方中药新产品,同时还应用喷雾干燥、干挤制粒等新工艺,申请了国家发明专利。还有"舒心缓释片",具有剂型新,体内血药浓度维持时间长,提高安全性、有效性,降低毒副作用,服用方便等特点,有望成为高科技含量高的治疗心脑血管病的特色药。同仁堂科技公司获得了由北京新世纪认证公司、英国国家质量保证有限公司颁发的ISO9001:2000标准国际、国内两个认证,标志着同仁堂科技公司已经建立了国际化的质量保证体系,取得了国际贸易的通行证。同仁堂零售药店也得到突破性发展,至2003年底已发展到356家。同仁堂集团公司被中宣部等单位授予全国精神文明建设先进单位。

纵览北京同仁堂的历史,浓郁的文化气息扑面而来,丰富的文化内涵令人叹为观止。"同仁堂"作为中国第一个驰名商标,其品牌优势得天独厚。目前,同仁堂商标已参加了马德里协约国和巴黎公约国的注册,受到国际组织的保护。同时,在世界50多个国家和地区办理了注册登记手续。同仁堂的商标已经成为同仁堂文化的标志,成为同仁堂集团不断发展的特有优势。

【案例讨论与练习题】

1. 同仁堂的企业文化是怎样逐步形成的?
2. 同仁堂采取了哪些举措保证企业文化的传承?

第七章 组织文化的变革与创新

【本章要点】

通过对本章内容的学习,你应当了解和掌握以下内容:
- 文化变迁的含义
- 文化变迁的机制
- 文化涵化的定义和具体方式
- 组织文化创新的含义和原则
- 文化创新的作用
- 组织文化变革的动因
- 组织文化变革的阻力
- 组织文化变革的步骤
- 组织文化变革的时机
- 组织文化各主要流派的理论观点

【篇首案例】

华侨城房地产有限公司的企业文化创新

21世纪,房地产中比重最大的住宅产业被列为国家新的经济增长点,城市居民住宅状况成为我国全面建设小康社会的重要物质指标。与此同时,也伴生了具有中国特色的房地产企业文化,房地产业的竞争已经上升到房地产文化的竞争。深圳华侨城房地产有限公司的企业文化建设和人力资源管理模式在此提供了很好的例证。

作为华侨城集团旗下控股企业,1986年9月华侨城房地产成立,为华侨城经济发展的三大支柱产业之一。在人力资源管理方面,经过十多年的发展壮大,公司总部现有员工150人,其中专业技术人员占91%,同时还建立健全了一整套科学、合理、高效的人力资源管理制度和项目开发、工程监理、销售经营、财务管理以及物业管理等运作体系。

除此之外,华侨城房地产人深得企业文化的真传,房地产文化是一种科学与艺术、经验与技术相结合的高度综合性的文化。房地产文化内涵丰富,不单单是建筑本身的外观形象和建筑风格,也包括社区空间的人居生活、社会交往等活动中所蕴含的文化品位、生活方式等人居文化。一开始公司就选择了一条对环境、资源、生态的充分保护利用和可持续发展的开发模式和发展路子。1985年在成立之初,华侨城成立的第一个国有企业是华侨城园林公司,华侨城的理念是要在"花园中建城市",而不是"在城市中去建设花园",即使在房地产市场极度火爆的时候,华侨城房地产不为一时的高额利润所动,在寸土寸金的土地上拿出大片地方来种花种草、蓄水造湖。目前在华侨城绿地覆盖率达53%,达国际城市绿化率领先水平,走出了一条"以文化营造环境,以环境创造效益"的可持续发展的新路子。

近年来,公司秉承"创造新的生活品质"的核心价值理念,创造性地提出了旅游与地产互动发展的新模式,致力于打造"旅游主题地产"的第一品牌,将华侨城城区打造成中国21世纪的生活居住示范区。目前开发的有意大利风情的"波托菲诺"项目以其新颖的主题地产设计理念和良好的销售业绩,被推选为2001年

"中国名盘30强",入选2002年"深圳典型住宅指数样本项目"。

华侨城房地产人认识到企业文化创新是中国房地产企业发展的必由之路。只要企业有了自己的文化,就有了核心竞争力,也能提高企业的品牌效应。另外,一旦企业有了自己的文化,才具有高效益的企业管理,才能打造高质量的产品。文化、管理和产品,是一个企业三位一体的整合体。因此,2004年,他们外聘咨询公司,设计全新的企业文化,并广泛开展各项企业文化建设活动,实现了企业与建筑、企业与消费者的互动,种种互动的桥梁就是企业文化。

华侨城房地产的企业文化和人力资源管理建设说明,优秀的房地产文化和管理不仅是房地产项目拥有持久核心竞争力的关键因素,也是整个房地产行业可持续发展的恒久的动力和源泉。房地产要创造品牌,离不开它的企业文化,而企业文化建设的体现不仅仅在建筑本身,也在于员工的文化认同、企业形象的传播和各项制度建设。人力资源管理和企业文化建设相得益彰,企业文化建设是现代人力资源管理中重要的一环。本章将为大家介绍企业文化创新的相关内容。

工作环境中发生的任何变化都对整个组织产生影响。21世纪,研究者的研究越来越侧重于组织变革的成功实施,而变革策略以及巩固变革的能力则是组织成功变革的决定性因素。随着组织文化对组织的作用日益凸显,组织若想顺应环境变化的趋势,就必须适时进行组织文化的变革。这正是本章要介绍的内容。

第一节 文化变迁、组织文化变革与创新

在文化人类学中,文化的变迁其实与组织文化变革及创新存在很大关系。以下我们会对文化变迁、组织文化变革以及组织文化创新分别展开论述。

一、文化变迁

在文化人类学中,文化变迁(Culture Change)是指一种文化在任何一方面发生的变迁。它包括物质的变迁和非物质的变迁,包括文化特质或文化丛的增减或修改。文化变迁是人类文化所固有的特征之一。

而文化过程又称"文化变迁过程"(Culture Process),指文化内容或其结构的连续变化。文化变迁的过程主要是文化涵化,也包括接受、排斥等。在功能学派和结构主

义学派中,文化过程是一个关键性的概念。

在这一过程中,文化变迁是有规律可循的,文化变迁的机制有创新、文化遗失和涵化,以下对这几个关键概念加以解释①。

(一) 创新(Innovation)

创新是指在一个群体内部得到广泛接受的任何新的做法、工具或原理。创新包括首次创新(Primary Innovations)和二次创新(Secondary Innovations)。前者指对某一新原理的偶然发现;后者指由对已知原理的有意应用而产生的事物。

(二) 文化遗失(Culture Loss)

文化遗失是对现存的习俗或特征的遗弃,不论有无替换。

(三) 涵化(Acculturation)

涵化是指由于两个社会之间发生密集而直接的接触,人们被迫作出重大文化改变,作出文化选择。文化选择(Cultural Alternatives)是指文化所具有的一种特性,即文化中包容有各种不同元素、特征或模式,是个人或一个群体在对它们进行比较后,作出选择,并通过不同手段达到相同的目的,或经由不同的目的达到相同需求的满足。文化选择主要表现在两种不同的特征或模式上,即有全体成员共同选择的文化特征或模式,此可被称为文化普遍性;而由群体中的某些成员所共同选择的文化特征或模式等则被称为文化特殊性,这种不同都是该文化成员选择的不同,因此,文化选择性概念的意义在于揭示了文化自身有可变性这一事实。这一概念同文化普遍性和文化特殊性一起,构成了林顿关于文化的三个基本范畴。在现代文化人类学的研究中,这一概念一般用来泛指人类文化发展中经常可见的文化可变性现象。这种现象表明,人类文化的发展在一定的范围内,具有某种选择性,这种选择性可以使文化在发展方向、内涵、速度等方面呈现出差异,因而成为文化发展丰富多样化的重要原因之一。这一概念对与人类文化发展过程的研究具有一定意义。

而涵化的过程也是文化变迁的过程。涵化可以通过有指导的文化变迁来完成,在这一过程中,文化会发生创新和调整。涵化的一种极端形式是种族灭绝(Genocide),指(常常)在"进步"的名义下,一个族群灭绝另一个族群,这是蓄意的行动,或是由于一个民族丝毫不顾及自己的活动对另一个民族的影响而造成的偶然后果。

---

① 威廉·A·哈维兰著,翟铁鹏、张钰译,《文化人类学》,上海社会科学院出版社,2006年,第461—469页。

涵化的一种形式是文化泛化(Transculturation)又称"文化互化",指不同文化之间的相互影响。这一术语可以更全面地表达从一种文化转变为另一种文化过程中的不同阶段,不仅包含参与各自原有文化的丧失与消亡,也含有创造新文化的意思,有学者主张用这一术语取代涵化。马林诺夫斯基认为相互涵化可以表明相互交往的文化各方都是主动者,每一方都献出它的一份,而且每一方都变成一个新的文化实体。但也有学者提出不同意见,认为用文化共化(Conculturation)更为恰当。目前,这一术语的应用比涵化一词流行。但民族学、人类学中的大多数学者仍然坚持使用涵化,认为文化互化只是涵化的一种情形。

涵化的另一形式是文化合成(Syncretism)和复兴运动。前者是指在涵化过程中,本土的特性和异族的特性混合而成一个新的系统;后者可以被看作由社会中的成员进行的一种刻意尝试,他们想通过迅速接受一种带有多项创新的模式来建设一种更加令人满意的文化。

从文化人类学的角度来看,涵化在当今世界影响最大的方式是现代化(Modernization)。现代化是指文化与社会经济的变迁过程,发展中社会通过这个过程获得某些西方工业化社会的特征。现代化已经成为人们最经常地用来描述正在发生的社会和文化变迁的术语之一。

【专栏】

从韦伯到格尔茨

马克斯·韦伯(1864—1920)是德国著名的社会学家和哲学家,也是当代西方极具影响力的学者。韦伯被誉为百科全书式的学者,其思想可谓博大精深,他的研究横跨社会结构与文化的广泛领域。不过,他的主要观点是:社会现实从根本上讲是由人们和他们有意义的社会行为构成的,因此,他研究的出发点是个人及其行动。他说:"社会学应该被称为一门想解释性地理解社会行为,并且通过这种办法在社会行为的过程和影响上说明其原因的科学。行动在这里应是一种人的行为(不论外露的还是内心的举止、放弃还是容忍,都一样),只要行动者与行动有一种主观意义上的联系。'社会行动'则应是这样一种行动——行动者的行为涉及他人的行为并在行动过程中以此为准则。"[1]

---

[1] 〔德〕菲根著,王容芬译,《马克斯·韦伯》,三联书店,1988年,第121页。

社会学应研究人的行为,是因为每个人都赋予他一定的"意义",行动者将其主观意义与行动联系起来,并且指向他人的行动与理解,因而个人行动及其意义是可以理解的。韦伯并不完全拒绝使用诸如公司、国家、民族等概念,但他坚持认为,使用这些概念并不意味着他们具有行而上学的、实在论的意义,即他们并不构成社会行动的主题,只是标志着一定的人类相互作用。

韦伯之所以强调个人的行为及其意义,主要是因为他认为社会文化领域不同于自然世界,前者所使用的研究科学原则也应该不同于后者。自然科学探讨的是规律性、因果性的关系与法则;而人的头脑是自由的,它不遵循自然界的法则,因此,应当采用特殊化的方法,从内心理解去把握行为的意义。韦伯这一立场源于他所在时代的德国哲学界,狄尔泰和李凯尔特对他影响很大。

狄尔泰,其哲学思想是新康德主义的发展,是生命哲学的奠基人,他坚决反对用自然科学或实证主义的方法来研究人类文化现象。狄尔泰认为,自然科学与社会科学根本不同。自然现象是重复发生的,遵循着不变的规律,因而是可以计算和预言的;社会现象则不同,社会是一个生命体,社会的发展与人的主体意识分不开,人类的历史不重复,因而不可预言。据此,狄尔泰把科学分为两类:一类为自然科学,另一类为精神科学;并明确指出自然科学的研究方法是"说明",精神科学的研究方法是"解释"。"说明"的目的在于总结规律,作出可靠的预言;解释的目的是寻求对历史过程中的人们的行为和精神作品的理解。狄尔泰开创了现代社会科学中广泛使用的解释学的方法。

格尔茨也区分了两种科学研究的方式:一种是追求规律的理论阐述,一种是寻求各种可能性的意义解释;文化人类学属于后者。他曾说过:"同马克斯·韦伯一样,我认为人是悬挂在他们自己编织的意义之网中的动物。在我看来,文化就是这些意义之网,而且我还认为,研究文化并非是寻求规律的实验性科学,而应是探求意义的解释性科学。"[1]

构成格尔茨理论渊源的又一流派是帕森斯的结构功能论。塔尔科特·帕森斯,早年学习自然科学,后来进入伦敦经济学院师从马林诺夫斯基学习文化人类学,此后又转入德国海德堡大学攻读社会学。1927 年以一篇关于桑巴特和韦伯比较研究的论文获取博士学位。1937 年以《社会行动的结构》一书奠定了结构功能论基础和他的学术地位。科瑟认为,"这部著作……是一座里程碑,它开辟了一条新的道路,即功能分析的道路"[2]。该书在吸收韦伯的社会学思想的基础上,帕森

---

[1] 克利福德·格尔兹著,纳日碧力戈等译,《深描——迈向文化解释学理论》,上海人民出版社,1999 年,第 5 页。
[2] 〔美〕科瑟著,石人译,《社会学思想名家:历史背景和社会背景下的思想》,中国社会科学出版社,1990 年,第 635 页。

斯将社会行动作为社会学分析的出发点。

帕森斯于1951年出版了《社会系统》。由于受到韦伯类型学方法的启发,帕森斯根据动机和价值取向把行动者看成是对情景有各种倾向的人,各种倾向的行动者会逐渐确立互动模式,而制度化的模式就是社会系统。动机、价值取向和制度化的模式就成为行动理论主要探讨的内容,它们分别构成文化系统、人格系统、社会系统。其中,文化系统包含了复杂的价值观、信仰、符号和其他观念,人格系统包括动机和角色扮演技巧,而社会系统则是有规范引导的制度化模式。

帕森斯认为,文化系统通过社会化而成为人格系统的动机,通过制度化成为社会系统的规范。而文化系统发挥作用要通过以下两种途径:第一,某些文化要素,如语言,是发生互动必不可少的资源。缺少语言符号,沟通是不可能的。因此,文化通过向所有的行动者提供共同的资源使互动成为可能。第二,文化通过价值、信仰、观念等向行动者提供共同的立场、共同的"情景定义",使互动以最少分歧的方式顺利进行。

当帕森斯将上述理论公之于世的时候,格尔茨正在哈佛大学受教于帕森斯。他曾明确表示,"我将追随帕森斯……而致力于发展……文化理论","在家务、农活、诗歌、婚礼等日常生活中,文化、社会和心理是相互融合的"[①]。此外,格尔茨最初的对文化的定义也是与帕森斯的观点一致的,即把文化作为一种有逻辑的、有意义的整合价值、信仰和符号的系统。不过,格尔茨在后来的解释理论的建构中,逐步扬弃了帕森斯的思想。

在此期间,另外一位英国人赖尔也直接启发了格尔茨。

赖尔,英国分析哲学牛津学派的创始人,他在驳斥笛卡尔"心身二元论"的基础上构建了自己的"心的概念"。在赖尔看来,笛卡尔的"心身二元论"是这样一种理论:世间万物及其表象都可归入两种并行不悖的存在范畴——心和物。两者是本质上不同的独立实体——物的本质是有广延而无思想,心的本质无广延而有思想。所以,人是由两种完全不同的东西构成的:一个躯体,一个心灵,两者彼此独立,甚至在躯体死亡后心灵仍能继续存在。躯体是有形的,服从机械规律,可通过外在的观察认识;心灵是无形的,不服从机械规律,只能通过内省去认识。

赖尔在自己1949年出版的《心的概念》一书中猛烈抨击上述的理论,并贬称其为"机器中的幽灵说"。赖尔认为,心理意识可以通过实际的或可能发生的行为加以分析。为此,他提出了"意向"(Disposition)这一概念。"意向"指的是能力、理

[①] J·亚历山大,"文化社会学:克利福德·格尔茨的反决定论",《国外社会学》,1991年第2期。

念、动机、态度、情感等,不同于作为瞬时感觉的心理事件或意识流,而是一种倾向,一种可能性。具有某种意向,就意味着很容易产生某些物理事件或心理事件。例如,"当我们听说一个人爱慕虚荣,我们首先会预料到他将以某种方式行事,也就是说,他会谈自己谈得很多,会依恋于社会名流,会拒绝批评,会喜欢表现自己,会不提别人的长处。我们还会预料,他会沉迷于对自己的成功作美好的幻想,会避免回想往日的失败,会谋划他自己的晋升。爱慕虚荣就是倾向于以这些方式和无数其他类似的方式行事。"[1]赖尔以这个例子来证明,精神外显为行动,认识人的行动即可以推测出这个人的精神。

格尔茨在"作为文化系统的宗教"一文中原封不动地引用了"爱慕虚荣的人"的例子。他仿效赖尔的论述,明确地将"心"界定为"意向",认为"心既不是行动又不是事物,而是各种意向的有组织的系统,这些意向在某些行动和某些事件中得到展现"。

在承袭赖尔的思想的基础上,格尔茨提出了"精神之外在的理论"。这个理论的主旨是,否认精神是单纯的内心活动,认为精神活动是社会性的和公开可见的,精神作为心理事件只是从属的和第二位的。该理论包含两个层面的意思:一是精神作为能力、理念、动机、态度、情感等并非隐秘于意识之中独立存在,而是能通过具体的行为得以显现;二是精神活动的进行必须依赖于操作客观材料(比如自己的身体)的行动。

二、组织文化变革

在文化人类学中,我们将文化变化称为文化变迁,而在组织中则称之为变革。组织文化变革是指由组织文化特质改变所引起的组织文化整体结构的变化。

(一) 组织文化变革的意义

组织文化变革是组织变革的一部分。很多组织文化变革的根源在于组织生存、发展的客观条件发生了根本性的变化。一方面,它是社会文化变革在组织内的反映;另一方面,它又是组织生存发展的必然要求。当组织原有文化体系难以适应组织经营发展的需要而陷入困境时,就必然通过文化变革创建新的组织文化。因此,组织文化变革意义表现为:

---

[1] 〔英〕赖尔著,徐大建译,《心的概念》,商务印书馆,1992年,第89页。

首先,它是组织文化产生飞跃的重要契机。在一般情况下,组织文化变革对组织文化发展有着促进作用,而在某些特定条件下,组织文化变革也有可能引起组织文化的负功能的出现。因此,正确认识组织文化变革的本质特征,对于促进组织文化的进步具有重要意义。

其次,组织应可以通过对其文化现状进行的深刻剖析,广泛地吸取其他文化的精华,积极推动组织文化的发展。及时根据环境的变化,把握时机,进行有计划的变革。

最后,组织文化对于形成和维系组织的竞争力有着重要的作用。因为变革是一个持续的过程,它不仅仅表现为组织面临战略转型、组织转型、资源重整,或是面临并购重组时所必需的文化的内驱力,而且体现在组织的整个发展变化中。有计划、持续性地对组织文化进行评估与改进。

(二) 组织文化变革的特征

组织文化变革是客观的,存在一定的规律性。它主要有以下三个特征:

首先,变革在开始时总会遭遇普遍的阻挠。一旦处理不好,组织成员很容易产生抵触情绪。所以需要及时就组织文化变革与组织成员沟通,使其对变革做好充分的思想准备,从而确保组织文化变革的顺利实施。

其次,组织文化变革总是由无序状态过渡到有序状态。在旧的文化体系被组织文化变革破坏后,新的文化体系建立前,组织成员会对其产生不适应,这时会呈现一种分散、无序的状态,但是经过一段时间,人们对变革开始能够调适。

最后,组织文化变革总是由量变到质变的。由一种文化到另一种文化的转变往往需要较长的时间,即使是组织外部环境发生巨大变化,使组织文化出现突发性变革,也是建立在量变积累基础之上的。

(三) 组织文化变革的管理

组织文化是可以管理的,这种观点在企业经理与咨询师中有着较高的接受程度。这些人经常会用类似"有计划地,系统地改变公司的文化"的语句来表述他们的观点。如 Kilamann 于 1982 年指出,通过标准的评估,文化是具体而又可以改变的。文化是企业的一个战略性的变量,经理人可以根据各种手段(人力资源制度、塑造组织中的模范人物、宣传)来塑造组织文化[1]。

与此相反,有些学者认为组织文化是不可以管理的。因为文化的变革是一个很困难和长期的过程。人们认为,大多数组织中存在的文化都是与组织相适应的,这种文化一般是由组织的创业者设立,并在许多情况下都是经过长时期的发展并

---

[1] 徐二明、郝晓峰,"论组织文化变革",《现代管理科学》,2005 年第 4 期。

不断得到强化的。组织文化的变化的确存在,但是经常是在非管理手段控制之下。Turnstall 指出,所有权的改变是文化转变的一个重要原因。Louis 也认为环境的变化和新技术的变化会导致文化的变化。Siehl 指出,当一个 CEO 退下来的时候,公司的文化的变化是可能发生的。Dyer 在 1984 年指出,组织文化的变化是不可预期的危机发生导致领导的变化或公司内部重大变化。他同时指出很多组织文化的变化因素似乎超出了管理的控制。因此,文化的变革并不如经理人想象得那么顺利[1]。笔者认为,第一种观点更为可取。由于文化具有内在的规律,组织文化的变革和文化变迁一样都会出现一定的呈现方式,组织中的管理者可以计划、组织、领导并加以控制。换言之,组织文化变革是可以控制的。另外,还要增强在原有基础上的文化创新。

三、组织文化创新

在文化人类学中,文化变迁是和创新密不可分的。同样,在组织文化变革中,组织文化创新也尤为关键。

(一) 组织文化创新

组织文化创新是指在一个组织内部由于文化各要素、类型和结构的变化而导致的组织文化形貌(Organizational Culture Configuration)[2]的改观。

正如前面第一章所讲,组织文化的基本内容包括组织的价值观体系、管理理念、职业伦理以及团队意识等要素。而组织文化的创新,则是在对以上各基本要素不同组合上的创新。其中,最关键的是组织管理理念的创新。因为管理理念的创新可以将组织中原有的、不适合环境的文化观念转变为现代组织的新理念,从而引发一系列文化上的创新。比如,无边界组织的出现,正是由于扁平化这一组织设计理念长期作用而出现的全新的组织形式。

(二) 组织文化创新的作用

由此可见,组织文化创新也是现代组织创新的动力源泉。文化创新对组织创新的作用体现在以下 5 个方面。

---

[1] N. M. Ashkanasy & C. R. A. Jackson, "Organizational Culture and Climate", In N. Anderson, D. S. Ones, H. K. Sinangil & C. Viswesvaran (Eds), *Handbook of Industrial Work and Organizational Psychology*, London: Sage, Vol. 2, 2001, pp. 398 – 415.

[2] 组织文化形貌(Organizational Culture Configuration),指组织文化具有不同的类型与特征。见本书第六章的解释。

1. 形成组织的约束力

组织对于其内部成员的道德、纪律约束,并不仅仅体现在硬性的规章制度以及明文标示的纪律。这种约束还体现在组织的群体道德规范及创新的文化氛围上。一旦一个组织的群体意识、价值观念、内部舆论、道德规范和精神风貌等被加入了创新的元素,就会引发强大的团队精神效应。组织成员会产生文化共鸣,自觉调整、规范并约束自己的言行举止,从而使整个组织都会行动统一。由此可见,组织文化创新所产生的约束力,会对组织文化的变革乃至整个组织变革产生强大的内推力。

2. 有助于组织间的合作

在知识经济时代,组织之间的竞争并不一定需要你死我活,双赢才是主旋律。组织之间应该就文化背景、语言以及组织文化理念等展开交流、合作与创新。这样可以克服观念上的障碍,将对方组织中存在的、对自己组织有利的文化元素吸收进来,摒弃组织内部旧的、阻碍组织发展的文化糟粕,加速组织之间知识的传播与交流,从而使得组织之间的合作更广泛、深入。

3. 形成社会整合功能

从文化人类学的角度讲,在组织文化创新的过程中,不同组织之间由于创新的需要进行的文化交流及文化传播,使得整个社会的规范都能深入地渗透到社会每一成员的行为之中。也正是通过这些规范的文化传播(包括风俗习惯、伦理道德和法律法规),才使得社会的各种控制成为可能。整个社会就会由于组织文化创新而产生较强的文化凝聚力得以规范和控制,达到文化整合的目的。

4. 触发组织发展

如果缺乏组织文化创新,就没有组织的发展。组织文化正是在一次次的创新中不断提升,而那些积极的、正面的文化在这创新过程中不断得到提炼和升华,从而使个人和组织得以发展。

5. 推动社会文化的进步

在组织文化创新的过程中,组织文化在社会、组织内部、组织之间进行有益的相互传播,彼此吸收和消化外来的先进文化,不断充实自己的文化机体,使得整个社会文化能够健康地向前发展。

(三) 组织文化创新的基本原则

组织文化创新应该在了解组织创新机制的基础上,在一些基本原则的指导下进行。立足于国情,借鉴国外的先进经验,我们提出如下原则:

1. 立足民族文化

中华民族的传统文化博大精深,其中蕴含着丰厚的哲学思想和文化底蕴。以儒家思想为代表的中国传统文化,在当今,不仅可以适用于市场经济,还为现代组织文化提供源源不断的营养补充。中国传统文化中有很多思想被用于各种组织实践中,"孙子兵法"、"三十六计"等运用得较为普遍。"以和为贵"等思想为构建和谐组织、和谐社会提供了思想根基。

2. 体现自身的特色

在组织文化创新中,最可贵之处在于创造出区别于其他组织的特色。特色鲜明的组织文化能使人清楚地识记,不仅能使组织成员获得组织认同及自豪感,鞭策自己为达成组织目标积极奋进,也能使别人感受到组织的独特价值所在,增加对组织的信任度。优秀的组织文化需要从品牌特色、组织特色等方面进行创新。

3. 洋为中用原则

从19世纪初泰勒的科学管理到20世纪90年代流行的组织文化再造,都源于美国文化的探索创新精神。日本之所以能在20世纪七八十年代反超欧美,也正是由于其组织文化可以和不断调整的管理模式相适应。积极借鉴欧美、日本的组织文化理论,可以让我们博采众长,少走弯路。

4. 重点突出原则

组织文化建设不能一开始就全面铺开。如果创新活动没有重点、没有聚焦,就会造成力量分散和组织资源的浪费,创新也只能停留在设想阶段,难以付诸行动。

5. 广泛参与原则

组织文化创新活动是理性的,也是感性的。管理实践是管理创新的唯一源泉。因此,作为管理实践主体的广大组织成员的参与也十分重要。否则,整个组织文化创新可能尚未实践便因组织成员的抵触而付之东流。

第二节 组织文化变革的动因及阻力

在了解了组织文化变革与创新的内涵之后,需要分析清楚组织文化变革可能遭遇的障碍。在组织行为学中,勒温(Kurt Lewin)曾经指出,在组织内部存在两种力量:一种是推动力(Driving Forces),一种是抑制力(Restraining Forces)[1]。前者的存在有助于组织针对现状发生改变,而后者的存在则会阻碍组织中任何变革的发生。

组织文化的变革和创新实际上就是一个增强文化动力、克服阻力的连续的文化过程。以下我们分别对此加以介绍。

---

[1] K. Lewin, *Field Theory in Social Science*, New York: Harper & Row, 1951.

一、增强组织文化变革的动力

一如前文所说,增强文化变革的推动力非常关键。由此可以为组织节省资源,避免很多不必要的浪费,同时可以使组织少走很多弯路。

具体到组织文化变革的动因,归结起来主要表现在以下几个方面。

(一) 组织管理模式转换的需要

组织的各方面建设是相辅相成的。组织的结构改革、战略改革、人力资源改革、文化变革是一个有机的整体,任何一部分变化都需要其他部分的支持。如果组织因为进一步发展,需要引入新的管理模式,模式的推广需要组织内外部的支持和推动,通过组织文化的建设便可以使两者得以兼顾。这样,组织文化变革便会出现。

(二) 组织实施差别化战略的需要

组织文化的独特性将越来越表现为组织差别化战略和组织的核心竞争力。组织文化、组织形象等都是组织的差别化战略。组织文化作为组织的核心竞争力的组成部分具有不可模仿性,这也正是组织文化的魅力所在。通过组织文化的变革,可以形成一种组织发展的文化支持,通过思想价值观念的导入使组织能够保持发展的态势,使不断创新的组织文化成为组织持续发展的源泉。

(三) 维护成员安全感的需要

组织变革的具体措施会从某些方面改变组织成员对工作的态度,从而引发某些与工作相关的后果。这些后果可能是好的,对组织有利,也有可能是坏的,对组织不利。因此,管理者要注意在推行变革措施的同时,保护成员的既得利益以及分享的回报,维护组织成员的安全感。不要单一地从组织的角度考虑某项措施的推出能够起到什么样的作用,要有全局的眼光,了解组织管理是针对整体着眼,任何措施的推出都是牵一发而动全身,会产生很多始料不及的效果。总之,在变革过程中,管理者要处处为员工的利益考虑,通过文化管理,使组织朝着变革的方向发展。

(四) 巧妙利用突发事件

很多组织文化变革肇始于一些突发的事件。这些突发事件可能因为压力或者危机而出现,随着事件的推移可能会缓解,并被忽视。但是这种紧张可能会由于某些事件的刺激导致一种组织能量的释放。这种释放就会有利于组织文化的转变。这些突发事件主要包括：环境的巨变，如自然灾害、技术革命等；内外部组织的演变，如收购、组织机构的增加、组织领导的变更等。这些突发事件为组织文化变革提供了契机，推动组织文化变革的发展。

二、克服组织文化变革的阻力

组织文化构成因素具有相对稳定性和持久性，因而其一旦形成，很难改变。正是这种惯性导致了变革阻力的产生。组织文化变革面临诸多压力，只有认真分析各种潜在的阻力来源，才能更好地推动组织文化变革的成功。

Markin 等人说过一句名言："无论在干预时采用什么方法，变革都会遇到抵制。"

关于组织文化变革的阻力，Markin 明确提出，"组织中的变革会受到它内部的两种阻力的影响：首先，组织阻力——组织并不愿意变化，它们被设计得比较稳定，期望有连续性；其次，个体阻力——个别成员本身也可能意识不到组织的其他部分正在发生的变化，因而也就意识不到对他们自身变化的需求"[1]。

可见，组织文化变革来源于文化人类学方面的相关内容，本书从文化角度分析组织文化变革中存在的障碍，我们认为组织文化变革的阻力主要来自以下几个方面。

(一) 个体层面的阻力

组织文化变革中个体的阻力来源于人的特性。在变革中，个体阻力来源于个体特征——知觉、个性和需要，具体表现在 5 个方面：习惯、安全、经济因素、对未知的恐惧以及对信息的选择性加工。

有的学者认为组织变革的一个阻力来源于组织成员对变革的感情。例如，罗特里斯伯格(Roethlisberger)通过一系列的经典实验，发现了组织中的变革作用于每位成员的态度，并由此产生反应，该反应取决于对变革的感情。人们对变革的体验方式是决定其如何作出反应的一个因素，这种感觉不是偶然的，而是有根源的。一个原因是个人历史，包括生命发展进程、背景(家庭、职业和教育水平等)，以及除此以外的社会经验；另一个是工作环境本身，它反映了员工是一个群体的成员，他们的态度受到群体的宗旨、特征和规则的影响这一事实[2]。

由此，我们将个体抵制文化变革的原因归结为以下 4 个方面。

---

[1] P. Markin, "Determinants of Coping: the Role of Stable and Situational Factors", *Journal of Personality & Social Psychology*, Vol. 66, 1994, p.5.

[2] R. Roethlisberge, "Understanding Organizational Change: a Schematic Perspective", *Academy of Management Journal*, Vol. 38, Iss. 2, pp. 537 – 554.

1. 沟通上的障碍

有的组织成员获得的信息是模糊的或者不全面的、不及时的。管理者没有将有关变革的全部信息清晰地传达到每个组织成员。一方面，也许对于管理者而言这种含糊不是故意的，他们以为已经把自己的想法清晰地传达给了其他人，但实际上他们并没有做到；另一方面，管理者有时可能故意遗漏一些细节，因为他们希望延迟对变革的讨论，直到已经制订出整个计划并准备宣布变革已经开始时才宣布。

2. 接受上的障碍

一些学者经过实证研究发现，组织成员个体能否从心理上接受变革对组织变革非常重要。A. A. Armenakis 认为，一般而言，对变革的高接受性可以使组织成员对组织变革做好准备，从而更好地适应变革的环境[1]。

组织成员是否能够从心理上接受组织变革，也标志着其对变革压力的适应情况。一些研究者确信由组织变革带来的压力会导致很多负面结果，比如，丢掉工作、失去职位、工作场所和家庭的冲突，从而威胁到个体的身体、心理健康[2]。可见，对组织变革的接受性也会影响组织成员对待工作的态度以及身体和心理的健康状况。

接受的主要障碍源于人们对安全的需求。员工在原有的组织环境中知道应该怎样行动，知道从哪里可以获得他们所需要的东西，觉得自己能把握自己在组织中的生活，因而觉得是安全的。但在变革初期，组织中工作的许多细节还有很多未知的东西。更重要的是，他们担心自己丧失在组织中的权利。组织中的权利是人们在经过努力之后获得的，满足目前所拥有权利状态的员工更不会提倡变革，因为在新的组织中他们不能确定自己能获得多大权利，不知道重新获得权利需要付出多大努力，怎样努力，自己有没有这个能力。这些焦虑都会给组织成员带来很大的不安全感。

3. 能力上的障碍

即使组织成员已获得详尽的信息，从心理上也接受了变革，但还有一个能力的问题。组织的变革常常伴随着技术变革或人员变革。每一次变革都对组织内的成员提出了更高的要求。先进生产线的引进、办公自动化的推行、新技术的应用都要求组织成员不断地提高自己的知识和能力，以适应组织变革的需要。如果变革的组织需要一些成员本身不具备的能力，变革就不能彻底进行，最终组织只能维持现状。

一般来讲，组织成员能力包括两大类：第一类是专业能力，即知识、技能等，与具体工作相关，直接影响到工作绩效；第二类是组织成员的核心能力，如价值观、思维方式、团队合作、创新等，这些能力直接影响到组织效能。从某种意义上讲，第二类能力

---

[1] A. A. Armenakis, "Creating Readiness for Organizational Change", *Human Relations*, Vol. 46, 1993, p. 6.

[2] Ashford, "Relations Between Stress and Work Outcomes: the Role of Felt Challenge, Job Control, and Psychological Strain", *Journal of Vocational Behavior*, Vol. 64, 1988, pp. 165–181.

有时更为重要。有些人面对变革时,习惯对自己说"我做不到"。正是其思维方式上的这种惯性使然。

4. 执行上的障碍

这种障碍主要来自组织中原有的组织治理机制。组织自身的标准也可能阻碍变革的进行。人们也许能很好地理解变革,对变革的计划从感情上也愿意接受,成员的能力也胜任变革的要求,但变革可能仍然进行不下去。因为组织作为一个整体已经习惯于按一定的方式行事。现有的管理程序、工作种类、进展计划以及组织文化已经支持了组织现今所取得的成功。在长期的工作中,成员与成员之间,成员与领导之间,成员与组织之间已经形成了某种默契或契约,一种工作习惯。一旦实行变革,就意味着改变组织成员业已形成的工作关系和工作方式,必然会引起组织内成员的强烈不满。

(二) 组织层面的阻力

组织并不是个体的简单合集,而更多地表现为一种有机体。因此当变革发生时,其面临的障碍也更多地以一种整体性、系统性的方式体现出来。

1. 组织的结构惯性

组织有其固有的机制保持其稳定性,当组织变革时,结构惯性就很可能充当维持稳定的反作用力。组织一旦对某一新行为采取一种反应,在以后出现类似的行为也会采取这种思维方式,所以说结构和思维的惯性一旦形成,很难改变,这在很大程度上阻碍了组织的文化变革。

2. 组织变革的有限性

组织文化由一系列相互依赖的子系统组成。当我们对其中一部分变革时,可能因为更大系统的问题而变得无效。例如,人力资源管理的任何变革实际上和组织氛围、组织文化相关,没有文化的支持,人力资源管理变革也常常会无果而终。

3. 对组织既存利益的威胁

部门、团队和正式群体因为制度化已经具有了一定的权力和决策特权,这种稳定的组织结构是组织生存的重要依靠,组织变革会破坏既定利益和打破原有的这些权力。文化变革的过程往往伴随着组织内部权力的重新分配以及职能的调整。组织中控制一定数量资源的群体常常视变革为威胁。一旦变革,将意味着他们固有预算或人员的减少。由于未来资源分配可能触及这些人的利益,他们往往对变革持抵触心理。

4. 组织对新事物的抗拒

就组织的静态意义而言,组织的性质是抗拒变革的。组织常常在从事日常性工作时效率最高,而第一次做某件事情时则绩效很差。这样,为了保证操作的效率和效果,组织也可能强烈地反对文化变革。

5. 组织中的急于求成的心理

组织文化变革需要足够的时间,因此也需要足够的耐力。一个组织要真正实现从旧文化向新文化的转变至少需要 3—5 年的时间。组织文化变革要想取得真正的成功,必须进行坚持不懈的长期努力。很多组织都因为浮躁和急于求成,导致组织文化变革半途而废。

6. 组织领导的言行不一

在组织文化变革中,组织的领导人必须言行一致。一方面,作为领导者,他们要以坚定的意志来倡导新理念和新行为;另一方面,作为执行者,他们又要以身作则地扮演新的价值观、新的管理方式的最忠实的执行者。俗话说得好,"行胜于言"。组织领导人的一言一行往往成为下属的表率,是推动组织发展的积极因素。组织领导人要求组织成员做什么,自己就一定要率先垂范。组织成员看到领导怎么做,便会很快地效仿,这样,新的组织文化才能在组织中渐渐执行开来。应该清醒地意识到,领导的言行不一正是实施组织文化变革的一大障碍。

7. 组织资源的有限性

另外,资源的有限性也是限制组织进一步变革的重要因素。组织文化变革需要耗费很多资源,需要方方面面的支撑,如人力、物力、财务资源等。一旦组织匮乏相应的资源,组织文化变革就很难开展了。

(三) 文化层面的阻力

从文化人类学的角度来讲,组织文化自身存在的一些特性也阻碍着组织文化变革。归结起来,主要有以下两个来源。

1. 文化的惰性

组织文化一旦形成,就表现出一种抑制自身变化的惰性。这种惰性是伴随着组织的年龄增长和成功而来的。一个组织的过去越是成功,它的这种认识越会习惯化,越会根深蒂固。在相对稳定的环境下,组织的这种文化可以帮助组织取得成功;一旦环境突变,这种文化马上就会变成阻碍组织变革的主要障碍。

2. 文化维模

在人类学中,文化维模功能是指某种文化圈对外来文化的选择作用和自我保护作用。当外来文化或异己文化有利于原有组织文化时,便容易被接受,并作为一种新的文化营养为原有组织文化吸收;如果文化或异己文化对原有组织文化有破坏作用时,维模功能就会起到"守门人"的作用,拒绝外来文化的侵入。

在组织文化变革中,组织文化的维模功能有时会起到消极作用。组织文化变革从某种意义上说是一种破坏性的文化建设。它会对原有的组织文化产生一种建设性的破坏作用,这种作用并非只是对原有文化的修修补补,而是一种根本性的变革,是对原文化的推倒和洗牌。这样,组织中原有的文化不可能坐以待毙,必然通过各种可能的途径进行自我保护,抵制组织文化变革。

第三节 组织文化变革的时机与步骤

勒温在1947年从平衡的角度对组织变革作出了界定。他认为,一个成功的组织变革,应遵循三个步骤:解冻(Unfreezing)、变革(Movement)、再冻结(Refreezing)[1]。

勒温的变革三部曲中第二步指一旦现有的行为被解冻,就可以实施变革的过程了。对组织变革的研究表明,变革要有效,速度就要快[2]。除了上面介绍的内容外,对于组织变革而言,关键还在于把握好时机和遵循一定的步骤。

一、把握好组织文化变革的时机

不断改变的环境能迫使一种文化无法很好地适应环境。为了生存,变化往往是必须的。变革的思想时时要有,但是变革的行动并不是时时所需。因此,时机就是变革的秘密武器。根据阿伦·肯尼迪的研究[3]。至少在5种情况下组织中的最高管理层应该考虑把重新塑造文化当作与自己最主要使命息息相关的工作。

归结起来,组织文化变革的时机不外乎以下5种情况。

(一) 组织传统价值观丧失推动力时

当组织周围环境发生巨变时,传统的价值观将导致严重破坏,即使这种情况暂时没有出现,也必将使组织日薄西山、每况愈下并最终走向衰败。所以,这些价值观必须改变,这也正是对组织文化进行变革或重塑的有利时机。

(二) 组织处在竞争激烈的环境中时

在激烈的市场竞争中,成功组织的秘诀是全身心服务于迅速增长和高度获利的市场。组织其实也一样,面对的环境瞬息万变,需要一种专门应对环境变化的文化。对发展变化持开放观点已经成为成功组织价值系统中的一种信念。任何处在

---

[1] K. Lewin, *Field Theory in Social Science*, New York: Harper & Row, 1951.
[2] J. Amis, T. Slack and C. R. Hinings, "The Pace Sequence and Linearity of Radical Change", *Academy of Management Journal*, Vol. 47, Iss. 1, 2004, pp. 15-39.
[3] 〔美〕阿伦·肯尼迪、特伦斯·迪尔,《公司文化》,三联书店,1989年。

变化环境中的组织都应该深入地考虑一下自身的文化。要想使一种真正的适应能力制度化，唯一的办法可能就是建立一种反应迅速和应变灵活的文化。行业竞争过于激烈时，反倒可以抓紧时机，进行组织文化变革，确保在应对环境变化时处于行业领先地位。

（三）组织处于生命周期转折点时

组织的发展历程从成立开始，通过一次次扩大组织规模，经过高速发展，到达成熟期，最后以衰退而告终。为了避免组织的衰败，在生命周期中阶段交叠的每一个转折点，组织都应该注意把握时机重塑组织文化。

在发展初期，组织往往来不及制定正式和完善的方针和制度。在这个阶段，创业者常常凭着一些高度概括、高强度的理念朝着一致的方向前进。如执行力文化一经问世，几乎成为中小企业领导者的口头禅。

随着组织规模的扩大，组织成员逐渐变得骄傲自满，热衷于争权夺利而忘记了当初组织成立时的艰辛。此时，组织就需要对自己的组织文化及其管理制度进行挖掘、完善和规范。否则，组织很快就会陷入"创业陷阱"等病态发展之中。

紧接着组织进入高速发展阶段。这意味着组织需要大量招募新成员以应对组织高速发展的需要。这些新成员对公司并不了解，除非他们能够迅速地学习组织文化。因此，组织应该对新成员的文化普及给予重视。此时，对于多数组织来说，"二次创业"和重塑组织文化就必然会被提上日程。

当组织发展进入成熟期，就会更强调稳定程度和创新意识。然而组织文化是在组织达到目前的规模和竞争实力之前很久就已形成了。因此，组织成立之后一旦取得初次成功，转向稳定和成功时都应该暂停下来，深入检视一下它们的文化，这对重塑组织文化是不容错失的良机。

（四）组织成绩平平或境遇每况愈下时

若组织成绩平平或境遇每况愈下，组织一旦陷入这种状况，就说明组织即将或已经进入文化衰退。为了扭转乾坤，组织必须立即着手进行全面的变革。在这种全面变革之中，组织文化的重塑应当成为重中之重。成功地找到组织文化重塑的关键点会成为组织起死回生的法宝。处于类似困境的其他组织应该深入盘点一下自身的文化，借机重振旗鼓，走向成功。

（五）组织高层领导发生变动时

很多时候，组织之所以陷入困境，主要是组织的领导者的无能或决策失误造成的。这时就需要通过更换组织主要负责人来而挽救失败组织。组织领导的更换往往会给组织带来不安的情绪,组织成员会感受到组织的动荡不安而产生心理恐惧。而新的组织领导者势必与旧的领导者在领导风格上有所不同,如果这时,新的组织领导者能够把握时机,安抚组织成员的情绪,鼓舞士气,将目前组织所需的文化元素及时补充进来,必然可以重塑一个强而持久的组织文化,对组织后期的发展产生积极作用。

二、组织文化变革的步骤

组织文化变革是一项系统工程。如果在组织文化的变革过程中不注意流程的系统化,那么变革的效果往往会不尽如人意,甚至会功亏一篑。因此,理想的组织文化变革流程是一个有机的整体,其中各个环节彼此相互联系,环环相扣,缺一不可。以下我们会对组织文化变革的各个步骤做以介绍。

(一)构建适于进行文化变革的组织形式

组织文化的变革并不是孤立存在的,它的顺利推行需要组织的其他方面与之配套。组织结构应该适应新的组织文化,并且应该成为新文化推行的保证。

1. 营造部门文化

部门化(团队化)是现代组织的一个主要特征。在动态的环境中,单一、分散的个体是无法完成组织布置的各项任务的。根据管理学研究,根据不同的工作任务,将组织内有特殊专长的组织成员集合起来,归在一个部门或是团队,由一个管理者统一领导,这就是部门化。

但是,通过考察可以发现,很多工作部门或团队、群体经常只是因为任务而存在,遇到任务只是一味地被动接受。因此,他们无论在观念上还是行动上都缺乏主动性,整体行动力很差。这种组织之所以如散沙一般丧失凝聚力,正是由于没有构建起部门内部文化[①]。

因此,在群体层面上,作为组织重要组成部分的工作部门也需要有自己与众不同的文化。这样,各部门会因为群体文化的特殊性区别于其他群体。作为一个部门的领导者,必须认识到部门文化的重要性,并要带领部门成员积极营造属于自己的部门文化,对部门的未来作出更加鼓舞人心的规划,不断带领组织成员向更高的目标努力,帮助组织在未来获取更大的成功。在具体操作上,部门文化建设必须基于绩效而做,围绕绩效展开、发展和完善。这是因为组织文化与组织绩效存在着紧密关系。组织文化是个人绩效和组织绩效的重要牵引,组织绩效是组织文化的重要表现。

---

① 〔美〕罗宾斯著,黄卫伟等译,《管理学(第9版)》,中国人民大学出版社,2007年。

部门文化的创建可以在组织内营造和谐的人际关系,凝聚组织成员的战斗力,为组织文化的营造及变革的顺利开展创造良好的组织条件。

2. 打造学习型组织

另外一个适合进行文化变革的组织形式应该是创建学习型组织。

1990年,彼得·圣吉(Peter M. Senge)出版了《第五项修炼——学习型组织的艺术与实务》一书[①],书中提出了著名的学习型组织理论,圣吉也因此书被美国《商业周刊》推崇为当代最杰出的新管理大师之一。书中提出了学习型组织的5项核心能力(5项修炼):自我超越、改善心智模式、建立共同愿景、团队学习,以及系统思考。

(1) 自我超越(Personal Mastery)。这项修炼是学习不断弄清并加深个人内心的真正愿望,集中精力培养耐心,并客观地观察事实;它所要培养的是生命的创造力与成熟的人格。它是学习型组织的精神基础,也是所有其他修炼的共同基础。

(2) 改善心智模式(Improving Mental Models)。心智模式是个人认识并了解他人与事物的参考架构。个人的心智模式会影响其行为,而我们透过这个心智模式来了解外界。

(3) 建立共同愿景(Building Shared Vision)。共同愿景可以营造出一种散布于整个组织中的气氛,使每个成员的不同行动变成同步,共同努力达成目标;

(4) 团队学习(Team Learning)。这项修炼是指群体中的一种深度会谈与讨论的对话工具和技巧,其主要目的是使集体的智商高于个人的智商。这项修炼主要包括下列4项要点:① 学习并掌握深度会谈的技巧;② 交互运用深度会谈与讨论;③ 善用冲突;④ 降低惯性防卫。

(5) 系统思考(Systems Thinking)。企业管理如同人类的其他任何活动一样,也是一个系统,系统中的每一个元素都相互联系、彼此影响,以致每一个细小部分的表现,离开了系统整体便无法理解。

在这5项修炼当中,系统思考居于最关键的地位,它是整合其他各项修炼成一体的理论与实务。值得指出的是,这里所讲的学习并不是个人的学习,而是包括个人在内的整个组织的学习。学习型组织使我们能够做到从未能做到的事情,使每个组织都懂得怎样才能提高自己的学习能力,发展自己创造未来的潜能。

在学习型组织中开展文化变革,组织成员会很容易接受新的文化,并使之迅速融入组织文化,指导整个组织的实践。

(二) 建立变革委员会

组织文化变革需要一个推进主体,因此需要成立变革委员会。变革委员会主要

---

① 〔美〕彼得·圣吉著,郭进隆译,《第五项修炼——学习型组织的艺术与实务》,三联书店,1994年。

负责组织文化变革的目标、方案的制订、具体实施与控制等工作。一个好的领导团队可以直接推动整个组织文化变革走向成功。霍夫斯泰德曾在 1986 年对如何进行成功的文化变革提出看法，他认为，"成功的文化变革必须由一个掌权者和一位专家这两个人的联合作用，强权的促进者应该是董事长或者高级管理者群体，专家促进者是一位来自组织外的一位专家。"①

可见，组织文化变革委员会的人员组成是否科学合理，直接关系到组织文化变革工程的实施效果。变革委员会的人数通常视组织规模而定。一般而言，变革委员会的组成应遵循以下原则：

1. 权威性

由于实施组织文化变革都是自上而下进行的，为了最大限度地排除阻力，委员会应具有权威性，以显示组织高层领导对组织文化变革的重视。为了体现权威性，委员会可直接由组织高层干部领导。学者 Micheal 和 Burke 在 2000 年提出自己的研究结论，他们认为，"组织文化变化必须是领导驱动的"②。

2. 代表性

由于组织文化变革需要组织成员的广泛参与，成员的参与配合程度往往决定着组织文化变革的成败。因此，在进行变革时，应尽可能让各职能部门领导和成员对组织文化变革都有较深入的了解和认识，并积极地配合变革工作的实施。要达到此目的，委员会的人员组成上应体现出代表性，即尽可能让组织各职能部门都有代表参加。同时，不同职级的人也都要派出相应代表，使组织成员有一种主人翁意识和参与精神。

3. 创新性

领导团队的成员需要具备对文化创新的包容性，以及开阔的眼界和超前的意识。他们需要敢于摒弃旧的、不利于组织发展的文化，大胆地推陈出新。Micheal 和 Burke 曾指出："组织文化变化必须是领导驱动的，并且这些领导不能墨守成规。"③

4. 丰富性

组织文化变革是一项系统工程，涉及组织的各个方面。这些问题可能是组织理念问题，也可能是营销、传播等方面的问题，因此需要参与人员可以从不同角度思考、分析和解决问题。尤其是到变革实施中后期，涉及培训、文化氛围营造等方面，需要很多熟悉心理学和美学、传播学的人才来辅助实施。这就需要变革委员会的成员具备不同的学科背景和能力。

---

① 徐二明、郝晓峰，"论组织文化变革"，《现代管理科学》，2005 年第 4 期。
② 同上。
③ 同上。

(三) 组织内外环境调查

在成立了组织变革委员会后,第一部就是调查组织的内部环境和外部环境,选择适合的条件。这有助于组织文化变革的顺利实施。

1. 组织外部环境调查

合适的外部环境将有利于文化的转变,如容错的环境。这种环境决定了组织内部的变化是否会受到环境的压力。一般而言,一个环境能够容忍组织发生的变化会有利于组织文化的变革。另外一个外部因素是组织—环境的一致性程度。过高或者过低的一致性程度都不利于文化的转变,中等程度的一致性是有利于文化的转变的。

2. 组织内部环境调查

合适的内部环境对于文化变革也很重要。它包括:(1) 组织内部存在过剩的、适于变化的资源,例如,时间、财务资源、人力资源等。(2) 系统的易接受性,即组织对于外界的变化是否容易接受,一般容易接受外部环境影响的组织是容易进行组织文化变革的。(3) 组织内部依赖程度低。这个条件也很重要,是因为文化的变革必然要涉及组织内部的协调与整合。没有较多的依赖性有利于进行整合。(4) 组织领导与权力。组织文化变化对领导的要求是很高的。虽然理性稳健的领导是组织中必要的,但是组织文化的变革同时也需要一些富有开拓创新精神的领导,这些领导的存在有利于文化的变革。

(四) 组织文化诊断

如果说组织内外环境的调查为变革实施提供了客观基础,那么组织文化诊断则为组织文化变革提供了依据与坐标。不仅需要对现有文化进行盘点,更需要了解其与期望状态之间的差距。我们在第五章已经介绍了组织文化诊断的一般原则,在组织变革中,文化诊断也是一项不可少的工具,这一时期的文化诊断集中于以下两个方面。

1. 现有文化诊断

要使组织从旧文化过渡到新文化,就必须有一参照物,这一参照物便是通过对现有组织文化的诊断所得出的现有组织文化的类型与发展状况。

根据文化发展的强度判断组织文化是强势文化还是弱势文化。强势文化不随组织高层管理者的变更而变化,而且组织新成员会很快接受这种文化;而弱势文化则正好相反。彭超辉等学者 2002 年对此进行了研究,他们认为:"通过对组织文化的发展状况进行分析,有利于把握组织文化变革的重点与强度。"[①]

[①] 彭越辉、周超,"论企业文化的变革",《广西社会科学》,2002 年第 3 期。

2. 文化需求评估

在分析清楚组织现有的组织文化发展状况后,需要清楚现状与理想之间的差距。进行文化需求评估的意义便在于此。

具体来讲,文化需求评估是用来鉴定以下内容:(1)组织成员对组织结构变化产生的感受;(2)组织现存的工作流程和规章制度;(3)这些制度对于新的组织文化可能产生的有利或不利因素;(4)目前并不具备,然而为顺应组织文化变革必须具备的运作过程和制度;(5)对新文化的实施存在的潜在障碍;(6)目前文化中应该加以保留的积极方面;(7)需要补充的文化。

(五)制定新的组织文化规划

前期的组织文化诊断已经为组织文化变革提供了有用的素材。为了使组织文化变革做到有章可循,应当在进行组织文化需求评估的基础上,依据对组织内外条件的把握,从组织理念文化、组织制度文化、组织物质文化三个方面制定出组织文化变革的战略方案。

组织文化变革方案要具有可行性和可操作性,需要分析方案的时机是否成熟,必要时还需要考虑应变方案、备选方案,以应对组织文化变革中可能面临的突发事件。至于变革速度的快慢、变革所需的时间更需要事无巨细地考虑到。还应通过组织文化诊断明确组织文化变革战略的重点和难点,弄清变革中应该着重注意的或是需要特别加强的环节,抓住战略实施的关键部分。抓住了战略重点,便可以集中力量解决关键问题。最后,通过专家委员会和组织高层领导的集体研讨与评估,选出最佳方案和应变方案,制定出具体行动计划。

最终方案的敲定需要慎重。计划之内的变革和期望价值观的相关宣传活动,需要妥善处理与深思熟虑。

(六)不失时机地开展文化变革

可以说,新的组织文化变革方案的确定为组织指明了文化变革的方向。那么,就需要找准时机,适时变革,以使组织文化走上一个良性轨道,指导组织的各项工作步入正规。

在变革实施过程中,要注意把握时机。因为文化变革涉及价值观等,需要给予充足的时间以保证新的组织文化能够渗入组织的方方面面。另外,组织文化的变革一经确定,应坚持不懈,贯彻到底。朝令夕改只会引起组织成员价值观的混乱和对组织的不信任。

由于把握时机对组织文化变革起到十分关键的作用,在前一部分已经对其进行详细讲解,此处不再赘述。相关内容请参考本书第七章第三节。

(七)强化沟通与广泛开展培训

无论什么形式的组织在变革的过程中都要重视成员的意见和感受。在组织文化变革的过程中,前期的沟通与后期的培训十分重要。及时与组织成员进行沟通,可以了解其对变革的态度和看法。

1. 沟通

组织成员的态度是关键。尽管组织中的管理层促进文化变更,但新的工作理念和价值观的接受情况,主要取决于组织成员在他们的工作角色中对这些原则的具体使用情况。

首先,要把组织变革的目的公之与众,让每一个成员了解变革的重要性和意义,使其支持变革。

其次,让组织成员参与制定变革,对变革的各个环节提出自己的意见和建议,让成员真正参与到变革中去,增强其变革的主动性和积极性。这样一来,组织成员在面对变革时就不会盲目抵制和反抗了。在沟通过程中,可能还会收获很多成员提出的建设性意见,推动变革在组织中的顺利进行。

再次,变革的过程可能需要众多机构的配合。由于文化要跨越部门机构界限,并在不同的工作环境中进行发展。所以需要选择合适的沟通方式辅助变革。

最后,还要重视组织成员的心理因素。变革不是一朝一夕的事情,要考虑成员的接受和适应能力,尽量逐步实施消除其心理顾虑。

2. 培训

新的组织文化所倡导的各种理念只有深入人心才能有效果。因此,要想强化组织文化,就需要对组织成员进行新的组织文化培训。培训是促使文化塑造与变革的一个重要的策略。在文化变革的实施计划安排就绪后,就要督促组织成员参与培训、学习,让全体成员接受培训。通过专门培训,让组织成员了解组织文化及其作用、组织实施文化塑造与变革的原因、新的组织文化对组织成员的要求、组织文化的现状与目标文化的差距。

组织可以通过以下方式开展教育与培训:(1)颁布组织文化手册;(2)开展组织文化学习班;(3)利用各种舆论工具,如广播、闭路电视、标语、板报等大力宣传组织的价值观,使组织成员耳濡目染,时刻感受组织新文化的熏陶。

勒温所提出的变革第三步是再冻结,即为了使变革长久保持,就需要对目标重新冻结。通过对推动力和抑制力两者进行平衡,便可以使变革后的新状态更为稳定。如上文所述,只有经过培训等手段的巩固,新的组织文化才能在组织内部扎根并得到长久发展。

组织文化的维系是个长期过程,需要采取各种手段,动员所有的组织成员参与进来。这样,组织文化变革才能够取得彻底的成功。诚然,组织文化的建立过程非常不易,组织文化的变革和重塑更是任重道远。在进行组织文化变革时,我们应该积极思考问题,并致力于解决这些问题。

【人类学关键词】

1. 文化变迁(Culture Change)
2. 文化过程(Culture Process)
3. 文化合成(Syncretism)
4. 文化创新(Culture Innovation)
5. 文化选择(Culture Alternative)
6. 文化涵化(Culture Acculturation)
7. 现代化(Modernization)
8. 文化泛化(Transculturation)

【复习思考题】

1. 什么是文化变迁?文化变迁的机制都有哪些?
2. 什么是涵化?涵化有哪些方式?
3. 什么是组织文化创新?它有哪些作用和原则?
4. 组织文化变革的动因和阻力都有哪些?
5. 如何进行组织文化变革?它有哪些步骤?
6. 组织文化变革中需要把握哪些时机?

【应用案例】

大象跳舞——中国移动企业文化变革与创新[①]

中国移动的企业文化建设经历了从无到有、从弱到强的不凡历程。早在2000年,根据当时企业发展所面临的内外环境,中国移动就确立了以"创无限通信世

---

① 本案例根据作者2005年在中国移动做企业文化咨询的经历编写而成。

界,做信息社会栋梁"的企业使命为核心的企业理念体系;而后2002年,集团下发了中国移动企业文化建设规划纲要,为集团的企业文化建设提供了指导和方向。同时,整个集团围绕企业理念体系宣传贯彻这一核心,开展了多层次、富有成效的企业文化建设工作。中国移动构建出完整的文化体系(见表7-1)。

表7-1 中国移动企业文化体系

企业文化	具体内容
核心价值观	"正德厚生,臻于至善"
企业使命	"创无限通信世界,做信息社会栋梁"
愿景	"成为卓越品质的创造者"

随着这一文化理念体系的核心内容在全集团的深入人心,集团取得了辉煌业绩,企业文化在实现"创世界一流通信企业"战略目标中发挥了积极而极为重要的作用。到2006年1月底,中国移动的用户数达到创纪录的3.98亿。

然而,尽管成绩斐然,在2005年王建宙出任中国移动的总裁之后,他清醒地审视了内外部环境。从外部环境看,随着WTO框架下的电信市场开放和竞争全球化,竞争对手在数量和实力上都不断增强;3G牌照即将发放,未来的市场竞争格局将充满变数,竞争强度会日益加大,竞争方式也随之将由价格竞争转向业务、服务、品牌等多方面的高层次竞争;随着中国移动放眼全球、走向国际,也对原有企业文化提出了与国际接轨的要求。

从内部发展着眼,经过几年的建设,中国移动已经积淀出许多优秀的文化品质和内涵,通过及时的总结、提炼和传播,经过了透彻的市场洗礼,各级员工的思想观念已经发生了深刻变化,传统的思维模式、行为方式及文化氛围在某些方面还需要改进,以便能够紧跟时代的要求。

通过完成企业整体的上市,中国移动已由一家纯粹的国企转变为在海外上市的公众企业,只有注入新的活力,才能适应集团未来发展要求,成就卓越;只有满足变革要求,才能在新的环境下赢得信任,延续辉煌。

有鉴于此,2005年4月,中国移动以国内外先进企业案例研究为基础,以企业文化经典理论为参考,借鉴卓越企业的经验,结合自身处境和实践所得,全面启动企业文化理念体系的修订、完善工作。通过收集集团总部各部门、部分省公司等内部机构的信息,并与国资委等外部利益相关体进行了多次研讨,初步确立了中国移动企业文化理念体系框架,凸显出核心价值观、使命、愿景三大核心要素。

中国移动同时通过咨询公司,共同推演企业文化变革。

咨询公司在大量研读企业文本、研读了中国古籍、现场观察和访谈的基础上，与公司高层反复沟通，并和员工进行广泛的交流之后，在原有的文化基础上，推出了全新的企业文化体系。囿于篇幅，本案例只摘取《中国移动企业文化中国移动2005—2010年企业文化新跨越宣言》中的部分内容，以方便读者理解完整的企业文化文本的体系。

一、目　录

📖 引子：中国移动文化之树

📖 中国移动企业文化开篇（文化宣言）

📖 历史和新世纪：光荣与梦想

📖 中国移动企业文化的内核

　　核心价值观——一种情怀

　　企业使命　——一种事业

　　企业愿景　——一种理想

📖 中国移动企业文化的成长之道

📖 中国移动企业文化的枝繁叶茂

📖 中国移动企业文化的树下：大象快跑

二、中国移动文化的内核

📖 引子：中国移动文化之树

　　总有一种情怀，让我们心心相通

　　总有一种事业，使我们休戚与共

　　总有一种境界，令我们跨越时空

　　总有一棵文化之树，引我们欣欣向荣……

　　相聚中国移动

　　我们义无反顾，沐雨栉风……

　　相聚中国移动

　　我们信步世界，逐鹿群雄……

　　我们身负实现民族振兴的使命

　　我们胸怀播撒信息文明的恢宏

　　任前途险阻，天高地炯

　　任强手如林，道远任重

　　我们蓄势待发，再铸光荣

　　我们弘扬文化，旷达而隽永……

📖 中国移动企业文化开篇(文化宣言)

人类因文化之树而熠熠灼目,民族因其文化之根而灼灼其华。

物质、能量和信息是人类社会赖以生存、发展的三大基础。世界是由物质组成的,能量是一切物质运动的动力,信息是人类了解自然及人类社会的依据。信息的积累和传播,是人类文明进步的基础。

今天,在人类融入信息社会之际,我们还追溯到战国时期长城下的金戈铁马和烽火台、狼烟,遥想四大发明和我们这个民族的人杰地灵。

今天,当时代进步,信息技术日新月异之时,我们还会记得我们饱经沧桑的民族,因为落后而沦为殖民地和附庸国的命运。

今天,在我们实现从优秀到卓越的跨越之际,我们还会忆起当年国门初开,移动通信、互联网等新技术的发展带给我们的冲击,还会记起当年创业的艰辛。刚刚蜕变于电信的中国移动,体制和机制的优势未建,规模、资产重组、技术和服务上都面临严峻挑战……

从无到有,必坚苦卓绝;从弱到强,定呕心沥血。我们不会忘记,我们的第一次传送,我们的第一条线路,我们的第一次上市……我们惊喜地看到,不断丰富自身内涵的中国移动,不仅身任天下,向着综合性的信息通信行业转型。而且正以出色的表现塑造着更具魅力的形象,正以新的理念和行动拉近了古老的民族与现代生活的距离……

今天,电信服务的不断丰富、电信行业功能的不断扩展,中国移动将为未来社会的方方面面提供便利,促进全人类福祉。

经多年培育和传承,富含文化已成为中国移动的一大特色。自成立以来,中国移动积极营建企业文化,信步天下。

今天,中国移动的企业文化参天大树经过多年的培育而一片葱茏。今天,中国移动跻身于世界一流企业群体,成长为引导通信潮流的时代先锋。

"设神理以景俗,敷文化以柔远。"继往开来,中国移动再次着眼于企业文化,振奋而心地从容……

今天,中国移动将再次擎起了文化建设的旗帜,致力于对自身文化上的不断超越,展现我们"持赢以开拓"的魄力和"勇于为人前"的气概,立志将中国移动打造成具有高品质和独特文化的国际化企业,使我们的事业基业常青,青春永驻!

今天,中国移动《从优秀到卓越的跨越宣言》诞生。她将为我们的文化旋律奠定基调,引领中国移动走向世界,走向未来!

📖 历史和新世纪：光荣与梦想

中国移动的企业文化根植于她丰厚的历史积淀沃土之中。正是有了移动人的努力和奋斗，化精神为物质、化思想为行动、化腐朽为神奇，使中国移动成为世界级的优秀电信运营企业。中国移动的文化历史的交响，见证了我们的光荣和梦想！

序曲——艰苦创业阶段（1987—1994）：1987年11月18日，第一个模拟蜂窝移动电话系统在广东省建成并投入商用，这标志着移动创业的开始；到1994年3月26日，邮电部移动通信局成立则意味着移动早期雏形的形成。这一乐章，中国移动奠定了同心同德、艰苦创业的企业文化基调。

第一乐章——起步发展阶段（1994—1997）：1995年，GSM数字电话网正式开通；1996年，移动电话实现全国漫游，并开始提供国际漫游服务。这些标志性事件都预示着中国移动的业务在质和量方面都开始有了新的突破。这一乐章，中国移动企业文化开拓创新的主题凸显。

第二乐章——上市改组阶段（1997—2000）：1997年10月22日、23日，广东和浙江移动通信资产分别注入中国电信（香港）有限公司（后更名为中国移动（香港）有限公司），分别在纽约和香港挂牌上市；1999年4月底，根据国务院批复的《中国电信重组方案》，移动通信分营工作启动；2000年4月20日，中国移动集团公司正式成立。在这一乐章，中国移动以组织改组和变革的经历，诠释了中国移动勇于尝试和变革的文化内涵。

第三乐章——全面快速成长阶段（2000—2004）：从1998年8月18日客户突破2 000万，到2000年底，中国移动的交换容量又超过1亿户；随着企业管理和综合素质的不断提升，中国移动首次跨入世界优秀通讯企业之列，中国移动的"成为信息社会栋梁"的主题引发世纪的回荡，统一了企业思想，指明了企业发展方向；"沟通从心开始"的服务理念，"追求客户满意服务"的经营宗旨，"改革创新、只争朝夕、艰苦创业、团队合作"的企业精神，在企业内部树立了坚持一切从实际出发的优良工作作风。

第四乐章——从优秀跨步卓越阶段（2004年至今）：2004年11月1日，正式加入中国移动集团，中国移动集团董事长、总经理王建宙立足资本市场致力于中国移动的定位问题。运筹帷幄，决胜千里，在对国内移动通信存量和增量市场进行科学分析的基础上，通过大胆学习借鉴国际资本市场运营管理企业的制度和经验，强化精细管理，增强执行能力……中国移动以骄人的业绩，完美地演绎了一出"大象快跑"的交响曲。

中国移动成就了光荣：

2001年7月10日，中国移动被美国《财富》杂志评为全球500强；2002年全年净增客户3 388万户，在《财富》世界500强中排名升至287位，上市公司入选《福布斯》"全球年度四百优"；2003年，升至《财富》世界500强第230位……

2005年上半年，面对激烈的市场竞争，中国移动集团公司依托优质高效的网络、全面实施精细化管理，提升核心竞争力。通过采取有效的市场策略，不断提高客户满意度，新增客户持续增长，新业务发展迅猛，运营收入保持高速增长，目前客户总数逾两亿，已成为全球网络规模及客户规模最大的移动通信运营商。

中国移动（香港）有限公司是目前唯一一家被标准普尔公司提升至与我国政府最新信用评级相一致的中国企业，也是目前中国企业中获得标准普尔公司债信评级最高的企业。

他山之石，可以攻玉。如今，中国移动不仅是一个拥有强劲现金流的财务稳定型公司，同时又是一个快速发展的增长型公司。中国移动以出色表现，走出了一条国企改制的成功道路。

我们实现了多年的夙愿，我们还要实现更多美好的梦想！

尽管跻身优秀，成绩斐然，但是我们不敢丝毫懈怠。我们不能止步于国内同行中老大，而更应走向国际，在国际电信发展浪潮中乘风破浪。

大风起兮，鼓声隆隆……国外电信运营商正觊觎着潜力巨大的中国市场，纷至沓来。真的勇士，还将直面与国际巨头新一轮的竞争。如何在竞争中保持领先优势，并走向国际市场，需要我们面对不断变化的环境，居安思危，推进公司实现从优秀到卓越的新跨越。通过不断提升企业核心竞争力，扩大自身影响力，打造先进独特的企业文化，使中国移动真正成为一只向前奔跑不息的大象。

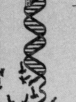

我们放飞希望……

我们播种梦想……

中国移动，移入文化沃土

中国移动，动于九天之上

📖 中国移动企业文化的内核

（一）中国移动核心价值观——一种情怀：正德厚生，臻于至善

一沙一世界,一花一天国。一粒种子一棵树木,一滴汗水一分收获。

中国移动的核心价值观是"正德厚生,臻于至善",也是中国移动企业文化擎天大树的内核和文化基因。

"正德厚生"语出《尚书·大禹谟》,禹曰:"德惟善政,政在养民。水、火、金、木、土、谷惟修,言养民之本在先修六府。正德、利用、厚生惟和,九功惟叙,九叙惟歌。"

这棵古老种子的现代基因图谱显示,大禹认为要办好三件事,即"端正人们的德行,方便人们的物用,充裕人们的生活",才能使社会和谐发展。

"德、用、生、和",博大而深邃,体现了古人的睿智。

"德"是指伦理关系。伦理关系的本质是社会中人与人相互之间的责任,只有端正了每个人对自己所承担责任的认识,使每个人真正承担起自己的责任,整个社会才会秩序井然;

"用"是指经世爱民、博施济众。它体现出儒家思想中强烈的"入世"思想,"利用",即有利于民众的使用和物用;

"生"是生活或生命。厚生表明了关爱和尊重民众以及民众生活的理念;

"和"则是中国文化的显著特征,"惟和"是以上三个方面作用的结果,也可以看作是行动的目标。

"正德"的内核决定了中国移动要不断正视自身地位和责任,平等对待,处理好企业与社会各利益相关者的关系,尊重并且关爱社会中的所有个体,积极地承担起对社会的责任;

"厚生"的内核则衍生出中国移动志在不断丰富人们生活、改善人们的生活品质,为人类生存发展谋求福祉的愿望,表现了移动人"忧以忧国、乐以乐民"的拳拳之心。抒发出我们"先天下之忧而忧,后天下之乐而乐"的志向和情怀。

"臻于至善"源自《大学》篇:"大学之道,在明明德,在亲民,在止于至善。"

"臻"是不断趋向、不断接近的意思;而"至善"指最完善、最完美的境界。现代的基因测序显示"不断追求,直至达到最完善的境界"。

"臻于至善"表明我们永不满足、不断进取、开拓创新、精益求精的境界;"臻"也表现了中国移动在不断调整,以趋于"完美"的终极目标。传导出中国移动专业专注、勇于超越、追求持续领先的企业精神。

"正德厚生"与"臻于至善"的内核成于千年,相辅相生,正如DNA结构中的双螺旋。两千年前的两句箴言,犹如一颗种子,经受不断的复制和淘洗,在中国移动的沃土中生根、崛起,最终催生了中国移动企业文化的谱系。

"正德厚生"体现我们神圣的责任感,"臻于至善"传述了我们追求卓越的精神,这是中国移动企业文化之根,表达了中国移动特有的情怀。

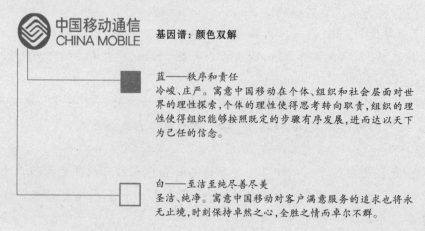

基因谱:颜色双解

蓝——秩序和责任
冷峻、庄严。寓意中国移动在个体、组织和社会层面对世界的理性探索,个体的理性使得思考转向职责,组织的理性使得组织能够按照既定的步骤有序发展,进而达以天下为己任的信念。

白——至洁至纯尽善尽美
圣洁、纯净。寓意中国移动对客户满意服务的追求也将永无止境,时刻保持卓然之心,全胜之情而卓尔不群。

1. 中国移动企业文化DNA之一:"责任"

大道无存,小道无依。责任感如果不能融入企业文化,则如同没有生命的树木,纵使花团锦簇,决不会硕果累累。

不凡于心,不常于行,各守其位,各司其职是中国移动的天条。企业的成功源于每个员工崇高的责任感和献身精神,成于中国移动对员工、客户、股东及社会的责任。

"诚信"与"敬业"是"责任"的深层要求。"诚者自成也",用"诚"来修身养性,用"信"来相互交往;敬业乐群,是中国移动实践自身责任的支点。诚信和敬业意味着中国移动要兢兢业业、追求合理利润、以诚立业、以信树人,从而赢取市场、再创辉煌。

身任天下还体现在更广泛的社会层面表现出中国移动的责任感。中国移动出色完成了历次大型重点活动的移动通信保障和服务任务。中国移动情系国家,吸纳和带动创造了大量就业岗位;履行社会中国移动关心公益,通过环保、资助及援助受灾地区等慈善行为、回报社会的理念进一步深入到我们的骨髓中,中国移动体现了企业公民的良好形象,赢得了社会各界的广泛赞誉。

2. 中国移动企业文化DNA之二:"卓越"

"如有所立、卓尔",卓越是永不满足、追求完美的心态,中国移动不断进取、不断创新、不断超越,实现并持续保持行业领先地位的特质和追求。持续改善、精益求精是卓越的必然表现,专业的素质、持续领先的地位,又是卓越的必然结果,而完美更是卓越的终极目标。因此在中国移动,卓越的内容涵盖进取、创新、超越、专业、领先和完美。

锐意进取、持续创新是成就卓越的前提和保证。我们要保持"居高常虑缺,持满每忧盈"的心境,坚持自强不息、永不停歇,任何骄傲、懈怠和慵懒都将丧失移动人追求卓越的品性。而创新既是企业成长进步的源泉,也是锐意进取的必然要求。中国移动要发展壮大,只有靠不断披荆斩棘、不走寻常路,用创新的观念和开拓的办法把一个个不可能变成可能,把一个个理想变为现实。卓越驱动着所有创新的行为,创新保证着卓越的自我实现。因此只有锐意进取和创新,中国移动才能关山飞渡,实现从优秀到卓越的跨越。

不断超越是成就卓越的途径。实现从优秀到卓越,意味着中国移动要致力于领中国通信之首、居世界同行之先,不断超越前人、超越对手,最终超越自我、成就卓越。

不断超越对员工则意味着要不断提升素质、挑战自我。因此,不断超越不仅是中国移动实现卓越的过程,更是移动人在此过程中孜孜不倦的追求所在。

专业素养是成就卓越的必然结果。在中国移动成就卓越的过程中,不管是业务的专业精神,还是行业领先技术的开拓意识,都会在其中孕育、升华和铸成,并最终使这些素养成为中国移动卓越的企业文化中重要的组成部分。

持续领先是成就卓越的具体体现。领先是卓越的前提条件,持续领先是卓越的外在表现。在追求卓越的过程中,中国移动通过树立锐意进取的意识,保持勇于创新的精神,不断超越自身的优秀状态,塑造出专业的素养,形成自己的竞争优势,必定能成为客户的首选、对手的标杆,最终使自己在这一领域领先并持续保持这一地位。

完美是成就卓越的终极目标。中国移动要追求的就是一种完美。完美虽只是理想的状态,但它却可以激励人们不断地向它迈进。在这个目标的指引下,成就卓越也就成为迈向完美的一个过程。正是在这个过程中,中国移动通过不断自省、调整,培养起不断超越、永不自满的精神和"立足全国,面向世界"的胸怀,使公司的业绩高歌猛进,基业常青。

(二)中国移动的使命——一种事业

中国移动的价值观落地生根,植于土壤,庞大的根系互为依托,抒发着成长的渴望……

我们的使命是一种伟大的事业,我们的事业始于价值观的裂变。

价值观的根植沃土,生长成根。不重视树根的培育,文化之树就会枯萎。

"我们重申,创无限通信世界,做信息社会栋梁。"(以下省略)

(三) 中国移动的愿景——一种理想

一粒树种生根、发芽、长大，大地母亲问："你想成为什么？是想变成千年岸边的杨柳，还是愿意成为丛林中的橡树，供人流连赞美。"

"我只希望自己是一棵坚实的大树，但一定要是郁郁长青的那种。"树种不假思索地回答……

我们的事业带给我们一种理想，这种理想蕴含于中国移动的心中，不折不扣地成为我们共同的理想。这个理想，不只是成就我们的伟业，而是一种生机勃发的愿景，在这一愿景所达的境界中，有信息的高效传递、开放的网络平台、多样化业务的引导和推广……还有中国移动的荣耀。

境由心造，愿景体现了"我们的目标"，是中国移动对未来的假设，是在一定时间段内可以实现的总体目标。

水无常形，兵无常势。愿景会随着时间的推移、市场的变化和企业发展的需要而改变。当企业进入新的发展阶段，则需要设定新的目标、愿景，以指导我们向新的成功迈进。

而中国移动在新时期的愿景是：铸就卓越企业。

"铸"，意思是先在高温下熔化，然后入模成型，黄钟和大吕就此产生，精美和卓越就此产生；"就"，即一定要成为。"铸就"代表着我们在新的高度下的一种超越。以往的奋斗和努力成就了我们的优秀，但我们决不会满足于这种现状，决不会沉醉于过去的功绩。我们只会把过去作为基点，去实现我们新的跨越。

卓越是一种位势，是优秀中的优秀，是超越优秀。它代表着我们在未来世界通信领域，乃至在全球企业界所处的地位，中国移动要成为未来同业以及同业之外公认的标杆企业。

卓越是一种状态，是一种不断完善、不断超越的状态。它代表着我们要成为一个能够跨越任何现在已有高度的企业，成为不断为全球同业和全球企业创造出新高度的企业。

卓越是一种境界，是一种按照事物内在的标准力求达到极致的境界。它代表着我们不是因为别人而追赶，不是因为别人而改善，追求完美和极致是我们与生俱来的天赋和秉性。

卓然于心，中国移动才会成长为一个有品质、有价值、有力量的企业。正因如此，我们将成为全球最富价值创造能力的企业，成为最优质服务和业务的创造者，成为行业内乃至全球企业中最具竞争力、最具活力的企业。

【案例思考与练习题】

1. 结合中国移动的文化变革的实例,谈谈你对文化变革和创新的理解。
2. 如何通过有效的措施在组织中实施文化变革与创新?

第八章

组织文化的整合

【本章要点】

通过对本章内容的学习,你应了解和掌握以下内容:
- 组织中文化冲突产生的原因
- 文化冲突的表现形式
- 文化冲突带给组织的影响
- 文化整合的定义和必要性
- 文化整合的典型方式
- 并购过程中的文化整合的四种模式

【篇首案例】

深圳恒波集团企业文化诠释

深圳市恒波商业连锁股份有限公司是一家以经营和维护移动通信终端产品为主的专业连锁手机推广机构。公司经营模式为连锁经营,在广东、湖南、湖北、重庆、江西等地设立子公司及营业网点,其中公司主要门店集中在广东深圳地区,目前在深圳各区域拥有上百家零售连锁营业网点。

一、公司发展取得的成绩

作为一家区域性手机连锁零售企业,公司注重品牌建设,凭借多年来持续优质的服务,恒波已经成为全国最大、厂家授权最多的手机零售及售后服务连锁企业之一,并与手机生产厂家、移动运营商建立了密切的合作关系:恒波是诺基亚中国核心战略合作伙伴;是诺基亚、索尼爱立信、联想、夏新等国内外知名品牌最大的直接供货对象之一;是摩托罗拉、索尼爱立信、三星、LG、飞利浦中国核心零售合作伙伴;是中国移动集团广东有限责任公司紧密型战略合作伙伴。

赢得了良好的口碑和信任的同时,恒波也获得了政府及行业部门的认可,先后被评为"全国诚信建设示范单位"、"深圳市民满意的手机零售商"、"中国优秀企业"、"质量·诚信示范企业"、"质量·服务星级企业"、"2005年通讯服务行业(五星)星级服务示范单位"、"深圳知名品牌"、"最能代表25年深圳形象深圳名片"、"中国服务业企业500强"、"国际品质·服务·诚信AAA企业"、"深圳100家最具竞争力品牌产品"、"2006年度最具影响力的手机零售卖场"、"中国移动通信2006年度优秀合作商"、"零售十年·优秀品牌连锁店"、"广东省商业服务业改革开放30周年杰出贡献奖"、"深圳市百强企业"、"2008年度诺基亚金牌直供客户"、"中国移动深圳分公司2008年度杰出合作商"、"广东省著名商标"等荣誉。

二、公司的文化内涵

恒波根据其连锁经营模式和与外部供应商的合作模式,构建了适合公司发展的独特文化体系。文化体系的合理构建与有效整合是恒波领先行业的制胜利器。具体讲,恒波的文化内涵如下。

(一)名称寓意

1. 英文诠释:HOLPE

公司一开始将 HOLPE 诠释为希望+勤劳(Hope + Labor)。后来,公司外聘的专家将其全面地诠释为:

H: Hope ——希望

O: Obligation ——责任、职责

L: Labor ——劳动、努力

P: Peculiarity ——特色/ Peak——顶峰

E: Economize ——节约、节省/Efficient ——有能力、高效率

2. 文化再解释

(1) 字意释义。

恒:heng

① 长久,固定。《易·恒》:"《象》曰:恒,久也。刚上而柔下。"

② 恒心。汉崔瑗《座右铭》:"行之苟有恒,久久自芬芳。"

③《易》卦名。六十四卦之一。《易·恒》:"象曰:雷风,恒。"王弼注:"长阳、长阴,合而相与,可久之道也。"(gēng)月上弦之貌。《诗·小雅·天保》:"如月之恒,如日之升。"通"亘"。绵延,连续。

波:bo

① 涌流的水;流水。《诗·小雅·渐渐之石》:"有豕白蹢,烝涉波矣。"

② 波浪,起伏波动的水面。

(2) 恒波喻义。

恒:持之以恒——长期坚持下去。清·曾国藩《家训喻纪泽》:"若能从此三事上下一番苦功,进之以猛,持之以恒,不过一二年,自尔精进而不觉。"

波:波澜壮阔——比喻气势雄壮浩大。清·陈廷焯《白雨斋词话》卷三:"其年诸短调,包揽壮阔,气象万千,是何神勇。"

(3) 选取恒波喻义的理由。

① 恒心可为其态度,态度影响行为,行为对组织绩效是有影响的,强化对组织绩效有利的行为。

② 波为集团发展期望。

(二) 形象识别:**Holpe 恒波** 恒波山品质

(三) 公司战略:连锁经营,专业专注,深度渗透,区域为王。

(四) 发展规划:立足深圳,重点发展广东市场,逐步渗透华南市场,进而面向全国市场。

（五）公司目标：把恒波股份建设成为国内一流的标准化、规范化、流程化、精细化的手机连锁零售企业，为客户创造价值，为社会创造财富。

（六）公司理念：崇尚品质、追求卓越。

（七）经营宗旨：一切为顾客服务。

三、公司的文化体现

勃然奋励：勃然：兴起或旺盛的样子；励：磨炼。奋发磨炼自己。语出北齐·颜之推《颜氏训勉学》："勃然奋厉，不可恐慑也。"

精进不休：精进：专心努力上进。不休：不停止。《追求三》："刻苦，沉着。"

夙夜在公：从早到晚，勤于公务。语出《诗经·召南采蘩》："被之潼潼，夙夜在公。"《晋书·刘毅传》："毅夙夜在公，坐而待旦。"

唯力是视：唯：只。只看有多大力量。意思是有多大的力量，就拿出多大的力量。《左传·僖公二十四年》："出君之恶，唯力是视。"

竭心尽意：尽心尽意。竭：尽。《三国志·吴志·诸葛瑾传》："故竭心尽意，不敢为非耳。"

尽心而已：尽心：竭尽心力。原指竭尽心力才罢休。形容极其尽心。《孟子·梁惠王上》："寡人之于国也，尽心焉耳矣。"后指明知无济于事，仍然去做，已尽心意。

克尽厥职：克：能够胜任。厥：其，他的。能够完成他的职守，做好自身工作。

踵事增华：踵：追随，继续。华：光彩。继续做前人所做的事情，并使它更加美好。南朝梁·萧统《文选·序》："改踵其事而增华，变其本而加厉。物既有之，文亦宜然。"明·张岱与张霨："仍有所作好，则踵事增华；有所作恶，变本加厉。"裘廷梁《论白话为维新之本》："今夫'一大'之为'天'也，'山水土'之为地也，亦后之人踵事增华，从而粉饰耳目。"

组织中不同形态的文化或者文化要素之间相互对立、相互排斥，就会产生文化冲突，文化整合也就成为组织文化学的研究范畴。本章首先介绍组织中的文化冲突的相关概念。然后介绍组织文化的内部整合和外部整合。由于组织中不同民族文化冲突而产生的跨文化管理，我们将在第九章中介绍。

第一节　文化冲突与文化整合

一、人类学中的文化冲突与文化整合

从本质上讲，文化变迁的过程就是文化冲突和文化整合的过程。文化冲突（Cultural Conflict）主要是指不同形态的文化或者文化要素之间相互对立、相互排斥的过程。这种冲突是不同特质的文化在相互接触过程中产生的对抗与竞争。文化整合（Cultural Integration）是一种文化变为整体的（Whole）的或完全的（Entire）的过程和状态。在这一过程中，文化整合表现出如下特征：

（1）在各种文化的意义上的一种逻辑的、情绪的或美感的协调；

（2）文化规范与行为相适合；

（3）不同成分的风俗及制度，彼此之间在功能上互相依赖或加强。

对于文化人类学而言，文化冲突和整合过程中涉及以下一些关键的概念。

（一）文化接触与文化融合

文化接触（Cultural Contact）指两种文化的相互作用和影响。如果两种文化的接触只限于边缘水平，那么其结果便是文化丛和文化要素（文化特质）的传播，两种文化之间有可能发生观念、风俗及物质文化方面的更迭、输出或吸收。如果两种文化全面接触，则会发生彼此之间的融合，产生文化变迁，即涵化（上一章已有注释）。

文化融合（Cultural Fusion）是文化调整的一种方式，指两个独立的文化体系通过长久的接触，互相借用、互相影响而大致达到接近程度的现象。它一般发生在两个文化势均力敌的情况下。文化融合的结果，可能产生第三种文化体系，而原来的两个文化体系随之消失，或称为新文化体系中的亚文化。如果两个相关文化中有一方为优势文化，这可能出现文化调整的另一种形式——同化。

发生文化变迁的因素可能很多，最常见的原因是由于接触了其他文化后而有了创新或文化内部所有调整。在文化变迁过程中，还经常伴随着文化采借（Cultural Adoption）现象。文化采借是指一种文化经选择而接受其他文化要素的过程与现象，这是不同文化之间长期接触的必然结果。一种文化对其他文化要素的采借，并不是盲目的，而是经过严格筛选的，它总是输入那些自身文化能够容纳的东西，而排斥那些不利的东西，以保持文化系统的稳定性。

(二) 文化差异与文化取代

在文化冲突和整合的过程中,文化差异越来越引起双方的重视。文化差异(Cultural Variation)指人类不同地区或不同社区间所有的文化差别,可分为质的差异和量的差异两种形式。前者指两种文化中构成各自基本特征的那部分文化元素的差别;后者指两种文化中一般性文化元素的差别。文化差异通常只能从文化本身得到解释。人类学家指出,人类文化总是由各种各样特定的文化表现出来的。在一种文化与另一种文化相比较的过程中,可以看到每一种文化不仅有着独特的工具、语言、价值观,而且有着自己文化组成部分的清晰脉络,从而显示出文化之间的差异来。

差异的结果之一是文化取代(Cultural Substitution),即一种文化元素或文化体系的部分或全部代替另一种文化元素或文化体系的过程。有学者认为,由于同化他文化或被他文化同化,一种文化就会全部或部分地取代另一种文化或被另一种文化所取代。文化取代是一种文化变迁过程,它反映了文化变迁中新旧两种文化或两种性质不同的文化间的相互关系。

在文化整合中,文化残存现象也同时发生。文化残存(Cultural Survival)指即使一种文化不再具有原有的功能,仍能维持其存在的文化特质。这些文化曾经能够满足社会的需求,可是最终由于技术或其他方面的变化而不再具有功能上的价值。但这种特质会由于它符合传统或具有象征意义而得以保持。例如,牧民改成用摩托车放牧之后,马匹的功用逐渐减小,但是马文化作为游牧民族的特殊性仍然得以保留。

二、组织文化冲突与文化整合

(一) 组织文化冲突的原因

在一个复杂的组织当中,由于其文化系统构成非常复杂,因此必然会造成各种各样的文化冲突。组织中文化的冲突并不是偶然的,文化冲突的产生有一定的必然性。具体来讲,产生文化冲突的原因有以下3个方面:

第一,当今的组织大多采用矩阵和模块式的任务进行设计。这种标准化的研究和开发模式必然会导致任务之间存在很多层级和交叉。一旦这些界限模糊的任务处理不好,就可能产生冲突。

第二,组织在运行过程中常常会遇到一些非常规事件。这些事件可能是突发性的,也可能是组织中从未发生过的。在处理这些棘手事件的过程中,经常需要组织成员打破常规,发挥主观能动性和创造性,寻求解决问题的最佳方式。如果组织成员之间产生意见分歧,或者不能进行有效的分工与协作,就可能引发冲突。

第三,组织中的良性竞争会促进组织效率的提高。然而,如果团队内部的竞争不是合作式竞争,就有可能给组织带来冲突。尽管每个组织都尽量避免这种恶性的竞争。但是由于个体间存在不同的利益需求,因此这种非合作性的竞争不可避免,由此产生的冲突也是客观存在的。

(二) 冲突的表现形式

1. 个体与组织之间的文化冲突

个体在进入组织之前,会遵照各自的价值观和行为方式进行活动。然而,个体进入组织之后,必须适应组织固有的文化,遵循组织既定的行为方式。这就需要组织成员接纳组织倡导的文化。如果个体文化与组织文化之间的一致性较强,则会促进组织成员与组织共同发展。然而,多数情况下个体与组织之间的文化存在较大差异,组织成员很难在短时间内认可组织的文化。这时,个体与组织文化之间的冲突就会产生。这种冲突表现在组织文化的各个层面:

(1) 在精神文化层面,这种冲突可能表现在个体与组织之间价值观的冲突、个体意识与群体精神的冲突、个体目标与组织目标的冲突等。例如,组织成员追求的目标是个人发展与成长,组织追求的目标是利益最大化,两种目标之间的不一致可能导致个体与组织之间的冲突。

(2) 在行为文化层面,这种冲突可能表现在个体的行为方式与组织制度规范之间的冲突、组织成员的行为与领导者行为或其他成员行为之间的冲突、组织普通成员与模范成员之间的冲突。例如,组织中模范人物的行为往往是组织所倡导的,然而组织中的多数成员都会对这种"高要求"产生抵触,从而引发冲突。

(3) 在物质文化层面,个体与组织的冲突主要表现在组织成员与组织环境的冲突方面。例如,煤矿工人长期处于危险、恶劣的工作环境之中,这可能会导致矿工的身体健康和生命安全受到严重威胁。由此产生的冲突不可避免。

2. 组织成员之间的文化冲突

组织中的成员可能会在任务分配、绩效考核、技术职称评定以及培训和发展等方面表现出激烈的竞争,从而导致人际冲突。此外,个体人格特征和思考方式的不同又会导致强烈的冲突,增加了沟通的成本,从而影响组织的工作效率。人际关系紧张会导致组织成员之间的分化,并对组织绩效和成员满意度等方面产生不利影响。因此,组织应该对如何解决这种类型的冲突加以重视。

3. 不同利益群体间的冲突

组织中的文化冲突,所反映的往往是组织中不同利益群体之间的利益冲突。例如,在组织中很可能出现的组织亚文化,即组织的部门文化与组织整体文化之间的冲突。这种冲突的产生,大多是由于组织中的小群体为了维护其自身的利益,或者其内部成员相对于组织的其他成员的利益而面临对组织整体利益的挑战。有时,这种利益冲突还可能是发生在作为个体的组织成员与强调整体的组织本身之间,或者是组织成为两种更大的群体之间的利益争夺的战场。

(三) 冲突的管理方式

如何对冲突进行有效管理,一直是学术界关注的热点问题,由此产生的研究成果颇为丰富。Follett 最早发现冲突的处理策略可以分为 3 种类型,分别是支配(Domination)、妥协(Compromise)和整合(Integration)[1]。

Blake 和 Mouton 最早将冲突处理策略进一步区分为 5 种不同的类型,即强制(Forcing)、退避(Withdrawing)、安抚(Smoothing)、妥协(Compromising)和问题解决(Problem Solving)[2]。

在此基础上,Thomas 提出了极具影响力的冲突处理的 5 因素模型。该模型从满足自身利益和满足他人利益这两个维度,把处理冲突策略分为 5 种类型。5 种人际冲突处理策略分别代表了自持性和合作型的不同组合[3](见图 8-1)。

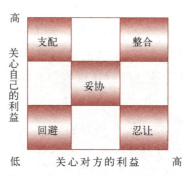

图 8-1 Thomas 处理人际冲突的双关心二维模型[4]

Thomas 提出处理冲突的 5 种方式是:整合方式(Integrating)、忍让方式(Obliging)、支配方式(Dominating)、回避方式(Avoiding)和妥协方式(Compromising)。按照 Rahim 对这 5 种策略以及适用的情境的分析,我们在下面将作进一步深入的描述。

1. 支配方式

这种方式是指在处理冲突的过程中,只考虑自身利益而无视他人的利益,为达到

---

[1] M. P. Follett, *Dynamic Administration: The Collected Papers of Mary Parker Follett*, New York: Harper & Row, 1926, pp. 30-49.
[2] R. R. Blake, J. S. Mouton, *The Managerial Grid*. Houston, TX: Gulf, 1964.
[3] K. W. Thomas, R. H. Kilmann, *The Thomas-Kilmann Mode Instrument*, New York, 1974.
[4] M. A. Rahim, T. V. Bonoma, "Managing Organizational Conflict: A Model for Diagnosis and Intervention", *Psychological Reports*, Vol. 44, 1979, pp. 1323-1344.

自己的目标,不惜以对方的牺牲换取自己的需要。它适用情境的是:当冲突涉及重要的事情并且亟待解决,或者维持双方亲密的支持性关系并不重要时。在组织中,这种方式常被管理者用来处理一些紧急问题,或用来管理组织中缺乏合作意识的成员。当然如果长期使用这类方式会导致对方的敌意或怨恨①。

2. 整合方式

文化的整合方式是以最大限度的平衡和满足双方利益为前提,采用相互理解和合作的方式,解决双方之间存在的冲突。这种方式是以解决问题为导向的,目的是为了寻求双赢的结果,是一种高度合作而又自恃的方式。当双方拥有共同的目标并且维系双方关系很重要时,使用这种方式处理重要且没有时间限制的复杂问题是最适合的。使用这种方式时,要求双方采用一种包容和开放的心态,积极面对冲突,寻找多途径的问题解决方法,尽可能使双方的利益都得到满足。

3. 妥协方式

这种方式就是在一定程度上既关心自身利益也满足对方的利益。与整合方式不同的是,它强调双方享有同等权力,都作出让步以达成互利的决定。采用这种方式的前提是双方有共同的目标,都有充裕的时间②。通常可以在谈判中采用这种策略。当问题重要性一般,内容却很复杂,很难马上找到简单的解决办法,而且双方对问题的不同方面都很有兴趣时,努力达成妥协是最恰当的冲突处理方式。

4. 忍让方式

这种方式就是只考虑对方利益而忽视自己的利益,以保持双方良好的关系为导向,目的是为了消除异议,是一种合作的方式。威坦和卡梅伦认为,当把保持良好工作关系的需要作为首要考虑,通常问题的重要程度一般,或者自己不了解问题,同时时间紧迫时,忍让的方式最为适当。当然还有一种适用的情况就是自己退一步放弃某些利益以换取对方将来在自己有需要时给予回报③。但是,经常采用忍让的方式处理冲突,会让个体产生挫败感或其他消极情绪。

5. 回避方式

这种方式是指对双方的利益都不关心,对冲突视而不见,采取置之不理的方式面对冲突。Rahim 认为,当冲突的问题不需要自己高度负责,而且自己没有必要卷入其中,或者如果参与解决问题可能会带来潜在的副作用,并可能超过解决问题带来的收益时,回避是最适合的方式。但是,回避方式不可滥用,总的来说它会导致"双输"的结果,只会得到别人对你没有责任感的评价。

---

① 〔美〕威坦、卡梅伦,王垒、潘莹欣译,《管理技能开发》,清华大学出版社,2002 年。
② 〔美〕威坦、卡梅伦,王垒、潘莹欣译,《管理技能开发》,清华大学出版社,2002 年。
③ M. A. Rahim, "Toward a Theory of Managing Organizational Conflict", *International Journal of Conflict Management*, Vol. 13, No. 3, 2002, pp. 206 – 235.

综合上面的各种冲突处理策略的适用情境,在组织文化整合的过程中,有的组织采用强制的手段消除冲突,也有的对冲突采取放任的态度。这两种消极的冲突处理方式只会加剧冲突和矛盾,给组织造成更大的伤害。因此,组织在处理文化冲突时,倡导双方的利益和双赢,在文化上主要是通过有效的沟通方式消除心理隔阂,化解冲突,这是组织文化整合的应有之义。

(四) 文化冲突的后果

组织中的文化冲突意味着分歧与对抗,冲突必然会给组织带来严重的后果,影响组织目标的实现。如果组织对文化冲突不能进行妥善的处理,就会给组织造成以下几个方面的严重后果。

1. 缓释凝聚力

由文化冲突引发的组织与成员之间、组织成员相互之间的矛盾,势必会降低组织的凝聚力,导致组织涣散。文化冲突会影响组织的正常运行,致使组织工作散乱,使组织无法形成集中统一、标准规范化的管理。如果组织不能及时化解冲突,就会造成组织成员各行其是、各自为政的严重后果。这样的组织犹如一盘散沙,会极大阻碍组织管理工作的有效进行。

2. 降低满意度

当组织产生冲突时,如果冲突双方不能耐心、诚恳地从彼此的文化背景中寻找文化共性,而只是一味地抱怨对方的保守或草率,结果只会造成矛盾的激化。这种矛盾的激化,会使组织中各方相互猜疑,影响组织中成员的相互协作,最终导致组织成员满意度的下降。这种满意度的下降,会给组织带来一系列消极的连锁反应。例如,组织绩效的下滑、个体组织忠诚度的下降、组织成员之间关系紧张等。

3. 减少决策效率

组织成员与组织之间、组织成员相互之间的思维方式不尽相同。各方虽然存在诸多共识,但其面临的分歧也不可忽视。当这些分歧不能解决时就会造成相互之间的冲突。由于冲突双方倾向于按照自己的行为方式进行分析、判断和决策。要将这些不同的思维方式和行事方法统一起来是一件非常困难的事情。因此,一旦冲突双方不能达成共识和统一,就会造成僵持局面,从而降低组织决策的效率。

4. 增大沟通障碍

当组织中的文化冲突产生时,表明冲突双方的价值观、思维方式存在一定差异。这种差异到达一定的程度时,就会导致沟通中断,致使冲突双方不能相互理解。结果冲突双方都选择沉默,最终导致组织中的沟通失灵。

5. 引发过激行为

当冲突双方之间的矛盾不能及时化解,甚至激化时,很容易造成冲突的升级。这种升级主要是指文化冲突双方产生的一些过激行为。例如,冲突双方之间互相谩骂、侮辱,甚至发生激烈的肢体接触,采取报复行为等。这些升级行为会给组织造成严重后果。它会导致冲突双方关系的极度恶化,同时会给组织形象造成负面影响。因此,组织必须在冲突初期积极化解双方矛盾,避免冲突升级给组织和个人造成不可挽回的损失。

不论是由哪种原因产生的文化冲突,或者以哪种形式展示的文化冲突,有一点是所有这些文化冲突的共性。即两种文化相接触的初期,它们可能共同存在于组织之中,但那只是由于它们的接触还只是表层的,最终两种文化本质的分歧和冲突必将显现。在组织之中只有一种文化可以生存下来,或者是两种相冲突的文化中的某一种,也或者(更多的情况之下)会是一种融合和交流之后产生的全新的文化。

上述5种冲突的后果会使组织陷入文化冲突与文化困惑的恶性循环之中。同时,这种冲突对组织的管理而言也是一种挑战。如果组织不能对冲突过程加以控制,无力应对冲突带来的挑战。那么,在激烈的外部环境中,组织的生存必将受到威胁。因此,对于任何一个组织而言,必须正视这些冲突的存在,并积极寻求解决冲突的方法。解决这种文化冲突的最好方式就是对组织中不同文化进行整合。一旦组织中的文化整合到位,就会最大程度地减少组织中的文化冲突。

第二节　组织文化的内部整合

通过上节的介绍可以看出,如果组织中的文化冲突处理不当,会给组织造成严重的后果。因此,有学者指出,组织文化整合可以体现以下4层含义:

第一,组织文化整合的目标是建立一种更加具有生命力和市场竞争力的新的组织文化体系,这种新的组织文化体系是对整合前所有的组织文化特质有选择的吸收。

第二,组织文化整合的一项重要内容就是降低或缓解并购中引起的组织文化冲突等障碍。

第三,当组织内出现激烈的文化冲突,以致酿成严重的文化危机时,可以通过变革来重建组织文化。

第四,组织文化整合是一个综合的管理过程,不仅涉及内部各个层次的整合,而且趋于组织整体范围内的一体化整合。一个组织的文化作为其特质,可以使它与其他组织的文化相区别;同理,一个组织的内部机构也存在不同的部门文化。要想使这些部门文化共同为组织文化目标的实现而达到统一,就必须实现组织文化的内部整合[①]。

[①] 谢文辉,"企业并购中的文化整合",《山西财经大学学报》,2002年第4期。

就组织文化整合的内容而言,它分为内部整合和外部整合。内部整合无疑是指在组织之内的文化整合,而外部整合涉及组织与组织之间,这部分的内容将放在本章的第三节专门论述。此处我们仅仅介绍组织内部的文化整合。

组织内部的文化整合主要有以下 5 种。

一、显示文化和隐示文化的整合

显示文化(Overt Culture)是指文化的外显形象,与隐示文化相反。这个概念是克拉克洪(C. Kluckhohn)在 1941 年提出来的。在此基础上,林顿(R. Linton)认为文化这个概念至少包括 3 个层面的不同文化现象,即物质层、行为层和心理层。物质是指可见的产品;行为即显示可察觉的人的活动;心理指知识、态度和社会成员所共有的价值观。前两类现象可合为一类,构成了一种文化的显示现象。第三类也就是心理的现象,构成了一种文化的隐示现象。克拉克洪则认为,要以构成显示文化的制度规范体系为模式;而隐示文化,只能形成文化的形貌(见第六章文化的形成)。美国人类学家基辛(F. M. Keesing)认为两者的区别是:显示文化是可以目睹的或耳闻的,而隐示文化却只可凭判断推测而知。理解了这个概念后,隐示文化(Covert Culture)就易于理解了,它是文化内隐的一面,必须经过人们的分析,方能了解的文化。在人类学中,隐示文化也指一种文化中隐含着的而非显明的观念与模式。它和"民俗"、"文化模式"、"文化精神"和"文化理念"等概念相类似(见图 8-2)。

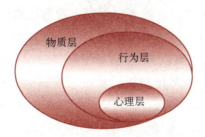

图 8-2 显示文化与隐示文化图

本书借用这一对文化人类学的专门概念对组织文化中的个体层面加以分析,显而易见,这些概念对于组织中的文化整合极具意义。因为在组织中,物质层和行为层的一致,即显示文化所要求的物质层和行为层的相符是组织文化建设的目标。很多组织中通过明示的规章制度和物质层的构建来推演组织文化。但是在实际的运作过程中,员工的心理层是否能够内化组织的这些明文规定,真正在心理上顺应组织的文化迫力呢?因此,组织文化建设过程中,不能够像哲学家康德所说:"理论多少,理论什么悉听尊便,只要你服从!"而应该将隐示文化和显示文化的整合作为更高目标,使组织成员能够心悦诚服。

二、声称文化与实际文化的整合

在组织层面,组织中的声称文化(Espoused Culture)是指组织公开宣称的价值观与信仰体系,它通常由组织管理层构造,并体现于组织的战略目标、规章制度、组织标志等各类可直接观察到的外显文化中。

首先,组织的价值观是反映组织成员解决某种问题背后所根据的信念,是一种组织宣称的约束系统,价值观提供了全体成员共同努力的方向及日常行为的准绳。

其次,组织的宣称文化还反映在组织的制度上,代表了大多数组织成员所共同认为合理正确的行事规则。这些制度一方面是由组织宣称的文化衍生而来,是较为明确的行事法则。例如,不跨区销售是销售公司的一贯的准则,"以客户为尊"则是销售公司对销售员的一个行为制度。在另一方面,制度也可能是指未明确用文字表示出来的规则,但透过角色期望的作用,巧施压力于组织成员,使其行为态度符合要求。比如,不做假账从来都不是制度的明文规定,但是每个财会人员都会自觉遵守这一潜在的准则。

最后,除了精神层面的宣称外,物质文化要素也能显示组织成员共享的价值观,比如,强调公开与平等的公司,组织内绝对没有等级森严的办公室;相反的,重视成员不同地位的组织,则不但会有私人办公室,且其大小、家具和装饰都可以清楚反映组织最真实的文化。

组织中的实际文化(Lived Culture)则指组织成员实际上所持有的价值观与行为方式。它具有隐含性、可觉察性。许多组织都有着自己宣称的价值观,以说明组织的目标和任务。例如,许多组织的核心价值观是"团结、求实、奋进、开拓",雅戈尔公司的"装点人生、装点社会",党政机关的"打造学习型组织,创建服务性政府"等。

而在现实中,组织宣称的文化和我们真正感受到的文化大相径庭。一个宣称以人为本的企业或许是压榨员工的元凶,声明"安全生产重于泰山"的矿井实际上是草菅人命的罪魁祸首。真实的文化和宣传的文化完全不是一回事,正因为此,有人将这种精神文化和实际文化南辕北辙的文化称为"墙上文化"。这种脱节的根本原因在于管理者与被管理者之间的关系。通常情况下,管理者会通过组织内部或者外部的一系列的社会化活动,保持组织文化的完整性和连贯性,从而使得组织成员的意识与行为和组织文化保持一致;另外,组织成员对组织文化的认同程度存在差异,因此,组织中宣称的文化与真实文化是客观存在的。最后,与以上介绍的强、弱文化类似,若组织中的宣称文化与真实文化风马牛不相及,说明该组织所宣称的文化远未取得成员的共识,组织文化也可以成为弱势文化;反之,则说明该组织所称的价值与信仰体系获得了成员的广泛认同,形成了强势文化。因此,如何提高两种文化的一致性也就成为管理界和学术界积极探索的问题之一。由此可见,组织中声称的文化与真实文化之间的转化也是一种文化整合的形式。

三、强文化与弱文化的整合

组织中的强文化是指在组织成员中占据核心地位的价值观和信条,它具有鲜明的个性特征。强文化一般体现在组织的运营方针和运营宗旨上。Sathe认为,强文化之所以强(Strength)取决于以下3个方面:第一,厚度(Thickness),即组织所拥有的重要的人性假设的数目,多者称为厚重文化(Thick Culture),少者称为薄弱文化(Thin Culture);第二,共有程度(Extent of Sharing),即组织成员间所共有的重要假设的数量,共有程度高则对组织及成员有较大影响;第三,顺序的明确度(Clarity of Ordering),组织的共有价值观及信仰有明确的优先顺序,当组织成员遇到利益冲突时,在选择上有确切的次序[1]。

弱文化是相对于强文化而言的,它是指在组织中形成的零散文化,组织中的弱文化有两层含义。第一,它可以指那些对组织成员影响力度较小的文化。这里的影响力度较小指的是组织成员可能会在某些特定时期或特定行为事件中认可的组织文化,但这种认可极易受到外部的影响而发生改变。从这个意义上看,组织的弱文化是一种浅层的文化。第二,弱文化还可以指那些仅仅被组织中的部分成员、群体或部门深信不疑的文化。这个意义上的弱文化是一种范围较小的文化。

迪尔和肯尼迪指出,每一个组织都有自己的文化,但在有些组织中,文化表现得支离破碎,成员缺乏凝聚力,各自有不同的动机和目的,这便是一种弱文化;相反,在另一些组织中,组织文化有很强的凝聚力,组织成员都清楚组织的目标,并且愿意为这些目标而努力,这便是一种强文化[2]。

强文化从组织的战略和全局出发,有力地引导组织向着正确的方面发展;而弱文化更多地是对组织局部进行引导和规范。组织中的强弱文化的差异会导致两者的冲突。然而,组织中强文化和弱文化的关系并不是完全对立的。它们之间的关系是相互依存的。任何组织强文化的生成都不是一蹴而就的,它是一个组织中弱文化在发展壮大过程中演变而来的。如果组织中的弱文化是积极的,那么它可以转化为组织的强文化,或者成为强文化的一部分;反之,组织中的强文化可以对组织中消极的弱文化进行控制,将弱文化的消极影响降到最低。组织中弱文化演变成为强文化的过程,同时也是文化厚度增加的过程,或者说是文化由低级阶段向高级阶段不断发展的过程。这种由弱文化向强文化转化的过程就是组织文化整合的过程。

---

[1] 徐二明、郝晓峰,"论组织文化变革",《现代管理科学》,2005年第4期。
[2] 〔美〕迪尔、肯尼迪,《企业文化现代企业的精神支柱》,上海科技文献出版社,1989年,第5—8页。

四、主文化与亚文化的整合

以上的文化类型,都是按照文化管理风格来划分的。组织文化作为一个系统,从不同的角度有不同的划分方法。组织作为一个系统,又是由各种作为子系统的部门所组成的,各个子系统又是由单个的、具有文化创造力的个体组成。一个文化共同体,只要它不是一个单一同构体的集合,只要它有多元文化体,或者只要存在着像单个人这样的有着丰富文化创造力的文化个体,那它就一定会形成主文化与亚文化共生与并存的格局,组织中也一样。在一个组织中,除了整个组织作为一个整体以外,各种正式的有严格划分的子系统(如分支机构、部门、小组、工作单位和场所)或非正式的群体,相对于整个组织来说,也能够作为一个小的整体。在整个组织的文化背景下,不同的子系统的文化和整个组织的主流文化不会完全相同。从这个角度来看,组织文化在类型上又有主文化与亚文化的划分。

组织的主文化,就是组织在一定时期内所形成的占主导地位的组织文化[1]。主文化是一个组织的核心价值观的体现,受到大多数组织成员的认可,构成了组织文化的主流。

亚文化是某一社会主流文化中一个较小的组成部分。有学者指出亚文化应有以下特点:第一,亚文化必须与主流文化在某些方面有差异,但至少服从该社会一部分准则和法律;第二,必须有亚文化群意识,即亚文化群成员们把自己看作一个社区;第三,亚文化都具有独特的、为其成员欣然接受的行为规范。遵循亚文化群体的规范能够导致违反主流文化规范的越轨行为[2]。组织的亚文化有两种解释:第一种解释是,组织的亚文化相当于组织的副文化,即组织在一定时期内形成的非主体的、非主流的不占主导地位的组织文化。第二种解释是,将组织亚文化看成组织的亚群文化,即是组织文化的次级文化。因此,组织的亚文化可能是组织的补充文化、辅助文化,也可能是组织的对立文化、替代文化[3]。

组织成立初期,文化通常处于混沌状态,主文化与核心价值观尚未形成,每个子系统或每个具有创造性的个体对于文化都有自己的理解,这种最初的理解并不完全统一。在组织发展的过程中,逐渐形成自己的战略、目标、管理风格、价值判断标准及行为方式。组织从最初的多元价值观和文化中,找到最适于组织发展需要的为大多数成员所认同的价值观和文化。之所以为大多数成员所认同,是因为这样的文化经

---

[1] 谭伟东,《公司文化》,经济日报出版社,1997年,第14页。
[2] 〔英〕约翰·斯道雷,《文化理论与通俗文化导论(第2版)》,南京大学出版社,2001年。
[3] 谭伟东,《公司文化》,经济日报出版社,1997年,第14页。

得起组织的达尔文规则的检验,能够带动组织的健康发展,使组织生存并壮大。这样的文化最终成为主文化,但是那些剩下的价值观并不会因此而消失,这一部分文化成为亚文化的一个来源。

组织的主文化虽然为大多数组织成员所认同,但其并不能包括组织中所有的文化。一个组织系统中,会存在许多正式的和非正式的子系统,正式的如部门、车间、班组,这样的小团体由于工作性质的不同,在认同组织文化的前提下,也具有自己独特的亚文化。例如,某一组织中的财会人员,除了会受到组织文化的影响之外,还受到工作性质、国家财会制度和职业道德的影响,因而具有独特的亚文化特征。财会人员从事的是价值管理的活动,对组织的价值管理是组织管理活动中最重要的管理活动,这要求财会人员必须认真谨慎、坚持原则,因而财会人员的工作性质很大程度上决定了财会人员群体文化的特征。国家和组织的财会制度是对财会人员的最直接的制约和约束,因而对财会人员群体文化有着很大的制约和影响力。因此,财会人员主要具有以下几个亚文化特征:第一,总体上与组织文化保持一致。组织文化对组织中群体文化的影响,使得群体文化在发挥其作用时起到了对组织文化的促进作用,使两种文化在最终目的上是一致的。第二,制度化。由于财会工作的要求,使得财会工作制度化,如部门之间的核算制度、统一会计制度、现金管理制度、审计制度等,从而使财会人员群体文化打上了制度化的烙印。第三,规范性。由于财会工作制度化使得工作在操作上具有统一的客观标准对其进行指导和评价,使工作具有高度的规范性,也使财会人员群体文化留有规范性的痕迹。第四,价值观。价值观也是财会人员群体文化的核心。由于财会工作性质和要求的影响,使得财会人员具有共同的价值取向。财会人员必须严格执行会计制度,维护财经纪律,最大限度地发挥财会工作的作用,使公司的经营管理不断地上新台阶,使组织财富(股东财富)最大化。第五,礼节和仪式。在公司日常的工作中,财会人员形成了自己独特的礼节和仪式,在与他人的沟通和交往中,他们总是让人感觉到有极强的责任心、高效率以及坚持原则等。

亚文化可能是组织文化的有益补充,也可能与组织文化相悖,或者是与主文化有差别但对组织无害的文化,在一定条件下亚文化有可能替代主文化。与主文化相悖、对组织有害的消极亚文化要注意控制和清除,把这类消极亚文化的文化污染减小到最低。比如,派别文化、拆台文化、内耗文化、吹捧文化、迎合文化、个人英雄主义文化,这样的消极亚文化如果不清除,必定会影响组织未来的发展。对于那些与主文化不一致但不产生危害的积极有益的亚文化,应采取包容的态度,适当对其进行吸收、同化、激励和开发,将有益的亚文化流汇集到主流文化之中,或者可以进行文化交流,这样可以丰富和完善组织的文化。

按系统论中的动态性思想来看,一切系统都处于不断变化、发展之中,绝对静态的系统是不存在的。在现代经济社会里,组织面临的环境瞬息万变,组织的战略和组织结构也会随着环境的变化而改变,所以,适于组织生存和发展的组织文化也要发生相应的改变。主文化和亚文化在组织中的地位并不是一成不变的,主流与非主流的地位变化是以组织发展需要为基础的,一旦环境发生变化,出现了文化危机和冲突,随之而来的往往都是组织文化的革命和转型,某些符合时代要求的积极健康的亚文化也可能成为新的主文化。主文化与亚文化的地位处于一个动态平衡的状态,它们之间是可以相互转化的。这种主文化与亚文化相互转换的过程也是组织文化融合的一个过程。

五、新文化与旧文化的整合

组织面临的文化冲突或文化危机,往往有来自组织内部或外部的创新力量与组织的文化传统之间的冲突。任何一种组织文化,不论其形成之时先进与否,由于文化本身的自我延续性特征,必将在相当长的一段时间内保持某种惯性或者刚性。但是,社会处在不断的发展和变化之中,即使一个组织的文化在其初建时是非常先进的,也有可能随着社会的发展而成为落后的文化。这时,组织需要建立新的组织文化。然而组织文化具有一定的惯性,固有的组织文化不会主动退出历史舞台。因此,新旧文化之间的冲突在所难免。这时就需要组织正确处理这两种文化之间的关系。对新旧文化的整合不能操之过急,要让组织成员对新文化有一个逐步接受和适应的过程。

组织中新旧文化之间的冲突往往成为组织中文化冲突的主题,而相应的组织文化的创新便成了组织文化变革的重要方面。组织文化是一个动态变化的过程,它会随着组织内、外部环境等因素的变化而变化。因此,当组织中传统文化不适应组织发展需要时,就应该对其进行相应的调整。这种组织内部新旧文化的调整过程,也是组织文化整合的一个过程。

第三节 并购中的文化整合

随着经济和社会的飞速发展,组织并购的热浪席卷了整个世界。然而,并购中产生的文化冲突严重阻碍并购的顺利进行,甚至直接导致并购失败。因此,如何在并购过程中进行文化整合显得至关重要。本节将向读者介绍并购中文化整合的相关内容。

一、组织并购中的文化冲突

(一) 组织并购中文化冲突产生的原因

组织文化冲突是指不同形态的组织文化导致的组织中不同文化群体间的心理和

行为对抗[①]。在组织并购过程中，不同文化背景下的组织成员通常会对并购中的外来文化产生排斥心理，这种排斥心理往往会导致文化冲突。根据前人的研究和总结可以将文化冲突产生的原因归结为以下3个方面。

1. 文化适应带来的冲突

文化适应包括同化、文化冲击、融合和稳定四种状态。其中，文化冲击（Culture Shock）一词最早见于人类学家Kalvero Oberg对个体面临环境变化时心理状态的描述。Oberg将文化冲击描述为个体从熟悉的文化环境进入新文化环境后所产生的焦虑，它是个体突然陷入一种失去熟悉的社会交往符号和象征的状态[②]。在组织并购中，即使双方并购完全出于自愿，处于被并购方的组织成员仍然可能感受到来自并购方的文化冲击。这种对新文化的不适应往往导致被并购方在心理上的失衡，进而导致其对外来文化的排斥和冲突。这一概念也被用于员工职前教育、跨文化管理中。

2. 关键事件引发的冲突

组织并购过程中会面临许多问题，组织所有权的变更、战略及人力资源等方面的调整都会给双方（特别是被并购一方）带来巨大的挑战。因此，在并购过程中，对这些关键问题的处理往往会受到并购方的重视。但是，并购方经常忽略并购过程中出现的一些小事情，或对这些关键事件采取不恰当的处理方式。然而，正是这些看似平常的小事可能最终成为文化冲突的导火索。

3. 信息传递通道不畅导致的冲突

并购双方从不同个体合并为一个整体的过程，也是一个信息交换和共享的过程。双方都掌握着一些组织内的私有信息，由于这些信息来源渠道不同，因此可能导致双方之间信息的不对称。同时，由于并购组织的规模和结构产生了巨大变化，其原有的信息传递通道也将受到冲击。原有信息传递通道的改变会导致信息传递过程中的偏差和遗漏。由这种偏差产生的决策也会引发文化冲突。

(二) 组织并购中文化冲突对组织的影响

文化冲突会给并购后的组织带来一些消极影响。这些影响主要体现在以下两个方面。

1. 文化冲突对组织管理方式的冲击

并购后两个组织之间的文化冲突会给组织原有的管理方式带来冲击。来自不同文化的管理者在决策方式、管理态度和管理风格上存在差异。由于并购组织双方文

---

① 陈至发，《跨国战略联盟企业文化协同管理》，中国经济出版社，2004年。
② 刘伟、梁钧平，《冲突与和谐的集合——经济与伦理》，教育出版社，1998年。

化传统和价值观各不相同,这就决定了管理者在管理方式在有一定的差别。例如,国营企业管理者在管理决策中乐于听取下属的意见,注重下属参与管理;而民营企业管理者则认为,让下属参与管理对自己的地位是一种威胁,在并购时更多采取压制的方式,从而引发冲突。

2. 文化冲突对组织运营理念的冲击

并购过程中的不同民族、地区及组织之间的文化排斥,必然要反映到组织的运营理念中。由于并购双方的组织文化不同,并购过程中的运营理念相互排斥的现象普遍存在。组织运营理念是组织文化在组织运营方面的体现,是组织战略贯彻成功与否的关键因素。组织的运营理念背后都有一组隐含文化理念,组织成员通常不会察觉这些文化理念,但当组织出现变革时,这些根深蒂固的意识就会显现出来。

本节对文化冲突的介绍只涉及与组织并购有关的内容。文化冲突的其他相关内容将在本书第九章中进行详细介绍。

二、组织并购中的文化整合

(一) 文化整合在并购中的重要性

许多组织在并购过程中只注重资产因素的整合,往往忽视组织文化的有效整合。然而,并购不仅仅是一种经济行为,它还包含着许多非经济因素。文化整合是并购中不容忽视的一个重要方面。

在组织并购过程中,如果被并购的组织成员不认可新的管理方式和文化风格,将会严重影响组织成员的工作积极性,降低其对组织的忠诚度,甚至还可能造成组织的核心成员的外流,给组织带来不可挽回的损失。因此,在组织并购中如何进行文化整合显得尤为重要。如果文化整合工作不到位,势必会影响并购后组织的正常运转,严重的还可能导致并购失败。这种由于忽视文化差异导致并购失败的案例屡见不鲜。典型的事件当属通化钢铁并购案,兼并方的总经理被殴打致死。2009 年,建龙集团向通化钢铁增资控股。消息传来,遭到了通化钢铁部分职工向集团领导及建龙管理层的抗议。然而,抗议并未受到集团上层的重视。这导致了通化钢铁的职工与集团矛盾的激化,一度有千余人加入抗议队伍。此时,建龙集团委派的通化钢铁的总经理陈国君要求工人复工,致使矛盾激化,现场数名员工对陈国君拳脚相加,最终致其死亡。随后,吉林省政府宣布终止重组方案,建龙退出,永不再参与通化钢铁重组。这一事件的根本原因,就是企业在并购重组过程中,忽略了成员参与和有效沟通的重要性。这起企业重组失败的例子充分说明了并购过程中文化整合的重要性。

Gilkey 指出,并购的高失败率主要是因为这些并购仍然将业务和财务整合作为首要目标,而将精神层次和文化方面的整合作为次要因素考虑①。Hamid 也在文章指出,文化融合在并购中起着关键作用,但是很多组织在并购的早期并没有很好地处理并购双方原有的不同文化,而是为了从并购中受益仅仅讨论并购的价格。由于成员和文化的低效整合而导致的文化整合延误会影响并购中的股东回报,从而导致并购成本提高。因此,并购中的文化整合对所有国家的组织都有重要意义②。

(二) 文化整合的定义及内容

1. 文化整合的定义

本节中的文化整合(Integration),主要是指不同组织之间的文化整合,它是组织并购中不同文化的调整、融合与创新的过程,文化整合的最终目的是实现组织的和谐统一。组织文化整合的过程比组织中资金、技术、信息和人才等资源的整合更具隐蔽性。文化整合就是组织的价值观、组织精神、组织哲学、成员行为方式等不同层面的文化重新定位和生成的过程。

2. 文化整合的内容

组织并购中的文化整合不是一个抽象概念,而是一个系统工程。文化整合的内容主要包括以下 3 个方面。

(1) 精神层面的共识。组织中的精神文化在整个文化体系中处于核心地位。精神文化是组织文化的灵魂。因此,组织并购中对精神层面的文化整合至关重要。组织的精神文化主要包括组织精神、目标、运营哲学、道德和价值观等内容。精神文化是组织意识形态的综合体。并购中的文化整合,就是要对不同的组织意识形态进行融合。这种意识形态的融合并非一朝一夕就能完成,它是一个渐进的、潜移默化的过程。由于精神层面的文化相对抽象,这可能导致并购者对这一层面文化的整合无从下手。我们建议并购者可以从组织目标入手进行文化整合。组织目标是指组织在一定时间内以一定的质量指标和数量指标形式表现出来的最佳物质成果和精神成果。组织目标是精神文化层面中相对具体和易被感知的部分。并购者可以通过对被并购的组织目标进行调整或重新确定,以达到对整个组织运营方向的掌控,从而达到影响和改变组织差异文化的目的。精神文化的整合最终还应触及更深层的文化。组织价值观的统一是精神文化整合的最终目标。

(2) 行为层面的协调一致。组织中的行为文化是组织精神文化的折射。组织的行为文化主要包括领导者的行为文化、组织模范人物的行为文化和组织成员的行为

---

① R. Gilkey, "The Psychodynamics of Upheaval: Intervening in Merger & Acquisition Transitions", *Organizations on the Couch*, San Francisco: Jossey-Bass, 1991.

② Hamid, "Address People Issue When Planning Merger, Acquisition", *Business Times Kuala Lumpur*, Jan. 2002.

文化等3方面的内容。在组织并购过程中,并购者应从这3个方面对并购组织中全体成员的行为加以约束和引导。对并购后新成立的组织来说,制定新的规章制度和行为准则是组织文化整合的重要内容。并购后的组织也需要管理上的融合。有效的管理方式是统一组织行为文化的重要方面。管理是维系一个组织正常运行的脉络,也是组织价值观得以贯彻落实的关键。组织并购要把管理方法的贯通、管理制度的统一和管理机制的融合作为文化整合的重要方面。

(3) 物质层面的整合。组织中的物质文化指由组织成员创造的产品和服务,以及各种物质设施等构成的器物文化。由物质文化的定义可以看出,物质层面的文化是最容易被感知和改变的文化。在组织的并购过程中,并购者应该根据文化整合的需要对组织的物质文化进行调整和改造。例如,对组织环境、组织外部特征,包括对组织名称、标志、标准字、标语和口号的更改等。在物质文化的整合中,尤其应重视组织形象的重塑。组织形象是其面对外部的标志和品牌,不同组织具有不同的自我形象体系。新组织一定要用统一的标志来显示自身的新形象。这样做不但可以树立组织对外的新形象,更重要的是,可以让组织成员真切地感受到并购给组织带来的新气象。

(三) 组织中影响文化整合的因素

Bijlsma-Frankema 论述了组织并购中影响文化融合与文化转变过程的因素。他指出,影响文化融合的因素是组织与文化间的摩擦、不同文化间的摩擦。Bijlsma-Frankema 通过对比成功的文化融合案例和失败的案例,得出如下结论:在文化整合中,信任(Trust)是促进具有不同文化的双方进行合作的首要因素。他提出了增进相互信任的几种途径:(1) 共同的目标(Shared Goals);(2) 正常的对话(Regular Dialogue);(3) 关于准则和预期异同的共同认知(Shared Knowledge);(4) 达成共识(Making Agreement);(5) 监控执行情况(Monitoring Compliance with Agreements);(6) 对不遵守协议情况的积极干预(Active & Ling of Non-compliance);(7) 事前冲突处理方案(Before & Agreement on Conflict Resolution)。其中,正常的对话被认为是建立信任的最为关键的因素[①]。

三、组织并购中的文化整合策略

文化整合是一个长期的过程,它在组织并购之初展开,但不伴随并购过程的结束

---

① Bijlsma-Frankema, "On Managing Cultural Integration & Cultural Change Processes in Mergers & Acquisitions", *Journal of European Industrial Training Bradford*, 2001(25).

而停止。对组织而言,文化整合涉及面广、过程复杂。但是,文化整合并不是毫无章法可循,下面将介绍文化整合中常见的3种策略。

(一) 文化整合中的文化沟通策略

文化整合过程中遇到的一个最常见的问题就是信息传递通道不畅。因此,在文化整合过程中,良好的沟通就显得尤为重要。并购双方的文化沟通,是相互理解文化差异、消除文化排斥、化解文化冲突的过程,是并购双方建立相互信任的重要手段。信任是影响文化整合的首要因素,是促进文化融合的基本原则[1]。充分的沟通是确保并购成功的关键。

1. 文化沟通的策略

(1) 并购双方的求同存异。求同存异是组织文化整合的基础和前提。并购中的文化整合,并不是要完全消灭一种文化,文化整合的精髓在于并购双方优势的集合。因此,并购组织中的文化沟通的目的不是消灭差异,而在于寻求文化融合的共同点。对于并购中的文化差异,并购者要根据具体情况制定行动措施。如果组织间的文化差异对组织整体发展没有不良影响,并购者可以对差异采取保留搁置的处理方式。

(2) 以人为本,积极清除沟通障碍。在并购中,沟通的障碍主要源于并购方的强势。这种强势是影响沟通顺利进行的主要障碍。因此,并购中的文化沟通应该感同身受,树立以人为本的观念。在沟通的过程中尊重被并购一方、理解他人,这是文化沟通的最佳策略。

2. 文化沟通中需要注意的问题

并购过程中应注意尊重对方的文化特色。并购中的文化差异现象是普遍存在的,相互理解文化差异是并购双方沟通的前提。文化差异问题并不在于它造成的意见不统一,而是它造成了"理解错误"[2]。并购双方要保证沟通顺利进行,必须正视文化的多样性,善于发现对方文化的合理性,尊重对方的文化。

(二) 文化整合中的文化调整策略

并购组织的文化调整,是并购双方为缩小两者差异、减少文化排斥而主动进行的文化调节与整合。并购双方经过文化沟通后,为适应对方文化,开始积极进行自身文化的改良运动。此时就进入文化调整的阶段。并购双方的文化调整主要有以下两种方式。

---

[1] Bijlsma-Frankema,"On Managing Cultural Integration & Cultural Change Processes in Mergers & Acquisitions",*Journal of European Industrial Training Bradford*,2001(25).

[2] 〔美〕甘瑟尔、罗杰斯和雷诺著,干春晖等译,《并购中的企业文化整合》,中国人民大学出版社,2004年。

1. 维护文化的平衡

并购过程中,并购双方的组织文化都会受到一定冲击。两种文化之间的排斥会造成组织成员之间的矛盾与冲突。作为组织的管理层,应该从组织整合这一大局出发,自觉维护并购双方的文化平衡。并购后的新组织对原有组织的文化应当采取兼收并蓄、平衡对待的方式。组织应努力寻找两种文化的共同点和文化的积极方面,吸收两种文化的精髓。在这个过程中,不能偏袒并购方组织文化,只有使两者平衡发展才能实现文化的成功整合。

2. 缩小文化差异

融合文化差异的过程也是一个缩小文化差距的过程。缩小文化差异的最终目的是实现两种文化的对接。并购组织为了维护双方文化的平衡,往往不能完全消除文化差异。因此,缩小双方之间的文化就显得十分重要。由于并购双方的文化差异是内外部因素共同作用的产物,并购后双方的局部矛盾仍会不断发生。因此,并购双方应在主动适应对方文化的基础上,积极缩小两者差异,使组织文化得到不断完善。

(三) 文化整合中的文化融合策略

并购双方的文化融合,是双方不同的组织文化、不同的国家和民族文化相互接纳、相互吸引的过程。并购双方经历文化沟通和调整后就将进入文化的融合阶段。这是并购双方排除障碍、达成共识的理想阶段。并购双方的文化沟通与调整为文化融合奠定了基础。文化融合是文化双方吸取对方精华,重塑自身的过程。文化融合是文化整合的最高境界。并购组织中的文化融合是沿着组织文化的物质层面、行为层面和精神层面递进的过程。文化在物质层面的融合最容易实现。最难实现的文化融合是文化精神层面的融合。这是由于文化的精神层面最为隐蔽。精神文化需要组织经过漫长的积淀过程才能形成,因此,这一层面文化的融合也需要较长时间。

四、组织文化整合的模式及适用条件

(一) 文化整合的4种模式

通常并购双方之间有4种文化适应模式。

1. 文化涵化模式

文化涵化(Acculturation)模式,指经过双向的渗透、妥协,形成包容双方文化要素的混合文化,目标是希望获得双方文化的长处。然而,文化混合的前景有时难以预测,比如,强烈的冲突、彼此的敌意。并购双方文化的共性是混合型文化整合模式的基础。这种模型汲取了两种文化的优点,为并购双方创造出一种新的共享文化体系。

这种模式适用于并购双方实力相当,并且都具有适合本组织发展的优秀文化;或者用于被并购一方想要保持自己的文化和组织标志以及组织独立性的情况时。

2. 文化吸收模式

文化吸收(Assimilation)模式是指并购方的组织文化取代被并购组织的文化,被并购组织被完全吸收进另一方。在吸收模式下,被并购方通常完全放弃原有的组织文化,接受并购方的组织文化。在最极端的情况下,强势组织作出整合决定,派出自己的经理取代原最高管理层,也称之为"掠夺型"整合。但是,由于组织文化是组织发展过程中的长期积淀,这种积淀已经深刻植根于组织成员的内心之中。因此,这种文化惯性会对入侵文化产生排斥,组织成员要想完全舍弃固有的组织文化需要一个漫长的过程。特别是组织的精神文化,如组织成员的群体意识、价值观、方法论和组织道德等,这些精神文化的成形历经持久,并且精神文化一旦形成就很难被改变。因此,并购一方如果想让被并购方完全放弃原有组织文化,接受并购方的文化,需要双方投入大量的时间和精力,这个过程对于被并购方来说无疑是一次异常痛苦的"洗脑"过程。因此,如果在这个过程中不能处理好新旧文化交替中出现的问题,还可能会导致并购行为的失败。鉴于此,并购双方在决定采取吸收模式进行文化整合之前,一定要对双方现有的文化进行充分认识,特别是被并购一方,必须认真考虑本组织对新文化的适应性。这种模型只适用于并购方的文化相对强势,而被并购方的原文化相对弱势或零散,且并购方的文化具有顽强的生命力和适应性,能赢得被并购组织成员的一致认可的情况;或者在并购发生前被并购组织的运营状况不佳,而原有组织文化正是阻碍组织向前发展的原因之一,被并购方亟须对现有文化进行调整时,采用这种模式较为可行。然而,由于并购过程中,并购一方通常处于强势地位,他们在很大程度上主宰并购的全过程,因此,并购方通常不会为了适应被并购一方而调整自己的组织文化,实际上他们大都倾向于采用这种吸收模式对双方文化进行整合。

3. 文化分隔模式

文化分隔(Separation)模式就是指限制双方接触,保持两种文化的独立性。在这种文化整合的模式中,并购双方都希望保持原有的组织文化,在此基础上虽然两个组织合二为一,但是新组织中的两种文化却是独立的,它们共存于新组织之中。这种模式适用于并购双方各自有强势的优质文化,组织成员对外来文化存在抵触心理,但对自身文化非常认可,而且现有文化能够对组织的发展起到积极作用,与此同时,并购后双方运营相对独立,这种情况下比较适合采用分隔模式进行文化整合。

4. 文化混沌化模式

当被并购组织中的成员既不珍惜原来的价值观,将其抛弃,同时又不认同并购一方的文化时,成员之间的文化和心理纽带就会断裂,价值观和行为也变得混乱无序,这就是混沌化(Deculturation)的文化适应状况。这种情况多发生于并购一方或双方没有强势的组织文化,被并购方由于并购产生的震荡而对原有文化和新文化都不信任。混沌化的文化整合模式对并购双方而言都是消极的。它可能会导致文化退化,即文化从一种较先进和分化的水平退到一种较不先进和不分化的水平的现象或过程。一种比较先进文化的某些构成元素或特质,如技术、观念、文化的创造性等在两种文化广泛而又持续的接触中不仅没有自我保持或被另一文化采借,反而大部分或小部分丧失,或功能萎缩,从而造成了自身水平的下降。文化混沌的状态意味着组织并购不但没有给双方带来先进的管理方式,而且还将组织原有的平衡状态破坏殆尽,对新组织的运营发展产生不利影响。

(二) 文化整合模式的适用条件

以上通过对 4 种文化整合模式的介绍不难看出,每种整合模式都有特定的适用范围,在进行文化整合的模式选择时,并购双方不仅要考虑双方原有的组织文化,同时还应该结合被并购方所处的发展阶段和组织并购战略类型和进行综合考虑。接下来将详细介绍这 4 种模式的适用条件。

1. 组织生命周期的划分

组织在进行并购行为之前,首先要考虑被并购一方所处的发展阶段。一般来说,组织的发展周期可以划分为以下 4 个不同的阶段:

(1) 组织的初创期。组织在初创期资金、技术、人力和物力资源相对匮乏,组织的文化尚未成形,组织中成员凝聚力较低,组织在这一时期的核心竞争力较弱,组织面临巨大的生存压力,组织的运营管理活动在摸索中进行。

(2) 组织的成长期。组织发展进入成长期后,资金、技术、人力和物力资源逐渐丰富,组织文化开始形成,组织面临的压力得到缓解,组织运营管理日趋规范。

(3) 组织的成熟期。组织发展进入成熟期后,组织日渐被社会所接受,组织的管理制度较完善,经过长期积累,组织特有的文化体系业已形成,组织发展步入一个平稳轨道。

(4) 组织的衰退期。组织发展进入衰退期后,组织活力减弱,组织管理成本相对上升,组织文化面临变革与创新的挑战。

除了要考虑被并购方所处的发展阶段之外,组织文化整合前还应考虑组织并购的战略类型。

2. 组织并购的战略类型

组织并购的战略类型可以分为横向并购、纵向并购和混合并购。这 3 种战略类型可以作如下定义[①]:

---

① 金成晓、王锦功、张林华,"企业并购的类型与相应模式",《数量技术经济研究》,2001 年第 2 期。

（1）横向并购。横向并购是指生产同类或相似产品的两家或多家组织合并为一家组织，由于处于同一行业，并购双方在并购前处于竞争状态，而通过并购改变了原有的市场竞争结构。

（2）纵向并购。纵向并购发生在处于不同运营阶段的组织之间，通过并购使不同环节连接起来。

（3）混合并购。混合并购是发生于不同行业组织之间的并购。其目的是为达到优势互补或规模经济。

在组织选择文化整合的模型时，应结合上述两项因素和组织现有文化进行综合考虑。下面将以组织并购战略的不同类型为切入点，对4种文化整合模式的适用条件进行详细说明。

3. 4种文化整合模式的不同选择

（1）组织采用横向并购战略时，可以使组织迅速扩大自身规模。此时的选择包括：

① 如果被并购一方处于发展的初创时期，被并购方的组织文化尚未形成，其自身实力也相对较弱，并购双方可以采用文化吸收模式进行文化整合。因为并购方的文化体系已经形成，并购双方又处于同一行业，这种情况下被并购方可以完全接受并购方的文化体系，以对方的成功经验促进自身的发展。

② 如果被并购一方处于组织的成长期时，由于自身组织文化初步成形，组织开始形成核心竞争力，这时进行并购活动，并购双方可以采用文化涵化模式进行文化整合。因为这个阶段并购方的组织文化中形成了适合组织发展的优秀"基因"。另一方面，组织文化体系还不健全，这时如果采用文化涵化模式进行文化整合，并购双方汲取对方的文化精髓，这样不但可以保留被并购方原有文化的可取之处，同时又以新文化为补充，使组织的文化体系趋于完善。

③ 如果被并购一方处于组织的成熟期，由于自身的组织文化体系已经形成，组织在发展中有了较为明确的定位，这时被并购方选择并购行为多是为了开辟新的发展领域，提升组织竞争优势。因此，并购中双方应采用分隔模式或文化涵化模式进行文化整合。当并购双方的文化都比较强势时，可以才采取分隔模式进行文化整合；而一方文化较弱时，可以采取文化涵化的方式进行文化整合。

④ 如果被并购方处于发展的衰退期，由于自身文化面临变革与创新的挑战，组织发展也进入瓶颈期。这时被并购方选择并购行为可能是为了突破瓶颈，为组织发展注入新的活力，这时并购双方就应该选择文化涵化的模式进行文化整合。如果被并购方是为了化解生存危机而进行"免死"的并购行为，这时并购双方就可以采用文化吸收模式进行文化整合，这样可以让被并购方汲取并购一方的文化精髓，借助并购方文化的力量化解组织的生存危机。

（2）组织采用纵向并购战略时，可以使组织降低价值链的运营成本。此时的选择包括：

① 被并购方处于组织初创阶段时，为了降低自身的风险，可以考虑采取并购行为来化解生存压力，但是由于纵向并购中并购双方处于不同的组织运营阶段，因此双方在一定程度上可以保持自身文化的独特性，所以并购后的组织可以采用分隔模式进行文化整合。此外，由于处于发展初创期的被并购方的组织文化尚未形成，所以也可以采取文化吸收模式进行文化整合。

② 被并购方处于组织发展的成长和成熟期时，为了降低自身运营成本，提高运营效率，可以采取并购方式。这种情况下的文化整合，可以采取分隔模式或文化涵化模式。当并购双方的文化都比较强势，并且能适应自身发展时，组织多采取分隔模式；如果一方文化较弱，或双方都较弱时可以采取文化涵化的方式，然而这种情况下，组织很少采取文化吸收的整合模式，这是由于双方处于不同的运营阶段，并且双方的发展都处于上升阶段，因此，采取文化涵化的方式更利于新组织中两者优势互补、共同发展。

③ 当被并购方处于组织发展衰退期时，与横向并购战略的情况相类似，组织为化解生存危机可以采用文化吸收模式进行文化整合；而被并购方要想获得新的发展就应该采用文化涵化的方式。

（3）组织采用混合并购战略时，可以使组织降低单一领域带来的风险，并且能够帮助组织迅速进入一个新的领域。由于采用混合并购战略的并购双方多处于不同的行业或领域，并购后双方之间的职能交流相对较少，因此对双方的文化整合要求相对较低，所以并购双方在进行文化整合的模式选择时也相对较容易。此时的选择包括：

① 被并购方处于组织发展初创、成长、成熟这三个阶段时，被并购方的发展呈上升势头，其发展过程中形成的组织文化有助于组织的持续发展，因此，可以采取文化分隔模式进行文化整合。

② 被并购方处于组织发展的衰退阶段时，组织发展陷入困境，这时如果被并购方可以通过自身变革来化解危机时，并购中可以采用文化分隔模式进行文化整合；如果被并购方需要很大程度上借助并购方的力量才能取得进一步的发展时，就应采取文化涵化的方式进行文化整合。需要说明的是，由于采取混合并购战略的组织多处于不同行业，因此并购过程中很少采用文化吸收模式进行文化整合。

在以上讨论中，我们并没有将混沌化模式纳入其中，这是因为采用混沌化模式进行文化整合，容易使组织陷入无序和混乱之中，因此该种模式适用范围较窄。它一般只适用于并购双方或一方文化处于弱势，且并购双方对另一方的文化缺乏认同和信任的情况。

五、文化整合与其他整合的关系

通过案例研究我们发现,如果能够在两个组织之间以及被并购组织内部创造一种积极的气氛,就能够淡化组织文化差异的消极影响,促进能力的单向或双向转移。能力的单向或双向转移是协同实现的主要手段,也是整合的基本内容——经营整合(Operational Integration);而创造一种积极的气氛,就包含了较好地处理双方文化差异。换句话说,文化整合是经营整合的基础,做得好可以帮助经营整合的顺利实现;做得不好,人与人、组织与组织之间的冲突和抑制会严重阻碍经营整合。此时,整合需要处理好任务整合(Task Integration)和人的整合(Human Integration)两方面,两者之间良性关联是整合成功的关键所在(如图8-3所示)。其中,任务整合就是通过运营部门的合并与关闭,获得运营协同,而人的整合是通过营造一个相互尊重和信任的氛围,提高所涉成员的满意度,它包含两个层次:个体层次和集体层次,其中集体层次的主要内容就是文化整合。

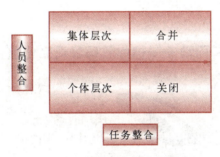

图8-3 任务整合和人员组合

【人类学关键词】

1. 文化同化(Cultural Assimilation)
2. 文化整合(Cultural Integration)
3. 文化冲突(Cultural Conflict)
4. 文化差异(Cultural Variation)
5. 文化接触(Cultural Contact)
6. 文化融合(Cultural Fusion)
7. 文化采借(Cultural Adoption)
8. 文化残存(Cultural Survival)
9. 文化取代(Cultural Substitution)
10. 隐示文化(Covert Culture)

11. 显示文化(Overt Culture)

【复习思考题】

1. 什么是组织中的文化冲突?
2. 组织中文化冲突的类型有哪些?
3. 文化冲突会给组织带来哪些影响?
4. 什么是组织中的文化整合?
5. 组织的文化整合包含哪几方面内容?
6. 组织兼并过程中如何规避文化冲突的风险?
7. 组织中文化整合有哪几种典型的方式?

【应用案例】

随需而动——神州数码公司文化整合①

1997 年,郭为整合了原联想科技公司(LTL),到 2000 年,公司分拆,成立了联想神州数码分销公司(LTL)、集成公司(LAS)和网络公司(LNL 与 Dlink 合资)。作为柳传志爱将之一的郭为,在经营上不断地捕捉战机,管理上沿袭老联想的"搭班子,带队伍,定战略"的策略,文化上倡导负责人和创新的主调,神州数码一路高歌。作为联想控股一员,神州数码的文化使命定位为:"集合全球资源,立足中国市场,以负责任和持续创新的精神,全方位提供第一流的电子商务基础建设产品、解决方案及服务,推动中国电子商务进程,以实现数字化中国之理想。"

到 2004 年,神州数码在供应链管理、高端增值服务方面,在国内都取得了继续保持领先的地位,在 IT 服务中排在了整个中国市场的前三名,公司整个的业务流程基本上完成了电子化进程。

面对成绩,郭为却清楚地看到,随着 IT 产业格局的变化,IT 分销业正在发生

---

① 本案例根据作者 2004—2005 年在神州数码的咨询经历改写而成。

着重大的变化,整个软件业、IT服务业都在向着以客户为中心发展,必须紧密结合自身实际,培养以客户为中心的能力,朝着"随需而动"(IT Service on Demand)的趋势发展。

然而,神州数码的文化根基于分销,分销强调的是同质化,而软件和IT服务强调的是差异化,分销型文化与集成业务文化模式构成了组织文化的冲突,如何加以整合,这是公司面临的文化问题。

2004年底,公司邀请咨询小组对公司进行了企业文化状况专项调查研究。为了更全面、深入地了解神州数码的企业文化状况,并为后期的企业文化大纲搜集信息和提供依据,课题组实施了大样本的文化诊断($N=1\,027$),在文化诊断中使用了四个部分的问卷调查:第一部分包括120道5分制评分题目,要求被调查者根据自己的看法作出选择;第二部分包括3道多选题和1道排序题,要求被调查者选出他们最关心的问题、公司的成功关键因素和应该强调的企业核心价值观,并对公司亟待加强的能力进行排序;另外还包括两道开放式题目。咨询小组从文化结构中的战略、价值观、核心能力、组织结构、管理风格、管理系统、员工等方面全面透视神州数码的组织文化,包括员工的行为表现、关键行为或特征、具体表现、根源等。由于郭为和公司高层的支持、员工积极参与,文化诊断取得了预计的效果。

文化诊断结果(部分)呈现见图8-4。

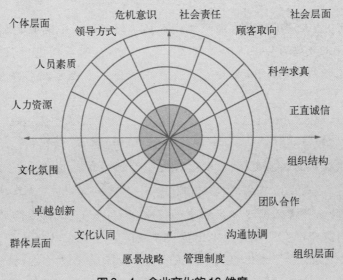

图8-4 企业文化的16维度

这16个维度是神州数码文化的轮廓图,通过统计分析(数据保密),不仅可以使企业文化在企业之间进行比较,同时可以对企业内部企业文化建设和运行状况

加以准确的测量,找出不足,使企业文化建设更具有针对性和操作性。据此可以清楚地看到:

在社会层面,神州数码公司对外善尽社会责任,对内讲求科学求真,正直诚信,但是在关注和体验客户上仍然需要改进;

在组织层面,公司倡导团队精神,发挥集体力量,但是在沟通协调和管理制度方面仍有欠缺,组织结构的设置有待改进;

在群体层面,现有的企业文化和愿景战略基本得到认同,但是在卓越创新和文化氛围方面有待于进一步改善;

在个体层面,公司的领导方式总体上得到员工的认同,但是在人力资源管理和人员水平发挥方面应该采取措施予以加强,同时还应该增强员工的危机意识。

而后,咨询小组对这四个层次所包含的16个维度、39个要素进行了详细分析。

数据分析还表明,员工在整体上对于现有的文化更多判断为经销商型文化。而后,按照公司三个业务板块的问卷填写数据的统计,结果却表明:包括供应链板块(经销)的大多数员工也认为,公司未来的企业文化应该立足于服务型文化为主导,增值服务和IT服务板块的员工中持这种看法的人数更多。这些数据为高层的选择提供了参照。咨询小组建议公司应该根据文化现状和冲突,不失时机地进行文化整合。

在建议部分,咨询小组首次运用文化人类学的分析框架提供建议如下。

结合对神州数码的管理者和员工进行深度访谈、问卷调查所获得的信息,运用成熟的文化学归纳范式,项目组对神州数码的企业文化建设中存在的问题剖析如下(有删节)。

1. 文化累积(Cultural Accumulation)丰厚,文化替代(Cultural Substitution)不足

对于神州数码的企业文化,我们迄今还能看到联想企业文化的"基因"。搭班子、定战略、建队伍,成为百年老店、制度刚性……许多都体现了联想的特征。但是,神州数码的企业文化在这种累积中的突破,如体现IT业的市场的敏感度和反应速度在神州数码的企业文化文本中体现不足。由于文化转化比较快,没有时间系统梳理企业文化,进行文化替代。结果在企业文化建设中不可避免地出现主文化和亚文化的冲突。

2. 显示文化(Overt Culture)明晰,隐示文化(Covert Culture)模糊

就现有的企业文化来看,神州数码建立了多样化的渠道对企业文化进行传

播,企业内刊、各类文体活动、聚餐会、入模子培训等都是文化传播,是增强企业凝聚力和员工主人翁意识的重要手段。然而神州数码对于企业文化的推演尚停留于企业文化的表层和外显部分,对于随需而动的理念,口头的赞同并不表示在态度上的一致,并且不能形成心理上的一致。尽管IT服务是公司未来的发展方向,大势所趋,资源的配置也更多地向着IT分布,但员工对战略相持阶段的持久性和艰苦性缺少深刻的认识,公司针对员工态度、共享价值观方面的专门性的宣讲,文化传播工作显得不足,战略转型得不到员工层次的企业文化的支持。

3. 文化漂移(Cultural Drift)与文化滞后(Cultural Lag)

神州数码的企业文化在发生变化,但是公司的企业文化尚未体系化,并得到有效的贯彻,体现的仍然是分销型文化的色彩。部分员工对随需而动的口号不理解,原因出自于公司没有给出明确的说法,理解就更谈不上了,更难以结合到各自的业务中去。只看短期结果,很少考虑长期的战略问题和深层的文化问题,文化滞后也就不难理解了。

4. 两种文化特质(Culture Trait),一种文化模式(Culture Pattern)

公司的三大板块由于各自业务特点不同,对企业文化的要求也是不同的。在神州数码公司,起码有两种差异显著的文化特质:一是分销型文化,另一个是IT文化。但是,现在公司所有业务模式使用同一套管理方式,没有根据业务特点调整,业务模式使用分销型的管理方式和文化模式。

最后,咨询小组仍旧沿用文化人类学的概念给出如下文化整合的建议(有删改)。

1. 加速企业文化变迁(Culture Change)

由于IT产业从技术驱动型发展到应用驱动型,神州数码的核心业务领域IT分销业正在发生着重大的变化,正在发展成为以客户为中心的模式,包括分销与零售、分销与产品、分销与厂商以及分销本身的价值,都有了新的内涵。神州数码公司已经明确了"随需而动"的战略选择,增值服务业务也在变革。未来的企业文化建设就是要找到和"随需而动"相对应的企业文化基因。一方面,与战略转型相对应,神州数码公司的企业文化必须开展企业文化的转化,以适应战略的需要;另一方面,随着神州数码企业的不断成长与发展,需要对企业文化再进行修订和调整,以解决企业在成长和发展中的各种问题,从理念上为企业的发展铺平道路。使企业文化建设更具有实效。在此我们提出神州数码"企业文化的复制图"(见图8-5)。

图8-4的寓意在于,神州数码公司从整体上既体现出分销型文化的特征,也表现为服务型的特征。当前的紧迫任务在于找到一个能够统辖两者的企业核心

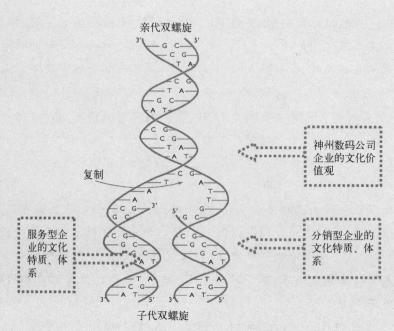

图 8-5　企业文化 DNA 复制图

价值观。例如，对服务的诉求，不仅仅是对 ITS 部门有用，对于分销，实际上也越来越多地体现服务的色彩，这一文化"基因"应该复制到公司不同的业务板块中，和业务匹配起来。并且，这样的文化"基因"要被迅速地复制到各个业务板块。

2. 加大文化整合（Cultural Integration）

文化整合是指企业文化中相异的或矛盾的文化特质在相互适应以后形成的一种和谐的文化体系。例如，供应链的文化特质是讲求速度，而 IT 服务的文化特质是服务，这两种有矛盾的文化可以经过核心价值观整合，相互吸收到一些新的文化特质。公司可以通过对不同特质的文化进行修正和协调，使两种或两种以上的文化相得益彰。

就神州数码公司而言，如何凸显 IT 企业文化特征，并且在企业文化方面保持分销文化的特色，这就需要公司整合公司文化资源，在提炼、梳理全新的企业文化大纲后，通过各种形式系统地表达神州数码的价值理念，进而通过企业文化建设、文化传播等手段，使企业文化能够真正地产生积极影响。

3. 营造文化迫力（Cultural Imperative）

文化迫力指企业为保持文化活力而必须采取的各种方法。文化迫力来自企业战略转型和文化转化的需求。战略一经制订，就要围绕企业的核心竞争力而进行有效运作，而企业文化则要围绕企业的核心价值观，限制内部冲突，规范员工行为,改进领导方式,以人为本、以客户为尊、以股东为重、以社会为己任,通过软性的文化氛围的营造,完善公司的制度建设和流程再造,使企业内部真正形成一种看不见的"强力磁场",使员工、群体、团队和企业能够顺应"随需而动"理念的要求。

【案例讨论与练习题】

1. 谈谈你对咨询小组诊断神州数码文化轮廓时使用的各种调查方法的看法。
2. 根据本书各章介绍的文化人类学知识,你认为这些知识在神州数码的应用准确而恰当吗?
3. 根据神州数码的三个业务板块的文化差异,列举你在文化整合中可能采取哪些举措,为什么?

第九章

跨文化管理

【本章要点】

通过对本章内容的学习,你应了解和掌握以下内容:

- 跨文化管理的定义
- 霍夫斯泰德对跨文化管理的主要贡献
- 特朗皮纳斯提出的文化差异的七个维度
- 跨文化管理的几种模式
- 文化冲突在跨国企业中的具体表现
- 跨国企业进行文化整合的措施
- 中、美、日、欧的组织文化特点

【篇首案例】

德国曼(MAN)公司的跨文化管理战略[①]

一、德国曼公司简介

1941年6月,德国入侵苏联,德军装甲部队很快便遭遇了苏军的KV系列重型坦克以及T-34/76型坦克,当时这两种坦克在火力及装甲防护上都优于所有型号的德军坦克。于是德国根据东线的战场报告决定研制一种威力更大的中型坦克,并且要能迅速投入生产。1941年11月25日,希特勒下令戴姆勒—奔驰和MAN公司设计一种能对付苏军T-34的新型坦克,1942年3月,戴姆勒—奔驰公司首先制造出样车,而MAN公司则在1942年2月初完成了他们的VK3002(MAN)样车设计。1942年5月11日,该样车被命名为"黑豹"。

"黑豹"的过人之处在于它强劲的引擎、长身管的75 mm火炮以及防弹效果更好的倾斜式装甲("黑豹"坦克是德国第一种采用倾斜装甲板的坦克)。尽管和T-34/76有很多类似,"黑豹"坦克的体积更大,技术上也更加优良。由于它采用了交错重叠式的负重轮排列,双扭杆独立式悬挂装置,提高了其在不良地形高速行驶的能力。豹式还是最先安装主动红外夜视仪的坦克,开创了坦克夜战设备的时代。"黑豹"坦克的问世,使得德国在坦克战中重新夺回技术上的优势,曼公司功不可没,它设计的这款坦克被公认是有史以来最优秀的主战坦克。

第二次世界大战中期,空袭使得曼公司地处纽伦堡的工厂被夷为平地,生产能力大大削弱。1945年7月,经过多方的共同努力,公司重新投入生产。战后的和平与百废待兴的状况,为曼公司带来了一段健康的经济增长期。如今的曼公司早已从二战的烈焰中涅槃重生,并发展成一个欧洲领先的工程集团,在世界120个国家有约62 000名员工在商用车辆、工业服务、印刷系统、柴油发动机和涡轮机等5大事业部中工作,年销售额达150亿欧元(2004年)。MAN集团位居市场前三位,技术全面领先。曼公司股票是德国DAX 30个选定样本股之一,属证券交易所热门股票。对于中国,曼公司也不陌生,其卡车品牌"斯太尔"和客车品牌"尼奥普兰"在中国已取得相当的成功。曼公司从生产最好的坦克的公司蜕变为一家生产最好的工业机械的公司。

[①] 本案例中的图片1、2、3、4是为本书作者在MAN公司实习时拍摄。

1. MAN 公司大门口矗立的世界首台柴油发动机　　2. 德国黑豹坦克在行进中

3. MAN 公司智能生产车间　　4. 人力资源总监 Gestner 先生在向来访者介绍公司

曼公司创建于 1758 年,刚刚度过 250 岁生日,在今天它成为世界主要卡车、客车和柴油发动机制造商之时,谁会想到在此之前它只是鲁尔区的一个小型铁制品加工厂。"当初仅仅是一个只有 8-10 名员工的手工作坊。经过几十年的发展壮大,才从一个小手工作坊发展成一个大型康采恩。1986 年我们才将总公司设在巴伐利亚,在这里的时间不长。但是我们为公司是欧洲最古老公司之一感到自豪"。曼公司新闻发言人兰佩斯巴赫对公司进行了简短的介绍。"曼公司 250 年的历史可以说是一部德国工业史!"他说,公司前身名叫 GHH,也就是"美好希望铁制品工厂"几个字的缩写。第一次世界大战以后,当时的铁制品厂董事会主席,鲍尔·罗伊什大规模购买了曼公司的大部分股份。通过对其他公司的兼并、收购以及对产品的更新和扩展，经历250年的风风雨雨，发展壮大成为今天的大型康采恩。21世纪以来，随着金华尼奥普兰车辆有限公司与郑州宇通客车股份有限公司合资组建了猛狮客车有限公司、德龙系列重型卡车公司在中国的组建，曼公司在中国也树立起良好的市场形象和口碑。

二、德国曼公司的跨文化管理

笔者2007年6月在该公司旅行实习，在研究曼公司历史与文化时感受到：曼公司具有德国公司普遍的特点——市场导向、注重技术开发、稳健经营，是一个具有独特企业文化的公司。公司的核心价值观明确为4项，即"可靠、创新、动力与开放"（Zuverlässig, Innovativ, Dynamisch, Öffnen），MAN这三个字母又指它的能力强大、国际化以及可持续性发展。和其他德国企业一样，曼公司的企业文化不仅注重对内塑造企业员工很强的责任感，还十分注重人际关系，努力创造和谐、合作的文化氛围。曼公司在公司使命中陈述："有效和充分地与利益相关者、商业伙伴、财金市场和员工开展合作是公司的稳定的基础。"而在外部，曼公司企业文化注重实效，树立良好企业形象。在外部形象扩展方面，他们也是以务实的态度和忠诚的敬业精神开展有效的形象宣传，并从品牌导向和市场营销国际化的高度加以整合。

来中国发展的这段时期，MAN公司与中国企业进行合作和并购，建立自己的分（子）公司。在这一过程中，不可避免地发生各种文化冲突。在2010年，曼恩商用车辆贸易（中国）有限公司总裁林建兴就提出了"中国化＋差异化"的发展战略。这种策略不仅用在了对待中国的市场问题上，而且延伸到了两国文化差异和管理方式上。

以中国重汽2009年开始的与德国曼公司的战略合作为例，中德双方在合作的同时，时刻关注双方的沟通问题，信守诺言。双方高层管理者在一起谈论的不仅包括项目、技术，也包括文化价值观，跨文化交流有效地化解了文化冲击。2009年，曼公司在中国盈利5.6亿欧元，预计在2010年盈利能达到6亿欧元。曼公司对中国重汽的技术文件转让与国产化工作基本完成，新厂房也在建设中，双方合作的新品牌中重卡车将在2010年推向市场。

德国曼公司在中国的发展历程比其他国外企业更长久，一方面是由于他们能紧抓中国市场的特点和客户的需求；另一方面，他们能很好地解决跨国经营的各种文化差异和冲突，实行良好的跨文化管理，这些方面是非常值得其他跨国企业效仿的。

对于其他跨国企业，他们又该怎样解决文化冲突，实现跨文化管理呢？这就是本章所讨论的主要话题。

跨文化管理实际上是组织文化在不同的民族文化层面中进行的组织、战略、人员的组合，自然，文化整合也是其中的重要内容。20世纪以来，经济全球化成了经济发展的主要趋势。跨国经营也随之成为最热门的企业经营模式。企业在进行跨国经营时，面临的重大问题之一就是由各国文化差异所造成的管理障碍。

本章通过对跨文化管理理论溯源的整理，从文化冲突与文化整合的角度，来阐明组织如何进行跨文化的管理，对跨文化管理进行更深一步的认识。由于跨文化管理所涉及的都是企业，本章中的大部分内容都用企业文化代替组织文化一词。

第一节　跨文化管理的基本理论

跨文化管理是指对于涉及不同文化背景的人、物和事务的管理，目的在于如何在不同形态的文化氛围中设计出切实可行的组织机构和管理机制，最合理地配置企业资源，特别是最大限度地挖掘和利用企业的潜力和价值，从而最大化地提高企业的综合效益[①]。

本节首先介绍文化差异和文化冲突，进而介绍在跨文化管理中的几个著名的理论。由于跨文化管理中不同的策略和方法会导致不同的结果，最后我们介绍跨文化管理的5种模式。

一、跨文化管理概述

跨文化管理是由于文化差异和文化冲突所致。世界上存在着众多的文化类型，各种文化千差万别，而不同的文化背景必然产生不同的行为方式。如果能针对不同的文化特征采取相应的管理措施，那么文化差异也就未必会导致文化冲突了。

同一个国家的人们会用同样的方法解决难题，并形成各种外显的和内隐的行为模式，这些行为模式是通过符号习得和传播的，它们构成了人类群体的独特成就。在文化的发展整合过程中，一些文化被选择、吸收，逐渐规范化、制度化、合理化，并被强化为人的心理特征和行为特征；另一些文化则被抑制、排除、扬弃，而正是在这个过程中渐渐形成了具有独特风格的文化行为模式，并被整个社会群体所广泛认同和接受，成为社会群体共同的价值观，这种价值观具有很强的排他性，特别表现在对其他文化的吸收和融合上。而当这种千差万别的价值观在一个亚社会环境中相遇的时候，行

[①] 金润圭，《国际企业管理》，山东人民出版社，1992年，第34页。

为模式、观念将难以达成共识,文化冲突将在所难免①。因此,组织中文化冲突根源于文化差异。

以前,跨国企业的管理重点主要是放在生产经营部分(可见因素),很少有人强调管理中的文化因素(不可见因素)②。然而,不同的群体、区域、国家互有差别。他们的心理状态是在多年的生活、工作、教育下形成的,群体内部文化趋同,但群体之间具有不同的思维模式、行为方式。作为"一种多文化的机构",受到不同的文化地域、背景的影响进行跨国经营所形成的国际企业,必然会面临来自不同的文化体系或文化域的摩擦与碰撞。在这样的企业中,处于不同文化背景的各方管理人员由于价值观念、思维方式、习惯、作风等的差异,在企业经营的一些基本问题上往往会产生不同的态度。戴维·A·利克斯就曾经指出:"在不了解对方文化观或是道德观的情况下进入国际是十分危险的事情。大凡跨国企业大的失败,几乎都是因为忽视了文化差异——基本的或微妙的理解所招致的结果。"Kitching 认为,由于文化融合不当而导致的管理失败占所有并购失败的 1/3③。从经营伦理的角度来考虑,合作伙伴们都希望对方尊重自己的文化传统。正因如此,跨文化管理才显得尤为重要。

卡尔德认为,跨文化差异由双方母国(或民族)文化背景差异、双方母公司自身持有的"企业文化"风格差异以及双方当事人个体文化素养的差异三部分构成④。而文化冲突,指不同形态的文化或者文化要素之间相互对立、相互排斥的过程。它既指企业在跨国经营时与东道国的文化观念不同而产生的冲突,又包含了在一个企业内部由于成员分属不同文化背景而产生的冲突⑤。它可以分为正式规范型冲突、非正式规范型冲突和技术规范型冲突⑥ 3 种:

(1)正式规范是人的基本价值观和判断是非的标准,它能抵抗来自外部企图改变它的强制力量,因此正式规范引起的摩擦往往不易改变。

(2)非正式规范是人们的生活习惯和风俗等,因此引起的文化摩擦可以通过较长时间的文化交流来克服。

(3)技术规范则可通过技术知识的学习而获得,很容易改变。

在跨国企业中,文化差异则是由人们在生活、工作、教育等方面的不同经历而造成的。因此,文化是泛指受到物质和环境条件影响的人们的共同价值观念、信仰、态度、行为准则、风俗习惯等的体系,它是由特定的群体成员共同形成的某种社会生活

---

① 秦小蕾,"跨公司的文化冲突与规避策略",《企业改革与管理》,2002 年第 6 期。
② 姚剑峰,"跨国企业的跨文化管理",《管理科学文献》,2005 年第 1 期。
③ J. Kitching, "Acquisition in Europe: Causes of Corporate Success and Failure", *Business International*, Vol. 2, 1973, pp. 20 – 35.
④ 周立公,"国际化经营的跨文化管理",《市场营销导刊》,1999 年第 11 期。
⑤ 邓正红,"学会跨国经营文化冲突",博锐管理在线,http://www.boraid.com/darticle3/list.asp?id=55762。
⑥ 李曦峰、张静,"企业跨文化管理问题探析",《科技情报开发与经济》,2006 年第 11 期。

方式的基础。只要有不同的群体就会存在文化上的差异,产生文化差异的一个重要因素便是地理环境的差异,并且由于历史传统、教育方式、法律制度以及宗教等文化要素的循环积聚,从而形成了以地域划分的不同文化形态。正是这种文化在地域上的差异,导致了企业跨国经营时所面临的文化冲突[①]。

二、跨文化管理的研究

跨文化管理是20世纪70年代后期在美国逐步形成和发展起来的一门新兴学科,由于战后美国人大批到海外生活、工作和学习,并且每年都有数以万计的外国留学生来美国学习。美国学者开始关注文化差异对人们生活和交往的影响,并开始寻求不同文化之间的融合和管理问题。此后的几十年里,跨文化领域的研究吸引了不同国家的众多学者的参与,并在20世纪后期不断发展。以下我们摘取有影响的研究加以介绍。

(一) 霍夫斯泰德的组织文化研究[②]

荷兰文化学专家霍夫斯泰德教授认为"文化是在一个环境中人的'共同的心理程序'(Collective Mental Programming),是具有相同的教育和生活经验的许多人所共有的心理程序"[③],继他研究民族文化的5维度后,为了能够更好地对组织文化进行测量、说明与比较,霍夫斯泰德在欧洲的几家企业中,通过访谈和问卷调查,提出了研究具体组织文化的6个维度,从而使其对文化体系的研究更加完整,这6个维度分别是:

(1) 维度1:过程导向对结果导向。这个维度是对方法上的考虑(过程导向)和对目标的考虑(结果导向)。倾向过程导向文化的人把自己看成是回避风险的,对工作任务只付出了有限的努力,他们自在地生活,并且天天如此。而结果导向文化的人则认为,就是在不熟悉的环境中他们也能作出最大的努力去从容地应对。对他们来说,每天的工作都有不同,都有新的挑战。

(2) 维度2:成员导向对任务导向。这个维度是对人的考虑(成员导向)和对完成任务的考虑(任务导向)。成员导向的组织中的人觉得他们的个人问题应该受到重视,组织要对成员们的福利等方面负责,重要的决策应由群体或委员会作出。而在任务导向的组织中则对完成任务有较大的压力。这些人认为组织应该对人们所做的工作有兴趣,个人和家庭的事无需组织去顾及,重要的决策应由个人作出。

---

① 〔荷〕霍夫斯泰德著,尹毅夫等译,《跨越合作的障碍——多元文化与管理》,科学出版社,1996年。
② 〔荷〕霍夫斯泰德著,李原、孙健敏译,《文化与组织:心理软件的力量(第2版)》,中国人民大学出版社,2010年。
③ 〔荷〕霍夫斯泰德著,尹毅夫等译,《跨越合作的障碍——多元文化与管理》,科学出版社,1996年,第173页。

(3) 维度 3：本单位导向对本专业导向。持本单位导向文化观点的组织中的成员倾向于认为：组织本身已经涵盖了他们在家中以及在工作中的那些行为，他们觉得自己是受雇用的成员，组织在考虑他们工作能力的同时也考虑了他们的社会和家庭背景，自己无需再估计很遥远的未来了（也许他们认定组织将会为他们考虑这些的）。而在另一方面，属于"本专业文化"的那些人把自己的个人生活看成是自己的事，不用组织考虑。这些人觉得组织仅仅是根据完成任务能力情况而雇用他们的，他们的未来靠自己考虑。

(4) 维度 4：开放系统对封闭系统。在开放系统的组织中，成员认为组织及其成员对新加入组织的人和局外的人是开放的，几乎任何人都能与组织相匹配，而且用不了多久，新成员就会感到像在家里一样。而在封闭系统的那些组织中，组织及其成员则感觉即使在内部，成员之间也像被封闭和禁锢起来一样；只有少数特殊人物能与组织相适应，必须经过一年多的时间新成员才能有如在家中一样的感受。

(5) 维度 5：松散式导向对严密控制式导向。这个维度涉及的是组织中内部结构化的程度。在"松散控制"组织中的人倾向于认为，组织中没有人会考虑成本这样的问题，会议的时间也就是估计、大概的程度，有关组织和工作任务的笑话层出不穷。"严密控制"组织中的人则把他们的工作环境描述为"自觉意识到成本的"，会议的时间总是很准时，关于组织或工作任务方面的笑柄是很少的。

(6) 维度 6：规范性导向对实效性导向。这个维度描述的是一般所说的"客户导向"的不同类型。规范性的组织中强调的是正确地遵从组织的程序，这比结果更为重要，这样的组织在商业道德和公正性方面定的标准是很高的。重实效的组织则主要强调要迎合顾客的需要，结果比正确的程序更为重要，他们认为就商业道德而言，一种实效的态度要比那种教条的态度更为优越，更能适应环境变化的需要。

（二）特朗皮纳斯的组织文化研究

不少学者也指出了霍夫斯泰德的不足，如样本全来自 IBM 公司的员工、调查的维度也相对较少。由于霍夫斯泰德提供的还是一幅世界性的价值观图谱，在对一些国家的描述上存在着偏差[①]。到了 20 世纪 90 年代，另一位荷兰研究者特朗皮纳斯对 40 多个国家所进行的跨文化研究同样引人注目。与霍夫斯泰德相类似，特朗皮纳斯（Fons Trompenaars）也注重文化在不同的国家、地区和民族之间的差异，但所不同的是，相对于前者对国家文化和民族文化的关注及所建立的维度，特朗皮纳斯建立的文化分析维度体系主要反映的是工商管理中的文化多样性。

---

① Malcolm Chapman, "Social Anthropology, Business Studies, and Cultural Issues", *International Studies of Management & Organization*, Vol. 26, Iss. 4, 1996, p. 3.

通俗地说,也就是不同国家文化背景下的商业文化的异同,具体到微观层面就是组织文化,与霍夫斯泰德的组织水平的文化研究相对应,但是更加丰富并且更加具有操作性。

特朗皮纳斯的研究成果主要反映在他与英国学者汉普登·特纳(Hampden Turner)合著的《在文化的波涛中冲浪》一书中。他提出了关于商业文化分析的7个维度[①],并且在比较差异的基础上,具体提出了每一维度的两个对立的方面如何走向协调的方法,并将其归纳为具体的做生意的技巧和管理技巧,为实践建立了具体可行的参照系。

他从以下7个维度论述了文化的差异,并指出在不同的文化中人们对现存的问题和所处的基本困境的反应方式大相径庭。

1. 普遍主义与特殊主义(Universalism versus Particularism)

这个维度界定了我们如何判断他人的行为。在普遍主义的商业文化中,我们看重的是"规则",即我们肩负着支持被我们的文化所普遍认同的标准的责任,不允许例外情况的发生。而在特殊主义的商业文化中,更看重关系和环境的特定责任,把注意力集中在当前形势的例外性上,例如,不必总遵循一种最好的方法,或是在和自己感情深厚的人需要帮助时,无论规则怎么说也一定要支持与保护对方等。

2. 个人主义与集体主义(Individualism versus Collectivism)

这一维度的考量回答了这样一些问题:人们把自己看成是孤立的个人还是群体的一部分?是把着眼点放在个人上,使其能对社会作出贡献呢?还是首先考虑有许多个人组成的组织或群体呢?哪个更为重要?个人主义鼓励个人的自由和责任,而集体主义鼓励个人为群体的利益而工作。不同的取向直接影响到组织中的工作动力和组织结构的差异。

3. 情感内敛与情感外露(Neutral versus Emotional)

这一维度反映的是不同商业文化对表达情感的接受程度。在一些文化(如北美和西欧文化)中,商业上的关系是典型的工具性关系,所作的一切都是为了达到目的。情感被认为会干扰所谈的问题。而在另一些文化中,它也是个人的事情,人的全部情感都被认为是恰当的。在会谈中,拍桌子或带着怒气离开都是商业活动的一部分。

4. 具体专一与广泛扩散(Specific versus Diffuse)

在专一型文化中,一个管理者会将他(她)与下属在工作上的关系和他们之间的其他交往截然分开。而在广泛扩散型商业文化的一些国家里,每一个生活领域和每

[①] 〔荷〕特朗皮纳斯、汉普登·特纳著,关士杰译,《在文化的波涛中冲浪》,华夏出版社,2003年。

一个性格侧面,都是和其他的生活领域和性格侧面相互渗透在一起的。一个人由于工作而产生的声望在多大程度上会渗透到生活的其他领域,正是我们区分专一型小范围和扩散型大范围的标志。

5. 成就与归属(Achievement versus Ascription)

成就取向的文化意味着社会根据你最近取得的成绩和你的记录来评判你。而归属则意味着评判归于你的出身、学童、性别或年龄,也归于你的关系和你所接受过的教育。这一维度反映的是以什么作为给予某些社会成员高于他人的社会身份的尺度,通俗地说,成就身份注重你做了些什么,而归属身份则看重你是谁。

6. 时间的取向(Time Orientation)

这一维度包括对过去、现在和未来的取向以及有关活动是次序性的还是同序性的。在一些社会,人们过去取得的成绩并不重要,更重要的是要知道他们为将来制定了什么计划。在另一些社会,你可以用你过去的成就而不是今天的成绩给人以印象。这些差异会对组织的活动产生很大的影响。

有些文化中时间被看作是以串联着不同时间的直线方式向前发展的,其他文化把时间看作是过去、现在和将来以环形方式在运动,这就造成了在制定计划时实行的战略、投资、对内培养人才及引进人才等方面的看法存在很大差异。

7. 内控与外控(Internal Control versus External Control)

这一维度反映的是人们在对待环境、对待人与自然关系的态度上的文化差异。内控型文化又称人控文化,它认为能够而且应该以人类的意志来控制自然。另一些人认为,人是自然的一部分,应该遵从自然的规律、知识和力量,这种态度被称为外控型文化或天控型文化。内控型文化重视自身的完善,认为我们应该将精力集中在我们擅长的事情上,而与之相对的是,外控型文化认为我们要适应顾客的要求,重视外部环境的力量。

在从 7 个维度讨论了关于人、时间和环境的文化假设如何影响组织文化的基础上,特朗皮纳斯又归纳出在组织中的等级、相互关系、目标和结构方面形成的 4 种组织类型。在分析每种组织类型特点的基础上,提出了每一种组织文化学习、提高和变革方式的指导。这 4 种组织文化分别是:家庭型、埃菲尔铁塔型、导弹型和孵化器型(如图 9-1 所示)。

需要说明的是,区分不同的组织文化的维度是平等—等级(Equality—Hierarchy)和以人为本—以工作为本(Orientation to The Person—Orientation to The Task)。每种组织文化都是"理想的类型",在实践中各个类型往往是混杂在一起的,或是以一种文化为主导,其他文化重叠在一起。

与霍夫斯泰德的跨文化研究相似,特朗皮纳斯也根据民族文化的类型的差异,谈到了在不同类型文化中管理风格的差异,并提出实际经营的建议。例如,对于先赋性

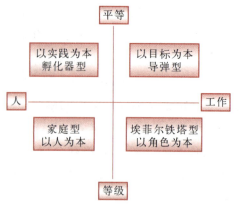

图9-1 组织文化类型

和自致性、普遍主义和特殊主义文化。他认为在不同的民族文化类型中管理风格是有差异的(如表9-1所示)。

表9-1 自致—先赋性文化中管理风格的差异

自致性文化	先赋性文化
只有当头衔与你投入任务的能力有关时才会提及	广泛使用头衔,尤其用它显示你在组织中的地位
对上级只是基于他完成工作的有效程度和知识的丰富	尊敬上级来显示你对组织和使命的承诺
大多数高层管理者年龄和性别不同,擅长特定的工作	大多数高层管理者是男性、中年、良好背景

为了突出这一理论的意义,我们再来看一看在另一个重要维度——特殊主义和普遍主义文化的差异(如表9-2所示)。

表9-2 特殊主义—普遍主义类型文化中管理风格的差异

特 殊 主 义	普 遍 主 义
强调关系而不是原则	比较重视原则,不看重相互间的关系
在可信赖的人之中相互尊重,有着不断变化的人际关系	可信赖的人说话算数
人际关系起作用	生意就是生意
注重感情、相互间的往来	不顾感情、就事论事
考虑制度中的人际因素	制度高于关系
调整周围的关系使你能改变体系和制度	不轻易改变制度
私下进行调解	把事务公开
根据个别的情况来加以处理	相同的事情同样处理,以求公平

基于以上的研究成果,他提出了在不同类型文化中的国家开展经营活动的建议(如表9-3所示)。

表9-3 不同类型文化中的国家开展经营活动的建议

自致性文化	先赋性文化
确保谈判团队数据充足,有技术顾问和专业人员来确保项目得以完成	确保你的谈判团队有足够多的老资格、处于高层的实力人员,显示你对谈判的重视
尊敬对手的知识和信息,就算你怀疑他们在总部没有地位,也不要让他们出丑	尊重对手的地位和影响,就算你怀疑他们没有知识,也不要让他们出丑
运用可以显示你个人能力的头衔	运用那些可以表明你在组织中地位的头衔
不要低估你对手干得会更出色的可能性,挑战就是动力	不要低估你的对手认真履行承诺的需要,挑战对他们而言是阻碍

同时,他还提出了针对不同类型文化背景的管理方式(如表9-4所示)。

表9-4 不同类型文化中的管理方式

自致性文化	先赋性文化
尊重有知识和技能的管理者	尊重有资历的管理者
目标管理和绩效薪酬制度很有效	目标管理、绩效薪酬不如直接报酬有效
决策会因为技术和职能问题而受到挑战	只有有权威的人才可以决策

可以看出,在霍夫斯泰德和特朗皮纳斯的理论中,都包含了对个人主义和集体主义、权力方面的解释。从内容上讲,他们两人对个人主义和集体主义、权力的定义都可以说是帕森斯理论在管理领域的引申,但是两人使用的测量方式有所不同。霍夫斯泰德的问卷中采用了自陈式和情境式两种方式。如对于权力距离的测量,霍夫斯泰德要求受试者依据重要程度赋分,如"工作有挑战性并有获得成就的个人意识",其中也有一些情境题。相比之下,特朗皮纳斯采用的全部是情境题,而且要求受试者两者选择其一。如扩散性—专门性的测量,他给定一种情景让受试者选择,再根据不同选项的选择比例判断组织的文化类型。

(三)卡尔德的"跨文化三级"分析模型[①]

卡尔德认为,跨文化差异由双方母国(或民族)文化背景差异,双方母公司自身持有的"企业文化"风格差异以及双方当事人个体文化素养的差异三部分构成的。

---

① 周立公,"国际化经营的跨文化管理",《市场营销导刊》,1999年第11期。

这三部分有一定的层次,所以又称为"跨文化三级",并且该模型已经过专家德尔斐法的验证(如表9-5所示)。

表9-5 跨文化三级专家德尔斐法征询结果

文化差异的主要来源	满意程度(满分5.00)	得分比重(%)
双方母国(或民族)文化背景差异	3.7	31.9%
双方母公司"公司文化"风格差异	3.0	27.6%
双方当事人个体文化素养的差异	3.6	40.5%

(四)霍尔的高情景文化语言和低情景文化语言分析框架[①]

霍尔(Edward D. Hall)认为,文化的功能之一就是在人与外界之间撑起一面选择性很强的网筛,并规定我们要关注什么和忽略什么,从而保护人们的神经系统免受"信息超载"之累。正是由于这个文化网筛的存在导致了不同文化群体之间的沟通障碍,并形成了跨文化人力资源管理所面临的文化差异问题[②]。

高情景文化语言(High-context Culture)的特征是,在沟通过程中只有很少的一些信息是经过编码后被清晰传递出来的。高情景文化语言的社会重视人际交往和沟通过程中的"情景"而不是"内容",人们注重建立社会信任、高度评价关系和友谊,关系的维持相对来说较久一些。沟通常常是含蓄的,但人们对含蓄的信息非常敏感,也能体会它的含义。个体在其早年就学会准确地解释这些含蓄的信息。具有权力的人对下属行为负有个人责任。信任是人们履行协议的基础,协议常常是以口头形式,而不是书面形式确定下来的。"圈内人"和"圈外人"较为容易辨识,"圈外人"很难进入"圈内人"的群体。在商务谈判的过程中,这种文化下的人们不太重视时间,但却拘泥于形式。

而低情景文化语言(Low-context Culture)的特征恰好相反,在沟通过程中大量的信息已经存在于清晰的编码之中。低情景文化的社会,重视的是人际交往和沟通过程中的"内容"而不是"情景"。低情景文化的社会不太重视个体之间的关系,"深入了解对方"似乎是没有必要的,人际之间的关系持续的时间较短。沟通常常是直接的,人们在生活早期就被教育要准确清晰地表达自己的意思。权力被分散在整个官僚体系中,个人的责任被严格地确定,法律是履行协议的基础,协议必须以具有法律效力的书面形式确定。"圈外人"与"圈内人"的界限并非十分清晰。在谈判过程中,这种文化下的人们重视时间和效率,却不太重视形式。

---

① Edward D. Hall, "How Cultures Collide", *Psychology Today*, 1976.
② 〔美〕霍尔·爱德华著,关世杰译,《跨文化传播学:东方的视角》,中国社会科学出版社,1999年。

在不同国家,由于文化差异,沟通时的高低情景有所不同(如图9-2所示)。

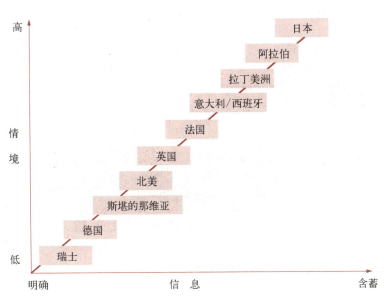

图9-2 高情景与低情景

人类学家霍尔的文化语言分析框架,在跨文化管理沟通中同样有着重要的影响。因为在跨国企业管理中,沟通是人力资源管理最关键的一个环节,要确保沟通的准确性,必须满足信息发出者输出信息完整、接收者理解正确、信息传递方式恰当这三个条件。当不同国家的人员共处于同一组织之中,采用何种语言最恰当呢?这就必须依照霍尔的高情景文化语言和低情景文化语言分析框架,互相尊重,感同身受,因情因景而采取不同的沟通方式。

(五) 希尔博的跨文化管理的成功要素

瑞士圣加仑大学希尔博教授作为跨文化管理的研究人员,在欧洲享有一定的声誉,其理论贡献主要包括以下4个方面。

1. 指明跨国企业人力资源管理成功的3个条件

企业的领导团队应根据其所在国的民族文化、企业所处的发展阶段和经营业绩、企业环境及它们所处的地位的不同而有所不同,换言之,在组建领导团队时应根据当时所处的发展阶段确定所需要强化的不同职能。例如,依照情景理论组建的企业领导团队应根据企业所处的发展阶段(如图9-3所示)而发挥不同的作用。

在将企业的竞争地位和领导团队两个变量结合加以考虑时,需要注意的事项有:

(1) 各个阶段的界限并非泾渭分明;
(2) 企业生命周期可能并不完全沿着这几个阶段而发展;
(3) 该周期会受到管理决策的影响。

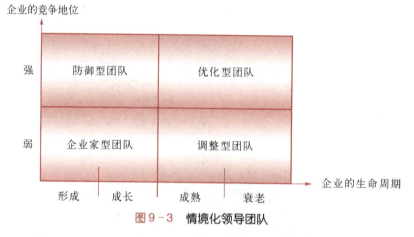

图9-3 情境化领导团队

在这种情形下,企业必须营建以信任为特征的企业文化,因为在本书第五章我们已经谈到,企业文化的外化和内化,即企业文化是各个层级上的员工的价值观和行为的总体及由此表现出的企业外在形象,引导着成员的行为。

2. 确定了内容新颖的文化类型

在理论和实践方面对企业文化的阐述非常多,希尔博教授构建出一种分析模式,把一种着眼于未来、外向型的和具有人本思想的企业家文化(可形象地称之为"蝴蝶文化")和与之相对应的着眼于过去、内向型的技术专家式文化(可形象地称之为"恐龙文化")相区别开来(如图9-4所示)。

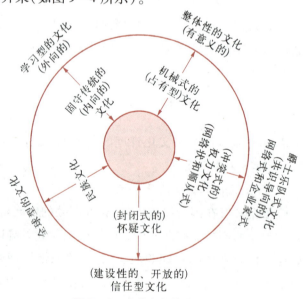

图9-4 企业文化的核心维度

在图9-4中,外圈表示具有人本思想企业家式的、着眼于未来的、外向型企业文化;而内圈表示具有技术专家式的、着眼于过去的、内向型的企业文化。由此,管理者应致力于营建外圈这种体现人本思想的企业家型文化,注重提升自身素质,使自己适应图9-4中外圈所示的5种文化类型的要求。

3. 指明了跨文化管理的内外部条件

希尔博教授认为,跨文化管理的内外部条件主要有以下几个:

(1) 企业内外部环境的协调。体现人本思想的企业家型文化必须适应外部不断变化的环境,以避免受到企业内外部意外事件的危害;

(2) 部门间的协调。体现人本思想的企业家型文化产生于领导团队成员的行为表率,并且必须与企业愿景及组织结构相互协调一致;部门之间的协调在本章中有着格外重要的意义。体现人本思想的企业家型是一种学习型和信任型文化,它客观上要求恰当的组织结构与之相适应,具体表现为一种"内部企业家的联邦式"团队。

(3) 跨国企业要构建联邦式的企业结构,企业应该组建"由内部具有企业家精神的员工组成的联邦式团队"(如图9-5所示),并实现理想化的、被称为"圣加伦式的管理模式"(圣加伦即为希尔博教授所在的圣加仑大学,作者注)。

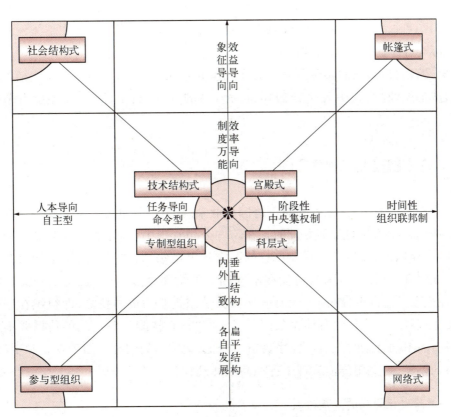

图9-5 "内部企业家群体组成的团队"结构图

注:图中有关"象征导向"和"制度万能"是一对相反的概念,即管理的象征主义和管理万能主义之争,有兴趣的读者可以参见中国人民大学工商管理译丛中的《管理学》一书(罗宾斯,2000)。同样,上图中使用了许多隐喻,如宫殿式组织指那种层级分明的直线制组织,而帐篷式指代事业部制形式。

4. 确定了跨文化管理的组织目标

希尔博教授认为,跨文化管理的组织目标在于:

(1) 使组织结构更加合理。在这样的社会组织中,个体与群体层面的各种心理需求得以满足,个人与社会的价值也得以体现。

(2) 通过在企业的各个层级有目的地推行参与管理的形式,提高组织的参与管理。

(3) 用尽量少的领导层级和尽量宽泛的信任而不是控制的方式,把决策和行动权力尽可能下放到低级的岗位,由此建立起一个网络式结构。

(4) 以效益和成果为导向,并且与组织的外部环境的灵活相适应,建立起分散性的"帐篷式模式"。这样就会形成两种类型的组织,伴随着经济的全球化,未来这样的组织会表现出较强的适应性。

(5) 有创新能力的小企业,它们为了有针对性地开拓新市场,与虚拟的(Virtual)商业伙伴在国际范围内广泛联合。由远距离的企业所组成的、完成以信息为基础的任务的组织可被称为虚拟组织,伴随着信息技术的发展,虚拟型组织在整体性和部分性的国际合作中越来越引人瞩目。

(6) 跨国公司,它们实际上是由分布在世界各地、有创新能力的帐篷式结构的小公司组成的企业群,其中各个分公司都对自己的顾客、员工、股东及环境有透彻的了解[①]。

三、跨文化管理的几种模式

在管理实践当中,文化差异对于跨国企业来说,是极其重要而又烦琐的变量。文化对于跨国企业的影响是全方位的。在跨国公司管理中,领导需要理解员工所处的文化环境,比如说,参与式的管理在有的国家效果良好,而在另外的国家却会在员工中间造成混乱。另外,跨国公司设在不同国家的附属企业、分支机构之间文化的不同,往往也会产生问题;跨国企业的成功取决于该企业的集体技能,即组织在一个基于跨文化理解统一的价值观体系条件下形成的"核心技能",跨文化的传播并不是什么新鲜事。不同背景的人彼此往来,就存在跨文化传播的问题。由于观念和生活、工作经验的差异,跨文化传播管理中存在着彼此理解和信任的障碍。

(一) 跨文化管理的发展阶段

文化人类学专家提出在跨文化管理中可以运用多元文化比较法,将不同的文化

---

① 马丁·希尔博著,石伟、王忠泽,《愿景与工具——整体性人力资源管理》,中国劳动与社会保障出版社,2003 年。

划分为不同类型。组织行为学家也持相同观点,上文中介绍过的瑞士圣加伦大学希尔博教授列举的跨文化发展四阶段理论,从而为跨国企业的跨文化管理提供借鉴和指导。具体内容如图9-6所示①。

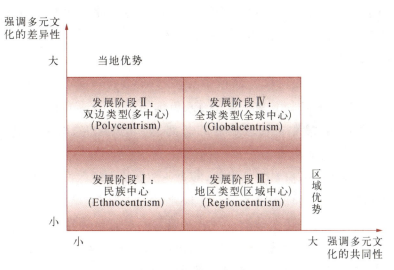

图9-6 跨文化管理的发展阶段

对图9-6中的内容说明如下。

1. 民族中心阶段

第一阶段是民族中心阶段。企业国际化经营的初始阶段或暂时遭遇危机时往往采用民族中心(Ethnocentrism)型架构。在这一类型中,无论是海外企业还是母国企业均要依从母国的文化,企业主要采取母国企业的管理方式,因此,海外企业的管理者均来自母国企业。

这种管理模式只具有短暂的优势,虽然利用有经验的母国企业的管理者更加便于贯彻母国企业的公司战略。但当国际化初始期或危机期过去后,它的缺点便暴露无遗。最终会使得母国企业无视海外市场和海外人员的需求,造成人员流失。

正是由于存在这些不足,许多企业在经历一段国际化时期后,常常进入多中心阶段。

2. 多中心阶段

第二阶段是多中心阶段。在文化人类学中,多中心(Polycentrism)理论承认不同类型的人应该采用不同的标准②。多中心倡导的是一种双边类型。在这种类型中,跨国公司强调国外分公司在政策的制定、引入和效果方面的独立性。所有海外公司的员工都来自当地。美国和欧洲的集团公司比较崇尚这种管理模式,如 IBM 和

---

① M. Hilb, *Personalpolitik für multinationale Unternehmen*, Zürich, 1985, p.5.
② 〔荷〕霍夫斯泰德著,李原、孙建敏译,《文化与组织》,中国人民大学出版社,2010年。

Holderbank。在一些需要依靠管理者与当地政府关系的行业,这种管理模式便发挥出它的优势,即通过领导层的本地化维持与当地政府的关系。

这种类型具有成本低廉、便于管理的优点。同时,它的缺点也不能被忽视,许多采用该类型的企业的分公司往往偏离了母公司的全球战略。此外,与非跨国公司相比较,它的多国经营比较优势未能得到完全发挥。

3. 区域中心阶段

第三阶段是区域中心阶段。区域中心型(Regioncentrism)组织的管理模式往往设置区域式的管理体系,比如,统一的人员选聘、考核、薪酬和培训、开发体系。一些美国的跨国企业常常设置跨地区的总部,如北美总部、南美总部、亚洲地区总部等。

这种区域性管理体系有自身的优势,即企业能够依据地区性管理政策,利用大经济区内无国界限制的人力资源市场,与非国际性企业相比,它就具备了竞争优势。它的缺点在于不能合理地利用全球潜在的各种资源。尽管作为经济的统一体,这些大区域中根本就不存在大一统的文化。例如,英国和希腊的文化差异比英国和新西兰的要大,美国和墨西哥的文化差异就比美国和澳大利亚的还大。

从以上三种管理模式的发展历程看,它都难以把每种类型的优势结合起来,要么片面地高估不同国家文化的差异(在多中心阶段),要么夸大地区性文化的共同点(在区域中心阶段),要么实行"非此即彼战略"(在民族中心阶段)。从而,跨国企业的管理优势得不到充分的发挥。正是基于以上的问题,跨文化管理进入了第四个阶段——全球中心阶段。

4. 全球中心阶段

第四阶段是全球中心阶段[①]。文化人类学家曾提出文化聚合的概念,文化聚合(Cultural Convergence)是一种变迁的过程,在这一过程中,地理上不相邻的民族文化中不同的特性,经过一段时间之后,达到某种程度的相似或相同。但并无传播、涵化之类的因素促成文化上的相似。从另一角度来看,文化聚合的产生与全球化的诞生是密切相关的,因此,全球中心类型也应运而生。

全球中心类型(Globalcentrism)组织兼顾了不同国家文化上的共同点和差异,在考虑了实地的经济条件、社会条件和文化条件的基础上,制定和实施全球性管理策略。该类型可以独立于跨国企业中的本国企业文化和行业而实行。例如,英国制药康采恩葛兰素(Glaxo)和瑞士食品生产商雀巢公司。雀巢企业集团的执委会主席就不是瑞士公民,Glaxo 的 9 人董事会成员分别来自 7 个国家,它的欧洲总部不是设在伦敦而是设在罗马。

[①] H. V. Perlmutter, D. A. Heenan, "How Multinational Shoule Your Top Management Be?", *Havard Business Review*, 1974(6), pp.121-131.

基于以上对跨文化管理的发展阶段以及相应的管理模式的介绍,我们从文化人类学的角度对跨文化管理有了更深一步的认识和理解。接下来,我们将从管理学的角度去探讨跨文化管理的模式。

(二) 跨文化管理的模式[①]

我们在第八章介绍了在并购中 4 种组织文化整合的模式,对于跨文化管理,这 4 种模式有着重要的运用价值。但是,理论是灰色的,由于实践的复杂性,由此还衍生出第 5 种模式——混合式。在这一部分内容中,我们简单介绍在组织行为学领域中跨文化管理采用的几种管理模式。由于前 4 种模式和希尔博教授提出的模式部分内容重合,我们只给予简单介绍。

1. 本土化模式

所谓"本土化",指把当地文化理念融汇于企业的经营管理之中,通过一体化管理实现多方间的沟通和融合,消除文化障碍,在企业跨国经营的人力管理、品牌创立、市场营销等方面加快本土化进程。如果用 A 代表母国企业的文化,B 代表国外子公司的文化,那么,这种模式可以形象地表示为"A + B = B"。

这种模式的具体做法是挑选和培训当地管理人员,依靠当地管理人员经营国外子公司,并且有自己的一套符合当地风土人情的人力资源管理体制。这种模式与希尔博教授提出的多中心阶段的管理模式是相同的。

这种模式适合于文化差异较大,并且海外总部的权力有限,分公司基本上可以独立经营的多文化跨国企业。但是,这种模式往往会过于迁就当地文化传统,反而削弱了母公司的一些管理或技术优势,致使效率低下。

2. 本我模式

用上述字母表示这种模式的话,可以表示为"A + B = A"。具体地说,母国企业通过派到东道国的高级主管和管理人员,把母国的文化习惯全盘移植到东道国的子公司中,让子公司里的当地员工逐渐适应并接受这种外来文化。这种模式的优点是母公司可以高度集权,能够在较短的时间内建立起子公司的企业文化,并纳入正常的经营和管理轨道。缺点是很难化解文化冲突,难以真正实现跨文化管理。虽然能在短期内形成"统一"的组织文化,但被压制的情绪极易使其员工内心抵触。运用这种模式的跨国企业对其经济实力和在世界上的影响力方面的要求很高,要求其企业文化已被世界各国广泛认识并且能够被其他民族所接受。这种模式与前面介绍的民族中心类型相似。

本我模式的另一种较为缓和的变体是文化渗透模式,即凭借母国的强大经济实

[①] 张云路,"跨文化管理的模式选择",《企业改革与管理》,2005 年第 4 期。

力所形成的文化优势,对子公司的当地员工进行逐步的文化渗透,使母国文化在不知不觉中深入人心。东道国员工逐渐适应了这种母国文化并慢慢地成为该文化的执行者和维护者。

这种模式也可以称为吸收模式,正如前一章所介绍的一样,这种"掠夺式"的文化整合一般是母国的企业文化取代他国子公司的文化,东道国企业被完全吸收进另一方。

3. 文化嫁接模式

这种模式的具体做法是在将母国的文化作为子公司主体文化的基础上,把东道国的文化嫁接到母国的文化之上,即人力资源政策以母公司制定的大政策框架为基础,海外子公司根据当地情况分区而治,制定具体的政策和措施。在人员配置上,母公司的高级管理人员由母国人担任,而子公司的高级管理人员大部分也由母国人担任,一小部分由当地人担任。由于子公司经理与母国公司不存在文化差异,便于子公司与母公司之间在经营活动中的信息沟通。

采用这种模式既有原则性又兼顾了灵活性,既保存了母公司的品牌文化和技术支持等方面的优势,又可以发挥子公司的长处。微软、西门子等企业在中国的子公司采取的都是这种模式。

4. 文化融合模式

文化融合模式又叫 C－F 模式(Culture-Fusion),用字母可以表示为"A·B"。根据两种文化相容的程度又可以细分为以下两个不同层次:一是文化的平行相容策略,即"文化互补",就是在跨国企业的子公司中并不以母国的文化作为子公司的主体文化;二是隐去两者主体文化的和平相容策略。具体来说,虽然跨国企业中的母国文化和东道国文化之间存在着巨大的"文化差异",两种文化的巨大不同也很容易在子公司的日常运作中产生"文化摩擦",但是管理者在经营活动中却刻意模糊这种"文化差异",隐去两种文化中最容易导致冲突的主体文化,保存两种文化中比较平淡和微不足道的部分。由于失去了主体文化那种对不同国籍的人所具有的强烈影响力,不同文化背景的人可以在同一公司中和睦共处,即使发生意见分歧,也很容易通过双方的努力得到妥协和协调。

这种模式与第八章中文化整合的文化涵化模式有异曲同工之处。文化涵化的目的也是通过消除两种文化的对立,形成包容性的混合文化,减少因文化差异带来的冲突。

5. 借助第三方文化的模式

跨国企业在其他的国家和地区进行跨国经营时,由于母国文化和东道国文化之间存在着巨大差异,而跨国企业又无法在短时间内完全适应由这种巨大的"文化差异"而形成的完全不同于母国的东道国经营环境,这时跨国企业所采用的人力资源管理管理策略通常是借助第三方文化对设在东道国的子公司进行控制管理。这里的第三方文化是比较中性的,能够与母国的文化达成一定程度的共识。用这种策略可以避免母国文化与东道国文化发生直接的冲突。

在实践管理活动中,这5种跨文化管理模式对跨国企业的跨文化管理也具有极大的指导作用。不同的跨国企业根据环境特点的不同和发展战略的需要,可以制定跨文化管理的具体措施,详细内容见下一节的介绍。

第二节 跨文化管理在跨国企业中的应用

在第一节中,我们介绍了跨文化管理的相关理论和研究成果,我们对跨文化管理的理论知识有了比较系统的认识。在本节内容中,我们将具体介绍在跨国企业的管理实践过程中文化冲突的表现形式和相应的解决措施。

一、跨国企业中文化冲突的表现形式

跨国企业因其经营方式的特殊性,不可避免地要面对不同民族文化之间的差异乃至冲突问题,这往往是其经营管理的重点问题甚至是难点问题。

跨国企业的组织文化与其他类型组织的文化相比,其最大的特点就是该种组织是处在两种大的文化体系的交界上。它作为一个多文化的复合体,必然会面临来自不同文化体系文化域的摩擦与碰撞,处在不同文化交汇与撞击的区域内。在这个区域中,不同的文化环境,还有不同的经济条件、社会和政治背景等因素,必会形成较大的文化差异。文化距离(Cultural Distance)也会给企业跨国经营带来一定的投资风险与经营阻碍。在文化人类学中,文化距离指的是文化上的认同程度。文化距离越大,认同度越小,文化差异就越大;反之亦然。

由于文化的演变是一个漫长的过程,因此对企业来讲,文化差异在一段时间内是不会消失的,并可在一段时间内保持稳定。文化差异的客观存在,势必会在企业中造成文化冲突,并使企业管理人员与员工在心理上形成"文化冲击"的反应。这种文化冲击(Culture Shock)又叫文化震荡或文化冲突,是指个体从熟悉的文化环境进入新文化环境后所产生的焦虑,它使个体突然陷入一种失去熟悉的社会交往符号和象征的状态。这种状态会给企业的管理经营活动带来十分重要的影响。因此,在跨国企业中,组织文化及其相关问题,如文化冲突、文化变革、跨文化管理沟通等,往往受到高度的重视。

【专栏】

戴姆勒—克莱斯勒的合并①

德国戴姆勒—奔驰汽车公司与美国克莱斯勒汽车公司于 1998 年 5 月合并,组建戴姆勒—克莱斯勒汽车公司。在短短的 3 年合作中,克莱斯勒股票价暴跌一半以上,并将在 2002—2004 年之内裁员 26 000 人;更引人注意的是,在合并之初,克莱斯勒上层管理人员纷纷"跳槽",导致大量高层管理人才外流。如曾使克莱斯勒摆脱倒闭危险的原董事长 Lutz,政绩显赫,但在合并之前他就离开了克莱斯勒,以摆脱日后的烦恼。Eaton 在合并之时成为戴姆勒—克莱斯勒公司双董事长之一,但他于 2000 年 5 月提前一年退休,致使德方董事长一统天下。克莱斯勒原总经理 Jim Holden,由于不能使克莱斯勒公司的管理方法与戴姆勒总部融合而被德方 Dietz Zetsche 取而代之,于是克莱斯勒完全成为戴姆勒的一部分。迄今为止,在原美国克莱斯勒公司高层管理人员中,仅有 2 人还担任着戴姆勒—克莱斯勒公司的部门经理。

Stallkamp 是股份公司的前任总经理,他在卸任之后坦言:"我们不能忽视不同文化在管理中的影响。"他说他在董事会上曾提出,"一个成功的合并公司必须抛弃各自的企业文化,应创造双方都可遵循的一种文化。然而,我们没能整合两种文化,形成强强联合,反而一直在争论该选择哪家企业文化作为新企业的企业文化"。德国戴姆勒—奔驰汽车公司和美国克莱斯勒汽车公司都是全球汽车业中的巨头,组建戴姆勒—克莱斯勒汽车公司也是应对全球竞争的需要,是双方合作的共同目标。那么良好的愿望和共同的努力为什么结不出丰硕的果实呢?

在跨国企业管理中,文化冲突表现在以下 4 个方面。

(一) 价值观

根据美国学者罗基切对价值观的定义,我们可以把价值观理解为人们坚持的一种持久性信念或是信念体系,这种信念影响着人们对行为的选择。文化不同,价值观也会不同。而企业的价值观是企业文化的核心,当一个企业中出现了多元的文化后,其文化差异与冲突集中反映在个人价值观上。因为每一个民族都有自己

---

① 庄恩平,"跨国公司文化冲突与融合——戴姆勒—克莱斯勒案例分析",《管理现代化》,2002 年第 4 期。

的基本价值体系,虽然每个个体的成长环境都是不同的,但是无论这种个人的价值观之间的差异有多大,同一个民族的人们总会认为本民族的价值观是最优秀的,在潜意识中也会形成一套区别于其他民族的行为方式。于是,在一个多文化的跨国企业中,每个人都会产生自我优越感,认为自己的行为方式优于他人,排斥异己文化,往往难以与他人协作和合作。从而,文化冲突层出不穷。这就常常导致极度保守、沟通中断、产生怀恨心理等问题。对于经营管理者来说,主要表现为风险观念的差异与冲突;对普通员工来说,价值观念的差异与冲突主要表现在对工作和成就的态度及生活观念上。

(二) 经营理念[①]

不同的文化背景会导致对事物的不同看法,比如,在处理生产与环保的关系问题上,在重视环境问题的发达国家中,企业开支中有很大一笔款项是用于环保的,而经营者也乐意为之。但是在一些环保意识不强的国家里,经营者往往不重视环保,甚至还会用破坏环境来换取经济利益。那么,如果拥有这两种截然不同的观念的企业结合在一起,冲突的发生也是必然的。

(三) 管理风格[②]

每个企业都有自己独特的管理风格,这种风格是企业在长期生产经营和管理实践中逐渐形成的,因而具有稳固性,很难轻易改变,因此当不同管理风格的企业并购后势必会产生冲突。比如,东方的企业强调集体协作,而西方人则更注重个人特长的充分发挥;德国企业更注重法制化、程序化,而美国企业则更强调效率。

(四) 沟通方式

沟通差异与冲突通常是由于双方在表达方式,包括语言、神态、手势等方面理解上的差异而引起的误解。处于不同文化背景下的人对相同的文化符号所表示的含义的理解也不完全相同,不同文化背景的人的沟通方式也不尽相同。

例如,美国企业家与日本企业家之间关于信用的问题,事实上是由于两国之间的文化差异所致。在日本的文化体系中,说"不"是件不礼貌的事情,因此他们即使内心并不赞同的事物,往往也不会说不,反而表示同意。但是在较为直率的美国人看来,这种同意的表示便应当是真正意义上的同意了,甚至具有一种承诺的性质。因

---

① 此部分内容可参见:张藕香、章喜为,"并购企业文化整合研究综述",《湖南农业大学学报(社会科学版)》,2003年第3期。

② 此部分内容可参见:李拓晨、许辉,"跨国并购的文化整合分析",《中国科技信息》,2006年第3期。

此,当日本企业家并没有遵循这一"承诺"时,被美国人视为不守信用也就不足为奇了。

(五) 法律与政策意识

这一观点的提出主要是基于市场大环境考虑的。在国际市场上可以很明显地看出,有的国家法律体制十分健全,有利于跨国企业的稳定发展,而有的国家秩序混乱。由于跨国企业本身已经具有一定的不稳定性和不确定性,因此在法制落后的国家很难发展壮大。各个国家法律体系健全程度、政策制度各有不同。那么,来自不同国家的人的法律意识水平也不尽相同,甚至差别悬殊。

二、跨国企业进行跨文化管理中的文化整合

既然文化冲突是任何一个组织在其发展过程中都难免要遇到的,那么当冲突发生时,组织应采取怎样的一种措施呢?这就涉及文化整合的问题。本书第八章已经介绍了文化整合的定义。具体到企业来讲,所谓文化整合,就是指企业要适应外部环境、社会文化氛围、企业制度等变化,将构成组织文化的各种差异性文化要素统合为一个有机整体。从另一种角度说,文化冲突与文化整合是统一的,是不可分割的两个方面。文化整合是化解文化冲突的必然措施,是实现人类文明进步的阶梯。进行跨文化管理,是利用跨文化优势,管理文化差异,消除文化冲突,是企业成功进行跨国运营的战略选择。

由于不同的跨国企业在不同时期展开的经营活动并不一样,而且有关国家的文化特点也不一致。因此,文化整合所要调整的内容和所要调整的程度存在很大的差异。结合本章第一节中介绍的跨文化管理的 5 种模式,跨国企业在进行文化整合的过程中可以采取的具体措施有以下几方面。

(一) 正确识别文化差异

按美国人类学家爱德华·霍尔的观点[1],文化可以分为 3 个范畴:正式规范、非正式规范和技术规范。正式规范引起的摩擦往往不易改变;非正式规范引起的文化摩擦可以通过较长时间的文化交流克服;技术规范则可通过人们技术知识的学习而获得,很容易改变。可见不同规范的文化所造成的文化差异和文化摩擦的程度和类型是不同的。只有首先识别文化差异,才能采取针对性的措施。

无论是在华投资的外国企业,还是在我国进行跨国经营的企业,其面临的文化冲

---

[1] 〔美〕霍尔·爱德华著,关世杰译,《跨文化传播学:东方的视角》,中国社会科学出版社,1999 年。

突,从现象上看,是不同管理模式、不同经营方式上的差异和冲突,而其本质则是东西方两种文化的撞击和冲突。大致说来,东西方企业管理的差异主要表现在以下几个方面:东方宣扬集体主义,西方崇尚个性张扬;东方讲究人际关系,西方推崇科学思想;东方重伦理,西方尚法制;东方管理意在引导,西方管理旨在防范;东方企业鼓励以厂为家,西方企业则主张工厂只是工作的场所等。东西方不同的思维方式和各自的历史传统,应当说是其管理差异形成的主要文化根源。跨国企业在进行文化整合之前要首先识别不同的文化特征,这是前提和保证。

(二) 组织跨文化培训

为了提高员工对不同文化氛围的反应能力与适应能力,促进不同文化背景的员工之间的沟通和理解,企业必须对员工进行跨文化培训。以缩短磨合期,使员工尽早达成对组织文化的共识。

在文化适应过程中,不同文化背景的员工,尤其是居住在外国文化环境中的人在心理上和情绪上会逐渐发生变化。这种变化可以用一条适应曲线(Acculturation Curve)来表示,如图9-7所示①。

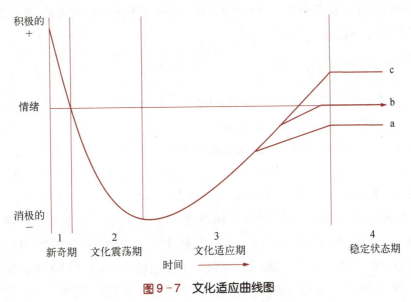

图9-7 文化适应曲线图

由图9-7,我们可以很清晰地看到员工情绪随着时间的转变过程。其中:第一阶段是新奇期(Euphoria),又叫蜜月期。在这一时期,员工到了一个全新的环境会倍感新鲜和好奇,显得兴奋,但是它的时间很短暂。第二阶段是文化震荡期即文化冲击期(Culture Shock),这一时期员工的兴奋感逐渐下降,对于外部的环境产生不满和抵

---

① 〔荷〕霍夫斯泰德著,李原、孙建敏译,《文化与组织》,中国人民大学出版社,2010年。

触。同时,企业内部的文化冲突也异常激化,人员之间的沟通受阻。第三阶段是文化适应期(Cultural Acculturation),员工逐渐适应并接受了新文化,逐步确立起统一的价值观,企业内的矛盾氛围也逐渐缓和下来。到了第四阶段,双方人员的心态基本上处于心理稳定期(Stable State)。双方对彼此的文化达成认同。

跨文化培训实际上是克服文化冲击的过程。以中外合资企业为例,要解决好文化差异问题,成功实现跨文化管理依赖于一批高素质的跨文化管理人员。因此,双方在选派管理人员,尤其是高层管理人员时,除了要具备良好的敬业精神、技术知识和管理能力外,还必须思想灵活、不守成规、有较强的移情能力和应变能力;尊重下属、平等意识强,能够容忍不同意见,善于同各种不同文化背景的人友好合作;在可能的情况下,尽量选择那些在多文化环境中接受过锻炼及懂得对方语言的人。当前我国的跨国企业中,更多的是偏重对员工的纯技术培训,却忽视了对员工尤其是管理人员的跨文化培训。跨文化培训恰恰是解决文化差异、搞好跨文化管理最基本最有效的手段。

为了消除文化差异造成的不良影响,达成文化一致,可以通过企业内部举办的联谊活动、专业的语言培训、关于东道国文化的研讨会、企业成员的团体活动等来完成。与西方的企业相比,我国企业不仅在管理方式和管理理念上较为落后,而且诸如此类的文化培训更是少之又少。

(三)建立共同价值观

价值观是文化的核心部分,在企业内部建立起共同的价值观也是文化整合的重要组成部分。为了促进跨国企业的发展,在文化共性认识的基础上,根据环境和企业战略的需求建立起企业的共同价值观和强有力的组织文化是十分必要的。不同的文化具有不同的价值观,人们总是对自己本国的文化充满自豪感,而认为外国人的言行举止是稀奇古怪的。而事实上,这些看似古怪的言行举止、价值观念对该国人民来说却是理所当然的事。因此,我们要尊重和理解对方的文化,以平等的态度进行交流。在此基础上,找到两种文化的结合点,发挥两种文化的优势,在企业内部逐步建立起共同的价值观。这样才能真正减少跨国企业中存在的文化冲突和摩擦,使文化与文化更好地融合,使人员与人员更好地相处,使企业与企业更好地兼容在一起,发挥跨国企业的整体效益,使其更具生命力和竞争力。

(四)选择合理的人力资源管理模式

针对于不同的人力资源管理模式,人才的本地化战略就能够很好地避免或缓解组织内部的文化冲突,这是跨国企业的一种理想的人力资源管理策略。

IBM中国有限公司人力资源部经理徐振芳曾如是说:"人才本地化是公司目前

的政策和方向,并不是虚伪的假话而已。"1992年IBM中国公司成立时不到200人,现在已增加到1 500人,发展速度相当快。本地化战略除了包括尽可能雇用本地员工、培养他们对企业的忠诚之外,最重要的是聘用能够胜任的本地经理,这样可以很好地避免文化冲突,顺利开展业务。

三洋电机有限公司是日本在广东蛇口的独资公司。董事长新保克司认为,人才是企业发展的活力之源,而外商到中国投资办企业,管理人才本地化是成功的大前提。只有根据中国的国情,依靠中国员工实行本地化管理,让本地的优秀人才参与各种管理活动,并不断地提供机会提高这些人才的管理能力,公司才能充满生机与活力。三洋中国有限公司有本地员工约4 500人,其中,高中层经营管理干部104人,基层督导301人,为了加快对高级人才本地化进程,公司每年都要选派厂长级、主任级干部去日本三洋研修中心接受培训。ABB公司也是实施本地化战略的典范。尽管它在世界各地拥有1 300家子公司,但它却自称是一家"多国籍"的公司,它鼓励其子公司淡化母公司的民族背景,完全按东道国本地公司的方式运作。

从以上的跨国企业案例中我们可以看出,选择合理的人力资源管理模式也是跨国企业进行文化整合时采用的一项重要措施。

第三节　中、美、日、欧组织文化比较

在当今世界,中、美、日、欧作为四大主要经济主体,在经济全球化的发展过程中发挥了举足轻重的作用。同样,在组织文化方面,这四大经济主体的文化特点也将作为学者和企业家关注的重点。在前两节内容中我们介绍了跨文化管理的相关理论和实践应用,本节将对中、美、日、欧等国的组织文化进行比较,以期为组织的跨文化管理提供一定的借鉴作用。

一、美国的组织文化特征

美国是一个"移民之国",民族文化复杂,历史根基较浅。但是移民文化的杂交优势,特别是产业革命与科学技术的进步,有力地推动了美国组织管理思想的发展,并且形成一种具有强大生命力的组织文化,这种组织文化具有独特的风格。具体表现在以下几点。

(一) 个人主义

美国文化是世界移民所带来的多种民族文化兼收并蓄的结果。富于冒险和奋

斗精神的移民为求自身的发展，背井离乡，开拓进取。他们信仰个人至上，提倡个人奋斗，崇尚独立、自由、平等、竞争。这些思想至今仍深刻地影响着美国组织的文化和管理模式。这里所讲的个人主义在美国显然是一个褒义词，其基本的含义是"自己是自己前途和命运的主人"。在他们的观念中，人是高于组织的，组织只不过是特定人群的集合，是人的派生物。因此，美国组织能够在尊重个人价值、个人选择的前提下，最大限度地发挥个人的潜力和创造力，为促进个人发展和社会进步作出贡献。"个人主义"与"能力主义"紧密相连，它强调在个人自由、机会均等的基础上进行充分的竞争，人们相信竞争能推动社会的发展，风险意识和机会意识的观念很浓。

（二）理性主义

美国是一个尊崇法律、法纪严明的国家，公民有很强的法律意识，这使得美国组织的法律意识普遍较为浓厚。美国人普遍认为，如果没有正当的法律过程，就不可能有正义与公平。对法律的遵从使得美国的组织强调按照理性主义的信条办事，每作出一个决定，都必须要有坚实的客观依据，强调数据与实证的重要性，讲求程序与秩序，坚持公事公办的原则。此外，美国组织和成员的关系，也只是在社会法制环境下的由合同或者契约的形式确定下来的利益关系。

（三）英雄崇拜

美国是一个创业英雄辈出的国度，在近代工业革命中，这里先后涌现出大量的创业英雄与实业巨子。创业者的价值不仅在于创业者本身对经济发展的贡献，更在于他产生的对社会民众的启迪和激励作用。人们崇拜创业者不屈不挠的奋斗精神，视创业者为英雄。美国组织对英雄人物的崇拜，必然造成权威主义。

（四）科学管理

重视目标、组织结构和规章制度（Z理论称之为"硬管理"三要素）是美国组织中管理的重要特点。美国组织的硬性管理主要表现在对成员控制和物质激励上，即以严密的组织结构和严格的规章制度对于员工的行为进行规范。时至今日，源于泰勒的过分倚重各种数据的"管理科学"，作为一个学派、一种思维方式、一种管理模式、一种基础性管理方法乃至一种"传统文化"在美国组织中仍然具有十分重要的地位[①]。

---

① 〔美〕安妮麦奎恩、多米尼克罗兹，"跨越文化鸿沟的营销策略"，《金融时报：全球商务》，中国社会科学出版社，2002年。

(五) 追求创新

就像美国的社会民众一样，美国的组织难以满足现状。他们历来崇尚进取与发展，事事追求卓越，具有强烈的创新意识，这是美国组织文化的一个核心的特征，也是美国组织具有强大竞争力和旺盛生命力一项基本保证。美国是一个勇于创新的民族，求变求新的观念深入人心。美国组织往往十分重视组织变革，强调新、快、变。他们重视科技创新，以开拓和革新来寻求更好的行为方式和开辟新的经营领域。

总体而言，美国人思想开放，鼓励创新，积极对待事物的发展变化，认为工作和生活同等重要，积极竞争，有限度地接受规章制度。在等级制度方面，美国人与人之间依附关系弱化，上级权威受到一定的约束，鼓励和强调每个人拥有同等权利，等级差异小。美国文化崇尚强烈的自我意识，个人价值观浓烈，一切以自我为中心，缺乏团队合作精神，对组织无任何忠诚可言。受到工业文明熏陶的美国人往往负有主宰世界和自然的进取型价值观。美国文化中自由、自主、自立、成功、晋升、掌握权力和理性思维已成为主调。美国人讲究豪华、负债生活，斤斤计较眼前利益而忽视长远考虑，要求立竿见影、快速评价、快速晋升或降职。

二、日本的组织文化特征

日本国土狭小，资源贫乏，自然灾害频繁，民众富于忧患意识和危机感。与中国的长期交流和农耕文化的长期发展，使日本接受了儒家学说的等级观念、忠孝思想和宗法观念。虽然民族单一，但内聚力强。二战后日本从西方引进了先进的管理方法，日本人把西方的"理性规范，原则至上"的管理理论与日本民族文化相结合，从而形成了东西融合的、独具特色的组织文化。它的组织文化特征主要体现在以下5方面。

(一) 突出集体主义价值观念

与欧美国家的民众相比，集体意识在日本人当中有着很深刻的影响。日本民族具有更强的组织观念和国家观念。日本人的社会价值观的次序是：组织——国家——家庭——个人，这与美国人的社会价值观念的次序完全相反。日本人的价值观念更强调组织目标与社会目标的协调和统一。例如，日本的企业一般具有追求自身经济利益和报效国家的双重目标。在日本普遍存在的一种现象就是：组织成员将爱国之情体现和落实在对组织的忠诚上。

(二) 强调民族精神和工作热情

日本在建立组织文化的过程中十分注重继承民族优秀的传统文化、价值观念和道德规范。民族精神可以说是日本组织文化的基石,这种组织文化以人为中心,推崇中国儒家"仁义礼智信"的思想观念,武士道的忘我拼搏精神在企业的组织文化中遗风犹存。至今还有一些日本人成为舍身成仁的工作狂,这表明日本民族的开拓精神在组织文化中长期积淀,根深蒂固。

(三) 富有集体主义和团队精神

日本的组织倡导成员和睦相处,合作共事以实现共同目标。他们注重以和为本、劳资关系和谐,实行终身雇佣制,人们反对彼此倾轧和内耗。

(四) 重视感情投资和柔性管理

日本的组织管理中始终强调以人为中心,重视感情投资,充分发挥价值观、作风、技能有机结合的"软管理"作用。美国的一些学者认为美国组织的软管理不如日本组织。这有可能是美国经济发展速度落后于日本的原因之一。同时,日本劳动力与组织的结合方式上与欧美有着不小的差异,日本组织的成员与组织之间关系的密切程度是西方国家不能相比的。成员真心地将感情投入组织之中,组织成为全员安身立命、荣辱与共的命运共同体,大大强化了成员对组织存亡的关心和对企业发展的期望,为日本组织发展提供了坚实的基础。出于这种较为稳定的就职关系,组织承担着对成员的培训和社会福利、社会保障的部分功能。

(五) 兼收并蓄的"文化熔炉"

日本在组织管理中积极引进和传播西方的管理理念和方法,重视推崇中国的传统文化,努力发掘和创造日本民族管理思想和方法。日本文化善于取长补短,精明善变,将各种文化要素融会贯通,具有将遵守法制、讲求秩序的西方理性主义与追求"一团和气"、讲求"温良恭谦让"的东方灵性主义融为一体的特色,形成了古今一体、中西合璧的组织文化。

三、德国的组织文化特征

欧洲在近现代以来一直都是世界经济中占主导地位的一极,而一直作为欧洲核心国家的德国,其民族特点、民族文化以及宗教信仰在整个西欧具有一定的代表性。

当今中国经济的发展与繁荣为世界上很多的国家提供了丰富的投资机会,来自德国的投资已经连续十余年居欧洲各国之首。目前德国在华已有投资企业 2 000 余家,而且每年都有相当数量的德国企业在华进行新的投资,目前又有近 800 家企业在华寻求投资机会。在这样的一个贸易背景下,更深入地了解德国企业的文化对于中德合资、贸易的发展与合作有着很重要的现实意义。

了解一个国家组织中的文化,应从该国的民族文化入手。组织文化作为亚文化必然与传统的社会文化密切联系,德国也不例外。与美国、日本相比较而言,德国人非常强调约束权力的平等,每个人的权力应尽可能相同。人与人之间不应该由于权力差异而存在必然的冲突,人与人之间相互信任,改变社会制度的办法是将权力重新分配。合作的基石是团结而不是权力。德国人认为,时间就是金钱,在工作中讲究照章办事甚至呆板,愿意努力工作,具有一定的创新精神。德国文化要求具备一定的自我意识,但并不十分强烈,对组织采取有限度的忠诚。德国人的理性思维强,热爱自由和轻松工作,关注职位保障。德国企业重视各个季度和年度的利润,考核周期短,做事快捷,重视眼前利益,尊重传统,注重承担社会责任。

首先,对德国组织的文化产生重大影响的是欧洲文艺复兴和法国资产阶级大革命带来的民主、自由的价值观。德国强调依法治国,具有较为完备的法律体系和完善的市场经济体制,这些都成为建立诚信、规范的组织文化的必备基础。

其次,德国组织中的文化还具有欧洲普遍的精神性与人文主义色彩较浓的特点。西欧的组织文化的精神主要来自基督教,基督教的信仰是相信神,即上帝的存在,上帝把仁爱命令颁布到人间,让世人互相爱护,在此基础上西欧国家的企业普遍强调成员互爱与劳资和谐,实施雇员参与制度和高福利制度,并在组织文化的建设过程中,重视培养成员的自豪感与主人翁意识,同时组织普遍重视美化环境保护,追求人与自然的和谐。

再次,欧洲人尤其是最富有理性的德国人善于逻辑思考,考虑问题严谨周密,办事严肃认真,稳重谨慎。企业管理追求经济科学化、风险最小化、优化开发、优化质量、优化策略、优化服务的观念深入人心,认为民主是人文主义发展的必然结果,民主观念深入人心。

德国的组织文化具有非常显著的特点,其中一个就是"以人为本",主要体现在其十分重视对员工的培训、人才的选拔培养。因此,德国是世界上进行职业培训最好的国家之一。这一点从德国具有代表性的企业中就能得到答案:西门子公司在提高人的素质方面一贯奉行"人的能力是可以通过教育和不断培训而提高的",因此他们就坚持"自己培养和造就人才";戴姆勒—克莱斯勒公司认为"财富 = 人才 + 知识","人才就是资本,知识就是财富,知识是人才的内涵,是企业的无形财富,人才则是知识的载体,是企业无法估量的资本"。另外一些特征就是强调责任感,注重创造和谐的工作氛围,注重实效管理。在我们看来严谨得似乎有些呆板的德国人在企业中总是带着责任感去对待周围的事物,并主动创造和谐合作的工作氛围。例如,20 世纪90 年代中期,受到石油危机的影响,大众公司在德国本土面临困境,需要解雇 2 万多名员工。但是员工在参与企业决策的时候却表示：宁可收入减少20%，把每周工作5天改为4天也不要让那2万人失业，可以说正是因为员工这样的责任感才使得德国成为西方国家中实行员工参与管理制度最好的一个。此外，必须提到的是德国组织文化的核心内容，那就是强烈的产品质量意识，它已经成为员工价值观的重要组成部分，例如，西门子公司长久立于不败之地的原因则归结于其"以新取胜，以质取胜"的理念。

最后，总体而言，德国组织的文化是以完善的法律体制和市场体系为背景，具有规范性的特点。德国的组织追求良好的人际关系和文化氛围，它是和谐的。其中也渗透着严谨、细致的作风，同时传承了日耳曼民族的优秀文化，形成了德国组织冷静、理智和近乎保守的认真、刻板、规则的文化传统，明显区别于美国以自由、个性、追求多样、勇于冒险为特征的组织文化，也区别于日本组织强调团队精神在市场中取胜的组织文化。

四、东西方企业组织文化的比较

从一般意义上说，中日的组织文化具有浓重的典型东方经营文化色彩，而美国组织的文化是典型的西方欧美文化的产物。中日组织的文化之所以会具有东方文化的色彩，在一定程度上受到了悠久历史文化的影响，其中包括不同程度地受到以孔孟为代表的儒家思想的深远影响，在各自国家的日常行为方式和思维方式中都注重伦理道德观念。

中日两国社会与民族文化的共同核心实际上主要是以伦理道德为基础的儒家思想。在东方文化这样一个大文化的氛围中，中日组织中的文化中包含了许多共同点。中国组织的价值观以及组织文化的术语在许多方面与日本如出一辙。日本组织中所倡导的"工业报国"、"团结一致"、"家庭式的美德"、"人和"与"忠诚心"以及团队精神，与中国组织所奉行的"国家富强"、"实业强国"、"爱厂如家"、"识大体顾大局"、"团结就是力量"等，都多少能反映出儒家伦理道德的影子。相比之下，这些概念在西方欧美组织的文化中却很难找到。

以中日为代表的东方组织文化具有一定的封闭性。日本组织的家族式经营、终身雇佣制度，中国组织中实际存在的铁饭碗等，将组织成员的注意力全部集中于组织内部的经营生产活动。组织事实上对成员来说是社会层面上的一个大家庭，组织的领导或者管理者成为这个大家庭的家长，组织也承担了许多分外的社会责任。组织具有较强的封闭性，一定程度上限制了组织的活力。在东方组织的组织文化中还具有情感性和亲密性，以情感为基础，注重感情投资，倡导诸如"关心员工生活"、"尊重领导爱护下级"等，正像威廉大卫所总结的那样，信任和亲密性渗透到了日本组织、商社的一切方面。其中,"贯穿在日本人民生活中的一根共同的线是彼此之间的密切联系,互相关心、互相支持以及经过教导的无私性都来自密切的社会关系。"[1]这样一些非理性的情感文化氛围只要是能和组织成员认同的组织经营管理等理性的文化结合,就能激发出极大的内聚力。

美国这样一个多文化背景的国家,虽然是一个文化的大熔炉,但是其文化历史渊源的主体还是在欧洲,其社会文化还是典型的西方文化,美国的组织文化也是典型的西方组织文化。作为典型的西方组织文化,与东方的组织文化相比,美国的组织文化首先具有开放性与兼容性,这种开放性与兼容性的基础在于自由主义、个人主义、英雄主义以及充分流动性的美国文化。在高度社会化的美国,几乎所有的职业都是社会化的。人力资源的高度流动,带来了全方位的开放性,这就使得美国的组织中不可能出现前面所提到的日本和中国组织中出现的那些特点。美国组织的组织文化还具有不稳定性,美国文化自身高度的灵活性和创新能力使得其组织文化也处于经常的流动和变异状态,一些企业需要改变自己的经营理念和管理风格才能使组织持续发展,这样的变革足以说明美国组织文化的不稳定性。

值得提出的是,在进入20世纪80年代后期,美国的理性主义文化与日本的灵性主义文化融合的趋势逐渐显现,主要表现在以下几个方面。

(一) 价值观上的取长补短

美国组织正在把集体主义的价值观念注入自己的组织文化之中。现代的美国组织在尊重个人的基础上,极力倡导集体、合作、利他的献身精神。而在日本,在集体主义价值范围中也逐渐渗透着重视个人利益的因素。

(二) 管理观念的相互借用

美国的组织改变了以往单纯追求利润的做法,把改善管理者与成员的之间纯粹的利益关系以及关心成员生活、改善劳动条件放到更为重要的位置,力图更为人性化地与成员合作管理好组织。而日本的组织管理则着力于加强组织与成员的契约关系及规章制度的进一步完善。

(三) 用人之道的相互融合

美国组织界认为,日本的终身雇佣制有利于保持和增强成员的安全感,更有

---

[1] 〔美〕威廉大卫,《Z理论——美国企业怎样迎接日本企业的挑战》,中国社会科学出版社,1984年。

利于形成成员对组织的认同感,也就效仿日本组织延长聘用合同期限,增加了终身雇佣成分。日本组织则吸收了美国能力主义的合理因素,加强了对传统资历的改造。

(四) 领导方式的互相补充

美国组织的领导权威是建立于权力的占有和运用上,其领导决策方式一般缺乏民主性,如今则通过领导权威与个人魅力的融合,形成领导者的人格影响力。日本组织一直以来都采取家庭式的管理方式,如今则不断吸收西方管理的合理因素,既重视非权力的人格影响又突出领导权威的作用。

通过本节对中、美、日、欧的组织文化的介绍,我们可以清晰地看到不同国家的组织文化的特点、相同点和不同点,这对于我们研究组织跨文化管理和人力资源管理具有极大的启发和指导意义。

【人类学关键词】

1. 高情景文化(High-context Culture)
2. 低情景文化(Low-context Culture)
3. 多中心主义阶段(Polycentrism)
4. 民族中心主义阶段(Ethnocentrism)
5. 文化距离(Cultural Distance)
6. 文化冲击(Culture Shock)
7. 适应曲线(Acculturation Curve)
8. 文化聚合(Cultural Convergence)

【复习思考题】

1. 如何理解跨文化管理?
2. 如何理解文化冲突和文化差异?
3. 霍夫斯泰德和特朗皮纳斯对组织文化的贡献有哪些?
4. 跨文化管理的模式包括哪几种?
5. 跨国企业如何做好跨文化管理?
6. 谈谈你对中、美、日、欧组织文化的认识。

【应用案例】

文化冲击——中、欧经理人跨文化培训项目[①]

随着经济全球化的不断深化,企业所面临的竞争环境变得愈加错综复杂。全球化为企业带来了机会,同时也带来了挑战。如何有效地与不同国家、不同文化的人进行沟通与合作,从而顺利实现企业的战略目标,成为在全球化浪潮下企业的一个关键点及难点问题。

正是基于这样的难题,中欧两国政府高瞻远瞩提出了一项政府间合作项目。基于中欧双方对于大量能够适应跨文化环境的高端商务人才的需求,决定共同合作建立中国—欧盟经理人交流培训项目,以此通过人力资源的开发来促进中欧经贸关系的进一步发展。

中国—欧盟经理人交流培训项目是基于中国政府和欧盟委员会的官员及大量专家学者对中国和欧洲经济状况的深入分析,对中欧国际化商贸人才所需具备的各项素质及能力的深入探讨的基础上确立的。他们认为目前中国和欧洲的国际化人才在跨文化管理方面的技能亟待提高,缺乏对不同文化的了解及沟通技巧已经成为中欧经贸关系进一步发展的瓶颈,因此,中欧双方决定对中欧经理人进行深入的跨文化培训。

整个项目于2006年7月启动,由中国国际贸易促进委员会负责执行,欧盟委员会中国代表团对项目的执行提供建议,并设立技术支持团队对整个项目的运行进行管理。

以下我们将对该培训项目进行详细的介绍。

一、培训人员

参加培训的人员分别是中欧两国的经理人员,他们是企业管理的中高层管理者,也是企业进行跨文化管理的实施者。因此,他们作为这次培训项目的主要对象。

参加培训的欧洲经理人来自欧洲的中小企业、非政府组织。他们大多在25—40岁之间,具有5年工作经验,3年管理经验。在参加培训项目之前,他们大多对中国已经有所了解,有些已经开始学习中文。虽然他们各自所在的行业及经历千

[①] 罗晓铭,《培训与开发理论在跨文化管理中的应用研究——以中国—欧盟经理人交流培训项目为例》,指导老师:石伟,中国人民大学劳动人事学院在职硕士论文,2008年。

差万别,但他们都对中国抱有强烈的兴趣,并希望通过参加培训能够使自己更多地了解中国文化、经济及社会的各个方面,将来能够作为一座桥梁促进中欧经贸关系的发展。

参加培训的中国经理人来自中国的中小企业、非营利组织及媒体。他们大多在25—40岁之间,具有5年工作经验,3年管理经验。他们具有良好的英语沟通能力,能够用英语作为工作语言。在参加该培训项目前,大多已经有过与欧洲的经贸往来,并且曾有过赴欧洲的出差或学习经历,但由于时间的限制,他们对欧洲的了解只是走马观花,一知半解。他们希望通过此次培训能够加深对欧洲的了解,以便于今后更好地与欧洲客户沟通,更好地开展与欧洲的经贸合作。

二、培训目标

中国—欧盟经理人交流培训项目是一个跨文化培训项目,目的是为了中国和欧洲经理人能够更好地融入不同文化,使他们更快地适应异文化的生活。这次培训的具体目标如下。

(一) 加深相互了解

通过中国—欧盟经理人交流培训项目,使中国和欧洲经理人分别深入了解对方的文化,使参训者了解文化的复杂性,并将其进一步扩展到文化对管理的巨大影响。

(二) 学习管理模式

双方经理人学习中国和欧洲不同文化下的管理模式和方法,并揭示最佳管理实践是如何在各自不同的文化背景下产生的。

(三) 树立正确价值观

通过中国—欧盟经理人交流培训项目,使中国和欧洲经理人对不同文化持有正确的态度和价值观,能够适应不同文化的工作环境,并采取正确的方式与不同文化背景的人进行沟通。

根据培训目标,中国—欧盟经理人交流培训项目分别设计了欧洲和中国经理人的培训内容。

三、培训内容

中国—欧盟经理人交流培训项目聘请了中欧两国的人力资源专家对该项目进行了整体培训计划的制定。针对于中国和欧洲的经理人员的实际情况分别制定了合适的培训内容。

(一) 针对于欧洲经理人

1. 跨文化培训

参加跨文化培训课程,提高欧洲经理人的跨文化沟通能力,为进一步适应跨文化环境做准备。

2. 商务中文

关于中国20种商务环境下的对话,如办公室、会议、公司访问、签订合同、市场营销及广告、知识产权等。除此之外,还包括与商务活动有关的话题,将选取各种行业及服务类型,如销售、客服、物流、询价、付款等。

3. 实习

在7个月的商务中文学习期间,欧洲经理人还会有共30次的讲座和公司访问等活动,在这些活动中,他们将会参观访问中国的政府机构及不同行业的公司,并与各种机构的负责人进行面对面的交流,了解在中国进行商务活动的各种规则、最佳实践及心得体会。由于中国地域广阔,各地的风俗习惯及行事方式大相径庭,为了使欧洲经理人对中国的各个地区有全面的了解,项目组织的公司访问活动遍及中国的东部、西部及南部。

(二)针对于中国经理人

1. 跨文化培训

参加跨文化培训课程,提高欧洲经理人的跨文化沟通能力,为进一步适应跨文化环境做准备。

2. 技能培训

技能培训包括组织、领导、管理及个人技能方面的培训。具体地说,有招聘、激励、薪酬、绩效及变革管理、组织有效性及相关法规的内容。

3. 会计知识

这方面的培训是基于管理及金融视角的,包括金融会计、金融管理的核心、管理会计、战略管理会计等。

4. 战略及项目管理

战略管理的核心概念、企业文化、企业战略的分析、形成及实施。

5. 金融及投资

统计学、投资决策、证券投资理论及资金成本、公司估值及私有化。

6. 实习

中国经理人将在欧洲进行1—3次实习,每次实习最短7周,总共实习时间不超过21周。中国经理人还将会参观欧洲不同国家的不同企业,与企业的管理层代表座谈,以了解不同国家的经营理念、管理方式及企业文化等。

四、培训方法

在整个培训过程中,运用了管理游戏、户外拓展训练、访谈、实地考察等多种方法,我们将分别加以介绍。

(一) 破冰游戏

培训第一天,参加培训的经理人参加了"Who is who"的破冰游戏,打破了以往自我介绍的刻板模式。这种方式使参加培训的经理人在自然轻松的环境中相互沟通、相互了解,充分发挥受训者的主动性去发现各自的独特经历及闪光点。

(二) 户外拓展训练

通过背摔、蜘蛛网、巨人天梯、七巧板、搭建帐篷等拓展训练项目,中欧经理人增强相互之间的信心,建立了友谊,并塑造了团队精神。在完成户外拓展培训项目的时候,展示出参训者本性的一面,通过各种活动也使文化冲突进一步显现。参训者通过自己亲身体验及观察身边所发生的各种各样的事情,使他们亲身感受到了文化差异及文化冲突所带来的矛盾,这些给他们留下深刻印象的经历将成为他们今后解决跨文化问题的财富,也将为下一步的培训作铺垫。

(三) 管理游戏

中欧经理人应用在户外拓展训练中所学习的跨文化技巧,进一步摸索解决自己所遗留下来的问题,并在新的环境中进一步发现问题,解决问题。在商务环境中,采用了名为"INTERACT"的管理游戏,参训人员代表来自不同国家的公司,他们需要根据自身公司的优势及劣势,权衡利弊,通过谈判找到恰当的合作伙伴组成合资公司,以使公司的利益最大化。

(四) 文化访谈

经理人走出培训教室,去实际感受在现实生活中的文化差异及文化融合因素。他们不只需要通过仔细观察发现原来没有关注过的跨文化因素,而且需要亲自与这些地方的人去有效地沟通交流,以更深入地了解这些地方。同时,学习应该是随时随地进行的,该项活动鼓励中欧经理人在完成任务的同时,在去各个任务地点的路上去发现一些自己认为值得与大家分享的文化现象。在该项活动结束后,中欧经理人需要共同展示他们的文化探访的成果。

(五) 实地考察

结束了文化探访活动后,中欧经理人奔赴不同的城市进行实地考察,中欧经理人参观当地各种不同类型的公司,而这些公司的企业文化与当地的政策、当地的经济发展情况及所面临的挑战密切相关,通过对这些公司的考察,将呈现出不同组织在不同环境下如何有效行动及发展的复杂情境。

五、培训效果评估

通过问卷、访谈等方式对参训的中欧经理人的培训效果进行调查,从学员反应、学习、行为改变以及结果四个方面来看,中国—欧盟经理人交流培训项目的培训获得了一定的成果,达到了培训项目的预期目标。

六、培训的意义

中国—欧盟经理人交流培训项目的顺利完成具有重大的意义,具体体现在以下四个方面。

(1) 该培训综合运用了跨文化培训的各种方法(Blended-Training),如文化体验法、课堂教学法、模拟游戏、短途旅行、实习等,这些不同培训方法的相互补充,可以使参训者从不同角度学习到跨文化的知识及技巧,每种培训方法会对参训者产生不同的作用。

(2) 在实践中感悟不同文化的真谛,不只是在认知层面。通过实践,他们所学到的跨文化知识将在现实中检验并付之行动。

(3) 针对中欧经理人这一特殊受训群体,注重对他们的现代管理知识、管理技能及管理实践方面的培养,通过管理游戏、课堂学习、公司访问等活动,使他们深刻体会到了中欧在公司管理方面的文化差异,中国和欧洲国家在管理方面各有所长,双方应相互尊重、相互学习。

(4) 更为重要的是,中国—欧盟经理人交流培训项目为中欧两国的贸易发展提供了很好的便利条件,为两国的经济、文化等方面的沟通打起一座桥梁。

综上所述,中国—欧盟经理人交流培训项目从个人、组织、国家各个层面上都具有深远的意义。同样,它为跨国文化管理也提供了一定的借鉴作用。

【案例讨论与练习题】

1. 在实行跨文化培训中,可以采取哪些培训方法?
2. 通过学习中国—欧盟经理人交流培训项目,谈谈你对跨文化管理的认识。

第十章 组织文化与人力资源管理

【本章要点】

通过对本章内容的学习，你应了解和掌握以下内容：

- 人力资源管理的概念
- 传统人力资源管理与现代人力资源管理的差异
- 人职匹配的基本理论
- 人与组织匹配的基本理论
- 人职匹配和人与组织匹配的区别和联系
- 愿景导向的人力资源管理模式的主要内容
- 组织文化与工作分析的关系
- 组织文化与人员甄选的关系
- 组织文化与培训、开发的关系
- 组织文化与绩效管理的关系
- 组织文化与薪酬制度的关系

【篇首案例】

北京市房管一公司组织文化建设方案

一、公司背景

北京房管一公司可追溯至1953年成立的北京市房地产管理局修建工程处,后经历过多次改组、合并发展至今。

1985年,北京市第一房屋管理公司由事业单位改制为北京市第一房屋管理修缮工程公司(简称房管一公司),开始向新型物业管理拓展。1999年成立了第一家物业管理公司——首佳物业管理公司。2000年11月,房管一公司组建为北京房管一建设经营有限责任公司。公司主营业务为物业管理、建筑施工、建筑设计及装饰装修、房地产开发并在此基础上开展多种经营。集团经营管理范围涉及物业管理、建安施工、建筑设计、建筑装饰、古建施工、国外工程、房地产综合开发、宾馆饭店、电梯制造与运行服务。

由于公司领导层锐意进取,身体力行,全体员工积极参与,奋力打拼,公司逐渐从一个带有浓厚的计划经济色彩的生产型企业转变为初步适应市场经济特点的经营型企业,改制给企业带来了活力和长足的进步。

但是,这家历时长达50年的公司却没有对自己的文化进行过梳理,连一个系统的企业文化文本都没有。作为一个有着50年历史的老国企,在外部面临着房地产、建筑、物业市场烽烟四起的市场竞争态势,内部困顿于人员、观念、机制的相对滞后的情形下,如何将这个初步适应市场经济特点的经营型企业进一步发展成为具备自己的核心竞争力,永续经营的新型企业,抓住新的发展机会,成为摆在公司员工面前的又一项重任。

因此,公司外请了咨询公司。咨询公司成员在企业文化诊断过程中使用问卷调查、深度访谈、公司及相关行业资料研究等方法,最后帮助公司提炼出房管一公司的企业文化,并重新设计了公司的LOGO。

二、公司的企业文化(部分)

(一)核心理念

公司以"以房地产为龙头、以工程施工为主导、以物业管理为基础、以多种经营为保证"为经营战略,以企业的核心理念"以人为本,锐意创先"为文化内涵。在以人为本的原则下,重视组织中每个成员的成长学习与生活品质提升,在工作中潜移默化,形成房管一公司和谐融洽、相互认同、共同成长的组织文化。公司将塑造一个公平的竞争环境,让人人都有参与比赛的机会,随时随地都可以公开竞争并出人头地,使整个企业充满朝气,提供每个人向上发展的空间。

公司不仅仅致力于奉献优质的产品和服务,更潜心发展永葆创先风范的企业文化。唯此两者,可令事业生生不息。作为以知识、信息为第一要素的新型知识经济的代表,必须确立创新理念、服务意识,用创造性的劳动和优质的服务,让政府满意、用户满意、股东满意、组织成员满意,这是立业之本、创业之魂。公司认为"客户是我们生存的土壤,股东给我们强大的力量,组织成员是我们发展的根本,社会给我们成长的机会"。

(二) 团队建设

公司贯彻以人为本的精神,凝聚个体的力量,力图房管一公司成为强有力又有弹性的工作团队。对此公司倡导的是:

(1) 对组织成员的信赖与尊重:对人才重视,组织成员的才智得以最大限度的施展;与人才共命运,人格在这里得到充分尊重。

(2) 以组织成员权益为导向的管理制度:给予稳定的待遇,良好的环境。组织成员为公司作出一定的业绩,随时会得到发展的机会和精神物质的奖励。

(3) 沟通协调不拘泥于形式:"领先"的真正意义,并不在夺标,也不在于处处争第一,更重要的是激发组织成员的潜能,以专业的创新,唤起同行的效仿。为此广纳忠言,在沟通和协调过程中克服等级化导致的弊端,鼓励各种方式的沟通与对话,协调各个方面的关系。

(4) 鼓励组织成员建立自己的行事风格:企业要能聚集到最优秀的头脑,才能有最出色的经营;而优秀的人才是企业丰厚的资产。房管一公司将以"人尽其才,充分授权"为管理准则。每一位组织成员均以承前启后为己任,善用前人累积的智能与经验,发挥在每一次的重要决策中。尽展自身的个性,做公司的砥柱,做自己的主人。齐心协力、开拓求实、追求一流、回报社会。

(5) 服务至上:精心地呵护每一位客户。对于外部客户,坚守用户第一的思想,一切为了客户,为了客户的一切;对于内部客户,谨记换位思考的原则,下一个工作环节即是我的客户。

(三) 企业 CIS 系统

(1) 理念识别:用户至上,信誉第一,求实创新,自强不息。

(2) 形象识别:

公司的原有 LOGO 为:

原有标志体现了公司的主营业务如高楼大厦拔地而起般,同时寓意对于未来发展的信心,锐意开拓的进取精神。但是,这个涉及过于直观,缺乏寓意。随着公司主营业务不断扩展,以及公司战略的不断变化。为了适应全方位的市场竞争,北京房管一公司原有的 LOGO 重新设计为以下标识,将新的理念以及含义寓于其中:

北京房管一建设经营有限责任公司

新 LOGO 的设计灵感来自中国古代建筑窗户的吉祥文样,菱形体使人联想到建筑物的俯瞰,而不是平面透视形象,五个菱形体代表了一公司五个业务版块(物业管理、建筑施工、多种经营、装饰修缮、房地产开发),同时"五"在中文中谐音"福"有幸运发达的寓意。红色象征吉祥、热情、诚信,表达了一公司至诚服务、乐群敬业在市场竞争中卓尔不群的精神,立体感十足的 LOGO 表示动感和活力,整个标志动中有静。

(3) 行为识别:

虚心学习:采取开放学习的态度。唯一可以使自己迎头赶上的方法,就是不断学习与吸收。

追求完美:任何状况都不轻言放弃。没人要求这么做,但这就是一种要求完美的态度,对工作执着,督促着自己全力以赴。

敬业乐群:被一个环境所接受,是任何一个人想要在任何地方成长的第一步,如果你不能被环境所接受,那么纵有再大的理想抱负,也没办法实行。

尊重自己:对自我和他人的尊重,也是踏入社会的第一课。

三、结论

房管一公司的实例在中国的大型企业中非常典型,企业文化所确定的核心价值观如何为员工分享,除了遵循企业文化自身的发展规律之外。通过人力资源管理的具体手段强化变革意识,采取相应的管理方式推进组织变革,人力资源管理的支撑作用提议重要,它能和组织文化相辅相成、相得益彰。在本章最后的应用案例中还可以看到这家公司的实例。

本章通过简要阐述人力资源管理的一般内容以及组织文化与人力资源管理的相互关系,引导读者从文化的角度看待和思考人力资源问题,了解文化对人力资源管理的影响。

第一节　人力资源管理概述

进入新世纪,人力资源管理取代传统的人事管理,在内容上也不断拓展和深化,并发展为显学。本节将简要地介绍人力资源管理的相关概念,使读者对人力资源管理有一个框架性的认识。

一、人力资源管理的定义

关于人力资源,学者们有不同的表述方法。

Sherman 认为人力资源管理是负责组织人员的招聘、甄选、训练及报酬等功能的活动,以达成个人与组织的目标[1]。

Mondy 和 Noe 则将其定义成通过各种技术与方法,有效地运用人力资源来达成组织目标的活动[2]。

Schuler 则明确地说:人事与人力资源管理乃在于透过各种管理功能,促使人力资源的有效运用,以达成组织的目标[3]。

Beer 和 Specktor 说:人力资源管理包括要影响到公司和员工之间关系性质的所有管理决策和行为[4]。

人们还试图从人力资源的性质和特征方面来说明人力资源与其他资源的不同。一种有代表性的观点是人力资源有以下 7 个特征[5]:

(1) 人力资源属于人类自身所特有,具有不可剥夺性。这是根本特征。
(2) 存在于人体之中,是一种活的资源,具有生物性。
(3) 其形成受时代条件的制约。
(4) 在开发过程中具有能动性。
(5) 具有时效性。
(6) 人力资源具有可再生性。
(7) 人力资源的智力与知识性。

---

[1] Sherman, A. W. et al., *Managing Human Resource*(9th), Ohio: South-western, 1992, p.4.
[2] Mondy, R. W. & Noe, R. M., *Human Resource Management*(6th), New Jersey: Prentice-Hall, 1996, pp. 21 - 22, 265 - 266.
[3] Schuler, R. S., *Personnel and Human Resource Management*, New York: West, 1987.
[4] Beer, M., Spector, B. et al., *Managing Human Assets*, New York: Free Press, 1984.
[5] 黄英忠,《人力资源管理》,三民书局,1997 年,第 45—46 页。

中国人民大学彭剑锋教授在综合中外研究的基础上将其定义为:"人力资源是依据组织和个人发展的需要,对组织中的人力这一特殊资源进行有效的开发、利用和科学管理的机制、制度、技术以及流程方法的总合。"①

这一定义是基于现代人力资源管理的本质特征而作出的,在此,我们简要归纳传统人力资源管理与现代人力资源管理的不同。

二、从传统人力资源管理到现代人力资源管理

传统的人力资源管理被定义为人事管理,人事管理是运用科学管理的原理和制度,对人与工作事务进行组织、计划和协调。在整个组织中,它主要是一项事务性的工作,强调"以事为本",关注人对工作的适应性。

现代人力资源管理是指企业为了获取、开发、保持和有效利用在生产和经营过程中必不可少的人力资源,通过运用科学、系统的技术和方法所进行的各种相关的计划、组织、指挥以及控制活动。和传统的人事管理不同,现代人力资源管理有着三个显著的特征:首先,现代人力资源是组织战略的一部分,要求组织围绕战略目标,建立健全人才短期和长期激励机制。人力资源管理属于组织战略的重要组成部分,更具目标性和指导性,在这个意义上,现代人力资源管理走向了战略性人力资源管理。其次,人力资源管理更具长远性。现代观念把人力资源管理的重点放在开发人的潜能力上。注重人的激励,开发,增值。最后,现代人力资源管理比人事管理更具整体性,管理方式也更加灵活。这一点在它的职能分析中可以得到体现。人力资源管理考虑的是整个组织的发展,它所制定的各种规划也紧紧围绕着组织目标的实现,所以它更具整体性和全局性。

然而,传统的人事管理向现代人力资源管理转变,并不是简单的名词置换,也意味着从组织理念、理论到方法运用的根本改变。两者的差异主要表现在以下3个方面。

1. 文化理念

现代人力资源管理不仅强调通过制度进行管理,更重要的是通过文化、思想、技术和方法进行管理。在与组织战略和发展目标相结合的基础上,现代人力资源管理运用科学的技术和方法,通过各种手段,创设一种具有感染力和进取精神的组织文化,形成一种能上能下、效率优先、不断创新的管理机制。

2. 激励方式

现代人力资源管理对组织成员提供价值充分体现、能力充分施展、潜能充分开发

---

① 彭剑锋,《人力资源管理概论》,复旦大学出版社,2003年。

的工作和生活环境,为顾客创造价值,为社会创造财富。正如华为公司的基本法明确提出的,"人力资源管理的基本目的是建立一种让人才脱颖而出的机制,为公司的快速成长和高效运作提供保障"[①]。这种转变,首先要解决以下三个问题:

第一,在工作中注意了解和满足组织成员的各种合理需求,激发员工的创新意识,将员工的自我发展与组织发展有机地结合起来。第二,从静态管理观念向动态管理观念转变,从单一管理观念向系统管理观念转变。由于市场经济的发展和网络技术的广泛运用,信息传递速度加快,信息沟通渠道变得更加畅通。管理者必须根据实际环境的变化,变"静态管理"为"动态管理",使人力资源管理适应组织环境的变化。第三,管理者在实践中要树立系统观念,将组织中可供利用的各种资源作为一个统一的系统加以规划,以达到优化人力资源配置和人尽其才的目的。

3. 管理手段

人力资源管理是一门综合性、应用性很强的学科,它不仅讲究科学性和系统性,而且讲究实践性和操作性。从人员招聘、薪酬设计到组织设计、工作分析,从测评考试到职位定岗,从考核到培训教育等人力资源管理的环节和程序,技术含量都是很高的。如何将这些模块连接起来,更好地服务于员工,更全面地对员工进行科学的、系统的绩效考核等,这就需要运用心理学、人际关系学、组织学、行为科学等学科知识,从而通过它实现组织员工的优化和组织优化。

三、文化导向的人力资源管理模式理论

在第一章介绍组织文化研究方法时,我们提到了瑞士圣加伦大学领导与人力资源管理研究所希尔博(M. Hilb)教授的综合性文化研究法。根据各国的人力资源管理实践,他提出了"愿景导向的"人力资源管理模式。在希尔博教授看来,愿景包括企业目标、核心价值观、经营方针、企业精神等体现企业文化的诸要素,因此,这一模式可以被视为企业文化导向的模式。

以企业这一组织形态为例,该模式的出发点在于人力资源和企业愿景之间的相互影响。图10-1展示的人力资源管理立方体可以表明为:人力资源管理的四项最主要的职能、四个核心的利益群体和三个阶段。

希尔博教授认为,愿景是企业文化的核心,并且指出,大多数企业的人力资源管理还停留在事务性维度上,只是将股东作为唯一的利益群体,而且局限于对某一项人力资源管理职能的单一性运用上。而人力资源管理不仅要走向战略人力资源管理的

---

① 黄卫伟,《走出混沌》,人民邮电出版社,1998年,第27页。

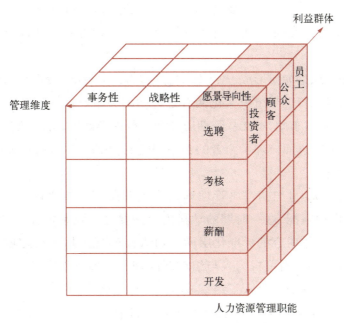

图 10-1　人力资源管理立方体

第二阶段,还要进一步向文化导向的人力资源管理迈进。在此模式中,他列举了在人员招募、培训与开发、绩效管理、薪酬设计方面一些有操作性的工具、方法,并使之连为一体①。

构建文化导向的人力资源管理的前提是必须了解人力资本的实用性,在这一理论指导下,人力资源管理实践开始出现新的特点。尽管企业在不断地开发人力资本以使其不断地适应市场的需要方面曾作出了不懈的努力,但是仍然很难把握需要以及对人力资本进行改造的确切时机。

从第二节中我们还会看到,现代人力资源管理的出现,使得战略导向的人力资源管理向文化—战略导向的人力资源管理的转变。文化—组织—人这一内容是如此引人瞩目,以至于我们有必要专门介绍。

第二节　人力资源管理与组织文化建设

人与工作相互匹配,即人职匹配(Person-job Fit),是指员工的知识(Knowledge)、技能(Skill)、能力(Ability)与工作所要求的条件相符一致的程度,因此在实践过程

---

① 〔瑞士〕希尔博著,石伟、王忠译,《愿景与工具——整体性人力资源管理》,中国劳动与社会保障出版社,2003 年。

中,人力资源管理特别注重了解求职者的知识、技能、能力等特征。而工作属性则是另一重要的变量,它是组织呈现在外最容易衡量及求职者考虑是否接受雇用的重要因素①。

然而,人职匹配是如何形成、产生影响,并成为人力资源和组织文化研究焦点的?与此同时,人力资源管理和组织文化两者是怎样的关系?这是已有的理论研究中有待解决的问题。有鉴于此,本文从管理历史和学科内容两个方面出发,介绍两者不同的学科背景和渊源,进而梳理了两者的关系,从而为拓展基本理论、加强学科关联及后续研究提供方便。

总括地说,从20世纪初古典管理理论产生开始到二战之前,人力资源管理主要研究人与工作的匹配,这一时期的学科内容主要是以效率中心,分别从员工的知识、能力、人格和工作内容的标准化层面探讨人岗匹配。从二战之后到20世纪90年代以前的这段时间,则可视为人与组织匹配理论的形成阶段,这一阶段的特点是在人和岗位的两个变量中加入了组织变量,从研究层次上更为全面地考虑人岗匹配。匹配理论从20世纪90年代迄今,对于影响个人与组织匹配的研究不仅更全面,而且对个人与组织文化的匹配较为关注,人力资源进而走向战略管理和文化管理阶段。以下我们将分别讨论。

一、人与工作相互匹配

从理论和实践上看,人职匹配(也有人将此翻译成人与工作相互匹配)模型是人力资源管理的理论基础,两者关系见图10-2。

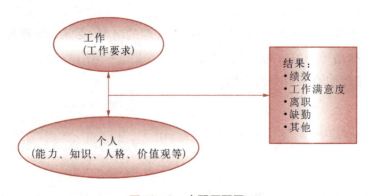

图10-2 人职匹配图

该模型的基本观点是:个体差异与工作特点共同决定了个体的工作行为,当人

---

① 〔美〕罗宾斯著,孙建敏译,《管理学(第十版)》,中国人民大学出版社,2005年。

与工作相互适应时，员工会表现出积极的工作行为。这些积极的个体工作行为会进一步转换为组织绩效。到目前为止，大量的实证研究支持了人与工作相互适应模型的有效与可靠性，在人力资源管理中有着重要的影响[1]。

纵观管理学发展历史，早在上世纪初科学管理理念风行之时，很多研究者致力于使工作标准化，泰勒（Frederick W. Taylor）的《工厂管理》、吉尔布雷斯夫妇的动作研究都是当时出现的管理方法。这些方法致力于提高效率，首先，认为必须让每个人都用正确的方法工作，为此必须把每项工作分解成许多的动作要素，然后研究每项动作的必要性和合理性，依据经济合理的原则，加以改进和合并，以形成标准的作业方法。然后，根据工作的特征去挑选合适的工人去完成工作。吉尔布雷斯夫妇在作业研究中进一步体现出这一"标准化"思想，即为标准作业制定标准的作业时间，以便确定工人合理的工作量。

几乎与此同时，欧洲的管理学者则发挥他们思辨的传统，解释了管理者的工作特征，以及管理工作的组成要素。他们提出了一般行政管理理论，并与科学管理思想家一起被称为古典理论家，欧洲的法约尔和韦伯是其代表人物。无论是法约尔提出的管理5项职能和14项原则，还是韦伯的理想组织模式的6特征，我们都能够看到早期人岗匹配的基本思想。

由于人岗匹配这一视角的独特性，即在组织中考虑个人特征和岗位特征的关联，这就直接催生了管理学派中的人力资源学派（Human Resources School）。人力资源管理由此成为一门学科。如这一学派中的代表人物Münsterberg，他开创的工业心理学研究领域和其代表性著作《心理学和工业效率》，基本界定了人力资源管理中关于人员选拔、培训、工作设计和激励的学科体系。而另一领军人物巴纳德则从古典管理理论中吸取养分，在《经理的职能》一书中，巴纳德将正式组织定义为：由具有协作意愿、有共同目的的人所组成的一个信息交流的协作体系。这就需要管理者进一步认识到员工（不仅仅是个体，而是一个群体）和岗位两者间保持其平衡状态的重要性[2]。

在整个管理历史过程中，尤其是人力资源管理历史上，很少有像霍桑实验影响这样巨大的。1923年在芝加哥西方电气公司进行的霍桑（Hawthorne）试验开创了管理的新时代，由彭诺克以及后来加入的梅奥这项长达7年时间的多项试验表明：生产率直接与集体合作及协调程度有关，而集体合作与协调程度看来又与主管人员及研究人员对工作群体的重视程度有关。至此，研究者已开始将工人构成的组织视为一个社会系统（人和岗位，也包括了环境）。管理学不再只是关注单个的人，以及适合

---

[1] J. R. Edwards, "Person-job Fit: a Conceptual Integration, Literature Review, and Methodological Critique", In: Coope, C. L. and Roberson, I. T. (Eds.), *International Review of Industrial and Organizational Psychology*, 1991 (6), pp. 283–357.

[2] 〔美〕巴纳德，王永贵译，《经理人员的职能》，机械工业出版社，2007年。

这个人的工作的标准化,并且开始关注群体、人际关系,其历史价值在于激发起研究者对影响人的因素的兴趣,并对于改变那种认为人与机器没有差别的"标准化"观点起了很大作用。和古典管理不一样,这一理论成为人际关系学派(Human Relations School)的理论基础之一。例如,后来的 McGregor 提出的关于人性的深远影响,即关于人性的假设——X 理论和 Y 理论。前者是关于人性的一种消极观点:假设人们缺乏雄心壮志,不喜欢工作,回避责任,以及需要在严格的监督下才能有效工作;后者则提出了一种积极的观点:假设人们能够自我表现管理,愿意承担责任。这些理论都丰富了人岗匹配中关于工作系统和人的要素的研究。

从以上关于管理学、人力资源管理的历史脉络的梳理中,我们可以看到人岗匹配时期的几个特点:

(1)人岗匹配研究中对人和工作因素是分开进行,这一时期不仅没有人岗匹配这个词,而且研究者主要从提高效率来着眼;

(2)受到学科发展的限制,人岗匹配的只是在人员的知识、技能和人格和工作的标准化方面考虑两者的平衡。

(3)人力资源管理开始体现出专业化特点,但其显示出的影响受一定限制。人力资源实践主要是集中于工作分析、人员选拔、培训、绩效、薪酬管理和劳动关系管理的主要内容。人力资源专家在组织中的影响力有限①。

二、人与组织的相互匹配

二战之后,由于组织规模的增大和复杂性的增加,从 20 世纪 60 年代中期开始,随着工业化时代的不断成熟,传统组织理论与现代工业模式的冲突日趋明显。实践中人们发现工作的标准化并不一定导致员工高满意度或员工缺勤率的降低,人们亟需适应时代背景的管理理论。管理中的许多流派如系统论、权变理论开始问世,带来了组织理论的质的飞跃。它们不但弥补了古典组织理论与行为科学组织理论在组织与环境关系方面的缺陷,而且为 20 世纪 70 年代以后各种流派的发展打开了一片广阔的领域,其影响一直到 20 世纪的 90 年代。这个时期的重要特征就是在人岗理论基础上的人与组织匹配理论的形成。

这一理论是伴随着二战之后的管理学理论的成熟而形成的。系统组织理论的代表人物霍曼斯认为:组织是由具有相互依存关系的内部系统和外部环境组成的,任何社会组织都处于物理的、文化的、技术的环境之中,这些环境决定着社会系统中人们的活动和发生的相互作用。而人们在进行活动和发生相互作用时,又会产生人们

---

① 〔美〕吉利、梅坎尼克,《超越学习型组织》,经济管理出版社,2003 年。

之间以及人们对环境的一定感情。另外一个影响深远的是权变理论,至今仍是最有影响的组织理论,这一理论认为在给定的情形下,适当的管理行为取决于这一情形下的独特要素,而定量学派则为管理者提供了丰富的管理工具①。来自其他学科的理论也启发了研究者,如行为学互动学派的观点认为:个人与情境匹配的概念是互动心理学的一环。"个人与情境匹配"开始被用来解释组织成员的生产力与工作满意度的差异,并在实践中被尝试充当人事甄选的因素②。

管理理论的发展使得研究者分别从人员和工作这两个要素的更深远处考虑人职匹配,结果催生出个人与组织匹配理论。其中,有几个对人力资源管理有影响和代表性的理论不得不提。

Hackman和Lawler于1971年推出一个可测量的假设,发现在变化的环境下工作特征如何影响员工,并且用实证研究清晰的设计来验证这个命题③。两人于1971年提出工作特征理论,这一理论认为:当工作设置具备5个核心工作特征——技能多样化、任务完整性、任务重要性、自主性、反馈时,会引起员工非常积极的心理状态:认识到工作的意义、体验到对工作结果的责任感、体验到关于工作结果的信息。由此,员工会对工作产生比较积极的态度,提高工作的主动性、工作的兴趣和投入程度,从而引起高绩效。工作特征理论强调的是工作设置本身对员工是有激励作用的。

与此同时,在人员系统的研究方面,从理论上看,个体差异是人员甄选的基础,进而影响到人力资源管理的诸多领域。而个体差异上看,人格只是其中之一,人员系统应该包括很多方面:认知能力、动机、职业价值观与兴趣等。实际上,不同的研究者往往采用不同的个体差异来预测工作行为。研究者发现对于"人"的研究就不应该仅仅集中在能力、人格、知识这些变量上,如霍兰德的职业性向理论(或称为职业个性理论)正是基于人与工作相互适应模型而发展起来的。霍兰德提出个人在选择工作时一定要与其个性特点相一致,个人与其工作环境的一致性可以提高个人的工作表现和满意度,降低离职的倾向。后来的实证研究支持了霍兰德的理论。

如果说在20世纪70年代,管理学界的权变管理独领风骚,而到了80年代,则是组织文化研究的当红时期。由于人类学家、社会学家、社会心理学家开始努力尝试以文化概念,如符号语言学、祭典、仪式、神话、故事、语言来分析组织中个人和团体的行为,这样也就有了"个人与文化匹配"(Person-culture Fit)的概念。组织文化的研究和

---

① 〔美〕格里芬,《管理学》,中国市场出版社,2008年。
② 郑伯埙、郭建志,"组织价值观与个人工作效能:符合度研究途径",《海峡两岸之企业文化》,1998年。
③ J. R. Hackman & E. E. Lawler, "Employee Reactions to Job Characteristics", *Journal of Applied Psychology Monograph*, 1971(3), p.260.

探讨自此以后得到了广泛的关注。20 世纪 80 年代初,威廉·大内的《Z 理论》[1]、特雷斯·迪尔和艾兰·肯尼迪的《企业文化》[2]及阿索斯和沃特曼的《寻求优势》[3]三部专著的出版,掀起了组织文化研究的热潮。整个 80 年代,企业文化的研究以探讨基本理论为主,如组织文化的概念、要素、类型以及组织文化与管理各方面的关系等。

正是随着组织理论的成熟和组织文化研究的热潮,这一时期的研究者们继续发展人岗匹配模型,并加入了组织变量,即:员工的工作表现还与组织和人的相互适应,尤其是组织与人的价值观的一致性相关。Chatman 描述了个人—组织匹配的运作原理。与其他组织文化研究者相似,Chatman 也把焦点放在价值观上,他认为价值观相似(Value Similarity)是个人—组织匹配的重要因素,因为价值观是个人、组织间基本且持久的共同因素[4]。

我们可以以组织特性与人格特质的匹配程度来研究个人与组织匹配主题(其内容如同图 10-3 所示)[5],而两方的特性皆以价值观为重点。所以,欲精确研究及预测员工行为,管理者必须考虑个人与组织间的选择及社会化互动过程,其中员工的行为表现可以从人格特质、价值观及能力等来加以观察,因为这些因素是较为固定且密切影响着行为的。

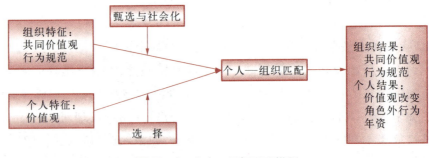

图 10-3 个人—组织匹配模型

由此,人与工作适应模型进一步扩展为:组织—工作—个人。也就是说,个体的特点要同时适应组织和工作的要求。由此可以看出,影响工作行为的变量可以分为三大部分:一是工作特点;二是个体差异;三是情景或组织因素。其中,核心是工作

---

[1] W. Ouchi, *Theory Z: How American Business can Meet the Japanese Challenge*, Massachusetts: Addison-Wesley Publishing Company, 1981.

[2] Deal T. E. & Kennedy, A. *Corporate Cultures: The Rites and Rituals of Corporate Life*, Harmondsworth, Penguin Books, 1982.

[3] Peters, T., Waterman, R., *In Search of Excellence: Lessons from America's Best Run Companies*, Harper & Row, 1982.

[4] Chatman, J. A., "Improving Interactional Organizational Research: A Model of Person-organization Fit", *Academy of Management Review*, 1989(14), pp.333-349.

[5] Ibid, p.334.

与人的相互适应。

我们仍然从历史的角度来概括个人组织匹配理论发展时期,其特点可见如下:

(1) 人岗匹配研究由两个要素变成三个要素,组织因素的加入对人岗匹配理论进行的进一步拓展丰富了学科的内容。而且研究者不再是只从提高效率着眼,关注满意度、缺勤率、离职率等指标,也关注组织气氛、组织文化等组织层面的变量。

(2) 个人和组织的匹配拓展了原来人岗匹配的内容,除了人员的知识、技能和人格之外,个人的动机、态度、价值观等决定人的行为更为有效和更具预测效果的研究开始出现。除了工作特征理论之外,组织理论正走向成熟,如无边界组织、虚拟组织理论的出现。而工作系统属性则开始从标准化向更具有丰富性含义的方向发展。从人员角度来看,组织本身、同事、上司等因素都开始成为个人与组织匹配要考虑的内容了。

(3) 正是因为组织变量的加入,人力资源理论中开始出现组织设计、职业生涯管理、团队管理、质量管理的新内容,而原有领域的研究也不断深化。

三、个人与组织文化的相互匹配

尽管 Chatman 拓展了个人与组织匹配理论,但是由于组织有多个概念和操作形式,难以跟其他形式,如个人与环境匹配区分开来。一直以来正是由于组织没有十分清楚的定义,使得个人与组织匹配是"难以捉摸的",定义不准确也不一致[1]。

在这种情形下,为了较精确地研究个人与组织匹配主题,学者们认为必须考虑组织特性与个人行为的社会化互动过程。个人与组织匹配的研究由此分为三个方向:(1) 以组织文化匹配程度来定义个人与组织匹配;(2) 目标匹配的观点;(3) 以个人与组织间供需的观点,来解释个人与组织匹配的内涵[2]。

在这种背景下,Kristof 提出了一个整合的个人与组织匹配的模型。他认为个人与组织匹配的内涵应包括辅助性匹配(Supplementary Fit)与补偿性匹配(Complementary Fit)两项独立的研究维度,换言之,个人和组织之间的匹配有两种形式:辅助性匹配与补偿性匹配。辅助性匹配与组织和个人的特征有关。这里,组织的特征包括组织的文化、氛围、价值观、目标、规范,个人的特征不仅仅包括人格,还包括个人的价值观、目标、态度等。当组织的特征跟个人的特征相似的时候,个人与组织之间就可以达到辅助性匹配;而补偿性匹配则跟组织和个人的供给和需求有关。组织可以为个人提供各种资源和机会,包括经济资源、物质资源、心理资源,还有工作

---

[1] Bretz. R. D. Jr. Rynes. S. L. & B., Gerhart, "Recruiter Perceptions of Applicant Fit: Implications for Individual Career Preparation and Job Search Behavior", *Journal of Vocational Behavior*, 1993 (43), pp. 310 - 327.

[2] 郑仁伟、郭智辉,"个人与组织契合、工作满足与组织公民行为关系之研究",《人力资源管理学报》,2004 年。

上的机会和人际关系上的机会。个人也可以为组织提供所需的资源,包括时间、努力、承诺、经验,还有工作上的和人际关系上的知识、技能、能力。当组织以各种资源和机会满足个人的需求、愿望或偏好,而个人具有组织需要的资源和知识、技能、能力的时候,个人与组织之间就可以达到补偿性匹配。

Kristof 认为,只当组织和个人具有相似的基本特征或者相互满足对方的需求的时候,才是匹配的①。其中,组织和个人的需求和供给会受到双方的特征的影响,也就是说辅助性匹配会受到补偿性匹配的影响,只有在辅助性匹配的基础上,补偿性匹配才能发挥作用(见图 10-4)②。

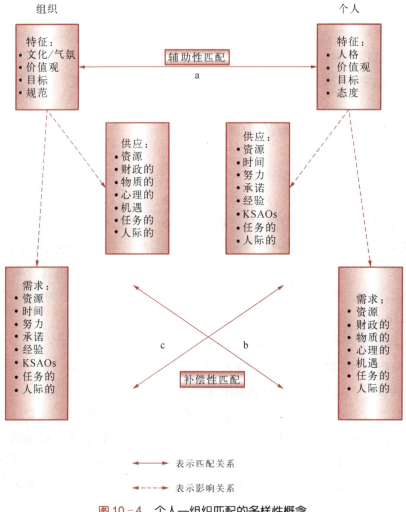

图 10-4 个人—组织匹配的多样性概念

---

① Kristof. Amy L., "Person-organization Fit: an Integrative Review of Its Conceptualizations, Measurement and Implications", *Personnel Psychology*, 1996(49), p.5.

② Schein, Edgar H., *Organizational Culture and Leadership*, San Francisco: Jossey-Bass, 1992.

具体说来,如图10-4所示在Kristof个人—组织匹配的概念结构中[1]。箭头a代表了组织的文化、气氛、价值观、目标、规范等基本特征与个人的人格、价值观、目标、态度等基本特征上的关联。当组织和个人在这些特征上有相似之处时,就实现了辅助性匹配。如果组织提供了员工所需要的财政、物质、心理资源以及发展的机遇(箭头b),或者员工在努力、承诺、经验、知识技能等方面能适合组织的要求(箭头c),就实现了补偿性匹配。"个人与组织文化匹配"的概念由此产生。

根据Kristof的个人与组织匹配的概念结构,个人与文化匹配实际上是个人与组织匹配的辅助型匹配部分。在个人与组织文化匹配的评估上,因为文化很难具体描述,没有一种指标可以明确评估,所以要数量化地评估组织文化并明显地表达是相当不容易的。但有一种方法可将文化作数量上的评估,即评估个人价值观或认同上的重要性与组织文化的相关性。进而,基于组织文化的核心是价值观的理由,"个人与文化匹配"的研究也就以价值观为研究对象。简而言之,员工会选择与自己价值观相近的组织,而组织也会选择具有相似价值观的员工——价值观提供了一个起点,与员工甄选、社会化的过程一起作用,以保证个人价值观能与组织价值观相互匹配。因此,个人价值观和组织价值观的一致性是"个人与组织匹配"的关键[2]。

综上所述,根据Cabrera和Bonache的理论,个人与组织匹配的成熟阶段可以归纳的结论如下[3]:

(1) 个人和组织文化的匹配是以个人文化价值观匹配为核心的,它属于个人与组织匹配的一部分,且个人与组织文化匹配和组织文化的研究是一脉相承的,都以价值观的研究为主。个人会依性别、种族及组织的亲近性,界定自我角色,将自己本身归属于某个相似的社会类群,然后选择与自己相近的组织。组织价值观影响成员对组织的认同机制,而员工往往透过社会认同的寻求,以获得意义与关联性。

(2) 个人与组织在文化上的匹配理论促使了人力资源管理学科的进一步发展。原有的个人、岗位和组织的要素除了各自的研究不断深化之外,并且在三个变量的关系之间涌现出大量的研究。20世纪90年代以来,人力资源管理工作者从学术和专业文献那里获得了两个关于如何提升组织竞争力的信息:一是培育一种能够支持组织战略的"强"文化对组织极为重要;另外,在一个以获得和发展知识为核心竞争力的时代,知识型管理是增进组织竞争优势的重要途径。换言之,在如今充满竞争的环境里,组织文化和组织的人力资源管理是两个关乎成败的因素,并且都影响组织成员

---

[1] Kristof, Amy L., "Person-organization Fit: an Integrative Review of Its Conceptualizations, Measurement, and Implications", *Personnel Psychology*, Vol. 49, 1996, p. 5.

[2] 郑伯埙、郭建志,"组织价值观与个人工作效能:符合度研究途径",《海峡两岸之企业文化》,1998年。

[3] Cabrera. Elizabeth F. & Bonache, Jaime, "An Expert HR System for Aligning Organizational Culture and Strategy", *Human Resource Planning*, 1999(22), pp. 51-60.

的行为。

在这个意义上,Cabrera 和 Bonache 使用了战略文化(Strategic Culture)的概念,他们介绍了一种联合组织文化和战略的理论架构,并描述了一个专家系统以便向管理者提供按部就班的指南(Step-by-step Guide),使他们能够通过发展一种"战略的"文化来改善竞争地位。由此,支持组织规范的创造取决于组织人力资源实务的悉心设计。战略性的人力资源管理、文化导向的人力资源管理由此成为研究的热点。

第三节 文化导向的人力资源管理体系

在组织文化建设的过程中,需要各方力量的协同配合,其中主要是依靠员工队伍的核心技能,所以绩效评估的重点应放在员工的贡献及其贡献过程上,并且要将这一重点清晰地公布给企业的每一位员工,从而实现绩效评估与报酬体系的相匹配。

因此,为保持企业在市场上的竞争优势,就必须持续不断地进行革新,探求以更好的方式提供产品与服务,所以必须在激发员工在每一步骤的革新与创造力的同时,对那些有贡献的员工给予合理的回报。因此,企业致力于营造一种富于创造性的企业文化以推动革新是必然的趋势。通过协作,可以消除纵向、横向部门之间以及员工相互之间的交互作用对市场竞争的影响,许多企业已经尝试着通过评估与报酬系统打破这种不利的影响。

人力资源管理在形塑和培育组织文化方面也会产生一定作用。另一方面,组织文化和组织战略也会左右人力资源管理的具体决策和执行。现代人力资源管理,最终导致人力资源实践上的深刻变革。囿于篇幅,加上本书的实践旨趣,以下就人力资源管理的主要领域中的重要实践加以介绍。

一、基于组织文化的工作分析——素质模型

工作分析(Job Analysis)作为人力资源管理的起点,即确定岗位职责以及这些岗位任职人特征的程序。工作分析的结果是编写工作任务及任职资格说明书(Job Specification)。

正如人力资源管理领域的每一次理论的拓展都会改变整个管理模式一样,用智力测验作为预测未来工作绩效的方法,到了实践之中,胜任力和胜任力模型的出现,将传统的工作分析中,任职资格部分的那些 KSAOs 中最头疼和难以量化的 Os(其他个性特征)做得更加具有操作性,为人力资源管理的人员—岗位匹配目标提

供了一个简练而相对客观的标准。并且,一般的企业和咨询公司运用访谈、或者最早由20世纪50年代的美国学者Flanagen研究美国飞行员绩效而创立的行为事件访谈法(这一方法直接启发了上文提到的McClelland)、焦点小组等质化的研究方法,素质模型开始用于多种行业和政府机构,用来发现特定工作所需的动机、特性、技能和能力等行为组合。后续研究发现素质可以作为建立人力资源系统标准的基础,如招聘和选拔、培训与发展、业绩评估、薪酬设计等。美国有学者于2001年对217个组织对素质模型的使用进行了调查,发现其中90%的组织将素质模型用于绩效管理,88%的企业用于招聘,64%的企业将其用于薪酬方面,还有62%的组织将其用于培训和发展。

这一发展和组织的外部环境的变化相关。这一时期,由于素质模型的产生,无论是战略、愿景,还是体现文化规范的价值观,组织能够把这些在以前属于不同层面的内容分解到各个岗位之中,并且用不同的胜任力将这些内容具象化,由此,基于组织文化和略的人力资源管理模型需要人力资源工作具有文化和战略导向;另一方面,人力资源管理会支持和培育组织文化,并促进组织文化,因此,素质模型的问世在人力资源拓展了人员和岗位匹配的深度,在组织文化、战略的和人力资源管理的素质模型之间建立起大体上的对应关系(见图10-5)①。

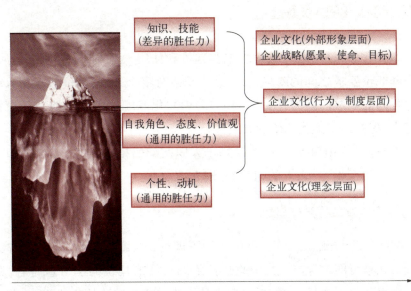

图10-5 素质模型、企业文化和战略关系

---

① 石伟,"基于企业文化和企业战略构建企业的胜任力模型",《中欧商业评论》,2009年。

在图 10-5 中，我们借用在讨论胜任力时常使用的冰山模型，由此可见：（1）知识和技能是显而易见的，和一个组织的战略、文化诉求一致；（2）态度、价值观和个性动机是内隐的，这两个部分和组织文化中的理念层面对应，并表现为可以观测的外显行为；（3）组织文化的构建需要企业的员工普遍具有通用的素质；（4）组织战略总体上需要组织人力资源管理在战略执行和反馈方面与组织战略相一致，即员工要具有不同的素质，使得组织战略得以实施，从而提升整体竞争力；（5）组织文化和战略对员工的胜任力有要求。文化对应于通用素质，而战略对应于不同类型和不同层级员工的差异素质。

在我国学界和业界所熟悉的研究者中，Spencer 的素质模型有着很高的知名度。他发现高效的工作通常是一组具体的素质按照某种特殊方式相组合的产物，通过分析业绩优秀与业绩普通或差的被试，可以建构素质模型而提升整个人力资源的管理水平，素质不再是独立存在的个体，而是一个围绕岗位和组织需求而存在的整体——素质模型。值得一提的是，Spencer 归纳出管理人员的 21 项胜任素质，建立了包括技术人员、销售人员、社区服务人员、经理人员和企业家五大类人员的通用胜任素质模型之外，还发展了一套较为完善的访谈程序和编码方法[①]。

二、基于组织文化的人员甄选

基于组织文化的人员甄选，就是组织在选拔和任用人员时，除了考虑个人知识、技巧及能力和职位要求之间的匹配之外，还要重点考察个人性格、价值观及兴趣爱好与组织文化之间的匹配。因为，选任那些与组织文化匹配的人不仅能获得更佳的员工态度和行为，更有助于强化组织文化。

基于个人—文化匹配的甄选策略是基于人职匹配的招聘与甄选策略（包括理论基础、操作技术、执行流程）之上的，我们分别介绍如下。

（一）基于人职匹配的招聘与甄选策略

人职匹配的招聘与甄选策略主要包括如下理论：匹配或契合的程度越高，则员工的正向行为就越可能产生[②]。工作的必备条件和员工具备的能力愈符合，则会产生愈佳的工作表现及工作满意度；要成功为某一职位找到合适的人才需要，精确地评估个人能力、工作能力素质模型和评估人才与职位是否相符。

因此，在人员甄选开始前，组织中的人力资源管理比较重视工作属性如工作职

---

① 〔美〕斯宾塞著，魏梅金译，《才能评鉴法》，汕头大学出版社，2003 年。
② 郑伯埙、郭建志，"组织价值观与个人工作效能：符合度研究途径"，《海峡两岸之企业文化》，1998 年。

责、功能、任务与行动等。运用工作分析的技术可以得到一个职位的具体信息,进而推论该工作所需的认知技巧,列出要求的素质清单,甚至得到一个素质模型,并以此作为对候选任职者测评的基础①。

而在具体的测评过程中,人职匹配的测评方法特别关注个人的知识(Knowledge)、技能(Skill)、能力(Abilities)等内容②。个人的知识和技能基本上都可以借助学历证书、资格证书等系统来评价,实际甄选时也可以借助笔试加以考察。而在能力方面,上文中已经有详尽的介绍,在测评能力方面则用到管理评价中心、结构化面试、心理测量等方法,不同的测评方法的效标关联效度有差异。

总之,配合基于人职匹配的招聘与甄选系统的测量手段颇为完备,包括人格测验、职业适应性测验、能力测验、简历筛查、情境测验等③。

由于这些测评方法的信度、效度有所不同,加上测量结果对员工实际的个人效能的预测作用有限(如员工绩效与工作满意度)。因此、工作样本、员工背景调查等手段应运而生。

(二) 基于个人—文化匹配的招聘与甄选策略

1."个人—组织匹配"的程序

个人—组织匹配就是个人特征与组织属性两者互动,强调应征者的价值、信仰和个人特质和组织的价值、信仰和规范是否符合。"个人—文化匹配"则重在组织价值观方面,个人价值观和组织价值观的一致性是"个人—文化匹配"的关键。

由此,在测评技术方面,人与组织匹配的研究就成了关键。测量时通常以同一工具,同时测量个人价值观与组织价值观,并探讨两者的匹配度,其主要测量工具是O'Reilly、Chatman 及 Caldwell 等人所发展的组织文化剖面图(OCP, Organizational Culture Profile),以 Q-分类的方式测量。还有的是对个人价值观和组织价值观的吻合进行诊断,并由此发展出价值观管理模式④。

也有学者指出测量个人—组织匹配需要了解的个人特征,主要是价值观和人格⑤,而 Vianen 主张测量应征者的文化偏好⑥。

---

① 萧鸣政,《人力资源管理开发与管理——在公共组织中的应用》,北京大学出版社,2003 年。
② Kristof-Brown, A., Barrick, M. R. & Franke, "Applicant Impression Management: Dispositional Influences and Consequences for Recruiter Perceptions of Fit and Similarity", *Journal of Management*, 2002 (28), pp. 27–46.
③ 王垒,《实用人事测量》,经济科学出版社,1999 年。
④ [加]多伦、[西]加西亚著,董克用、李超平译,《价值观管理》,中国人民大学出版社,2009 年。
⑤ Kristof-Brown, A., Barrick, M. R. & Franke, "Applicant Impression Management: Dispositional Influences and Consequences for Recruiter Perceptions of Fit and Similarity", *Journal of Management*, 2002 (28), pp. 27–46.
⑥ Harinck, F., De Dreu, C. K. W. & Van Vianen, A. E. M., "The Impact of Conflict Issues on Fixed-Pie Perceptions, Problem Solving, and Integrative Outcomes in Negotiation Organizational", *Behavior and Human Decision Processes*, 2000(81), pp. 329–358.

个人价值观的测评,在经验上一般是使用价值观测试方法,但目前尚没有应用特别广泛的测量工具。因此,解读与分析组织文化,进而编制用于测量求职者的价值观之量表就成为一项重要的工作。在实践中,这项工作通常按下列步骤进行:

(1)访谈(半结构式):收集组织价值观的初步资料,转化为可供测量的陈述句,并分别形成描述组织特性与个人特性的价值观类别,得到一系列价值陈述句;

(2)Q-分类:由受访者对各价值陈述句进行重要性的评定分类;

(3)对评定过的价值陈述句进行项目分析,据以删除相关系数偏低的项目;最后以相关系数较高的项目组成价值观量表。

(4)个人—文化匹配程度的测量

典型的方法如Chatman创立的"剖面图比较程序"(Profile Comparison Process),在此他使用Q-分类(Q-sort)的方法建构组织文化价值观剖面图,然后以此和员工得分之间的相关系数来判定匹配程度。

(5)文化适性测验(Culture Fit Test)。这是紧随其后的对个体的价值观测验,用以判断潜在员工的信仰结构是否与公司文化相吻合。

(6)文化适合度面谈。询问求职者如何做决策,提一些问题,以引出他们对本公司所推崇的价值观的评价。这时通常使用结构化面试的方法。

(7)专家系统。最后,综合评定求职者,并判断其是否具有支持组织文化价值观。

然而,现有的测量个人价值观与组织价值观,再评估匹配水平,无论是测验还是面谈,都需要事前对组织的核心价值观有深刻的理解,测验则要根据本组织的情况确定甄选标准。在使用面谈方法时,面试官的经验尤为重要。

2. 个人—文化匹配的实践

基于个人—文化匹配的招聘与甄选系统与基于人职匹配的招聘与甄选系统虽然内容有异,但是运作流程却大致相似。基于个人—文化匹配的招聘与甄选操作流程,也可以分为招聘与甄选准备、实施和评估三个阶段:

(1)招聘与甄选的准备阶段:组织文化分析,明确组织价值观;选择或发展个人价值观(或组织文化偏好)评鉴方法;训练评分员;制订招聘计划(包含招聘的目的、对象、负责人及操作人员、招聘的范围、时间等)。

(2)招聘与甄选的实施阶段:发布招募广告;获取应征者名单及资料;简历筛选;进一步评估应征者(笔试、面试、测验等)作出聘用决策并发出邀请/拒绝信息。

(3)招聘与甄选系统的评估阶段:评估招聘工作的有效性和经济性,有必要时检讨、修正招聘与甄选系统。

具体过程如图10-6所示。

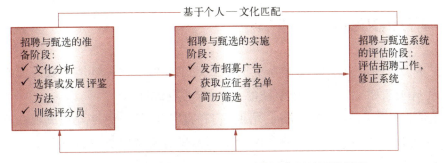

图10-6　基于个人—文化匹配的招聘与甄选系统模型

在实践中，台湾积体电路制造股份有限公司（简称台积电）是通过招募和培训两个环节来塑造企业文化[①]。一方面，在招募人才时，以文化适性测验（Culture Fit Test）分析出符合企业价值观特质的人，包括正直诚信（Integrity）、客户导向（Customer）、创新（Innovation）、全心全力投入工作（Commitment）；并从测验中找到具备3Q人格特质的人，包括：IQ，即专业知识、逻辑思考能力、解决问题能力、学习能力；EQ，对工作的热忱、同理心、对人的敏感度；AQ，毅力、魄力与耐心，遇逆境能够正面思考的能力。另一方面，新人进入公司后，会透过教育训练强化员工这些特质，并使之在行为上符合组织的价值观。

以这一系统在人事甄选上的运用为例，因为组织规范不仅仅受人力资源实践的影响，还受雇员固有的价值观的左右，所以人事甄选的程序会评估两种"匹配"：人职匹配和个人—组织匹配。第一步是人职匹配的考虑，这需要组织先行完成工作分析。系统会以工作分析的结果和求职者的个人素质进行对照。第二步进行的是个人—组织的匹配评估，这需要运用文化—战略评估得出来的结果。系统会测试候选者并判断其是否具有支持组织战略文化的价值观。最后，系统会根据以上两步的结果，作出选择。

可见，基于个人—文化匹配的招聘与甄选系统与基于人职匹配的招聘与甄选系统的不同在于，以"文化分析"来替代"工作分析"，以价值观测量代替能力的测量。

综上，组织文化和人力资源管理之间存在双向的影响。通过招聘与甄选来获得价值观和组织价值观一致的员工的观点来自匹配研究，尤其是个人—组织匹配和个人—文化匹配的研究。个人—文化匹配的概念真正把组织文化研究和人力资源管理连接起来了。人力资源管理通过招聘与甄选以及员工入职后的培训（社会化过程）来获得个人价值观和组织价值观一致的员工，或者影响员工的行为，进而形成组织的行为规范。这是我们以下介绍的内容。

[①] 迟娴儒，"艺企互助，创造双赢局势"，《管理杂志》，2004年第2期。

三、基于组织文化的培训、开发与教育

员工培训指的是通过有效的学习方式,使员工能够在这一环境中获得或学习特定的,与工作要求密切相关的知识、技能、能力和态度的过程。

员工培训和员工开发有所不同,培训强调的是帮助员工更好地完成现在承担的工作,而开发强调的是鉴于以后的工作对员工将提出更高的要求而对员工进行的一种面向未来的人力资本投资。

另外,员工培训与教育之间也有区别。培训的目的是按具体的工作要求需要对员工的行为方式进行塑造,是使员工可能的行为方式类别减少的过程;而教育的目的是对员工可能的行为方式的拓展,使他能够适应多种可能出现的情况,并在其中选择他自己最适合的一种去承担工作。其中,职前教育是使新员工熟悉组织、适应环境和形势的过程。由于员工希望尽快地被组织接纳,结果,这一时期员工比以后的任何时期都更容易接受来自组织环境的各种引导和暗示。在人力资源管理中,培训和教育已经呈现一种融合的趋势。

理解了这几个关键概念后,我们将基于组织文化的人力资源管理在培养人方面的诉求主要体现在三个方面:新员工职前文化培训、员工文化开发和跨文化管理过程中的教育。以下分别介绍。

(一) 新员工职前文化培训

罗宾斯在讨论组织文化的形成时明确指出:"不管组织在人员的甄选和选拔录用方面工作做得多好,新员工都不可能完全适应组织文化的要求。由于新员工对组织文化尚不熟悉,所以他们可能会干扰组织中已有的观念和习惯。因此,组织需要帮助新员工使用组织文化,这种适应过程称为社会化(Socialization)过程。"①

他进而提出了一个包括三个阶段的社会化过程:原有状态、碰撞阶段和调整阶段。

图 10-7 社会化过程

---

① 〔美〕罗宾斯,《组织行为学(第12版)》,孙建敏、李原译,北京:中国人民大学出版社,2008年。

图10-7描述了这一社会化过程。第一阶段包括新成员进入组织之前的所有学习活动。第二阶段中，新成员看到了组织的真实面貌，并可能面对着个人期望与真实现实相脱节的问题。第三阶段中，发生了相对长期而持久的变化。新员工掌握了工作所需的技能，成功完成了自己的新角色，并且调整自己以适应工作群体的价值观和规范。这个三阶段过程会影响到新员工的生产率、对组织目标的承诺，并最终影响到员工在组织中的去留决定。

由于职前教育是员工在组织中发展自己职业生涯的起点。和任何文化适应一样，新员工对新的工作环境可能有不切实际的期望，而职前教育又是新员工进入群体过程的必要路径。考虑到一时期员工比以后的任何时期都更容易接受来自组织环境的各种影响，职前教育的成功就需要领导者和人力资源人员高度重视组织文化的培训，在内容和程序上需要做到以下三点：

（1）职前教育开始时，高层经理人员应该向新员工介绍公司的信念和期望以及员工可以对公司具有的期望和公司对员工的要求。然后，由人力资源部门进行一般性的指导。培训内容一定要满足新职员的文化诉求，他们应当对组织文化有个宏观的认识（它的过去、现在、文化以及未来的愿景），并且了解政策和程序一类的关键事项，例如组织的标准、行为规范、上级的期望、组织的传统与政策，包括进入组织的各种手续、资讯获取的方法、工作时数等都要事先精心准备。

（2）新员工需要被社会化，即需要学习整个公司和管理当局所期望的态度、价值观和行为规范。此时，领导者所作的示范、管理者的正式指示、同事行为举止、新职员自身努力所带来的奖惩、自己的问题所得到的回答和任务的挑战程度等是一个系统而"入模子"的重要阶段。新员工应当清楚在工作和行为方面组织对他们的期望；他们应当开始进入按企业期望的表现方式和做事方式行事的社会化过程。员工在组织的第一年是一个关键的时期，需要人力资源管理者在思想上高度重视。

（3）工作中技术方面的指导和文化引领并举。员工职前教育除了上岗之前必备的知识、技能方面的培训之外，还应该由新进员工的直属上级执行特定性组织文化方面的指导。举行新员工欢迎会、座谈会，新员工应当感到受欢迎和自在，鼓励新员工尽量提问，进一步使员工了解关于组织工作和文化方面的各种信息，是文化导向的要求之一。

（二）员工培训

对于组织中的已经入职的员工、管理者和领导者，员工开发中员工培训、开发和教育的基本程序都是评估组织开展员工培训的需要；确定组织绩效方面的偏差是否可以通过员工培训来弥补；设定员工培训的目标；设计培训项目；培训的实施和评价。

组织文化培训作为员工培训的重要内容,体现在每个步骤中。尤其是,对于组织文化中无形的部分,管理者应该坚持不懈,将文化贯穿于每个环节。

在这些环节中,培训效果评估是培训管理的核心,组织文化培训是否有效,能否在组织营建文化的过程中发挥作用,培训迁移这一概念开始为人所瞩目。

从学习理论来看,个体的目标取向、自我效能、学习动机、培训的设计,针对性的培训方式均是在组织中实施有效培训的必要条件,而培训是否对组织有明显有效的影响,组织环境将会对培训在组织中开花结果至关重要。员工在培训中学到了新的知识、技能、态度、思维观念等,他们可能有强烈的愿望将所学内容应用于自己的工作中,但其所处的工作环境直接影响他们是否应用及应用程度。

Baldwin & Ford 研究发现主管的支持和组织气氛将是培训迁移的关键[1]。主管的支持包括积极强化、榜样行为和目标设定活动。作为组织的成员,员工非常关注组织中突出的、明显的特点,比如政策、奖励体系、管理者的行为等均会影响员工的价值观、信念、需要等个人特征。1993 年 Rouiller & Goldstein 以一个大型的快餐食品连锁企业为对象进行了实证性的研究,探索组织气氛与培训迁移的关系,发现组织气氛既可帮助员工将所学内容应用与工作中,即促进培训迁移,又可能会抑制迁移的发生[2]。他们将对培训迁移有影响的组织气氛定义为培训迁移气氛,并将其分类为 8 个维度。

1. 情境线索(Situational Cues)

情境线索具体包括:(1)目标线索(Goal Cues):帮助提醒学员在工作中应用其所学内容;(2)社会线索(Social Cues):主管、同事之间的互动关系,如行为的影响等;(3)任务和结构线索(Task and Structure Cues):工作设计和工作本身的特点;(4)自我调整控制线索(Self-control Cues)。

2. 结果线索(Consequences)

结果线索包括:(1)正反馈(Positive Feedback);(2)负反馈(Negative Feedback);(3)零反馈(No Feedback);(4)惩罚(Punishment)。

以上 8 个因素均能促进或抑制培训的迁移,比如,社会线索是指学员的主管、同事等之间的互动关系,这种互动越积极,学员在工作中越能表现培训行为和技能。

在此研究基础上,1995 年,Tracy 通过对 159 名商店经理的培训,应用前测—后测法进一步考察了培训迁移气氛(Goldstein 的 8 个维度)对学员培训后行为改善的

---

[1] Baldwin T. T. and Ford J. K. ," Transfer of Training: A Review and Directions for Future Research", *Personnel Psychology*, 1988(44), pp. 63 – 105.

[2] Rouiller, J. Z. and Goldstein, I. L. , "The Relationship between Organizational Transfer Climate and Positive Transfer of Training", *Human Resources Development Quarterly*, 1993(4), pp. 377 – 390.

影响①。结果支持了 Rouiller & Goldstein 的研究结论,即培训的迁移气氛对学员培训后回到工作环境中行为改进有直接影响。同时,Tracy 在研究过程中增加了一个新的组织环境维度——持续学习的组织文化。Tracy 总结了不同学者对持续性学习的组织文化的描述,概括特点如下:

(1) 员工的工作富有挑战性,有利于个人的成长和发展。获取新知识、新技能是组织中每个人工作中必要的职责。

(2) 组织从制度上鼓励获得新知识和新技能。

(3) 组织有正式的体系和制度,对员工的成就给予积极强化,并为个人提供发展机会。

(4) 组织强调创新和竞争。拥有持续性学习文化的组织,员工将有共同的感受和期望学习是每个人每天工作生活重要的一部分。Tracy 通过实证性研究发现,持续性的学习文化与培训后学员的行为体现有正相关关系。

Tracy & Timothy 等人在 2001 年进行了关于个人因素和环境因素对培训结果的影响的研究。他们应用了三个维度(管理者的支持、工作的支持和组织的支持)来评价学员对组织环境的感知,发现组织环境因素与学员培训前的自我效能和学习动机有显著相关②。该结果进一步证明了组织环境因素对培训的影响的宽泛性,如通过对学员训前准备状态的影响从而影响结果。

组织环境中的另外一个因素——应用培训所学内容的机会对培训迁移有影响。Ford 发现除了主管的态度,同事的支持影响学员应用培训所学内容的机会,学员工作节奏的紧张程度(Pace of Work)也会直接影响应用机会,因为紧张的工作步调,使有经验的员工或主管没有时间来帮助学员应用培训内容从事更复杂、难度大的任务③。

组织文化即组织所倡导的理念、价值观、行为方式与培训的内容的相似性对培训内容在组织中的迁移有一定影响员工接受的培训内容与组织文化相似性大,他/她将更容易将所学的内容应用于工作环境中,同时培训内容和组织环境是相互作用、相互促进的。有关文化的知识和技巧可以增加对新社会环境的心理适应。知识和技能一方面依赖于以前的经验,很多研究发现以前有国外生活经验的留学生在以后的跨文化生活中适应得比较好。

---

① Tracy, T. S., "Stereochemistry in Pharmacotherapy: When Mirror Images are not Identical", *Annals of Pharmacotherapy*, 1995(29), pp. 161–165.

② Tracy, T. S., Rybeck, B. F., James, D. G., Knopp, J. B., Gannett, P. M., "Stability of Benzodiazepines in Formaldehyde Solutions", *J. Anal Toxicol*, 2001(25), pp. 166–173.

③ Ford, J. K., Quinones, M. A., Sego, D. J. & Sorra, J. S., "Factors Affecting Theopportunity to Perform Trained Tasks on the Job", *Personnel Psychology*, 1992(43), pp. 511–527.

(三) 跨文化培训的内容

在本书的第九章,我们介绍了由于组织文化的国际化发展背景下的跨文化的理论与实践。在此我们介绍国外学者对跨文化培训内容的研究,以补充组织文化导向的人力资源管理中跨文化管理实践的几点重要特色。纵观国外学者30多年来在人类学和组织行为学领域的研究,跨文化培训的内容主要包括跨文化认知、情感和行为三个维度。

1. 跨文化认知培训

跨文化认知培训是指通过学习东道国社会、历史、制度、文化和习俗等方面的知识,来培养和提高外派人员的跨文化认知能力。跨文化认知培训的内容主要应包括文化差异学习、东道国文化培训、东道国价值观介绍、母国文化认知和东道国语言学习等方面。

2. 跨文化情感培训

跨文化情感培训是帮助外派人员在异文化工作环境下控制、调节并保持稳定情绪的培训。相关培训内容包括应对变化、压力管理和自我反省。

3. 跨文化行为培训

跨文化行为培训是指通过受训者的亲身体验,来提高他们在异文化环境下应对跨文化冲突能力的培训。体验式跨文化的培训能够帮助受训者将对东道国文化的认知应用到模拟的或实际的工作场所中。也就是说,跨文化行为培训是外派人员将跨文化认知整合到个人行为中的过程,属于经验学习理论的主动实践阶段。跨文化行为培训的内容主要包括实地体验(或模拟实地体验)和人际交往技能培训。

随着跨国企业的发展和外派任务的变化,跨文化培训的内容应根据具体外派需要的变化而不断调整。众多国外学者证实,较之选择任何单一的跨文化培训内容,将三种跨文化培训内容结合起来能够显著提高跨文化培训效果。

四、基于组织文化的员工绩效与薪酬管理

绩效管理指将目标设定、绩效评估与开发整合成一体的、独立的通用的体系,其目的是确保绩效完全符合组织的战略性目标。绩效管理是管理者设定员工的工作目标与内容,提升员工工作能力以及评价和激励员工工作成果的过程。

显然,从这个定义中可以看到绩效管理过程包括目标设定、人员甄选与任用、绩效评价、薪酬、培训与开发以及员工职业生涯管理——也就是说,这个领域包含对员工的绩效产生影响的人力资源管理流程中的所有各个模块。然而,很少有像绩效管理和薪酬管理这两个领域更能体现人力资源管理本质的了,由于这两个领域常常被

视为人员激励的范畴,因此在以下部分我们将其连同在一起讨论。

(一) 组织文化与绩效管理

效绩评估是绩效管理内容中的一个部分,它是指一种衡量、评价、影响员工工作表现的正式系统,以此来揭示员工工作的有效性及其未来工作的潜能,从而使员工和组织双方受益。成功的企业的绩效评估系统都会体现出特定的组织文化,或者说,有什么样的组织文化,也就有什么样的绩效评估系统。

不同的组织文化对绩效评估的标准和重点是不同的。例如,对于注重"团队精神"的组织,绩效评估会突出对"合作"、"奉献"及"对团队的影响"等体现团队精神和团队业绩的相关要求的考核,并且增大这些分指标的权重。而对于强调创新与竞争的组织,在绩效评估体系中就会突出对个人业绩与个人能力的评价。

有学者注意到作为组织文化核心的组织价值观对力资源中的绩效管理的影响,图10-8是不同组织文化氛围对考核方法选择与引入的影响①。

图10-8 组织文化类型与考核模式

在图10-8中,包含这四种组织文化的情形和考核制度的特点。

1. 漠不关心的组织文化

(1) 既不关心员工个人,又不关心他们的工作绩效。

(2) 一般不会进行绩效考核。即使进行绩效考核,也不过是表面的,以取悦股东为主要目的。

(3) 如果没有其他文化相配合,推行考核制度是不现实的。

2. 严厉的组织文化

(1) 无视员工的个人与家庭状况,向员工提出过高的绩效要求。

(2) 在目标管理的基础上实施强硬的绩效管理和评估制度。

(3) 强调员工,(尤其是经理人)要像自己承诺的那样干出成绩。

(4) 不仅不顾评估初始阶段拟订的目标和标准已经变得越来越难以实现,还将进一步强调那些不实际的工作目标。

(5) 使人们,尤其是被评估的人对目标的制定和修订感到紧张和担忧。

---

① 付亚和,《绩效管理》,复旦大学出版社,2004年。

3. 富有爱心的组织文化

（1）通过明确的机制或制度高度体现对员工的关怀。

（2）具有充分的理由施行评估，因为这项制度与其说是评估，倒不如说是讨论员工进一步发展的。

（3）不会对员工提出过高的绩效标准。

（4）会给人以家长式的感觉。

（5）会注意不让员工超负荷工作。如果员工愿意，则另当别论，但不会代表顾客，要求员工实现过高的工作绩效。

4. 整体性的人力资源文化

（1）非常重视员工及其他们的绩效。是一种非家长制的关心，而是对员工个人学习、成长及其价值实现的由衷尊重。

（2）非常重视组织针对市场和竞争环境而实施绩效管理。

（3）绩效管理和评估制度对绩效目标、工作任务和学习都很重要，如通过实施培训发展计划。

（4）把员工和他们的绩效溶入日常管理之中。

（二）不同组织文化中绩效管理的侧重点

不同的组织管理文化特征，对考核方法的选择与实施的影响也是明显存在的。显然，组织的分工特征、技术特征、人员特征不同、管理文化不同，对绩效制度影响是不一样的。因此，在选择考核方法的时候，需要认真考虑组织文化的特征，选择合适的，并有所侧重的考核制度。

早在第八章的文化整合内容中，我们介绍了这四种文化类型。由于在表10-1中还有一些组织文化对应组织特征、薪酬设计要点，以下我们再介绍组织文化导向的薪酬设计。

表10-1 文化导向的绩效管理与薪酬设计的主要内容

	外部价值观	组织特征	绩效管理要点	薪酬设计要点
职能型文化	1. 企业的产出是市场所需要的 2. 企业利用现有的成熟技术服务于现有市场 3. 企业重视稳定性和可靠性	1. 员工的专业化分工很细 2. 职位等级分明 3. 决策与执行分离 4. 只有少数高层管理者的工作对企业绩效有直接影响	1. 职能型的支持：如财会、制造、采购等专业方面的人才 2. 逻辑推理/分析思考能力 3. 员工明确工作任务的绩效 4. 带动其他绩效的能力 5. 培养条理性 6. 在职能范围内加强其他能力	1. 以个人为考评衡量单位 2. 薪酬与所在的职位直接挂钩 3. 通过职位评价确定薪酬等级 4. 工龄和司龄也是薪酬等级的决定因素 5. 只要干好本职工作就能获得报酬，浮动工资比例小

（续表）

	外部价值观	组织特征	绩效管理要点	薪酬设计要点
流程型文化	1. 顾客对产品的满意度是企业成败的关键 2. 企业以高质量的产品/服务来满足现有市场 3. 企业重视质量和顾客满意	1. 由工作团队来执行相对独立的工作流程 2. 工作团队直接对顾客负责，重视顾客反馈 3. 员工对这个团队的成果负有责任，有能力从事团队中的多项工作 4. 团队对产品和服务策略有决策权	1. 相关的特殊能力 2. 个人与其他团队成员的合作情况 3. 技能 4. 技巧 5. 工作成果 6. 不墨守成规，在职权范围内灵活应变，为制度的改善努力	1. 薪酬与团队对企业的贡献挂钩 2. 个人的薪酬还与技能相联系 3. 收益分享制度 4. 浮动工资比例较大 5. 以团队为绩效衡量单位，顾客满意度是衡量团队绩效的主要指标 6. 薪酬总体水平位于市场平均水平之上
时间型文化	1. 市场需求可以创造 2. 企业成功的关键是领先开发新产品、迅速占领新市场 3. 企业重视时间和最终成果	1. 项目团队运作模式员工在不同时期可能处于不同的项目团队中 2. 团队对产品/服务的整个开发和运营负责并拥有决策权 3. 员工掌握多种能力，能灵活适应工作需要	1. 为达成目标所付出的努力 2. 对其他人的影响 3. 主动性 4. 创造力/理解思考的能力 5. 旺盛的学习热情 6. 极强的适应性	1. 薪酬奖励与团队的最终成果直接挂钩 2. 员工技能的增长可以在薪酬等级中体现 3. 宽带薪酬体系 4. 以团队考评衡量单位薪酬总体水平较高
网络型文化	1. 企业成功的关键在于抓住机会 2. 所需资源可以从外部环境中获得	1. 项目采取联合团队形式运作，成员根据项目需要临时有多方合作组成 2. 团队成员在参加项目之前已具备足够的知识和能力 3. 企业追求的是投资的回报	1. 开辟新思路，尝试新方法的能力 2. 树立自信心 3. 团队合作能力 4. 建立良好关系 5. 提高服务能力 6. 技能不断完善的程度	1. 主要团队成员的薪酬经谈判确定 2. 奖励与项目的最终成果挂钩 3. 薪酬数额必须具备足够的吸引力 4. 薪酬的制度化程度较弱

（三）组织文化与薪酬制度[①]

组织文化也决定了组织薪酬设计的思路、方法。特别是薪酬设计过程中，人力资源管理者都需要考虑与组织文化有关的变量。根据组织外部价值观的不同，大致可以把文化划分为四种，即职能型文化、流程型文化、时间型文化和网络型文化。在不同的文化中对于成功关键因素的认识不同，薪酬是直接反映组织的价值取向的，特别是企业。文化决定了薪酬必将是向对企业成功最为关键的因素倾斜，因而不同文化体系中薪酬具有不同的特征。表10-1与四种组织文化类型对应的薪酬设计要点也见诸于中。

要解释的是，和价值观的定义相近似，组织的外部价值观是解决组织与外部环境

---

① 马跃，《企业文化与薪酬设计》，中国人民大学商学院硕士论文，2001年。在本书第一版编写引用论文中的内容时，已经获得作者本人同意。

的关系时所形成的价值观。外部价值观包含着组织成员对外部环境的判断和对应该如何处理组织与外部环境的关系的共识。这里的组织文化的环境可以指组织所在行业的客观状况，可以指和组织文化有关联的认定市场，甚至包括指组织战略本身。

在马跃的论文中，组织的外部价值观决定了组织文化是否与组织环境相适应。但是，由于薪酬制度还体现着组织中人与人之间、人与组织之间关系的基本假设，这些内部价值观如平等与不平等、确定与不确定、合作与竞争等内部价值观以及对应的薪酬设计都得到考虑，她指出：只有当组织文化适应于组织的内部和外部的环境，这种文化才是有效的文化。而且，随着组织的经历和面临的环境的不同，组织文化也处在不断的演变中。

通过对外部价值观和内部价值观两方面对薪酬的影响的分析可以得出：组织文化对薪酬制度具有内在的规定性，组织文化中的特性对应着薪酬制度中各元素的特征，薪酬制度的设计必须与文化价值观相匹配，才能真正地为组织所接受。但是，薪酬制度也不是单纯地处在被动适应的地位，薪酬制度所体现的组织所提倡的价值观，担负着支撑主流文化的任务。薪酬制度的改革，本质上是改造组织不适应内外环境的文化和利益格局，因此，考虑文化因素也是薪酬设计过程中的应有之义。

综上，我们可以发挥组织文化导向的人力资源管理理论的指导作用，营建以组织文化为导向的人力资源管理体系。在人力资源管理的几个主要领域，基于人与组织文化匹配思想的素质模型建构、招聘与甄选策略基本上是现代人力资源管理的特征之一。而在上岗引导、培训与开发领域，我们则需做好价值观的灌输与培养工作。在绩效管理阶段，我们需将组织价值观念的具体内容，作为多元考核指标的一部分。其中，对组织价值观的解释要通过各种行为规范来进行，通过鼓励或反对某种行为，达到使员工内化组织价值观的目的。而在薪酬管理过程中，我们要激励员工参与管理与决策，加强沟通。由此我们便可在人力资源管理各个领域，形成组织目标与员工个体目标的相一致，共同促进组织文化建设，进而增强组织实力。

【复习思考题】

1. 什么是人力资源管理？
2. 人职匹配的基本理论有哪些？
3. 人与组织匹配的理论有哪些？
4. 人与组织文化匹配的理论有哪些？
5. 人与组织匹配和人与组织文化匹配有什么区别和联系？
6. 跨文化培训包括哪些内容？
7. 谈谈你对文化导向的人力资源管理体系的认识。

【应用案例】

文化与人——首华建设公司基于文化的人力资源管理体系①

一、背景

在本章篇首案例中我们介绍了首都最大的房管企业,北京房管一有限公司的企业文化,从 2005 年 9 月 8 日起,该公司正式更名为"北京首华建设经营有限公司"(简称"首华公司"或首华建设。)更名的原因在于公司的经营模式已由单一的房管修缮向建安施工、装饰装修、物业管理、房地产开发、宾馆餐饮、国外工程、工业加工制作等多领域业务拓展,经营结构、经营机制已由国有独资向产权多元化转变。

配合企业更名,公司于 2005 年 9 月 5 日举行了隆重的《企业文化手册》首发仪式。新的《企业文化手册》中包含了《企业文化纲领》、《员工日常行为规范》等内容。在原有的《企业文化手册》的基础上,重新梳理了公司员工共同遵守的核心理念、行为准则和行为规范,明确了"德以立业,诚以兴企,勤以务实,严以求精"的企业精神。

公司继续秉承为广大机关客户真诚、热情、周到服务的优良传统和作风,以发展的眼光完善企业管理,以诚信的经营树立企业形象,以全员的努力铸造企业品牌,以一流的业绩创造企业辉煌,努力成为国内同行业最受信赖的优秀企业。

在这种情况下,首华建设确立了建构文化导向的人力资源管理体系,经过多方讨论和研究,决定将人力资源体系决定邀请咨询师,一起解决人力资源中的整合问题,以盘活公司人力资源,使改革走向深入。

二、组织文化导向的人力资源体系构建

咨询师与首华建设的领导进行了多次研讨。在对首华建设文化建设方面成功的原因、现存的问题和未来的变革方向进行分析之后,依据首华建设未来发展的战略目标和各职能部门的定位,设计公司组织结构,形成《首华公司组织结构设计报告》,并拟定各《部门职责说明书》。

为了克服人力资源管理功能上各自分割的缺陷,咨询师为公司设计了整体性的人力资源管理制度,共涉及以下五个领域。

---

① 本案例,包括篇首案例根据作者 2003 年、2006 年在首华建设公司(2003 年还称之为房管一公司)的咨询经历编写而成。

（1）采用现代工作分析的方式，抽取出 50 个有代表性的标杆职位，为首华建设提供了内容翔实、基于工作分析之上的 50 份《标杆职位说明书》，并建立起素质模型。

（2）咨询师参与了公司管理人员的竞争上岗活动，在担任评委的同时，为公司提供了《首华建设人员招募与配置制度》。

（3）在此之前，首华建设非常注重人员培训与开发，但是存在很大的随意性。在 2005 年的企业文化再梳理的过程中，公司注意到培训和开发的重要。在咨询师的帮助下，公司建立起完备的，包括培训需求调查、设计培训科目，实施培训和培训效果评估的制度规定。公司首次明确将企业文化的内容纳入了培训与开发的内容。

（4）按照"量身制作、量体裁衣"的原则，咨询师针对每一个职位的特点，设计出适合这一职位本身的考核表。在完善考核表的基础上，制定出一份较为完善的考核制度，确保每一职位均有明确的 KPI，并且将绩效管理与公司发展战略、企业文化之间建立其联系。新的《绩效考核制度》充分发挥了激励作用。

（5）为确保薪酬体系的内部和外部公平，咨询师设计了职位评价方案，并对标杆职位进行评价进而设计了适合首华建设新的《薪酬制度》。根据公司的实际，加上绩效与薪酬相挂钩的要求，工资制度适当拉开了差距，体现了按劳分配的原则。

本课题已经于 2006 年 9 月 1 日前完成全部方案，并从 2007 年年底开始了实施和调整。公司在这一阶段推动了其他领域的改进措施，咨询取得良好效果，也为其他公司的人力资源管理的改革提供可资借鉴的范例。①

【案例讨论与练习题】

1. 如何将首华建设的文化和人力资源管理结合起来？咨询师的做法适合这样的国有企业吗？

2. 结合书中的内容和首华建设的企业文化、人力资源管理实践，谈谈你对文化与管理的看法。

---

① 本案例中的薪酬设计部分还出现在本书作者的另一部书《薪酬设计》中，该书已经由中国对外经济贸易大学出版社于 2009 年出版。有兴趣的读者亦可参见该书中所详细介绍的此案例。

主要参考文献

【中文参考文献】

[1] 〔美〕卢克·拉斯特. 人类学的邀请. 王媛、徐默译. 北京：北京大学出版社，2008

[2] 〔美〕约翰·霍尔、玛丽·乔·尼兹. 文化：社会学的视野. 周晓虹、徐彬译. 北京：商务印书馆，2004

[3] 〔美〕大卫·麦斯特. 企业文化获利报告. 江丽美译. 台北：经济新潮社，2003

[4] 〔美〕戴维·波普诺. 社会学. 修订10版. 李强译. 北京：中国人民大学出版社，1999

[5] 〔美〕珞斯特. 人力资源管理. 孙健敏译. 北京：中国人民大学出版社，1999

[6] 〔美〕加里·德斯勒. 人力资源管理. 刘忻译. 北京：中国人民大学出版社，1999

[7] 〔美〕杰克林·谢瑞顿. 组织文化：排除企业成功的潜在障碍. 汪熙、李慈雄译. 上海：上海人民出版社，1998

[8] 〔美〕哈罗尔德·孔茨、海因茨·韦里克. 管理学. 马光春译. 北京：经济科学出版社，1998

[9] 〔美〕约翰·科特. 变革的力量. 方云军、张小强译. 北京：华夏出版社，1997

[10]〔美〕约翰·科特、詹姆斯·赫斯克特.组织文化与经营业绩.曾申、李晓涛译.北京：华夏出版社,1997

[11]〔美〕斯蒂芬·罗宾斯.组织行为学.孙建敏、李源译.北京：中国人民大学出版社,1997

[12]〔美〕斯蒂芬·罗宾斯.管理学.黄卫伟译.北京：中国人民大学出版社,1996

[13]〔美〕阿伦·肯尼迪、特伦斯·迪尔.西方组织文化.罗德荣译.北京：中国对外翻译出版公司,1989

[14]〔美〕艾德加·沙因.组织文化与领导.朱明伟、罗丽萍译.北京：中国友谊出版公司,1989

[15]〔美〕E·哈奇.人与文化的理论.黄应贵、郑美能译.哈尔滨：黑龙江教育出版社,1988

[16]〔英〕凯·米尔顿.环境决定论与文化理论.袁同凯、周建新译.北京：民族出版社,2007

[17]〔英〕罗伯特·莱顿.他者的眼光.罗攀、苏敏译.北京：华夏出版社,2005

[18]〔英〕拉德克里夫·布朗.社会人类学方法.夏建中译.北京：华夏出版社,2002

[19]〔英〕帕特·乔恩特、马尔科姆·华纳.跨文化管理.陆长怀、孙红英、杨洁译,大连：东北财经大学出版社,1999

[20]〔德〕恩斯特·图根德哈特.自我中心性与神秘主义——一项人类学研究.郑辟瑞译.上海：上海译文出版社,2007

[21]〔德〕沃尔夫冈·伊瑟尔.虚构与想象——文化人类学疆界.陈定价、汪正龙译.长春：吉林人民出版社,2003

[22]〔法〕帕特里西亚·派尔—舍勒.跨文化管理.姚燕译.北京：中国社会科学出版社,1998

[23]〔法〕马塞尔·毛斯.社会学与人类学.于碧平译.上海：上海译文出版社,2003

[24]〔荷〕霍夫斯泰德.跨越文化的障碍——多元文化与管理.陈龙、王邓译.北京：科学出版社,1996

[25]〔日〕石田英一郎、泉靖一、曾野寿彦、寺田和夫.人类学.金少萍译.北京：民族出版社,2008

[26]陈炳富、李非.论组织文化.管理研究,1999(6)

[27]陈庆德.资源配置与制度变迁——人类学视野中的多民族经济共生形态.修订2版.昆明：云南大学出版社,2007

[28]陈伟荣.实施CIS推动名牌战略.康佳通讯,2009(156)

[29]范徵.合资经营与跨文化管理.上海：上海外语教育出版社,1993

[30]范周.组织文化导论.北京：世界知识出版社,1991

[31] 管益忻. 组织文化——企业管理新模式. 北京：气象出版社，1990
[32] 和少英. 田野的硕果. 昆明：云南大学出版社，2006
[33] 胡军. 跨文化管理. 广州：暨南大学出版社，1996
[34] 黄淑娉、龚佩华. 文化人类学理论方法研究. 广州：广东高等教育出版社，2004
[35] 黄英忠. 人力资源管理. 台北：三民书局，1996
[36] 黄英忠. 现代管理学. 修订3版. 台北：华泰书局，1996
[37] 康荣平. 中国企业的跨国经营——案例研究. 北京：经济科学出版社，1996
[38] 郎立军. 韩国三星文化的理念. 中外管理，1998(11)：53—55
[39] 李庆善. 企业动力之源——组织文化. 北京：科学技术文献出版社，1991
[40] 李晓风、余双好. 质性研究方法. 武汉：武汉大学出版社，2006
[41] 林慧祥. 文化人类学. 修订2版. 北京：商务印书馆，1991
[42] 林耀华. 金翼——中国家族制度社会学研究. 修订2版. 上海：三联书店出版社，2008
[43] 刘洪儒. 海尔集团的激励机制与组织文化. 中外管理，1998(2)：10—11
[44] 伦科. 跨文化的差异：个体层次与文化层次的分析. 国外社会学，1992年(4)：47—53
[45] 罗长海. 组织文化学. 北京：中国人民大学出版社，1991
[46] 马广海. 文化人类学. 济南：山东大学出版社，2003
[47] 马仲良. 论加强经济文化理论研究的现实意义. 社会科学辑刊，1995(6)：26—31
[48] 潘肖钰. 组织文化教程. 上海：同济大学出版社，1990
[49] 庞景君. 社会关系·文化·群体. 天津社会科学，1997(4)：20—25
[50] 饶远、陈斌. 体育人类学. 昆明：云南大学出版社，2005
[51] 任克雷. 锦绣华侨城. 1998. 未公开发行
[52] 沙莲香. 中国民族性(二). 北京：中国人民大学出版社，1990
[53] 沙莲香. 现代社会学. 北京：中国人民大学出版社，1994
[54] 沙莲香. 中国人素质研究. 郑州：河南人民出版社，2001
[55] 石伟. 管理学概论. 北京：中国劳动出版社 1998
[56] 石伟. 企业的业务流程再造. 当代经理人，2000(11)
[57] 司马云杰. 文化社会学. 济南：山东人民出版社，1986
[58] 深圳华侨城集团. 华侨城宪章研讨会论文集. 2000. 未公开发行
[59] 苏伟光、杨宏海. 市场经济与特区文化. 深圳：海天出版社，1995
[60] 苏永. 中国组织文化的系统研究. 上海：复旦大学出版社，1996
[61] 谭伟东. 公司文化. 北京：经济日报出版社，1997
[62] 田兆元. 文化人类学教程. 上海：华东师范大学出版社，2006

［63］童恩正. 童恩正学术文集. 重庆：重庆出版社,2004
［64］魏章临. 社会学与美国社会. 沈阳：辽宁人民出版社,1986
［65］王铭铭. 西方人类学思潮十讲. 南宁：广西师范大学出版社,2005
［66］王卫国. 民族文化素质与现代化. 北京：华夏出版社,1995
［67］谢剑. 应用人类学. 台北：桂冠图书出版公司,1988
［68］夏建中. 文化人类学理论学派. 北京：中国人民大学出版社,1997
［69］熊汉富. 论组织文化的产生与变革. 人力资源开发与管理,2002(1)
［70］扬沛霆. 中兴通讯的组织文化建设. 中外管理,1999(6)：15—19
［71］杨国枢. 本土心理学方法论. 台北：桂冠图书公司,1998
［72］叶舒宪、彭兆荣、那日碧力戈. 人类学关键词. 南宁：广州师范大学出版社,2006
［73］殷海光. 中国文化的展望. 北京：中国和平出版社,1988
［74］虞祖尧、沈恒泽、孙志伟. 管理思想探源. 北京：新华出版社,1990
［75］张猛、顾昕、张继忠. 人的创世纪——文化人类学的源流. 成都：四川人民出版社,1987
［76］赵曙明. 国际企业：人力资源管理. 南京：南京大学出版社,1998
［77］赵曙明. 中日美欧企业文化比较及跨文化管理. 管理世界,1993(6)
［78］翟学伟. 中国人社会行动的结构——个人主义和集体主义的终结. 南京大学学报,1998(1)
［79］张今声、张悦. 儒家文化与现代科学管理. 社会科学辑刊,1996(4)：63—67
［80］张为国. 应变的组织文化. 中外管理,1999(6)：29—31
［81］庄孔韶. 人类学通论. 太原：山西教育出版社,2004
［82］庄孔韶. 人类学经典导读. 北京：中国人民大学出版社,2008

〔英文参考文献〕

[1] Annelies, E. M. Van Vianen. Person-Organization Fit: The Match between Newcomer's and Recruiter's Preferences for Organizational Cultures, *Personnel Psychology*, 2000: 53

[2] Baldwin T. T. and Ford J. K. Transfer. Training: A Review and Directions for Future Research, *Personnel Psychology*, 1988(44): 63 - 105

[3] Brightman, Harvey J. Sayeed, Lutfus. The Pervasiveness of Senior Management's View. *Group & Organization Management*, 1990(3): 266

[4] Brief, A. P., Motowidlo, S. J. Prosocial Organizational Behaviors. *Academy of Management Review*, 1986(11): 710 - 725

[5] Britewaite, V. A. & Law, H. G. Goal and Mode Values Inventories, In Robinson, J. P., Shaver, P. R. & Wrightsman, L. S. (eds.) *Measures of Personality and Social Psychological Attitudes*, San Diego, CA: Academic Press, Inc, 1990

[6] Bruce. Meglino. Elizabeth C Ravlin. Individual Values in Organizations: Concepts, Controversies, and Research. *Journal of Management*, Greenwich, 1998

[7] Buhler. Patricia Marlene. Dissertation abstracts. *Journal of International Business Studies*, 1997 (4): 894

[8] Bretz. R. D. Jr. Rynes. S. L. & B. Gerhart. Recruiter Perceptions of Applicant Fit: Implications for Individual Career Preparation and Job Search Behavior. *Journal of Vocational Behavior*, 1993 (43): 310−327

[9] Chapman, Malcolm. Social Anthropology, Business Studies, and Cultural. (Cover Story). *International Studies of Management & Organization*, 1996/1997(4): 3

[10] Denison, Daniel R. *Corporate Culture and Organizational Effectiveness*. New York: Wiley, 1990

[11] Deal T. E. & Kennedy, A. *Corporate Cultures: The Rites and Rituals of Corporate Life*, Harmondsworth, Penguin Books, 1982

[12] Edwards, J. R. Person-job Fit: A Conceptual Integration, Literature Review, and Methodological Critique. In: Cooper, C. L. and Roberson, I. T. (Eds.), *International Review of Industrial and Organizational Psychology*, 1991 (6): 283−357

[13] Ford, J. K., Quinones, M. A., Sego, D. J. & Sorra, J. S. Factors Affecting the Opportunity to Perform Trained Tasks on the Job. *Personnel Psychology*, 1992(43): 511−552

[14] Hackman J. R. & Lawler E. E. Employee Reactions to Job Characteristics. *Journal of Applied Psychology Monograph*. 1971(3): 260

[15] Hodgetts, Richard. A conversation with Geert Hofstede. *Organizational Dynamics*, 1993(4): 53

[16] Hofstede, Geert. H. *Culture and Organization*, McGRAW-HILL Book Company Europe, 1991

[17] Hofstede, Geert H. *Culture's Consequence*, Sage Publictions, London, 1980

[18] Kristof, Amy L. Person-Organization Fit: an Integrative Review of Its Conceptualizations, Measurement and Implications. *Personnel Psychology*, 1996 (49): 5

[19] Liu, Y., Davis, D. D. *The Effects of Cultural Values on Human Resource*

Management Practices. Paper Presented at Annual Meeting of Virginia Academy of Sciences, Norfolk, Virginia, 1999

[20] Moran, E. Thomas., Volkwein, J Fredericks. *The Cultural Approach to the Formation of Organizational Climate*, *Human Relations*, New York, 1992

[21] Ouchi, W. *Theory Z: How American Business Can Meet the Japanese Challenge*. Massachusetts: Addison-Wesley Publishing Company, 1981

[22] Sherridon, Jacalyn., Stern, James. L. *Corporate Culture/Team Culture*. AMACOM International, 1998

[23] Siegel, Matt. The Perils of Culture Conflict. *Fortune*, 1998(9): 257

[24] Trampenaars, Fons. *Riding the Waves of Culture*. Nicholas Brealey Publishing Ltd, 1993

[25] Wang, Zhong-Ming., Satow, Takao. Cultural and Organizational Factors in Human Resource Management in China and Japan A Cross-cultural Socio-economic Perspective. *Journal of Managerial Psychology*, 1999(4): 3–11

[26] Waterman, R. *In Search of Excellence: Lessons from America's Best Run Companies*, Harper & Row, 1982

图书在版编目(CIP)数据

组织文化/石伟主编. —2版. —上海:复旦大学出版社,2010.9(2025.3重印)
(复旦博学·21世纪人力资源管理丛书)
ISBN 978-7-309-07582-3

Ⅰ.组… Ⅱ.石… Ⅲ.企业文化 Ⅳ.F270

中国版本图书馆 CIP 数据核字(2010)第 175506 号

组织文化(第二版)
石　伟　主编
责任编辑/苏荣刚　宋朝阳

复旦大学出版社有限公司出版发行
上海市国权路 579 号　邮编:200433
网址:fupnet@fudanpress.com　　http://www.fudanpress.com
门市零售:86-21-65102580　　团体订购:86-21-65104505
出版部电话:86-21-65642845
上海华业装潢印刷厂有限公司

开本 787 毫米×1092 毫米　1/16　印张 23.25　字数 433 千字
2025 年 3 月第 2 版第 5 次印刷
印数 11 801—13 400

ISBN 978-7-309-07582-3/F·1633
定价:49.00 元

如有印装质量问题,请向复旦大学出版社有限公司发行部调换。
版权所有　侵权必究

复旦大学出版社真诚地感谢您使用"复旦博学·21世纪人力资源管理"系列丛书之一的《**组织文化(第二版)**》。我们会向从事此门课程教学工作的教师免费赠送多媒体课件,该课件有许多教学案例以及教学PPT。

欢迎您填写下面的表格来索取多媒体课件。或者登陆 www.fudanpress.com 填写网上调查反馈表,将免费获赠电子书一本。

教师姓名:_____ 职务/职称:_____

学校名称:_____

学校地址:_____ 学校网址:_____

联系电话:_____ 办公室:_____ 手机:_____

E-mail 地址:_____

任课课程名称:_____ 任课课程学生数:_____

所在系名称:_____

需要赠送教材样书名称:_____

赠送教材样书地址:_____

您认为本书的不足之处是:

您的建议是:

请将本页完整填写后,剪下邮寄到:上海市国权路579号复旦大学出版社

宋朝阳 收 　　邮编:200433

联系电话:(021)65642891

E-mail:szy459535@163.com